# 학생 자살 행동과 학교 중재 전략

Child and Adolescent Suicidal Behavior, Second Edition
School-Based Prevention, Assessment, and Intervention

David N. Miller 저 | 안운경 · 배성만 공역

**Child and Adolescent Suicidal Behavior, 2nd Edition:**
**School-Based Prevention, Assessment, and Intervention**
First published in English under the title



이 연구는 교육부와 한국연구재단의 지원을 받아 수행되었으며(NRF-2024S1A5C2A02046132), 이에 감사드립니다.

# 추천사 1

충청남도교육감 김지철

교육감으로서 가장 마음 아픈 순간 중 하나는 바로 학생의 자살 소식을 접할 때입니다. 그리고 너무도 안타까운 마음에 늘 다음과 같은 질문을 던지곤 합니다. '우리가 미리 알아챌 수는 없었을까?' '우리가 할 수 있는 일이 더 있지 않았을까?'

2023년 기준으로 13년째 우리나라 청소년(9~24세)의 사망 원인 1위는 자살입니다. 청소년 10만 명당 11.7명이 스스로 목숨을 끊고 있으며, 이는 안전사고 사망자(3.2명)의 네 배에 가까운 수치입니다.

2015년부터 KASS 맑은마음상담센터장(충청남도교육청 고위기 학생 치유 위탁센터)을 역임하며, 오랫동안 위기에 놓인 우리 아이들과 가족을 만나 온 역자는 이 책을 통해 앞선 물음에 대한 구체적이고 실천적인 답변을 제시합니다.

이 책의 가장 큰 강점은 시스템으로 작동할 수 있는 정합적인 '체계'를 제시한 데 있습니다. 1단계 보편 예방부터 2단계 위험군 선별 · 평가, 3단계 고위험 개입, 그리고 사후 대응까지, 이 모든 과정에서 '누가, 언제, 무엇을, 어떻게' 해야 하는지를 명확히 제시하고 있습니다. 또 하나, 이 책은 최신 연구와 실증적 근거에 기반한 전략만을 엄격히 선별 · 제시하여, 우리가 선의만으로는 해결할 수 없는 문제를 과학적으로 접근할 수 있도록 돕고 있습니다.

학교는 학생들이 가장 많은 시간을 보내는 곳입니다. 역자의 말처럼 '자살은 숫자 이전에 고통의 언어'이고, '학교는 그 언어를 가장 먼저 듣는 자리'입니다. 그렇기에 학교의 대응 체계가 표준화되고, 교육청의 지원이 구조화될수록 우리 학생 한 명 한 명의 소중한 생명을 안전하게 지킬 수 있습니다.

그 어떤 교육도, 그 어떤 정책도 아이들의 삶을 지키기 위한 노력보다 앞서는 것은 없습니다. 한 아이의 생명을 구하는 일, 그것은 우리 교육의 가장 근본적인 책무입니다. 이 책이 그 책무를 다하는 데 있어 충분한 지침서가 되리라 기대하며, 교육청을 비롯한 학생을 돌보는 기관과 학교 현장에서 널리 읽히기를 바랍니다.

2025년 12월

# 추천사 2

학생의 자살 행동 문제는 새로운 것이 아닙니다. 약 40년 전 학교 현장에서 우울증을 연구하기 시작했을 때, 우울증 유무에 관계없이 자살 행동을 보이는 학생의 수를 발견하고 매우 놀랐습니다. 1980년대 위스콘신대학교 매디슨 캠퍼스에서 수많은 대학원생의 도움을 받아 실시한 수천 명의 학생들에 대한 자기보고 검사와 임상 인터뷰를 통해 상당수의 중·고등학생이 심각한 자살 충동을 보인다는 사실을 발견했습니다. 자살 충동을 느낀 학생들 중 약 25%는 우울증이 아니었습니다. 우울증이 아닌 자살 충동 학생의 상당수를 발견한 저는 우울증 선별 검사만으로는 충분하지 않다는 사실을 알게 되었고, 청소년의 자살 행동을 직접 평가하는 방법을 개발하게 되었습니다.[1] 이 연구는 또한 학생 자살 행동 문제가 얼마나 심각한지를 보여 주었습니다.

자살 행동은 학생의 심각한 정신건강 문제입니다. 데이비드 밀러로부터 이 책의 서문을 써 달라는 요청을 받았을 때 저는 영광이었습니다. 저는 이 책의 초판을 읽었고, 학생의 자살 행동 문제를 이해하고 대처하는 전문가를 지원하고 교육하는 데 있어 최신 2판의 가치와 중요성을 알고 있었습니다.

이 책은 담임교사와 전문상담교사에게 중요하고 필수적인 책입니다. 이 책은 학생의 자살 행동을 이해하고, 대처하고, 예방하는 데 도움이 되는 과학과 모범 사례를 제시합니다. 모범 사례를 따르지 않으면 다른 학생들도 자살 위험에 처할 수 있으므로 자살에

---

1 한국에서 흔히 '레이놀즈 자살사고 검사'라고 부르는 Suicidal Ideation Questionnaire(SIQ-Reynolds, SIQ-R/SIQ)는 청소년의 자살사고를 측정하는 대표적인 심리검사입니다.

대처하는 모범 사례를 이해하는 것이 필요합니다.

이 책은 학교와 담임교사 그리고 전문상담교사를 위해 아주 적절한 시기에 출간되었습니다. 또한 아동 및 청소년과 함께 일하는 모든 심리상담자들이 이 책을 읽고 저자가 미리 보내 준 모범 사례를 실행해 볼 것을 강력히 추천합니다. 선생님들뿐만 아니라, 특히 학교 관리자 및 교육청 관리자에게도 이 책을 추천하고 싶습니다.

이 책은 여러 스트레스를 겪는 학생들이 코로나19 팬데믹으로 고립되고, 학교의 지원이 차단되어 전례 없이 치명적인 스트레스를 받고 있는 2021년에 출간되었습니다. 이러한 상황에서 아동과 청소년의 우울증, 불안, 자살률이 증가하고 있습니다. 심리학자 및 기타 정신건강 전문가들에게 우리나라의 취약한 아동과 청소년을 도울 수 있는 지식을 제공할 이 새 책을 출간해 주신 밀러 박사님께 감사드립니다. 이 책의 내용은 자살학 분야의 선도적인 교육자인 저자의 주목할 만한 전문성을 반영하고 있습니다.

이 중요하고 의미 있으며 잘 쓰인 이 책에 대한 저의 지지는 진심입니다. 저는 심리학 분야뿐만 아니라 정신의학, 간호학 및 기타 교수 관련 분야에서 출판을 위해 제출된 수천 건의 원고를 검토하고 여러 편집위원회에서 활동해 왔습니다. 저는 거짓된 칭찬을 하지 않는 것으로 유명합니다(제 박사 및 석사 과정의 많은 제자가 증명할 수 있듯이). 나이가 들어 조금은 부드러워졌지만, 과학적 무결성에 대한 저의 비판적 초점은 흔들리지 않았습니다. 이 책은 자살 행동의 위험에 처한 젊은이들과 함께 일하고 있거나 앞으로 일하게 될 전문가들의 교육에 중요한 기여를 할 것입니다. 아동의 생명(과 정신건강)은 소중하며, 위험에 처한 학생들의 필요를 충족시키는 것이 우리의 최우선 과제여야 합니다.

윌리엄 M. 레이놀즈(William M. Reynolds), 박사

훔볼트(Humboldt) 주립대학교

## 학교와 교육청을 위한 실천적 "백서"

우리 학교 현장에서 자살 문제를 다룰 때, 늘 같은 질문으로 돌아오곤 합니다. "무엇을, 누가, 언제, 어떻게 해야 하는가?" 이 책은 그 질문에 대해 학교와 교육청의 언어로, 그리고 실제로 구현 가능한 수준의 절차와 도구로 답합니다. 무엇보다 '학교'와 '학생'을 주제로 정면 돌파한 드문 저작이라는 점에서, 한국 교육 현장에 꼭 필요한 공백을 메워 줍니다.

저자는 자살을 개인의 문제가 아닌 공공보건의 과제로 재위치시키고, 학교 시스템 안에서 예방-평가-개입-사후 대응이 한 흐름으로 작동하도록 설계합니다. 이 관점은 정책과 현장을 잇는 실제적인 로드맵을 제시한다는 점에서, 현재 한국의 교육청과 학교가 반드시 참고해야 할 '근거 기반의 과학적 방향'을 제공합니다.

## 이 책이 제공하는 것: '교과서'처럼 펼치면 바로 쓰는 체계

1. 정합적 틀: 학교 단위에서 '전교생 1단계 보편 예방-2단계 위험군 선별과 평가-3단계 고위험 위기개입'까지 끊김 없이 이어지도록 지침과 자료, 운영 포인트가 제시됩니다.
2. 역할과 책임의 명확화: 장학사 · 장학관-교장 · 교감-전문상담교사-담임교사-학부

모회에 이르는 역할 · 책임 · 의사소통선을 구체적으로 안내합니다. '누가 무엇을 언제' 해야 하는지가 문서 · 훈련 · 책임성의 축으로 연결됩니다.

3. 사후 대응(Postvention)까지 포함한 전 주기 설계: 불행한 사건 이후의 위기수습, 전염효과 예방, 애도와 회복 지원, 언론 대응까지 '학교가 실제로 해야 할 일'을 체크리스트 수준으로 체계화합니다.
4. 현장 친화적 자료와 언어: 강당식 일회성 교육의 한계를 비판하고, 무엇을 학생 · 교직원 · 학부모에게, 어떤 수업 · 회의 맥락으로, 어떤 빈도로 전달할지까지 제안합니다.

## 왜 지금, 한국의 학교와 교육청에 필요한가

지난 십여 년간 한국 학교는 자살 · 자해로 대표되는 고위기 학생 문제를 현장 노력과 개별적 헌신으로 버텨 왔습니다. 그러나 개별 상담 · 치료만으로는 통제하기 어려운 '집단 수준의 위험'이 존재하며, 이를 다루기 위해서는 정책–절차–훈련–책임성이 결합된 공공보건적 접근이 필수입니다. 이 책은 바로 그 공백, 즉 정책과 현장을 잇는 매뉴얼을 치밀하게 메웁니다.

## 역자의 자리에서 드리는 약속

이 책을 번역하며 저는, 한국 학교의 현실에 맞는 용어 선택과 절차 설명, 실무적 표현을 위해 각 장의 핵심 내용을 한국 맥락에 비춰 재점검했습니다. 예컨대, 교육청 표준 정책의 필수 요소, 학교조직 내 협업과 책임, 반별 전달이 가능한 보편교육 지침, 선별–평가–개입 연계 루틴, 사후 대응의 원칙 등은 곧바로 연수 · 회의 · 학교계획서에 반영할 수 있도록 옮겼습니다.

## 이 책을 이렇게 읽어 주십시오

- 교육청 · 지원청: 제3장을 먼저 보고, 정책–절차–연수–책임성의 축을 점검해 주십시오. '모범 정책'의 핵심 항목을 현행 지침과 대조하여 공백을 확인 · 보완하는 데 유용합니다.
- 학교 관리자(교장 · 교감): 제2장과 제3장을 통해 역할 · 의사결정 · 보고체계를 정비하고, 위기관리위원회 가동 기준과 회의체 운영을 구체화해 주십시오.
- 전문상담교사 · 담임교사: 제5~7장을 중심으로 보편 교육 자료 구성–선별과 면담–안전계획–연계–모니터링의 표준 루틴을 팀 단위로 합의해 주십시오.
- 사후 대응이 필요한 상황: 제8장을 즉시 참고하시고, 전염효과 예방–애도 지원–언론 · 지역사회 커뮤니케이션–학업 복귀의 원칙을 체크리스트처럼 활용해 주십시오.

## 마지막으로: 학교가 바꾸는 하나의 생명

이 책은 통계로 시작하지만, 한 사람의 삶으로 끝납니다. 자살은 숫자 이전에 고통의 언어이며, 학교는 그 언어를 가장 먼저 듣는 자리입니다. 이 책이 제시하는 체계는 복잡해 보일 수 있습니다. 그러나 한번 표준화하고 나면, 현장은 더 단순해지고, 결정은 더 빨라지며, 연결은 더 안전해집니다. 그것이 제가 이 책을 한국 교육 현장의 '교과서'라고 부르는 이유입니다.

"인생에서 자녀의 죽음만큼 비극적인 일은 없습니다."

_드와이트 D. 아이젠하워(Dwight D. Eisenhower)

"사랑하는 사람의 죽음에서 살아남는다는 것은 엄청난 고통을 견뎌 내는 것입니다. 자살로 인한 죽음에서 살아남는다는 것은 공개적인 조롱과 개인적인 굴욕감, 그리고 종종 과장된 죄책감과 분노와 같은 수치심으로 그 고통을 가중시키는 것입니다."

_아이리스 볼튼(Iris Bolton)

"자살은 속삭이는 단어로, 정중한 자리에서 사용하기에는 부적절합니다. 가족과 친구들은 자살이라는 단어의 무서운 소리를 들어도 못 들은 척하는 경우가 많습니다. 자살은 피해자뿐만 아니라 생존자에게도 낙인을 찍는 금기시되는 주제이기 때문입니다."

_얼 A. 그롤만(Earl A. Grollman)

제2차 세계대전 당시 유럽 연합군 최고사령관이자 미국 제34대 대통령이었던 드와이트 아이젠하워의 글은 인생에서 자녀의 죽음보다 더 비극적인 사건은 거의 없다는 것을 상기시켜 줍니다. 아이젠하워와 그의 아내는 첫째 아들이 3세 때 성홍열로 사망

한 비극을 겪었습니다. 그 후 거의 반세기 동안, 1969년 아이젠하워가 죽을 때까지 그는 아들의 생일마다 아내에게 꽃다발을 보냈습니다. 이는 대체할 수 없는 상실을 상기시키는 가슴 아픈 선물이었습니다(Ambrose, 1990).

아이젠하워처럼 수많은 사람이 아들, 딸, 배우자, 가족 또는 친구의 죽음을 겪었습니다. 나이를 불문하고 한 개인의 죽음은 슬픔과 비탄을 불러일으키지만, 특히 아동과 청소년이 사망했을 경우에는 그들의 삶이 짧았고 죽음이 갑작스러웠기 때문에 더욱 비극적입니다. 고인이 된 이의 가족과 친구들이 겪는 깊은 감정적 상실감은 종종 정서적 고통을 동반합니다. 한 생명이 꽃피울 기회조차 갖지 못한 채 꺼져 버린 것입니다.

자살로 생을 마감하는 것은 그 자체로도 매우 비통한 일이지만, 특히 청소년이 자살할 경우 그 충격은 더욱 크고 이해하기 어려운 경우가 많습니다. 자살은 충분히 이해되지 못해 주변 사람들에게 오해와 복잡한 감정을 야기하기 쉽습니다. 십대 아들이 자살로 세상을 떠난 아이리스 볼튼(Iris Bolton)은 자살 피해자 가족들이 겪는 상실감과 고통이 종종 죄책감과 분노 같은 강렬하고 상반된 감정으로 인해 더욱 심화된다고 합니다. 죄책감은 자신이 자살을 막지 못했다는 책임감을 느낄 때 생기고, 분노는 자신이나 타인, 심지어 자살한 희생자에게 향하기도 하며, 이 분노는 다시 죄책감을 강화하는 악순환을 일으킵니다.

자살로 자녀를 잃은 부모들은 종종 깊은 슬픔과 절망감에 휩싸이게 됩니다(Linn-Gust, 2010). 특정 개인이나 사건 하나가 자살의 원인으로 단독 책임을 지는 것은 아니지만, 부모들은 중요한 시기에 자녀를 제대로 돌보지 못했다는 느낌, 자녀의 고통을 충분히 인지하지 못했다는 자책감, 또는 자녀의 자살 징후를 간과했다는 죄책감에 시달리는 경우가 많습니다(Jamison, 1999). 서문에서 아이리스 볼튼은 사랑하는 사람의 죽음은 모두 고통스럽지만, 자살로 인한 죽음일 때 그 고통은 특히 더 심하다고 합니다. 살아남은 가족과 친구들이 겪는 정서적 고통은 분명히 이해할 만하지만, 그녀가 주장하는 자살로 인한 죽음이 '당혹감', 즉 '공공의 조롱'과 '개인적인 굴욕감'을 불러일으킨다는 점은 어떻게 받아들여야 할까요?

그 이유는 자살이 종종 다양한 대중적 동정을 불러일으키는 동시에 대중적인 낙인도 함께 일으키기 때문인 것 같습니다. 이 책 제1장에서 자살 이론을 제시한 조이너(Joiner, 2010, p. 272)는 "낙인은 두려움과 혐오, 경멸 그리고 무관심이 결합된 것으로,

모두 무지에서 비롯된다."라고 합니다. 수 클레볼드(Sue Klebold, 2016)는 자살로 사망한 사람들에 대한 이러한 낙인이 그 가족들에게 어떤 영향을 미치는지 다음과 같이 요약했습니다.

> "자살은 추악합니다. 수치스러운 일입니다. 자살은 세상에 한 사람의 삶이 실패로 끝났다는 것을 외치듯 말합니다. 대부분의 사람은 자살에 대해 듣고 싶어 하지도 않습니다. 우리 사회는 자살한 사람들이 약하고, 의지가 부족하며, '겁쟁이 같은 선택'을 했다고 믿습니다. 우리는 그들이 이기적이고 공격적으로 행동했다고 믿습니다. 만약 그들이 가족이나 배우자, 직장을 정말로 아꼈다면, 자신이 빠진 수렁에서 벗어날 방법을 찾았을 것입니다. 하지만 이 중 어느 것도 사실이 아니며, 그럼에도 불구하고 오명은 널리 퍼져 살아남은 가족에게 전가됩니다." (pp. 248-249)

자살과 관련된 낙인, 특히 자살 행동과 그 이면에 있는 정신건강 문제를 용기 있게 인정하고 치료와 도움을 받는 것에 대한 낙인은 효과적이고 지속적인 자살 예방이 이루어지기 위해 사라져야 합니다. 그러나 자살 자체에 대한 두려움을 없애는 것은 바꿀 필요가 없습니다. 조이너(Joiner, 2010)가 지적했듯이 "자살은 매우 두렵고 위협적이라고 느끼는 상태가 유지되는 것이 올바르고 자연스러운 것입니다"(p. 272). 자살과 죽음에 대한 두려움은 자살을 하지 않도록 막아 주는 사회적 긍정적 기능이 있습니다. 하지만, 자살과 관련된 낙인은 전혀 다른 문제입니다. 수세기 동안 이어져 온 자살에 대한 낙인(Hecht, 2013; Minois, 1999)은 결코 새로운 현상이 아니며(Alvarez, 1971; Colt, 2006), 사실 자살은 인간의 모든 행동 중 가장 심한 낙인이 찍힌 행동뿐만 아니라(Joiner, 2010), 마지막 남은 주요 사회적 금기 중 하나이기도 합니다(Grollman, 1988). 랍비이자 작가인 얼 그롤먼(Earl Grollman)이 묘사한 것처럼 자살은 속삭이는 단어입니다.

자살로 사망한 사람들은 왜 그렇게 낙인이 찍힐까요? 이 질문에 대한 답은 복잡하지만, 정신건강 상태에 대한 개인의 통제력에 대한 인식이 낙인(stigma)의 정도에 큰 영향을 미치는 것 같습니다. 일반적으로 사람들이 자신의 상태에 대해 더 큰 책임이 있다고 믿을수록, 즉 개인의 선택과 행동이 원인이라고 생각할수록 더 심한 낙인을 경험하게 됩니다. 반면, 통제할 수 없는 외부 환경이나 상황 때문에 피해를 입은 사람으로 여

겨지면, 상대적으로 덜한 낙인이 가해집니다(Joiner, Van Orden, Witte, & Rudd, 2009). 예를 들어, 알코올 중독이나 비만이 개인의 잘못이라고 생각하는 사람들이 많을수록, 그만큼 이들을 더 비난하고 적대적으로 대하는 경향이 있습니다(Joiner et al., 2009). 하지만 알코올 중독, 비만, 자살 모두 환경적·유전적 요인 등 개인이 통제할 수 없는 여러 가지 이유가 함께 작용합니다. 그럼에도 불구하고 많은 사람은 자살을 '개인 책임의 극단적인 예'라고 여기고, 자살을 시도하거나 사망한 사람에게 책임을 돌리려 합니다(Joiner et al., 2009, p. 168). 이러한 잘못된 생각 때문에 자살 문제가 쉽게 해결되지 않고 있습니다. 결국 우리는 여전히 자살한 사람을 탓하거나 비난하는 경향(Satcher, 1998, p. 326)을 가지고 있습니다.

자살과 관련된 낙인은 희생자와 그 가족뿐만 아니라 지역사회 전체에 영향을 미칩니다. 예를 들어, 미국 보건부 전 장관 데이비드 새처(David Satcher, 1998)가 1990년대 후반 미국 중서부 주의 한 작은 마을에서 발생한 청소년 자살 사건에 대해 이야기한 적이 있습니다. 인구가 약 3,000명이었던 이 마을에서 3년 동안 11건의 자살이 발생했는데, 이는 당시 자살률의 약 13배에 달하는 수치였습니다. 11명의 자살 희생자는 모두 13세에서 23세 사이였으며, 그중 8명이 10대였습니다. 희생자들의 부고 기사에는 "집에서 사망"이라는 완곡한 표현이 자주 사용되었고 자살에 대한 언급은 거의 또는 전혀 없었습니다. 또한 자살 희생자 부모 중 일부는 자살의 원인으로 '집안 문제'를 추정하는 따가운 시선 때문에 "숨을 죽여야 했다."라고 했습니다.

마을의 주민들이 고등학교에서 청소년 자살에 대한 공개 토론회를 열려고 했지만, 일부 학부모들은 '자살에 대해 이야기하면 오히려 자살이 늘어난다.'라는 잘못된 믿음 때문에 반대했습니다. 이런 생각은 사실이 아닐 뿐 아니라, 자살 예방 노력에도 큰 방해가 됩니다. 또한 마을에서 누군가 자살을 시도해 911에 도움을 요청하면, 정신건강 전문가의 평가가 끝날 때까지 구치소에 수감되어야 하고, 평가를 받으려면 200마일 넘게 이동해야 하는 경우도 많다는 사실이 알려졌습니다. 이는 자살과 관련된 낙인이 지역사회에 얼마나 넓게 퍼져 있는지 잘 보여 줍니다.

이러한 자살에 대한 지역사회의 반응은 특별하거나 드문 일이 아니며, 새처(Satcher, 1998, p. 326)도 "이런 일은 전국 어디에서나 흔히 볼 수 있다."라고 지적했습니다. 실제로 자살에 대한 낙인이 너무 만연해 있어서, 청소년이 자살로 사망한 경우 많은 가족이 검시관에게 '자살' 대신 '사고' 등 다른 원인으로 사망 진단서를 써 달라고 부탁하는 경우가 많습니다(Nuland, 1993). 조이너(2010)는 어떤 검시관이 청소년의 죽음이 자살이 분명해도 부모에게 낙인을 남기고 싶지 않아 자살로 기록하지 않는다고 말한 사례도 소개했습니다.

자살에 대한 낙인 때문에, 자살은 많은 사람에게 불편한 주제가 되고 있습니다. 외과 의사이자 공중보건 분야에서 자살 인식을 중요하게 다뤘던 새처(Satcher, 1998)는 자살이 우리가 "이야기하고 싶지 않은" 주제라고 말했습니다(p. 326). 또한 어머니가 자살로 세상을 떠나고 본인도 자살 충동을 경험했던 작가 앤드류 솔로몬(Andrew Solomon, 2001)도 자살을 "우리를 너무 불편하게 만들어 눈을 돌리게 하는 큰 공중보건 위기"(p. 248)라고 표현했습니다. 하지만 인생의 다른 여러 문제와 마찬가지로, 자살 문제에 대해 눈을 돌린다고 해서 이 문제가 사라지지는 않습니다.

## 아동 및 청소년 자살 예방: 긴박감

미국에서는 특히 최근 몇 년 동안 아동 및 청소년 자살이 급격히 증가하여, 학교와 지역사회가 이 심각한 추세를 어떻게 되돌릴 수 있을지에 대한 긴박한 문제 의식을 불러일으키고 있습니다. 이러한 긴박감을 더욱 부추긴 것은 자살에 대한 언론 보도의 확산이며, 특히 성소수자(예: 게이, 레즈비언, 양성애자, 트랜스젠더) 청소년과 괴롭힘을 당한 후 자살하는 청소년들에 관한 보도가 많아졌습니다. 유명 인사들의 자살(예: 앤서니 보르댕, 커트 코베인, 크리스 코넬, 아론 에르난데스, 케이트 스페이드, 로빈 윌리엄스)은 언론의 큰 주목을 받고 있으며, 넷플릭스 시리즈 〈13 Reasons Why〉 같은 자살을 다룬 허구적인 작품들도 광범위한 언론 보도를 이끌어 내어, 청소년들에게 미칠 영향에 대한 불안감을 높이고 있습니다.

긴급한 문제에는 긴급한 해결책이 필요하며, 청소년 자살은 분명히 긴급한 문제입니다. 다행히도, 학교와 지역사회가 지금 당장 할 수 있는 여러 가지 조치가 있습니다. 그러나 자살에 대해 솔직하게 대화하는 것은 많은 사람에게 고통스럽고, 특히 학생 자살 주제는 사람들을 더 불편하게 만들곤 합니다. 학생 자살 문제를 공개적으로 논의하고

직면하는 것이 많은 사람에게 불편함을 주고 그로 인해 회피하게 만들어서, 예방 효과가 제한되고 있습니다. 하지만 이 문제는 해결될 수 있으며, 학교가 그 해결책의 중요한 부분이 될 수 있습니다. 이 책은 그 과정에서 학교와 선생님들을 돕기 위해 만들어졌습니다.

## 두 번째 버전의 목적 및 개요

이 책의 목적은 학교의 전문상담교사와 아동, 청소년 심리상담사 등 학교와 관련된 정신건강 전문가뿐만 아니라 담임교사, 보건교사, 생명존중 담당교사, 교감, 교장 등 학교 실무자들에게 학생 자살 행동과 학교 기반의 예방, 평가, 개입, 사후 대응에 관한 유용하고 실질적인 근거 기반 정보를 제공하는 것입니다. 제2판은 2011년에 출판된 제1판을 광범위하게 개정하고 확장한 버전입니다.

제1판을 읽었던 독자들도 제2판을 완전히 새로운 책처럼 느낄 수 있습니다. 모든 장이 자살 예방 분야의 최신 정보와 발전을 반영해 업데이트되었고, 새로운 장도 추가되어 총 8장과 서문, 에필로그, 온라인 자료 목록이 실린 부록까지 포함되었습니다. 제2판에서 저자는 제1판보다 더 실용적이고 풍부한 정보를 담으면서도, 학교 내 자살 예방에 대해 포괄적이고 근거 중심적인 공중보건적 접근을 유지하고자 했습니다. 이 책의 중요한 특징은 학교가 인구 기반 다층적 지원체계(MTSS) 프레임워크를 도입해 학생 자살 행동을 예방하고 효과적으로 대응할 수 있는 방법을 강조한다는 점입니다.

제1장에서는 청소년 자살 행동에 대해 넓은 시각에서 소개합니다. 자살 행동의 정의와, 청소년 자살과 관련된 연령, 성별, 인종, 지역, 성적 지향, 사회경제적 요인 등 인구통계 자료를 살펴봅니다. 자살에 관한 여러 오해와 잘못된 인식, 그리고 청소년 자살이 주로 발생하는 시기, 장소, 방법에 대한 정보도 제공합니다. 자살 행동에 대한 이론과, 최근 주목받는 사고-행동 전환 모델도 다루고 있습니다.

제2장에서는 학교에서 자살 예방을 어떻게 할 수 있는지 소개합니다. 효과적인 프로그램과 그렇지 않은 프로그램의 차이, 학교가 자살 예방에 참여해야 하는 이유, 자살과 관련된 법적 · 윤리적 쟁점 등을 다루며, 학교 관리자와 교육 전문직들에게 도움이 됩니다.

제3장에서는 제2판에 새로 추가된 장으로, 학교 내 다양한 구성원의 역할과 책임, 효과적인 위기관리위원회의 구성과 운영법, 그리고 상담교사나 교사가 탈진하지 않도록 자기관리를 하는 방법까지 설명합니다.

제4장에서는 공중보건적 접근의 장점, 수단 안전(means safety), 위기 핫라인, 소셜미디어, 지역사회 프로그램 등 다양한 자살 예방 방법을 소개하고, 학교 프로그램과 결합할 때 효과가 커진다는 점을 설명합니다. 미국 청소년 자살에서 총기의 역할도 다루며, 공중보건적 접근이 학교에 어떻게 적용되는지도 안내합니다.

제5장에서는 전체 학생을 대상으로 하는 보편적 예방 프로그램(1단계)에 대해 다룹니다. 위험 요인과 보호 요인, 경고 신호, 긍정적 학교 분위기 조성의 중요성, 학생들이 서로 도움을 요청하도록 격려하는 방법 등을 설명합니다.

제6장에서는 자살 위험 학생을 선별하는 방법과 절차, 그리고 평가 정보를 실제 개입으로 연결하는 과정에 대해 다룹니다. 선별 검사의 장단점, 개별 학생 인터뷰를 통한 위험 평가법, 자해와 자살 위험의 구분, 자살과 괴롭힘 · 학교폭력 · 총기 사건의 관계 등도 다룹니다.

제7장에서는 자살 위험 학생을 위한 2단계 개입과 위기 상황(3단계)에 대한 구체적 전략을 설명합니다. 근거 기반 개입법, 약물치료의 논란, 병원 입원 후 학생의 학교 복귀 지원 방법 등이 포함되어 있습니다.

제8장에서는 학생 자살 이후 학교가 어떻게 대응해야 하는지를 다룹니다. 학생, 교직원, 언론에 대한 효과적 대응 방법과, 학생 자살 후 학교가 해야 할 일 · 해서는 안 될 일 등을 정리했습니다. 마지막은 짧은 에필로그와 온라인 자료 부록으로 마무리됩니다.

## 학교에서 선생님이 이 책을 읽어야 하는 이유

학생과 관련된 문제 중 학생 자살만큼 담임교사와 전문상담교사들을 불안하게 하는 사안은 거의 없습니다. 그럼에도 불구하고 많은 선생님은 학생의 자살 위험 평가, 자살 위험 학생의 개입, 학생이 자살로 사망하는 비극적인 상황 대응에 대한 충분한 연수와 교육을 제대로 받지 못했다고 보고합니다. 특히 교육 전문직(장학관, 장학사)이나 학교

관리자(교장, 교감), 학교 내 전문가인 전문상담교사도 학생 자살에 관한 법적·윤리적 의무에 대해 혼란스럽고 불확실한 경우가 많으며, 때로는 소송에 대한 두려움까지 갖고 있습니다.

이 책은 이러한 문제들과 그 밖에도 많은 주제를 다룹니다. 청소년 자살은 매우 슬프고 비극적이며 감정적으로도 매우 부담스러운 주제이기에, 왜 누군가가 이 주제를 읽고 싶어 할지 의문을 가질 수도 있습니다. 이 질문에 조이너(Joiner, 2010)가 "고통스러운 죽음의 원인과 심각한 공중보건 문제를 예방하기 위해 노력하는 것에 병적인 면은 없다."(p. 269)라고 말한 것이 가장 적절한 답변일 것입니다. 비슷한 의미가 오스트리아 빈에 있는 해부학 연구소 입구에 새겨진 문구에도 담겨 있습니다. "Hic locus est ubi mors gaudet succurrere vitae", 즉 "이곳은 죽음이 산 사람을 돕는 데 기뻐하는 곳"입니다(Shneidman, 2004 인용). 죽음이 자연스럽고 불가피한 삶의 일부이지만, 특히 아동과 청소년의 자살은 자연스럽거나 불가피하지 않다고 덧붙이고 싶습니다. 교육청과 학교가 자살 행동에 대한 지식과 이해를 높이고, 이를 예방하고 평가하며 대응하는 방법을 더 효과적으로 익힌다면 자살 발생을 줄이는 데 도움을 줄 수 있습니다.

이 책의 작은 부분이라도 학생 자살 행동이라는 어두운 주제에 빛을 비추고, 이에 대한 오해와 자살 위험 학생 및 그 가족들이 겪는 낙인을 줄이는 데 기여할 수 있기를 바랍니다. 무엇보다도 이 책이 학교 현장의 선생님들에게 유용하고 실질적인 자료가 되기를 바랍니다. 학교 기반 자살 예방, 평가, 개입의 궁극적인 목적은 생명을 구하는 것입니다. 이 책의 목적은 학교가 그 목표를 보다 효과적으로 달성할 수 있도록 돕는 데 있습니다.

## 감사

어느 저자도 혼자서 책을 쓸 수 없듯이 저 역시 예외가 아닙니다. 가장 먼저 감사의 마음을 전하고 싶은 사람은 제 아내 크리스(Kris)입니다. 이 책을 아내에게 헌정합니다. 아내는 책을 쓰는 동안 변함없는 격려와 지원을 아끼지 않았으며, 책의 개발과 완성에 중요한 아이디어도 제공해 주었습니다. 크리스는 제가 만난 사람 중 누구보다도 타인의 고통에 깊은 공감과 자비를 지닌 사람이며, 저는 아내에게 표현할 수 없을 만큼 큰 빚을 지고 있습니다.

우리의 두 사랑스러운 고양이, 올리(Ollie)와 아리에스(Aries)도 저마다 독특한 방식으로 저를 응원해 주었습니다. 두 고양이는 언제나 장난으로 우리를 즐겁게 해 주는데, 올리는 침낭 속에서 내 곁, 글을 쓰는 책상 옆에 머물러 주었고, 영감이 부족했던 늦은 밤에 특히 큰 위안이 되었습니다.

2016년 시카고에서 열린 미국자살학회(AAS) 총회에서 AAS 회장으로 활동하던 중에 나는 수 클레보드(Sue Klebold)를 처음 만났습니다. 그녀의 친절함, 용기 그리고 품위에 즉시 깊은 인상을 받았습니다. 그녀의 아들은 딜런 클레보드(Dylan Klebold)였고, 딜런은 동급생 에릭 해리스(Eric Harris)와 함께 콜럼바인 고등학교에서 13명을 살해하고 여러 명을 다치게 한 후 자살했습니다. 콜럼바인 참사 이후 그녀는 수많은 어려움에도 불구하고 자신의 슬픔을 정신건강과 자살 예방을 위한 강력한 옹호자로 전환시켰습니다. 그녀의 TED 강연은 1,000만 명 이상이 시청했고, 그녀가 쓴 회고록 『어머니의 회개: 비극의 후유증 속에서 살아가기』(2016)는 뉴욕 타임스 베스트셀러가 되었으며, 수익금 전액은 정신건강 연구 및 자선 단체에 기부됩니다. 이 책을 그녀에게 헌정하는 것은 자살 예방과 정신건강 증진 운동에 기여한 그녀의 모든 노력에 대해 나름의 감사 표시입니다.

이 책은 수많은 연구자, 실무자, 자살 손실 생존자, 자살 시도 생존자, 자살 예방 옹호자들의 기여 덕분에 크게 도움을 받았습니다. 이들 중 다수는 책 안에도 인용되어 있습니다. 이 놀라운 노력과 헌신 없이는 이 책도 존재할 수 없었습니다. 특히 미국자살학회에서의 나의 여러 리더십 자리에서 알게 된 마이크 아니스티스(Mike Anestis), 래니 버먼(Lanny Berman), 아이리스 볼튼(Iris Bolton), 팻 브룩스(Pat Breux), 데이브 조브스(Dave Jobes), 토마스 조이너(Thomas Joiner), 셰릴 킹(Cheryl King), 에이미 컬프(Amy Kulp), 댄 레이덴버그(Dan Reidenberg), 미셸 러스크(Michelle Rusk)에게 특별히 감사드립니다. 나는 또한 두 명의 동료이자 전 AAS 회장인 피트 구티에레즈(Pete Gutierrez)와 짐 마자(Jim Mazza)에게 오랜 우정과 꾸준한 격려 및 지원에 대해 특히 감사하게 생각합니다.

레이하이 대학교에서 학교 심리학 박사 과정을 밟으면서 학교 기반 자살 예방에 처음 관심을 갖게 되었습니다. 그곳에서 훌륭한 교육을 받았을 뿐만 아니라, 나의 관심사를 연구할 기회와 격려도 얻었습니다. 특히 저에게 큰 영향을 주고 영감을 준 세 명의 멘토, 조지 J. 듀폴(George J. DuPaul), 마이클 P. 조지(Michael P. George), 그리고 고(故) 에드워드 S. 샤피로(Edward S. Shapiro)에게 특별히 감사하고 싶습니다.

끝으로, 결코 마지막이 아닌, 미국심리학회(American Psychological Association) 제16분과(학교 심리학)에서 수여하는 권위 있는 Senior Scientist Award를 받은 유명한 학자 윌리엄 M. 레이놀즈(William M. Reynolds)에게 이 책의 서문을 기꺼이 써 주신 데 대해 감사드립니다. 대학원 시절 나는 그의 아동 및 청소년 장애에 관한 학술 논문, 책, 그리고 특히 아동 · 청소년 우울증 및 자살 행동 연구를 열렬히 읽고 존경하게 되었습니다. 그는 저의 롤모델이 되었으며, 그 이후 그의 연구에 대한 나의 존경과 찬사는 계속 커져 갔습니다.

학교 심리학 분야의 선구자 중 한 명인 레이놀즈의 유산은 학교와 임상에서 널리 사용되는 다양한 평가 도구들에서 찾아볼 수 있습니다. 여기에는 Reynolds 아동 우울 척도(Reynolds Child Depression Scale), Reynolds 청소년 우울 척도(Reynolds Adolescent Depression Scale), 그리고 자살 사고 검사(Suicidal Ideation Questionnaire) 등이 포함됩니다. 나는 멘토이자 동료, 그리고 친구로서 그에게 깊은 감사를 표합니다.

차례

## 제2장 학생 자살 행동과 학교



## 제3장 교육청 정책과 학교 안 협업

## 제4장 학생 자살 예방을 위한 공공보건 접근법



## 제5장 1단계: 자살 예방 프로그램

## 제6장 2단계: 위험군 선별과 위험도 평가

## 제7장 3단계: 위험군 학생을 위한 개입



## 제8장 자살 사후 대응

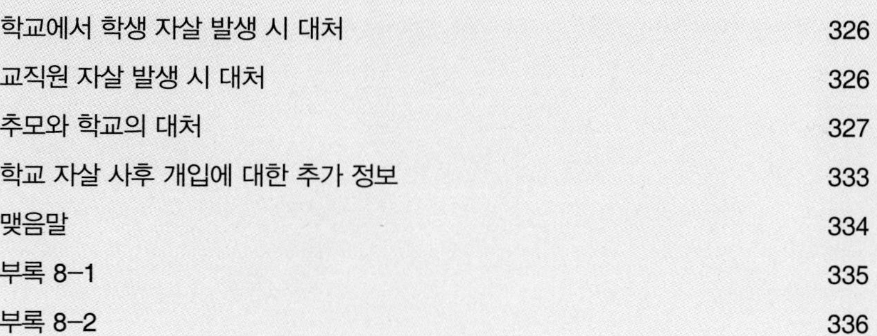

# 제1장

# 아동 및 청소년 자살 행동 소개 및 개요

"자살의 방식은 각각 다릅니다. 극도로 개인적이고, 알 수 없으며, 끔찍합니다……. 그리고 살아 있는 사람이 인생의 마지막 여정을 그리려는 모든 시도는 미치도록 불완전한 스케치일 뿐입니다.

_케이 레드필드 제미슨(Kay Redfield Jamison)

"자살을 이해하려면 고통과 심리적 아픔, 그리고 그것을 견디는 다양한 한계치를 이해해야 합니다. 자살하려는 사람을 치료하고 자살을 예방하려면 그들을 몰아가는 심리적 고통('심통' 또는 'psychache')을 파악하고, 그것을 완화하고 줄여야 합니다."

_에드윈 S. 슈나이드만(Edwin S. Shneidman)

"자살로 생을 마감한 사람들이 죽음 직전에 외로웠다고 말하는 것은 자살에 대한 이해의 출발점이 될 수 있습니다. 하지만 이것은 마치 '바다가 젖어 있다.'라고 말하는 것처럼 진실의 표면만을 포착한 수준에 불과합니다. 외로움에 소외감, 고립감, 거절감, 따돌림이 더해지면 조금 더 가까워지지만, 이 역시 본질을 온전히 설명하지는 못합니다. 실제로 나는 이 현상을 말로 완전히 설명하는 것이 불가능하다고 믿습니다. 그것은 마치 우주의 끝 너머에 무엇이 있는지를 상상하기 어려운 것처럼 너무나도 일상적인 경험을 초월해 있기 때문입니다."

_토머스 조이너(Thomas Joiner)

자살은 전 세계적인 비극이자 공중보건 위기이며, 개인과 가족, 지역사회에 이르기까지 헤아릴 수 없는 고통을 야기합니다. 세계보건기구(World Health Organization: WHO, 2014)의 추산에 따르면, 매년 약 80만 명이 자살로 사망하고 있으며, 이는 하루 2,000명이 넘는 수치에 해당하고, 매시간 90명, 40초마다 1명이 자살로 생을 마감하고 있다는 의미입니다. 자살로 인한 사망자는 살인이나 전쟁으로 인한 사망자 수보다 더 많으며, 자살률은 전 세계적으로 심각하게 증가하고 있어, 15세에서 29세 사이 청년층의 사망 원인 중 두 번째로 높은 원인을 차지하고 있습니다(WHO, 2014, 2018).

> 매년 약 80만 명이 자살로 사망하는데, 이는 하루에 2,000명 이상, 매시간 90명, 40초마다 1명이 사망하는 수치입니다.

> 자살은 지난 반세기 동안 크게 증가했으며, 15~29세 젊은이들의 전 세계 사망 원인 중 두 번째로 큰 비중을 차지하고 있습니다.

미국의 경우, 2018년에 44,344명이 자살로 사망하였으며, 이는 약 10.9분마다 1명, 매시간 약 6명이 자살로 사망한 것과 같습니다. 최근 몇 년간 미국에서는 자살자 수가 크게 증가한 반면, 전 세계적으로는 자살률이 감소하는 추세를 보이고 있습니다. 1999년부터 2017년까지, 미국 내 10세에서 74세 사이 남녀의 자살률은 33% 증가하였으며, 특히 2006년 이후부터는 연평균 증가율이 더욱 높아졌습니다(Hedegaard, Curtin, & Warner, 2018). 다른 국가들과 마찬가지로, 미국에서도 2018년 자살 사망자의 대다수는 남성이었으며, 여성보다 3.6배 높은 비율로 자살하였습니다. 더욱이 자살로 인한 사망자 외에도 다양한 이유로 자살을 시도하였으나 사망에 이르지 않은 사례들이 다수 존재합니다. 2017년 기준, 미국 내 자살 시도자는 약 130만 명으로, 이는 텍사스주 댈러스(Dallas)의 인구 규모에 해당하는 수치입니다.

이러한 수치들도 충격적이지만, 더욱 우려스러운 사실은 많은 학령기 아동과 청소년들이 자살로 생을 마감하고 있다는 점입니다. 지난 수십 년간 의학적 발전으로 인해 미국 내 아동 및 청소년의 전반적인 사망률은 지속적으로 감소해 왔으나, 자살률은 1950년대 이후 급격히 증가하였으며, 특히 최근 들어 그 증가폭이 두드러집니다. 예를 들어, 1999년부터 2017년까지 10세에서 19세 사이 아동 및 청소년의 자살률은 현저히 증가하였으며, 그중에서도 후반기의 증가율이 가장 높았습니다(Hedegaard et al., 2018).

지속적인 의학 발전으로 지난 수십 년 동안 어린이와 청소년의 사망률은 꾸준히 감소했지만, 미국의 청소년 자살률은 지속적으로 높은 수준을 유지하고 있으며 최근 몇 년 동안 우려할 만한 증가세를 보이고 있습니다.

미국에서는 평균적으로 매일 약 8명의 10~19세 어린이와 청소년이 자살로 사망합니다.

자살로 사망하는 청소년 한 명당 약 100~200명의 청소년이 자살을 시도하고, 수천 명이 자살을 심각하게 고민하는 것으로 추정됩니다.

미국 질병통제예방센터(Centers for Disease Control and Prevention: CDC, 2018)에 따르면, 2017년 자살은 미국 전체 사망 원인 중 10번째를 차지하였으나, 10세에서 14세 사이의 아동 및 초기 청소년과 15세에서 24세 사이 청소년 및 청년층에게는 두 번째로 흔한 사망 원인이었습니다. 2017년 기준으로, 10세에서 14세 사이 아동 및 초기 청소년 517명이 자살로 사망하였으며(해당 연령대에서 하루 평균 1명 이상), 15세에서 19세 사이 청소년 2,491명이 자살로 생을 마감하였습니다(해당 연령대에서 하루 평균 약 7명). 이 수치를 종합하면, 미국에서는 하루 평균 약 8명의 아동 및 청소년(10~19세)이 자살로 사망하고 있는 셈입니다.

불행히도, 청소년의 자살은 문제의 일부에 불과합니다. 자살로 사망한 한 명의 청소년에 대해, 100명에서 200명 정도의 청소년이 자살을 시도하는 것으로 추정되며, 수천 명에 달하는 청소년들이 자살에 대한 심각한 생각을 경험하고 있습니다(D. N. Miller & Eckert, 2009). 비록 사망에 이르지는 않더라도, 심각한 수준의 자살 관련 행동(예: 자살 사고, 자살 위협 및 계획, 자살 시도)은 매년 수많은 아동, 청소년과 그들의 가족 및 친구들에게 심대한 영향을 미치고 있습니다. 자살을 시도했으나 생존한 청소년의 경우, 뇌 손상, 골절, 장기 손상 등의 중대한 신체적 부상을 입을 수 있으며, 자살을 심각하게 고려하거나 시도한 청소년들은 종종 우울증 및 기타 정신건강 문제를 겪고 있습니다. 또한 자살을 시도한 청소년의 가족과 친구들 또한 이차적으로 정신건강 문제를 경험할 위험이 높습니다. 따라서 청소년 자살 행동은 개인뿐만 아니라 가족과 지역사회 전체에 걸쳐 심리적, 정서적, 행동적, 사회적, 의학적, 경제적으로 심각한 비용과 피해를 초래합니다(D. N. Miller, Eckert, & Mazza, 2009).

청소년 자살에 관한 통계는 그 범위와 맥락을 이해하는 데 매우 중요한 자료로, 1장과 이 책 전반에서 제시되고 있습니다. 그러나 통계 수치는 자살을 고민하거나 시도하는 청소년들과 그들을 걱정하는 주변 인물들이 겪는 막대한 고통과 측량 불가능한 정신적 고통을 온전히 설명할 수는 없습니다. 다시 말해, 통계는 자살 현상의 일부만을 보여 줄 뿐입니다. 자살을 보다 깊이 이해하기 위해서는 자살에 이르는 청소년의 고통에 공감하고 정서적 차원에서 그들을 이해하려는 노력이 필요합니다. 무엇보다 중요한 것은, 청소년 자살에 대한 사회 전반의 인식 제고와 함께, 자살 위험에 처한 청소년을 정확히 식별하고 효과적으로 대응할 수 있도록 교육받고 헌신적인 자세를 갖춘 공감 능력 있는 인재들을 더욱 많이 양성하는 일입니다. 이러한 목적을 달성하고 가장 큰 효과를 거둘 수 있는 최선의 방법은 바로 학교 현장을 중심으로 한 접근입니다.

## 자살과 학교

학교는 학생들과 매일 접촉하기 때문에, 학생 자살을 예방하는 데 있어 독보적이며 이상적인 위치에 있다고 할 수 있습니다. 오늘날 학교가 직면한 여러 중대한 과제들 중에서도, 학생의 자살 행동보다 더 시급하거나 중요한 문제는 거의 없다고 해도 과언이 아닙니다(Mazza, 2006). 많은 학교에서 심각한 우울 증상, 자해 행동 및 자살 위험이 있는 학생들에 대한 상담 및 의뢰 사례가 눈에 띄게 증가하고 있으며, 이러한 경향은 향후에도 지속될 것으로 전망됩니다(예: 전 세계적인 COVID-19 팬데믹은 취약한 아동 및 청소년들에게 장기적인 심리적 · 정신건강 영향을 미칠 가능성이 있습니다). 그러나 유감스럽게도, 상당수의 전문상담교사와 선생님들은 학생들에게 필요한 정신건강 서비스(자살 행동으로 고통받는 학생의 마음을 돕는 일)를 제공할 수 있을 만큼 충분한 전문교육을 받지 못한 것으로 나타나고 있습니다.

실제로 학교 기반 정신건강 전문가인 전문상담교사조차 청소년 자살 행동을 효과적

으로 예방하거나 이에 대응하는 데 있어 준비가 부족하다고 보고하고 있습니다(Brown, Goforth, & Macheck, 2018; Debski, Spadafore, Jacob, Poole, & Hixson, 2007; D. N. Miller & Jome, 2008, 2010; O'Neill, Marraccini, Bledsoe, Knotek, & Tabori, 2020). 예를 들어, 미국 내 학교 심리학자를 대상으로 한 전국 조사에 따르면, 86%는 자살 위협 또는 시도를 한 학생을 상담한 경험이 있었고, 62%는 자신이 근무하는 학교에서 자살 시도 후 생존한 학생을 알고 있다고 응답하였으며, 35%는 자신이 속한 학교에서 실제로 자살로 사망한 학생이 있었다고 보고하였습니다. 그럼에도 불구하고, 해당 조사에 참여한 학교 심리학자 중 단 22%만이 대학원 과정에서의 교육이 자살 위기 학생 개입이나 자살 사건 이후의 사후관리(postvention)에 효과적으로 대처할 수 있도록 충분히 준비되었다고 응답하였습니다(Berman, 2009). 이러한 조사 결과는, 학교 기반 정신건강 전문가조차 준비가 부족하다고 판단하는 상황에서, 교사, 행정가 및 기타 학교 인력들이 자살 관련 문제에 대해 얼마나 더 부족한 준비 상태에 있을지를 짐작하게 합니다. 따라서 전문상담교사와 담임교사는 학생 자살 행동에 관한 보다 많은 정보와 실천적 지침을 필요로 합니다. 특히 자살 예방, 위험 평가, 개입 및 사후 관리와 관련된 실천 가능한 전략과 지식을 제공받는 것이 절실합니다.

학교 구성원들이 학생 자살 행동에 대해 적극적이고 효과적으로 대응하고자 한다면, 다음과 같은 여러 영역에 대해 충분한 지식과 역량을 갖추어야 합니다. 즉, 학교 기반 자살 예방 프로그램의 설계 및 지속, 자살 위험 평가, 자살 위기 학생에 대한 개입, 그리고 학생 자살 사건 발생 시의 즉각적이고 효과적인 대응 등이 그것입니다. 이와 같은 대응 방식은 실제로 학생의 생명과 죽음을 가르는 결정적 차이를 만들어 낼 수 있기 때문에 대단히 중요한 사안이라 할 수 있습니다.

## 자살 행동

청소년의 자살 행동을 효과적으로 예방하고 이에 대응하기 위한 첫 번째 단계는, 이 책 전반에 걸쳐 사용되는 해당 용어의 개념을 정확히 이해하는 것입니다. 여기서 자살 행동(suicidal behavior)이란 "자살과 관련된 행동, 즉 자살 준비 행위뿐만 아니라 자살 시도 및 자살로 인한 사망을 포함하는 일련의 행동"을 의미합니다(U.S. Department of Health and Human Services, 2012, p. 142). 보다 구체적으로는, 자살 행동은 다음의 네 가지 상이하지만 자주 중첩되는 조건을 포괄하는 연속선상에 존재합니다. 그것은 자살 사고(suicidal ideation), 자살 관련 의사소통(suicide-related communications), 자살 시도(suicide attempts), 그리고 자살(suicide)입니다. 이 연속선상의 행동들은 서로 구별되지만 상호 배타적인 것은 아니며, 모든 자살 위험 청소년들이 이러한 단계를 순차적으로 거치는 것도 아닙니다(Mazza, 2006; Silverman, Berman, Sanddal, O'Carroll, & Joiner, 2007a, 2007b). 또한 개인이 이 연속선상의 후반부로 이동할수록 각 행동의 발생 빈도는 감소하지만, 치명성(lethality)과 사망 가능성(probability of death)은 증가하는 경향이 있습니다(Mazza & Reynolds, 2008). 따라서 자살 행동은 단순히 자살 그 자체만을 의미하는 것이 아니라, 훨씬 더 폭넓고 다양한 행동 양식을 포함하는 개념입니다. 지금부터는 위에서 제시한 자살 행동의 네 가지 유형 각각에 대하여 보다 구체적으로 살펴보도록 하겠습니다.

## 자살 사고

자살 행동 연속선의 시작점에 해당하는 자살 사고(suicidal ideation)는 "자살과 관련된 행동에 참여하고자 하는 생각"을 의미합니다(U.S. Department of Health and Human Services, 2012, p. 143). 이러한 사고는 단순히 '태어나지 않았으면 좋았을 텐데…….' 또는 '죽고 싶다.'라는 일반적인 생각에서부터, 자살을 실행하기 위한 구체적인 시기, 장소, 방법에 대한 계획 수립에 이르기까지 다양하게 나타납니다(Mazza, 2006). 자살 사고의 정도와 유형에 따라 이는 더 심각한 자살 행동의 선행 지표가 될 수 있습니다. 예를 들어, 자살에 대해 가끔 생각하지만 즉시 그 생각을 부정하는 청소년은, 과거 자살 시도나 정신건강 문제가 없다면 일반적으로 높은 자살 위험군으로 간주되지 않습니다. 반면, 자살에 대해 자주 생각하고 구체적이고 체계적인 계획을 세우는 청소년은 자살 위험이 높다고 평가되어야 합니다.

일시적인 자살 사고는 청소년기 동안 비교적 흔하게 나타나며, 어느 정도는 정상적인 현상으로 간주되기도 합니다(Rueter, Holm, McGeorge, & Conger, 2008). 예를 들어,

한 연구에서는 고등학생의 최대 63%가 어느 정도 자살 사고를 경험한 바 있다고 보고하였습니다(Smith & Crawford, 1986). 그러나 횡단면적 연구에서 청소년의 약 20%가 심각한 자살 사고를 경험한 적이 있다고 보고됩니다(Bridge, Goldstein, & Brent, 2006). 자살 사고의 유병률은 나이가 들수록 증가하며, 일반적으로 14세에서 16세 사이에 가장 높게 나타납니다(Rueter & Kwon, 2005).

자살 사고는 결코 가볍게 여겨져서는 안 되지만, 자살 사고가 있다고 해서 반드시 자살 행동으로 이어지는 것은 아닙니다(Lewinsohn, Rohde, Seeley, & Baldwin., 2001). 그러나 자살 사고가 일시적이지 않고, 강박적으로 나타나며, 실제 행동으로 옮겨질 가능성이 동반된다면 그 심각성은 훨씬 높아집니다(Berman, Jobes, & Silverman, 2006). 특히 과거 자살 시도 경험이 있는 경우, 현재의 자살 사고는 향후 자살 시도로 이어질 가능성을 크게 증가시킵니다.

## 자살 관련 의사소통

자살 관련 의사소통(Suicide-Related Communications)은 "자살과 관련된 생각, 소망, 욕구 또는 관심을 전달하는 모든 대인 간 행위로서, 해당 의사소통 행위 자체가 자해나 자상 행동은 아니며, 자살 의도를 나타낸다고 명시적 혹은 암묵적으로 해석될 수 있는 행위"를 의미합니다(Silverman et al., 2007b, p. 268). 이는 자살 의도가 있으나 실제 신체적 손상을 초래하지 않은 언어적 혹은 비언어적 표현을 포함합니다. 이 범주는 자살 위협(suicide threat) 과 자살 계획(suicide plan)의 두 가지 하위 유형으로 나뉩니다.

자살 위협은 "직접적인 자해 요소 없이 언어적 혹은 비언어적인 대인 간 표현으로, 합리적인 제3자가 가까운 미래에 더 극단적인 자살 행동이 발생할 수 있다고 해석할 수 있는 모든 행위"를 의미합니다(Silverman et al., 2007b, p. 268). 이는 친구에게 "죽고 싶다"라고 직접적으로 말하거나, 위험하고 자기파괴적인 행동을 은밀하게 반복하는 등 간접적인 방식으로 나타날 수 있습니다(Kingsbury, 1993). 자살 계획은 "잠재적으로 자해를 야기할 수 있는 일련의 행동을 체계적으로 구상하는 것으로, 구체적이고 조직화된 실행 계획을 의미합니다"(Silverman et al., 2007b, p. 268). 자살 위협이든 자살 계획이든, 이러한 행동은 자살 의도를 타인에게 전달하는 수단입니다.

자살 관련 의사소통은 자살 사고와 자살 시도 사이의 중간 단계로 볼 수 있습니다. 이 범주의 행동은 대개 대인 관계 동기에서 비롯되며, 자살 사고가 실행으로 이어지는 과정을 타인에게 전달하는 수단이 되기도 합니다.

모든 자살 위협이 실제 자살 행동으로 이어지는 것은 아니며, 실제 자살 행동을 시도하지 않는 경우도 많습니다(Mazza, 2006). 그러나 대부분의 자살 시도 또는 자살 사례는 자살 위협이나 경고가 선행되며, 그 반대는 성립하지 않더라도 모든 위협은 임상적으로 중요한 지표가 될 수 있습니다. 그러므로, 자살 위협을 경시하거나 무시해서는 안 됩니다. 버먼과 동료들(Berman et al., 2006)은 다음과 같이 강조하였습니다. "자살에 대한 모든 위협 및 의사소통은 잠재적인 임상적 중요성과 위험의 지표로 간주되어야 하며, 이를 진지하게 받아들이고 적절히 대응하며 평가하는 것이 필수적입니다"(p. 99).

## 자살 시도

자살 행동 연속선의 세 번째 단계는 자살 시도(Suicide Attempts)입니다. 이는 "자신에게 해를 가하려는 의도를 가지고 스스로를 다치게 하려는 행동으로, 사망에 이르지는 않았지만 자살 의도가 분명히 존재하는 경우"로 정의됩니다(Silverman et al., 2007b, p. 273). 자살 시도는 고의도(high-intent)와 저의도(low-intent) 시도로 나뉘며, 이 둘의 주요 차이는 사용된 방법의 치명성(lethality)에 있습니다(Berman et al., 2006). 예를 들어, 총기를 사용하는 자살 시도는 일반적으로 고의도 시도로 간주됩니다.

다행히 대부분의 청소년 자살 시도는 치명성이 낮아 구조 가능성이 높고, 실제 사망률은 비교적 낮습니다. 예를 들어, 약을 과다 복용하는 방법보다 총기를 사용하는 것이 훨씬 더 치명적입니다. 청소년들이 선택하는 방법의 치명성이 낮다는 점은 이들이 자살에 대해 양가적인 감정을 가지고 있을 가능성을 시사합니다(Mazza, 2006). 실제로 약 8명 중 7명의 청소년 자살 시도는 의학적 처치가 필요 없을 정도로 치명성이 낮으며, 보고조차 되지 않습니다(Berman et al., 2006).

이러한 저치명성 자해 행동은 흔히 타인의 행동을 변화시키려는 목적을 가집니다. 예를 들어, 팔꿈치와 같이 출혈이 심하지 않은 부위를 일부러 자해하는 경우가 이에 해당합니다. 이러한 행동은 종종 '도움의 외침' 또는 '자살 제스처'('관종'-역자 주)로 불리

나, 이 용어들은 해당 행동의 심각성을 과소평가할 수 있으므로 바람직하지 않습니다. 주의를 끌기 위한 행동이라 할지라도, 그러한 행동을 하게 된 맥락과 절박한 심리를 성찰하는 것이 중요합니다.

반복 자살 시도자(repeated suicide attempters)는 "만성적이고 습관적인 자기파괴적 행동"을 보이는 청소년들입니다(Berman et al., 2006, p. 98). 이들은 일반적으로 대처 전략이 미흡하고, 자살 및 약물 남용 문제가 있는 가족 환경에서 자란 경우가 많습니다. 초기 시도는 저치명성이더라도, 반복될수록 치명성이 증가하는 경향이 있으며, 자살로 이어질 가능성이 높습니다. 이들은 자주 병원에 입원하거나 (학교-상담센터-병원 등) 서비스 제공 체계에 많은 부담을 줍니다.

대부분의 청소년 자살 시도는 치명적인 결과로 이어지지 않지만, 이러한 행동을 어른들이 가볍게 여겨서는 안 됩니다. 정신건강 장애을 겪고 있는지와 함께, 과거에 자살 시도 경험이 있는지 여부는 가장 중요한 위험 요인 중 하나입니다. 더욱이 자살 시도를 한 청소년은 이후에 자살 시도를 반복할 가능성이 현저히 높으며, 장기적으로 자살로 사망할 위험 또한 증가합니다(Groholt & Ekeberg, 2009). 대부분의 청소년이 한 번의 시도 이후 생존하더라도, 자살 시도자 중 상당수가 이후 결국 자살로 생을 마감하는 것으로 나타났습니다(Berman et al., 2006).

자살 시도는 자살 행동의 반복 가능성 외에도 다양한 문제를 야기할 수 있는 위험 요소입니다. 예를 들어, 한 연구에서는 8세에서 10세 사이의 아동들이 자살 시도를 한 후 그들을 추적 조사하였습니다. 해당 연구에 포함된 71명의 아동 중 79%가 추적 조사 시점에서 최소 하나 이상의 정신질환을 진단받았으며, 가장 흔한 질환은 우울증이었습니다. 또한 1/3에 해당하는 아동이 입원 치료를 받은 경험이 있었고, 78%는 정신과적 치료를 받은 바 있으며, 44%는 자살 시도를 반복한 것으로 나타났습니다(Groholt & Ekeberg, 2009).

## 자살

자살은 자살 행동 연속선에서 가장 심각하고 치명적인 형태의 행동입니다(Mazza & Reynolds, 2008). 자살은 "죽음을 목적으로 한 자해 행동으로 인해 발생한 사망"으로 정의됩니다(미국 보건복지부, 2012, p. 143). 자살이 성립되기 위해서는, 해당 개인이 사망에 이를 정도로 충분히 치명적인 수단을 사용하여 자해 행동을 수행했어야 합니다. 자살의 의도성을 판단하는 것은 종종 어렵지만, 일반적으로 개인이 자신이 행한 행위가 죽음에 이를 수 있다는 사실을 인지하고 있었음을 입증할 수 있는 증거에 기반합니다. 자살로 사망 원인이 확정되기 위해서는 검시관 또는 법의학자의 공식적인 판단이 필요합니다.

청소년 자살 사망자들에게서 흔히 발견되는 주요 요인은 정신병리적 문제입니다. 기분장애, 약물 남용 장애, 품행장애 등이 대표적인 예입니다(Fleischmann, Bertolote, Belfer, & Beautrais, 2005). 실제로, 연구에 따르면 자살로 사망한 청소년의 약 90% 이상이 사망 당시 적어도 하나 이상의 진단 가능한 정신질환을 가지고 있었던 것으로 나타났습니다(Berman et al., 2006; McLoughlin, Gould, & Malone, 2015). 아동 및 청소년기 정신병리와 자살 간의 관계는 매우 중요하며, 이에 대해서는 제2장에서 보다 자세히 다룹니다.

## 표현 방식의 중요성

자살 행동과 관련된 용어를 사용할 때, 어떤 표현을 사용하는지는 매우 중요합니다. 예를 들어, 과거에는 '자살을 저질렀다(committed suicide).'라는 표현이 흔히 사용되었으며, 오늘날에도 여전히 일부에서는 이 표현을 사용하고 있습니다. 그러나 이 표현은 자살의 책임이 오직 사망한 개인에게 있다는 인식을 조장하며, 자살을 마치 범죄 행위처럼 묘사하는 부정적인 함의를 내포하고 있습니다. 실제로 영어에서 'commit'이라는 동사는 위증(perjury), 강도(robbery), 살인(murder) 등과 같이 불법 행위에 사용됩니다. 따라서 자살을 표현할 때는 '자살로 사망하였다(died by suicide).' '스스로 목숨을 끊었다(took his/her own life).' 또는 '자신을 해하였다(killed him-/herself).'와 같은 보다 중립적이고 사실적인 용어를 사용하는 것이 바람직합니다. 이 책 전반에 걸쳐 '자살로 사망하였다.'라는 표현을 사용하며, 독자 여러분께서도 이러한 용어를 사용하는 것을 강력히 권장합니다.

또한 자살 시도의 결과를 설명할 때 '자살 시도에 실패했다(failed suicide attempt).'

라는 표현은 사용을 자제해야 합니다. 이 표현은 자살에 실패한 것이 잘못된 행동이라는 인식을 줄 수 있기 때문입니다. 마찬가지로 '자살 시도에 성공했다(successful suicide attempt).'라는 표현 역시 부적절한데, 이는 죽음을 긍정적인 결과로 연상하게 할 수 있기 때문입니다. 대신, 개인이 스스로 자살을 중단한 경우를 '중단된 자살 시도(aborted suicide attempt)', 외부 요인으로 인해 중단된 경우를 '차단된 자살 시도(interrupted suicide attempt)'로 표현하는 것이 보다 적절합니다(Erbacher, Singer, & Poland, 2015). 이처럼, 언어 표현은 매우 중요합니다.

## 요약

자살 행동의 다양한 형태를 명확히 정의하는 것은 복잡한 과정이며, 여러 연구자와 이론가들은 자살 행동을 다양한 방식으로 정의해 왔습니다(Silverman et al., 2007a, 2007b). 본서에서는 자살 행동을 보다 넓은 개념으로 정의하여, 자살뿐만 아니라 심각하고 밀접하게 연관된 행위들, 즉 자살 사고, 자살 관련 의사소통, 자살 시도를 모두 포함하고자 합니다.

이러한 자살 행동의 형태에 따라 해당 개인의 특성도 상당히 다릅니다. 예를 들어, 자살을 시도하는 전형적인 청소년은 여학생이며, 집에서 약물을 복용하고 주변에 타인이 있는 상황(예: 부모)에서 행동을 보입니다. 반면, 자살로 사망하는 전형적인 청소년은 남학생으로, 총기를 사용하여 자살합니다(Berman et al., 2006). 따라서 자살을 시도하는 아동·청소년과 실제로 자살로 사망하는 이들 사이에는 중요한 차이가 존재합니다. 마찬가지로 자살 사고를 경험하는 청소년과 실제 자살 시도를 하는 청소년 또한 서로 다른 특성을 보입니다. 하지만 모든 자살 행동을 보이는 청소년들이 공통적으로 가지고 있는 점은, 이들이 심각한 심리적 고통과 감정적 고난을 겪고 있다는 사실입니다. 이러한 고통은 즉각적인 관심과 적극적인 개입을 필요로 합니다.

> 고등학생 중 약 6명 중 1명은 심각한 자살 사고를 경험하고, 8명 중 1명은 자살 계획을 세우며, 14명 중 1명은 자살 시도를 합니다. 이 중 일부는 의료적 치료나 입원이 필요할 정도로 심각한 시도를 경험합니다.

## 청소년 자살 행동: 문제의 범위

청소년 자살 행동의 문제 범위는 자살 사고, 자살 관련 의사소통(예: 자살 위협 및 계획), 자살 시도 및 자살 자체의 유병률을 고려할 때 명확하게 드러납니다. 미국 질병통제예방센터(CDC)의 청소년 위험 행동 감시 시스템(YRBSS)은 2017년에 전미 청소년 위험 행동 조사를 실시하였으며, 이 조사에는 46개 주 및 워싱턴 D.C.에 거주하는 9학년부터 12학년까지의 학생 14,000명 이상이 참여하였습니다. 이 조사는 당시 기준으로 가장 포괄적인 조사였으며, 조사 결과 미국 고등학생의 약 17.2%가 조사 이전 12개월 동안 자살을 심각하게 고려한 경험이 있다고 보고하였고, 이 중 여학생은 22.1%, 남학생은 11.9%였습니다.

동일한 기간 동안, 전체 학생의 13.6%가 자살 계획을 세운 적이 있다고 응답하였으며(여학생 17.1%, 남학생 9.7%), 7.4%는 적어도 한 차례 자살을 시도한 경험이 있다고 보고하였습니다(여학생 9.3%, 남학생 5.1%). 이 중 2.4%(여학생 3.1%, 남학생 1.5%)는 자살 시도로 인해 부상, 중독 혹은 과다 복용 등의 결과로 의사나 간호사의 치료가 필요한 상태에 이르렀다고 응답하였습니다(CDC, 2018). 이러한 자료를 종합해 보면, 평균적으로 고등학생 6명 중 1명이 자살 충동을 겪고, 8명 중 1명은 자살 계획을 세우며, 14명 중 1명은 자살을 시도하며, 그중 일부는 치료나 입원이 필요한 심각한 결과로 이어지고 있다는 것을 알 수 있습니다.

또한 미국 내 아동 병원에 응급 또는 입원 형태로 입원한 청소년의 자살 행동 역시 증가 추세를 보이고 있습니다. 소아 건강 정보 시스템(Pediatric Health Information System) 데이터베이스의 행정 청구 데이터를 후향적으로 분석한 연구에 따르면, 2008년부터 2015년 사이에 자살 충동 및 자살 시도로 병원을 찾은 아동 및 청소년의 비율이 거의 두 배로 증가하였으며, 특히 12세에서 17세 사이의 청소년에서 두드러진 증가가 관찰되었습니다. 자살 충동 및 자살 시도는 남녀 모두에서 증가하였으나, 여학생의 증가율이 더 높았습니다(Plemmons et al., 2018). 해당 8년간의 기간 동안, 미국의 아동 병원에서 기록된 자살 충동 및 자살 시도 사례는 115,000건 이상에 달했습니다.

## 청소년 자살의 사회적 맥락

청소년 자살 행동을 적절하게 이해하고 해석하기 위해서는 사회적 맥락을 고려하는 것이 중요합니다. 앞서 언급한 바와 같이, 2017년 기준으로 자살은 미국 전 연령대에서 열 번째로 많은 사망 원인이었으나, 10세에서 24세 사이의 청소년에게는 두 번째로 많은 사망 원인이었습니다. 이와 같은 수치는 매년 자살로 인해 사망하는 청소년 및 청년의 수가 암, 심장질환, HIV/AIDS, 선천적 기형, 뇌졸중, 폐렴 및 독감, 만성 폐질환 등 기타 의학적 질환으로 사망하는 인원수를 합친 것보다 많다는 점에서 그 심각성을 드러냅니다.

또한 지난 수십 년간 청소년 자살률은 변동을 거듭해 왔음에도 불구하고, 전체적으로 보았을 때 아동 및 청소년의 자살률은 1950년대부터 21세기 초반까지 300% 이상 증가하였습니다(Berman et al., 2006). 이러한 추세는 지난 20년 동안에도 계속 이어지고 있습니다. 이와 같은 엄중한 통계에 더하여 보고된 청소년 자살 건수가 실제 발생 건수를 과소평가하고 있을 가능성도 존재합니다(Lieberman, Poland, & Cassel, 2008). 예컨대, 사망 원인이 모호하거나 다른 원인이 명확하게 배제되지 않은 경우, 또는 검시관이 유가족에 대한 낙인을 우려하여 자살로 사인을 확정하지 않는 경우, 자살로 인한 사망이 다른 원인으로 분류될 수 있습니다. 이처럼 자살에 대한 사회적 낙인은 자살 건수의 보고 과정에서도 영향을 미치며, 이는 청소년 자살에 대한 일정 부분의 과소 보고로 이어질 수 있음을 시사합니다.

> 자살로 사망하는 청소년과 청년의 수가 암, 심장병, HIV/AIDS, 선천적 결함, 뇌졸중, 폐렴 및 인플루엔자, 만성 폐 질환 및 기타 질병으로 사망하는 사람의 수를 합친 것보다 더 많습니다.

## 청소년 자살의 인구통계학적 특성

청소년 자살의 인구통계학적 특성을 이해하는 것은 자살 행동에 대한 위험 요인을 식별하고, 자살 예방 전략을 수립하며, 자원을 효과적으로 배분하는 데 있어 매우 중요한 요소입니다(King, Ewell Foster, & Rogalski, 2013). 다만, 자살률과 관련된 대규모 인구

집단의 통계 결과를 개별 청소년에게 적용하는 것은 과도한 일반화의 오류를 초래할 수 있으므로, 실제 자살 위험 평가 시에는 개별 학생과 가족의 위험 요인이 인구통계학적 요인보다 우선적으로 고려되어야 합니다.

이러한 인구통계학적 변수는 개별적으로 논의되더라도 상호작용하는 특성을 지니므로, 각각 개별적으로뿐만 아니라 통합적으로 고려되어야 합니다. 여기에서는 인종 및 민족, 연령, 성별, 성적 지향 및 성 정체성, 지리적 요인, 사회경제적 지위 등 여섯 가지 인구통계학적 요인을 간략히 기술하고자 합니다.

## 인종 및 민족

인종 및 민족 집단 간에는 청소년 자살률, 자살의 발생 맥락, 그리고 도움 요청 행태에 있어서 차이가 존재합니다(Goldston, Davis Molock, Whitback, Murakami, Zayas, & Nagayama Hall, 2008). 미국 내 인종 및 민족 집단 중 자살로 사망한 인원의 절대 수는 백인이 가장 많지만, 비율상으로는 아메리카 원주민 및 알래스카 원주민 청소년의 자살률이 가장 높습니다(CDC, 2017). 이들 집단은 전체 인구에서 차지하는 비중이 낮음에도 불구하고 높은 자살률을 지속적으로 보여 왔습니다.

반면, 아시아계 미국인, 태평양 제도계, 라틴계, 흑인 청소년의 자살률은 상대적으로 낮은 경향을 보입니다. 아메리카 원주민 청소년의 높은 자살률에 대한 가설로는 알코올과 총기 사용률의 상대적 증가, 그리고 사회적 통합 부족 등이 제시되어 왔습니다(Middlebrook, Le Master, Beals, Navins, & Manson, 2001). 그러나 이 집단 내에서도 지리적 위치 등 다양한 변수에 따라 자살률에 큰 차이가 존재하며(Berman et al., 2006), 해당 집단은 다른 민족 집단에 비해 자살 충동 및 비치명적 자살 행동의 발생률 또한 높은 편입니다(Joe, Canetto, & Romer, 2008).

전통적으로는 흑인 청소년이 백인 청소년보다 낮은 자살률을 보여 왔지만, 최근 수십 년간 흑인 남성 청소년의 자살률은 급격하게 증가하였습니다. 실제로 1960년부터 2000년 사이에 15세에서 19세 사이의 흑인 남성의 자살률은 200% 이상 증가하였습니다(Berman et al., 2006). 더불어 최근에는 5세에서 12세 사이의 흑인 아동의 자살 사망률이 같은 연령대의 백인 아동보다 두 배 높게 나타났습니다(Bridge et al., 2018).

또한 자살 시도와 같은 자살 관련 행동에 있어서도 인종 간의 격차가 확인되었습니다. 예를 들어, 1991년부터 2017년 사이 자살 시도율은 백인 청소년의 경우 감소한 반면, 흑인 청소년의 경우 73% 증가한 것으로 나타났습니다(Lindsey, Sheftall, Xiao & Joe, 2019). 이에 따라, 2019년 말 미국에서는 흑인 청소년 자살 위기에 대한 보고서인『Ring the Alarm: The Crisis of Black Youth Suicide in America』가 발표되었으며, 이는 웹사이트(watsoncoleman.house.gov/uploadedfiles/full_taskforce_report.pdf)에서 확인 가능합니다.

정신건강 서비스 접근성에 있어서도 인종과 민족을 기반으로 한 불평등이 존재합니다. 프리덴탈(Freedenthal, 2007)은 자살 충동이나 자살 시도를 보고한 12세에서 17세 사이의 백인, 흑인, 라틴계 청소년 2,000명을 대상으로 한 연구에서, 흑인과 라틴계 청소년이 백인 청소년보다 전문적인 정신건강 서비스를 받을 가능성이 유의미하게 낮다는 결과를 도출하였습니다. 청소년 자살 행동은 정신건강 문제와 밀접하게 관련되어 있으며, 많은 아동과 청소년은 인종적, 민족적 소수자 혹은 이민자 신분이라는 요인으로 인해 정신건강 측면에서 열악한 결과를 경험하고 있습니다. 미국심리학회(American Psychological Association) 웹사이트에서는 청소년 정신건강 분야의 인종 및 민족 간 격차를 해소하기 위한 다양한 자원을 제공하고 있습니다(apa.org).

## 나이

성장과 함께 자살의 가능성은 점차 증가하는 경향을 보입니다. 15세 이상의 청소년은 10세에서 14세 사이의 청소년보다 자살 위험이 훨씬 높으며, 이들 또한 10세 미만의 아동보다 높은 위험군에 해당합니다(Berman et al., 2006; King et al., 2013). 예를 들어, 2017년에는 15세에서 19세 사이의 청소년이 10세에서 14세 사이의 청소년보다 거의 5배 높은 비율로 자살로 사망하였습니다.

비록 사춘기 이전 아동의 자살은 상대적으로 드문 현상이지만, 최근 들어 그 발생률이 크게 증가하고 있습니다. 예를 들어, 2007년부터 2017년 사이에 5세에서 14세 사이 아동의 자살률은 두 배 이상 증가하였습니다(Drapeau & McIntosh, 2020). 한 역학 연구에 따르면, 1993년부터 2012년까지의 20년 동안 5세에서 11세 사이 아동 657명이 자살로 사망하였으며, 이는 해당 연령대에서 연평균 약 33명의 아동이 자살로 생명을 잃은 것에 해당합니다(Bridge et al., 2015). 특히 이 시기 동안 흑인 아동의 자살률이 크게 증가한 것이 이 연령대 전체 자살률 증가의 주요 원인으로 지목되었습니다(Bridge et al., 2015). 청소년이나 성인의 주요 자살 수단이 총기인 반면, 브리지와 동료들(Bridge et al., 2015)의 연구에 따르면, 아동 자살의 약 80%는 교수나 질식에 의한 것이었고, 총기에 의한 사망은 17.7%에 불과하였습니다.

세프탈과 동료들(Sheftal et al., 2016)은 미국 17개 주에서 2003년부터 2012년까지 5세에서 11세 사이 아동과 12세에서 14세 사이 초기 청소년의 자살 사례를 국가폭력사망보고시스템(NVDRS) 데이터를 기반으로 분석하였습니다. 그 결과, 자살로 사망한 아동은 초기 청소년에 비해 남성이 많고, 흑인일 가능성이 높으며, 교수나 질식으로 사망한 비율이 높았고, 대부분 가정 내에서 사망한 것으로 나타났습니다. 또한 이들은 연인 문제보다는 가족이나 친구와의 관계에서 더 많은 갈등을 겪었으며, 유서를 남긴 비율은 낮았습니다(Sheftal et al., 2016).

10세 미만 아동에게서도 자살이 발생할 수 있으며, 학령 전 아동의 자살 행동 사례도 일부 문헌에서 보고된 바 있습니다. 예를 들어, 한 연구에서는 2세에서 5세 사이의 유아 16명이 치명적이지는 않지만 자살 시도를 한 사례가 확인되었습니다(Rosenthal & Rosenthal, 1984). 과거에는 어린 아동이 죽음의 최종성을 이해하지 못한다고 여겨 자살 위험이 없다고 보는 시각이 우세하였습니다(Pfeffer, 2003). 그러나 이후의 연구에서는, 3세 정도의 어린 아동도 죽음에 대한 개념을 어느 정도 이해할 수 있으며, 자살 행동의 의도가 반드시 성숙한 죽음 개념을 전제로 하지 않음을 보여 주었습니다(Pfeffer, 1986). 그럼에도 불구하고 10세 미만 아동의 자살은 매우 드문 현상이며, 연간 극히 소수의 사례만이 보고되고 있습니다. 이 시기 아동의 자살은 대부분 가족 체계의 심각한 기능 장애나 정신병리와 밀접하게 관련되어 있는 것으로 나타났습니다.

요약하자면, 자살은 어린 아동에게서도 발생할 수 있으나, 특히 15세에서 19세 사이 청소년에서 그 가능성이 훨씬 더 높게 나타납니다. 그러나 이 같은 사실이 초등학생이나 중학생을 대상으로 한 학교 기반 자살 예방 활동의 필요성을 약화시키는 근거가 되어서는 안 됩니다. 첫째, 이후 본문에서 살펴보게 될 때, 청소년 자살의 여러 위험 요인은 아동기부터 형성되며, 초등학교나 중학교 시기에 이들 위험 요인을 조기에 발견하

고 개입하며, 보호 요인을 강화하는 것이 향후 자살 위험을 낮추는 데 효과적일 수 있습니다. 둘째, 자살 행동은 단순히 자살 시도만을 의미하는 것이 아니라, 자살 사고, 자살 관련 의사소통, 자살 시도 등을 포함하는 포괄적인 개념입니다. 이러한 행동은 초등학생이나 중학생에게서도 나타날 수 있으며, 이는 청소년기나 성인기 자살 위험을 높이는 요인으로 작용합니다. 따라서 초등학교, 중학교, 고등학교 등 모든 학교에서 교직원은 청소년의 자살 행동에 대한 충분한 인식과 함께, 이를 효과적으로 예방하고 평가하며 대응할 수 있는 역량을 갖추는 것이 매우 중요합니다.

## 성별

> 청소년 여성은 청소년 남성보다 자살 충동을 더 많이 느끼고 남성의 2~3배에 달하는 비율로 자살을 시도하지만, 남성은 여성보다 최대 5배 더 높은 비율로 자살로 사망합니다.

성별은 자살 행동과 관련된 가장 강력한 인구통계학적 변수 중 하나입니다. 청소년기에는 남녀 모두에서 자살 사고 및 자살 시도가 흔히 나타나지만, 전반적으로 여성이 자살 사고 및 시도율이 더 높고, 남성이 자살로 인한 사망률이 더 높은 경향이 있습니다. 이는 종종 '자살 성역설(sex paradox in suicidal behavior)'이라고 불리며, 여성이 자살을 더 자주 시도하지만 남성은 보다 치명적인 수단을 선택함으로써 실제 자살로 이어지는 경우가 많기 때문입니다. 예를 들어, 남성은 총기나 목매기 등의 고위험 수단을 더 자주 사용하는 반면, 여성은 약물 과다복용 등 비교적 비치명적인 수단을 사용하는 경향이 있습니다. 여성 청소년은 우울증, 불안, 섭식장애 등 자살 행동과 관련된 정신병리 증상을 더 많이 보고하는 경향이 있으며, 이에 따라 자살 사고 및 시도율이 높게 나타나는 것으로 보입니다. 반면, 남성 청소년은 충동성, 외현화 행동, 물질 사용 등 위험 요소와 더 높은 연관을 보입니다.

## 성적 지향과 성 정체성

성적 소수자 청소년은 다양한 자살 행동에 있어 증가된 위험을 지니고 있는 것으로 나타났습니다. 일반적으로 성적 소수자는 두 가지 뚜렷한 특성, 즉 성적 지향(sexual

레즈비언, 게이, 양성애자, 성전환자(LGBT) 청소년은 이성애자 또래에 비해 자살 행동 위험이 더 높습니다.

orientation)과 성 정체성(gender identity)에 따라 정의될 수 있습니다(Haas, Eliason, Mays, Mathy, & Cochrane, 2010). 연구에 따르면, 9학년에서 12학년에 재학 중인 학생의 약 3%가 자신의 성적 지향을 레즈비언, 게이 또는 양성애자(LGB)라고 응답하였으며, 이러한 성적 소수자 청소년은 이성애자 청소년에 비해 자살 행동의 위험이 높다는 근거가 점점 더 많이 보고되고 있습니다. 예를 들어, 미국 청소년 건강에 관한 국가 종단 연구(National Longitudinal Study of Adolescent Health)의 데이터를 기반으로 한 연구에서는, LGB 청소년이 자살 사고(17.2% 대 6.3%) 및 자살 시도(4.9% 대 1.6%)를 보고할 가능성이 비LGB 청소년보다 훨씬 높은 것으로 나타났습니다(Silenzio, Pena, Duberstein, Cerel, & Knox, 2007).

미국 질병통제예방센터(CDC)는 2016년에 성적 소수자 고등학생의 건강 위험요인에 대한 국가 대표 표본 기반의 첫 번째 보고서를 발표하였습니다. 이 보고서는 국가 대표 표본에서 추출된 15,000명 이상의 학생 자료와 함께, 25개 주(state) 수준 조사 및 19개 대도시 학군에서 수집된 자료를 분석하였습니다. 그 결과, LGB 학생 중 40% 이상이 최근 자살을 심각하게 고려한 적이 있으며, 29%는 지난 12개월 동안 자살을 시도한 경험이 있다고 보고하였습니다. 이와 유사한 결과는 트레버 프로젝트(The Trevor Project)에서도 보고된 바 있습니다. 해당 기관은 2020년에 LGBTQ(레즈비언, 게이, 양성애자, 트랜스젠더, 퀘스처닝) 청소년의 정신건강에 대한 가장 대규모 설문조사 결과를 발표하였으며, 이 조사에는 미국 전역의 13세에서 24세 사이 청소년 40,000명 이상이 참여하였습니다. 이 조사에서도 응답자의 40%가 최근 12개월 내 자살을 심각하게 고려한 적이 있다고 응답하였으며, 이는 CDC의 결과와 유사한 수준이었습니다(Trevor Project, 2020). 이러한 일관되며 매우 우려스러운 수준의 높은 수치를 고려할 때, 성적 소수자 청소년은 이성애자 청소년에 비해 자살률 또한 더 높을 가능성이 있습니다. 그러나 사망진단서에는 일반적으로 사망자의 성적 지향이 기재되지 않기 때문에, 성적 소수자 청소년의 자살 사망률을 공식적이거나 신뢰할 수 있는 방식으로 산출하기는 어렵습니다.

한편, '트랜스젠더'라는 용어는 성적 지향이 아니라 성 정체성과 관련된 개념으로, 출생 시 지정된 성별과 다른 성 정체성 또는 표현을 지닌 개인을 지칭합니다. 일부 트랜스젠더 개인은 신체적 및/또는 법적 전환을 수행하기도 합니다(U.S. Department of

Health and Human Services, 2012, p. 143). 트랜스젠더 청소년의 자살 행동을 처음으로 조사한 연구에서는, 15세에서 21세 사이의 트랜스젠더 청소년 및 청년 55명을 대상으로 생명의 위협을 받는 행동에 대해 보고하도록 하였습니다. 연구 결과, 조사 대상자의 약 절반이 심각한 수준의 자살 사고를 경험한 바 있으며, 약 25%는 실제 자살 시도를 했다고 보고하였습니다(Grossman & D'Augelli, 2007).

이와 유사한 결과는 다른 연구들에서도 확인된 바 있습니다. 예컨대, 피터슨, 매튜, 콥-스미스 및 콘래드(Peterson, Matthews, Copps-Smith, & Conrad, 2017)는 자신들의 트랜스젠더 청소년 표본 중 30%가 최소 한 번 이상 자살을 시도한 경험이 있다고 보고하였습니다. 또한 트레버 프로젝트(2020)의 조사에서는 트랜스젠더 및 논바이너리(non-binary) 청소년 중 절반 이상이 자살을 심각하게 고려한 적이 있는 것으로 나타났습니다. 주목할 점은, 트레버 프로젝트의 설문에서 본인의 선호하는 대명사(preferred pronouns)를 주변의 모든 사람 또는 대부분의 사람에게서 존중받는다고 응답한 청소년은, 그렇지 않은 청소년에 비해 자살 시도율이 절반 수준에 불과하였다는 사실입니다. 이는 사회적 인정과 존중이 자살 행동에 대한 중요한 보호 요인으로 작용할 수 있음을 시사합니다.

## 지리

청소년 자살률은 지역적 차이를 보이며, 일반적으로 도시보다 농촌 지역에서 자살률이 더 높게 나타나는 경향이 있습니다(Fontanella et al., 2015). 이는 농촌 지역에서의 총기 접근성, 정신건강 서비스 부족, 사회적 고립, 낙인 등의 요인과 관련이 있는 것으로 분석됩니다. 특히 미국의 서부 및 중서부 지역에서는 청소년 자살률이 상대적으로 높으며, 아메리카 원주민 및 알래스카 원주민 인구가 밀집된 지역에서는 더욱 높은 수치를 보입니다. 이와 같은 지리적 차이는 정책 수립 및 지역사회 기반 자살 예방 프로그램의 필요성을 강조합니다.

## 사회경제적 현황

모든 사회경제적 계층의 사람들이 자살로 생을 마감하기는 하나, 전반적인 연구 결과에 따르면, 개인이 경제적으로 얼마나 큰 어려움을 겪고 있는지가 자살 위험 증가와 관련되어 있다는 점이 확인되고 있습니다(Stack, 2000; Ying & Chang, 2009). 특히 중고소득 국가에서 경제 불황과 자살 간에는 긍정적인 상관관계가 존재한다는 실증적 증거가 상당히 축적되어 있습니다(Haw, Hawton, Gunnell, & Platt, 2014). 또한 사회경제적 지위가 낮을수록 자살 위험이 높아지는 경향성이 존재하는 것으로 보이며, 이는 가장 낮은 사회경제적 지위에 속한 개인 및 가장 심각한 빈곤 지역에 거주하는 사람들이 자살 위험이 가장 높다는 사실로부터 확인됩니다(Platt, 2016). 한편, 사회경제적 지위와 청소년 자살 간의 관계에 대한 연구는 아직 제한적인 실정입니다. 그러나 덴마크 청소년 20,000명 이상을 대상으로 진행된 한 연구에 따르면, 자살로 사망한 청소년 중 사회경제적 지위가 최하위 사분위수에 해당하는 이들의 자살 위험은 상위 계층에 속한 또래 청소년에 비해 5배 이상 높은 것으로 나타났습니다(Qin, Agerbo, & Mortenson, 2003).

## 청소년 자살에 대한 일반적인 오해와 잘못된 통념

자살, 특히 청소년 자살에 대해서는 여러 가지 잘못된 통념이 존재합니다(이 주제에 대한 포괄적인 검토는 Joiner, 2010을 참조하십시오). 이러한 오해는 여러 면에서 해로우며, 그중에서도 특히 중요한 문제는 자살 예방 노력을 저해할 수 있다는 점입니다.

이 장의 다음 절에서는 자살에 대한 대표적인 오해들을 구체적으로 다루고자 합니다. 제5장 말미에는 청소년 자살에 관한 통념과 실제를 정리한 부록 5-1이 첨부되어 있으며, 이는 보편적 수준(Tier 1)의 자살 예방 프로그램에 이러한 이슈들을 어떻게 통합할 수 있을지를 설명하는 내용과 함께 제공됩니다.

## 통념: 자살에 대해 이야기하거나 물어보면 자살 가능성이 높아진다

청소년 자살에 관한 통념 중 가장 심각하고 위험한 것은, 학생에게 자살에 대해 질문하거나 이 주제에 대해 이야기하는 것이 자살 발생 가능성을 높인다는 믿음입니다(Kalafat, 2003). 그러나 이러한 우려와는 달리, 이를 뒷받침하는 과학적 근거는 전혀 없습니다(Gould et al., 2005; Mathias et al., 2012). 오히려 연구에 따르면, 신뢰할 수 있는 성인과 개방적이고 솔직하게 자살이라는 주제에 대해 논의한 학생들은 일반적으로 더 긍정적인 결과를 보이는 것으로 나타났습니다. 이는 자살 위험이 있는 또래에게도 유사한 효과를 미칠 수 있습니다(Mazza, 2006).

> 청소년 자살에 대한 가장 중요하고 위험한 오해는 아마도 어린이와 청소년에게 자살에 대해 질문하거나 이야기하면 자살할 확률이 높아진다는 것입니다. 이에 대한 두려움에도 불구하고 이러한 믿음에 대한 증거는 없습니다.

더 나아가, 자살 행동을 할 가능성이 있는 학생에게 직접적으로 질문하는 것은 효과적인 자살 위험 평가에 있어 핵심적인 요소이며, 이에 대해서는 제6장에서 보다 자세히 다룹니다.

## 통념: 부모/보호자는 자녀의 자살 행동을 인지하고 있다

또 다른 잘못된 통념은 부모나 보호자가 자녀의 자살 행동을 인지하고 있다는 믿음입니다(Mazza, 2006). 한 연구에 따르면, 자녀의 자살 시도를 포함한 자살 행동에 대해 부모의 86%가 이를 인지하지 못하고 있었던 것으로 나타났습니다(Kashani, Goddard, & Reid, 1989). 특히 청소년은 자신의 자살 생각이나 행동에 대해 부모나 보호자에게 직접적으로 말하지 않는 경향이 강하며, 대신 또래 친구에게 이러한 내용을 털어놓는 경우가 훨씬 많습니다. 이러한 결과는, 자살 위험 평가 시 전문상담교사나 담임교사가 학생 본인에게 직접적으로 질문할 필요성을 강조하는 것이며, 자살에 관한 정보를 얻기 위해 부모나 보호자에만 의존하는 방식은 효과적이지 않다는 점을 시사합니다.

## 통념: 자살을 시도하는 대부분의 청소년은 어떤 형태로든 치료를 받는다

또 하나의 오해는 자살을 시도한 청소년들은 대부분 의료적 처치나 그에 상응하는 치료를 받는다는 믿음입니다(Mazza, 2006). 그러나 연구에 따르면, 실제로는 그러한 치료가 이루어지지 않는 경우가 대부분입니다. 예를 들어, 스미스와 크래포드(Smith & Crawford, 1986)의 연구에서는 자살 시도를 한 청소년 313명을 대상으로 조사한 결과, 단지 12%만이 의료적 치료를 받았고, 나머지 88%는 아무런 치료도 받지 않은 것으로 나타났습니다.

최근의 연구들 역시, 자살 행동을 보인 아동과 청소년 중 치료를 받는 비율이 매우 낮다는 점을 지적하고 있습니다. 또한 운전할 수 없는 나이이기 때문에 병원 진료나 기타 치료 서비스를 이용하기 위해서는 부모나 보호자, 혹은 나이가 많은 형제자매 등에게 자신의 자살 행동을 알려야 하는 상황이 발생합니다. 그러나 많은 청소년은 이러한 방식으로 자신의 자살 생각이나 행동을 주변에 알리지 않는 경향이 있는 것으로 보입니다(Mazza, 2006).

## 통념: 자살로 사망하는 청소년들은 대부분 유서를 남긴다

대부분의 청소년이 자살 전 유서를 남긴다는 인식은 오해에 불과합니다(Martin & Dixon, 1986). 한 연구에 따르면, 자살을 시도한 아동과 청소년 중 유서를 작성한 비율은 단지 5%에 불과하였으며(Garfinkel, Froese, & Hood, 1982), 이는 자살로 사망한 사람들(아동, 청소년, 성인을 포함한 전 연령대)의 대다수가 유서를 남기지 않는다는 다른 연구 결과와 일치합니다(Jamison, 1999). 예를 들어, 약 3,000명의 자살 사망 사례를 분석한 한 연구에서는 유서를 남긴 비율이 20% 미만이었습니다(Cerel, Moore, Brown, van de Venne, & Brown, 2015).

청소년들이 유서를 작성하지 않는 주요 이유 중 하나로는, 자신이 생각하거나 느끼는 바를 부모나 보호자에게 드러내고 싶어 하지 않는다는 해석이 있습니다. 청소년들은 부모가 자신의 삶에 과도하게 개입한다고 느끼며, 유서를 남기는 것이 오히려 부모의 간섭을 초래할 수 있다고 생각할 수 있습니다(Mazza, 2006). 또한 대부분의 경우, 유

서의 내용은 그리 구체적이거나 내면을 드러내는 것이 아니며, 자살로 사망한 사람들 중 유서를 남긴 경우와 남기지 않은 경우 사이에 뚜렷한 심리적 차이가 발견되지 않는다는 연구 결과도 있습니다(Callahan & Davis, 2009).

## 통념: 자살하는 사람은 충동적이다

다섯 번째 오해는 자살을 시도하거나 자살로 사망하는 사람들은 충동적이며, 순간적인 기분에 따라 자살을 선택한다는 인식입니다. 이러한 오해는 자살 시도나 자살이 종종 갑작스럽고 별다른 예고 없이 일어나는 것처럼 보이기 때문에 널리 퍼져 있는 것으로 보입니다. 그러나 실제로는 이와 반대의 경우가 훨씬 더 많습니다. 대부분의 자살 시도자나 자살 사망자는 자살에 대해 오랜 시간 깊이 고민해 왔으며, 이를 실행하기 위한 구체적이고 신중한 계획을 세운 경우가 많습니다. 조이너(Joiner, 2010)는 "자살로 사망한 사람들은 가능한 방법, 장소 등을 몇 년 전부터 미리 고민해 온 경우가 많다."라고 지적하였습니다(p. 75). 실제로 한 연구에서는 '충동적'이라고 간주된 청소년 자살 시도자들이 실제로는 충동적인 행동을 보이지 않았다는 사실이 밝혀졌습니다(Witte, Merril, Bernert, Hollar, Schatschneider, & Joiner, 2008). 또 다른 연구에서는 청소년들이 처음 자살에 대한 생각을 한 시점과 실제로 자살 시도를 한 시점 사이의 평균 시간이 약 1년이었다는 결과도 제시되었습니다(Nock et al., 2013).

물론 충동성이 자살에 영향을 줄 수는 있으며, 특히 나이가 어린 아동의 경우 그 가능성이 더 큽니다. 그러나 일반적으로 충동성은 자살에 직접적인 원인이라기보다는 간접적인 경로로 작용하는 것으로 보입니다. 예컨대, 충동성이 높은 사람일수록 고통스럽고 도발적인 경험에 더 자주 노출될 가능성이 있으며, 이러한 경험은 자살에 대한 두려움을 줄이고 실행 능력을 강화하는 데 기여할 수 있습니다(Joiner, 2005). 이 주제에 대한 포괄적인 메타분석에서는 "자살 행동은 거의 또는 전혀 충동적으로 이루어지지 않으며, 그것은 너무 두렵고 신체적으로 고통스러운 일이기 때문에 사전 계획 없이 실행되기는 어렵다."라고 결론지었습니다(Anestis, Soberay, Gutierrez, Hernandez, & Joiner, 2014, p. 366). 또한 이 연구에서는 충동적인 성향을 가진 사람의 자살 행동은 고통스럽고 두려움을 유발하는 경험을 통해 자살 실행 능력이 증가하는 과정으로 설명될 수 있다고 보았습니다. 자살 실행 능력(capability for suicide)은 자살 이해에 있어 매우 핵심적인 개념이며, 이에 대한 논의는 이 장의 후반부에서 보다 자세히 다룹니다.

## 통념: 어린 아동은 자살하지 않는다

앞서 언급한 바와 같이, 어린 아동도 때때로 자살 행동을 보일 수 있으며 실제로 자살 시도를 하거나 매우 드물게 자살로 사망하는 경우도 존재합니다. 그럼에도 불구하고, 아동은 아직 죽음의 개념을 충분히 이해하지 못하기 때문에 자살할 수 없거나 자살하지 않는다는 오해가 널리 퍼져 있습니다(Wise & Spengler, 1997). 조이너(Joiner, 2010)는 자살에 대한 언론 보도 중 상당수가 어린 아동이 자살을 시도하거나 자살로 사망할 때 그것이 실제로 무엇을 의미하는지 이해하지 못했을 가능성을 강조하는 경향이 있다고 지적합니다. 그러나 안타까운 현실은, 어린 아동 또한 다양한 형태의 자살 행동에 실제로 관여할 수 있으며, 자살 시도는 물론 매우 드문 경우에는 실제 자살로 사망하기도 한다는 점입니다(Ridge Anderson, Keyes, & Jobes, 2016; Westefeld et al., 2010). 따라서 초등학교를 포함한 모든 학교에서 이에 대비한 자살 예방 프로그램을 개발하고 실행해야 할 필요가 있습니다(D. N. Miller, 2019).

## 통념: 12월에 자살률이 증가한다

자살률이 12월, 특히 크리스마스나 새해 전야 등 연말연시 명절 기간 동안 증가한다고 많이 생각합니다(Joiner, 2010). 그러나 실제는 12월에 자살률이 가장 낮은 경향을 보이며, 이는 주요 명절 전후로 자살률이 다소 감소하는 경향이 있다는 기존 연구 결과와 일치합니다(Berman et al., 2006; Bradvik & Berglund, 2003; Phillips & Feldman, 1973).[1]

조이너(Joiner, 2010)는 "겨울 명절 시기는 오히려 자살 사망이 가장 적게 발생하는 시기이며, 이는 아마도 사람들 간의 '연결감(togetherness)'이 강해지는 시기이기 때문"이

1 한국의 자살률도 5월, 3월, 7월, 4월 등 봄에 높고, 2월, 11월, 12월, 1월 순으로 낮습니다(한국생명존중희망재단 https://kfsp-datazoom.or.kr/korea04.do).

라고 설명합니다(p. 258). 이러한 '연결감' 혹은 '사회적 유대감'은 자살을 예방하는 데 있어 매우 중요한 보호 요인으로 점점 더 주목받고 있습니다. 따라서 연말의 자살률 감소는 명절 기간 동안 사람들과의 만남, 사회적 상호작용, 정서적 지지의 기회가 증가하는 것과 관련이 있을 가능성이 높습니다. 다시 말해, 함께하는 시간이 많아질수록 자살의 위험은 낮아질 수 있다는 점에서, 사회적 연결의 중요성이 강조됩니다.

## 통념: 누군가가 자살을 시도하면 이를 예방하기 위해 할 수 있는 일이 거의 또는 전혀 없다

자살을 예방하려는 시도가 아무리 선의에서 비롯된 것이라 하더라도, 결국 무의미하다는 오해가 흔히 존재합니다. 이는 한 번 자살을 막더라도 결국 다른 시점에 다시 자살을 시도하거나 사망할 것이라는 인식에서 비롯됩니다. 그러나 이러한 인식은 두 가지 중요한 이유에서 잘못된 것입니다. 첫째, 자살을 시도하는 대부분의 사람들은 평생 한 번만 시도하는 것으로 나타났습니다. 따라서 자살 시도를 한 번이라도 예방할 수 있다면, 해당 이후에 자살로 사망하거나 다시 시도할 가능성은 매우 낮아집니다. 둘째, 다양한 연구 결과에 따르면, 자살 예방 전략은 실제로 효과가 있으며, 많은 생명을 구할 수 있습니다. 이에 대한 구체적인 내용은 이후 장에서 다룹니다. 이와 같은 잘못된 인식은 자살이 결국 예방 불가능하다는 잘못된 믿음을 정당화하는 데 사용되어 왔기 때문에, 자살과 관련된 통념 중에서도 특히 위험합니다.

## 자살에 대한 다른 일반적인 오해

자살에 대한 흔한 통념과 오해로 다음과 같은 믿음들이 있습니다. 첫째, 자살은 주로 정신건강 문제나 정신질환보다는 가족이나 사회적 스트레스에 의해 발생한다는 인식입니다(Moskos, Achilles, & Gray, 2004). 둘째, 자살에 대해 이야기하는 사람들은 단지 관심을 끌기 위한 것이며 실제로 진지하게 자살을 고려하고 있는 것은 아니라는 잘못된 생각입니다(Martin & Dixon, 1986). 셋째, 자살을 생각하는 사람들은 '정신이 이상하다.'거나 '제정신이 아니다.'라는 낙인도 존재합니다. 넷째, 자살은 주로 분노를 표현하거나 복수를 목적으로 이루어진다는 오해가 있으며, 마지막으로, 자살이 달의 주기에 따라 일어나며 특히 보름달이 뜰 때 급증한다는 비과학적인 속설도 있습니다(Joiner, 2010).

## 청소년 자살: 언제, 어디서, 어떻게

### 청소년 자살은 언제 발생할 가능성이 가장 높나요

여러 연구들은 자살 발생의 시간적 변동에 대해 조사해 왔습니다(예: Blachly & Fairly, 1989; Lester, 1979). 연구 결과에 따르면, 자살은 일반적으로 연중 대부분의 달에 걸쳐 비교적 고른 빈도로 발생하지만, 앞서 언급한 바와 같이 12월에는 예외적으로 낮은 경향을 보입니다. 특히 자살 발생이 가장 높은 시기는 늦은 봄으로 보고되었습니다.

또한 연구자들은 자살이 가장 많이 발생하는 요일과 시간대에 대해서도 분석하였습니다. 일반적으로 자살은 월요일에 가장 많이 발생하며, 주말에는 가장 적게 발생하는 경향이 있습니다(Bradvik & Berglund, 2003). 이러한 결과에 대한 명확한 원인은 밝혀지지 않았으나, 한 가지 가능한 설명은 사람들이 주말 동안에는 사회적이고 즐거운 활동에 더 많이 참여하게 되며, 이러한 활동이 월요일에 새로운 한 주의 시작과 함께 갑작스럽게 끝나기 때문일 수 있습니다. 또 다른 가설은 자살이 "성찰, 계획, 그리고 일종의 단호한 결의가 필요한 행위이기 때문에……. 월요일에 자살한 사람들은 주말 동안 그 어려운 일을 해내기 위한 결심을 다졌을 수 있다."라고 합니다(Joiner, 2010, p. 266).

시간대와 관련하여, 대부분의 청소년 자살은 아침보다는 오후나 저녁 시간대에 더 많이 발생하는 것으로 나타났습니다(Hoberman & Garfinkel, 1988; Shafii & Shafii, 1982). 그러나 청소년 자살의 시간적 경향을 해석할 때에는 주의가 필요합니다. 이는 현재 이용 가능한 데이터가 제한적일 뿐만 아니라, 사망 진단서가 자살이 정확히 언제 발생했는지를 정확하게 반영하지 않을 수도 있기 때문입니다(Berman et al., 2006).

## 청소년 자살이 가장 많이 발생하는 장소는 어디인가요

이 주제에 대한 연구는 제한적이지만, 대부분의 청소년 자살은 학생들이 거주하는 주거지 내 또는 인근에서 발생하는 것으로 보입니다. 이는 자살에 사용되는 주요 수단(예: 총기류 등)이 일반적으로 그 공간에서 접근 가능하기 때문입니다(Berman et al., 2006; Hoberman & Garfinkel, 1988). 또한 치명적이지 않은 청소년 자살 시도 대부분은 약물 복용을 통해 이루어지며, 이 또한 청소년의 가정 내에 보관되어 있는 경우가 많습니다(Berman et al., 2006). 청소년 자살 및 자살 시도 중 학교나 주거지를 제외한 장소에서 발생하는 경우는 매우 소수에 불과합니다.

## 청소년 자살은 어떤 방식으로 가장 많이 발생하나요

자살 행동의 위험성은 종종 '의도'의 정도와 관련이 있으며, 이 의도는 자살 시도에 사용되는 방법과 밀접하게 연관되어 있습니다(D. N. Miller & Eckert, 2009). 물론 예외도 존재하여, 죽고자 하는 의지가 강하더라도 상대적으로 낮은 치사율을 가진 방법을 사용할 수는 있지만, 일반적으로 자살에 대한 의도가 강할수록 선택되는 방법의 치명성도 더 높은 경향을 보입니다(Berman et al., 2006). 예를 들어, 목을 매는 방식이나 총기는 손목을 긋거나 약물 과다복용이나 일산화탄소 중독 등에 비해 훨씬 더 치명적인 방법으로 간주됩니다. 자살 방법의 선택에는 여러 가지 요인이 영향을 미칩니다. 이러한 요인에는, (1) 접근 가능성과 사용의 용이성, (2) 지식, 경험, 익숙함의 정도, (3) 의미와 문화적 상징성, (4) 위기 상황에 있는 사람의 심리 상태 등이 포함됩니다(Berman et al., 2006; Berman, Litman, & Diller, 1989).

아동 및 청소년의 자살 시도는 대체로 치명성이 낮고, 구조될 가능성이 높은 경향이 있습니다(Garfinkel et al., 1982). 예를 들어, 469명의 청소년 자살 시도자를 대상으로 한 연구에서는 약물 과다복용(즉, 알약 복용)과 손목 자해(cutting)가 가장 흔합니다(Reynolds & Mazza, 1993). 이와 유사한 결과는 다른 연구에서 반복적으로 보고되고 있으며, 이는 많은 청소년들이 실제로 자신의 생명을 끊는 것에 대해 양가적인 감정을 가지고 있음을 시사합니다(Mazza, 2006). 그러나 자살로 실제 사망하는 청소년들 대부분은 총기를 사용하는데, 총기와 자살 예방에 관한 논의는 제4장에서 보다 자세히 다루고 있습니다.

## 중요한 질문입니다: 청소년들이 자살로 사망하는 이유는 무엇인가요

가장 어렵고 복잡하며 답을 찾기 힘든 질문 중 하나는 왜 아이들이 자살 행동에 이르게 되는가입니다. 왜 사람들, 특히 아이들이 자살로 생을 마감하는 걸까요? 안타깝게도 이러한 질문에 지금도, 그리고 앞으로도 아마 간단한 답은 존재하지 않을 것입니다. 2012년 미국 보건복지부의 '국가 자살 예방 전략'에서도 언급되었듯이, "일부 사람들은 자살을 단순히 문제를 가진 개인의 행위로 볼 수 있지만, 자살은 여러 요인이 영향을 미치는 복합적인 결과"입니다(U.S. Department of Health and Human Services, 2012, p. 13).

청소년의 자살 행동을 설명하거나 예측하는 데 도움이 될 수 있는 변수로는 위험 요인과 경고 신호가 있으며(제5장에서 자세히 다룸), 이러한 요소들이 자살 행동을 이해하는 데 도움이 될 수는 있지만, 그것만으로 자살 행동의 모든 이유를 설명할 수는 없습니다. 자살은 다른 심각한 문제들처럼 매우 복잡한 현상이며, 단 하나의 요인으로 원인을 완전히 설명할 수는 없습니다(Anestis, 2018; U.S. Department of Health and Human Services, 2012). 청소년 자살 행동의 원인을 포괄적으로 이해하기 위해서는 유전적, 신경생물학적, 사회적, 문화적, 심리적 요인 등 복합적이고 상호 연결된 다양한 변수를 고려하는 민감한 접근이 필요합니다(Berman et al., 2006; Goldston et al., 2008; U.S. Department of Health and Human Services, 2012).

또한 자살 행동이 여러 상호 연결된 요인의 결과라는 점을 이해하는 것 외에도, 선생님들뿐 아니라 특히 학교 관리자(교장, 교감)와 교육청의 교육전문직(장학사, 장학관)은 자살 행동에 대한 주요 이론들에 대해 인지하고 있어야 합니다. 자살에 관한 이론은 오래전부터 존재했지만, 과학적으로 평가되지 않은 채 소개되는 이론들도 많고, 어느 정도의 실증적 근거를 가진 이론조차도 대중에게 널리 알려지거나 받아들여지지 않았습

니다(Anestis, 2018). 그 결과, 실증적으로 검증되지 않았거나 과학적 근거가 부족한 다른 개념들이 그 자리를 대신하게 되었고, 자살에 대한 잘못된 통념과 오해들이 널리 퍼져 진실처럼 받아들여지게 되었습니다(Anestis, 2018, p. 21).

이론의 기능과 가치는 종종 오해를 받곤 합니다. 이론의 주된 목적은 새로운 아이디어와 발견을 이끌어 내고, 그것이 엄격한 평가를 통해 검증될 수 있도록 하는 데 있습니다. 유용한 이론은 논리적이며, 경제적이고, 검증 가능하며, 일반화할 수 있어야 하며, 기존의 연구 결과들을 설명할 수 있어야 합니다(Higgins, 2004). 특히 중요한 점은, 자살 행동(혹은 그 외의 심리적 · 정신건강 문제들)에 대한 개인의 이론적 관점은 단지 추상적이고 비현실적인 활동이 아니라는 것입니다. 오히려, 개인의 이론적 관점은 문제를 어떻게 인식하고 개념화할지를 결정하는 '렌즈' 역할을 하며, 그에 따라 문제 해결 방안에도 영향을 미칩니다(Joiner, 2009). 저명한 심리학자 커트 르윈(Kurt Lewin, 1951)의 말처럼, "좋은 이론만큼 실용적인 것은 없다."(p. 169)라는 점을 기억할 필요가 있습니다.

다음에서 자살에 대한 초기 이론부터 최근의 현대 이론까지 간략하게 소개하겠습니다. 특히 현대 자살학에서 영향력이 크고 실증적 지지를 받으며, 학교 기반 자살 예방 실천에 직접적인 의미를 지니는 '사고에서 행동으로(ideation-to-action)' 이론들에 초점을 맞춰 설명하겠습니다.

## 자살 행동의 초기 이론

오늘날까지 영향을 미치고 있는 가장 초기의 자살 이론 중 하나는 120년 전 프랑스의 사회학자 에밀 뒤르켐(David Émile Durkheim, 1897)이 제안한 것입니다. 그는 자살 행동에 사회적 요인이 미치는 영향을 강조했습니다. 뒤르켐은 자살 행동에서 개인적 요인보다 사회적 힘이 더 핵심적이라고 보았고, 그의 이론은 사회적 통합(social integration)과 도덕적 규제(moral regulation)의 중요성에 초점을 맞추었습니다. 물론 이 이론은 자살 행동에서 중요한 역할을 하는 심리적 문제와 같은 개인적 요인들을 지나치게 간과하는 한계가 있지만, 자살에 대한 최초의 포괄적이고 검증 가능한 이론이라는 점과 일부 내용이 실증적으로 지지를 받았다는 점에서 여전히 영향력 있는 이론으로 평가됩니다(Joiner, 2005).

뒤르켐의 연구는 자살에 대한 고전적인 사회학적 관점으로 간주되지만, 이후에는 자살을 설명하려는 다른 사회학적 모델들도 제안되었고, 사회적 요인과 심리적 요인을 함께 고려하려는 통합적 접근도 시도되었습니다. 예를 들어, 헨딘(Hendin, 1987)은 청소년 자살 행동을 역학적(epidemiological) 관점과 정신역동적(psychodynamic) 관점 모두에서 설명하려 했고, 레스터(Lester, 1988)는 삶의 질이라는 개념을 중심으로 자살 행동을 설명하는 사회심리학적 관점을 제안했습니다.

20세기에 들어서면서 자살에 대한 이론들은 보다 심리학 중심으로 전개되었으며, 초기에는 정신분석 이론이 중심적인 역할을 했습니다. 대표적인 이론가로는 칼 메닝거(Karl Menninger, 1933)가 있으며, 그는 『자신에게 맞서는 인간(Man Against Himself, 1938)』이라는 저서에서 프로이트의 자살 이론을 발전시키는 동시에 자신만의 견해도 추가했습니다(Berman et al., 2006). 정신역동 이론, 특히 자살이 주로 내면으로 향한 분노나 증오에서 비롯된다는 가설은 많은 학자들에 의해 경험적 근거 부족으로 비판받아 왔습니다. 예를 들어, 조이너(Joiner, 2005)는 "정신분석적 관점으로부터 자살을 이해하는 데 지속적인 기여를 한 사례를 찾는 것은 어렵다."라고 언급했습니다(p. 35). 물론 여전히 정신역동적 접근을 옹호하는 학자들(예: Hendin, 1991)도 있지만, 전반적으로 이 이론 틀의 영향력은 현저히 줄어든 상태입니다.

저자의 관점에서는 자살 행동을 이해하기 위해 여러 변수를 고려하는 전체론적 접근이 필요하다는 점에 동의하면서도, 인지행동 이론(cognitive-behavioral perspective)이 자살 행동을 개념화하는 데 있어 유용하고 실질적인 틀을 제공한다고 봅니다. 예를 들어, 러드, 조이너, 라잡(Rudd, Joiner, & Rajab, 2001)은 자살 행동 치료를 위한 포괄적인 인지행동적 접근을 제시하면서, 효과적인 개입은 이론적으로 탄탄한 개념 모델을 기반으로 해야 한다고 강하게 주장합니다. 이들의 모델은 자살을 시도하거나 생각하는 사람의 인지적, 정서적, 행동적, 동기적 특성들이 어떻게 상호작용하는지를 통합적으로 설명하며, 이론과 실제를 효과적으로 연결시킨 훌륭한 사례로 평가됩니다.

## 자살 행동에 대한 후기 이론

이후에 등장한 자살 행동 이론들은 초기 이론보다 더 많은 실증적 지지를 받았으며, 일관된 예측과 검증 가능한 가설을 만들어 낼 수 있는 보다 유용하고 실천적인 틀을 제공합니다(Van Orden, Witte, Selby, Bender, & Joiner, 2008). 발달 이론(예: Emery, 1983), 가족 체계 이론(Richman, 1986), 신경생물학적 및 유전적 모델(Mann, 1998) 등 다양한 접근이 제안되었지만, 많은 현대 자살 이론은 자살 행동을 인지행동적 관점에서 설명하고 있으며, 특히 사고 방식이 자살 행동의 발생과 유지에 영향과 인지 과정을 중심으로 이해하려는 경향이 있습니다(Berman et al., 2006; Joiner, Van Orden, Witte, & Rudd, 2009; Klonsky & May, 2015; Van Orden et al., 2008 참조).

예를 들어, 아론 벡(Aaron Beck)과 동료들(Beck, Brown, & Street, 1989; Beck, Kovacs, & Weissman, 1975)은 자살에 대한 인지 이론을 제안하면서 절망감(hopelessness)의 역할을 강조했습니다. 이들은 절망감이 우울증보다 자살과 더 밀접하고 보았으며, 이에 대한 연구적 지지도 존재합니다. 벡과 동료들은 오랫동안 인지적 오류(cognitive errors)와 왜곡된 사고 방식(distorted thinking)이 자살 행동에 중요한 영향을 미친다고 강조해 왔습니다(Beck, 1996; Beck, Rush, Shaw, & Emery, 1979). 벡이 제시한 '인지 삼각형(cognitive triad)' 즉, 자신, 타인, 미래에 대한 부정적인 생각은 이론의 핵심 요소로, 자살 행동의 이해, 개입에 중요한 시사점을 제공합니다(Berman et al., 2006).

영국의 심리학자 마크 윌리엄스(Mark Williams) 또한 자살 행동을 인지적 관점에서 바라봅니다. 그는 자살 사고(suicidal ideation)와 자살 시도에 대해 논의하면서, 많은 사람들이 자살을 '도움을 바라는 외침(cry for help)'으로 보지만, 사실은 '고통의 외침(cry of pain)'으로 이해하는 것이 더 정확하다고 말합니다(Williams, 2001). 윌리엄스는 다음과 같이 설명합니다.

> "자살 행동이 도움을 바라는 외침으로 생각되면 진정성이 결여된 것으로 오해받기 쉽지만, 실제로는 고통의 외침입니다. 자살 행동이 의사소통이라는 결과를 가져다줄 순 있으나, 의사소통 자체가 주된 동기는 아닙니다. 이 행동은 개인이 빠져나갈 수 없다고 느끼는 상황에서 촉발됩니다. 일부 경우에 자살 행동은 분명히 의사소통적인 특

> 성을 띨 수 있지만, 대부분의 경우 자살 행동은 개인이 감당할 수 없는 고통스러운 상황에 의해 '유발'됩니다. 즉, 자살은 무엇보다도 고통의 외침이며, 그다음이 도움을 바라는 외침입니다." (p. 148)

심리적 고통의 경험은 미국 자살학회(AAS) 창립자이자 자살 연구의 선구자인 에드윈 슈나이드만(Edwin S. Shneidman)이 개발한 자살 이해 모델에서도 중심적인 역할을 합니다. 슈나이드만(1985, 1996)은 자살 행동이 충족되지 않은 심리적 욕구로 인해 생기는 극심하고 견딜 수 없는 심리적 고통('심통' 또는 'psychache') 때문이라고 보았습니다. 그는 자살로 생을 마감한 사람은 모두 죽기 전 심통을 경험하며, 심통을 경험하는 사람 중 일부만이 실제로 자살을 실행한다고 주장했습니다. 다시 말해, 심통은 자살의 '필요조건'은 될 수 있지만 '충분조건'은 아니며, 여기에 자살 가능성을 높이는 또 다른 요인인 '치명성(lethality)'이 함께 작용해야 자살이 실제로 발생한다고 설명했습니다. 슈나이드만(1996)은 "자살은 심통이 견딜 수 없다고 여겨지고, 끊임없이 밀려오는 고통스러운 의식을 멈추기 위해 죽음을 적극적으로 추구할 때 발생한다."라고 합니다(p. 13).

슈나이드만과 비슷하게, 로이 바우마이스터(Roy Baumeister, 1990)의 도피 이론(escape theory)도 심리적 고통이 핵심 요인이라고 봅니다. 다만 바우마이스터는 자살 행동을 설명하는 데 있어 고통스러운 자기 인식(aversive self-awareness)의 역할에 더 큰 비중을 둡니다. 자살 행동이 나타나기 위해 몇 가지 단계적 과정이 필요합니다. 먼저 개인은 기대와 현실 사이의 큰 괴리를 경험해야 합니다. 그다음 강한 고통이 생기며, 이는 매우 부정적인 감정으로 이어집니다. 이 감정으로부터 벗어나기 위해 개인은 '인지 해체(cognitive deconstruction)' 상태에 빠지게 되는데, 이 상태에서 자신의 감정과 자기 인식에 대해 무감각해지고, 억제력이 약해져 자살 위험이 높아집니다.

마샤 리네한(Marsha Linehan, 1993)의 감정조절 실패 이론(emotional dysregulation theory)에서도 부정적인 감정에서 벗어나고자 하는 욕구는 자살 행동을 설명하는 핵심 요소입니다. 리네한의 이론은 자살이 생물학적 취약성과 비수인적 환경(invalidating environment)이 함께 작용해 생긴 감정 조절의 어려움에서 비롯된다고 설명합니다. 이 이론은 다수의 정서적 · 행동적 문제를 겪으며 자살 위험이 높은 사람들의 실제 치료 과정에서 발전하였습니다. 그녀의 변증법적 행동치료(Dialectical Behavior Therapy:

DBT)는 자살 위험이 있는 청소년을 대상으로도 활용되어 왔으며(Linehan, 2020; Miller, Rathus, & Linehan, 2007), 이에 대해서는 제6장에서 자세히 다루고 있습니다. 또한 Mazza 등(2016)은 DBT 기술을 기반으로 한 교육 프로그램을 개발해 중·고등학생을 대상으로 적용하였으며, 이는 제5장에서 설명됩니다.

## 자살에 대한 현대적 사고-행동 이론

최근 들어 자살은 점점 더 심각하고 중대한 공중보건 문제로 인식되고, 예방을 위한 공중보건적 접근이 필요하다는 인식이 확산되고 있습니다. 교통사고, HIV, 폐암 등 여러 공중보건 문제의 예방에서 성공적인 성과를 거둘 수 있었던 것은, 위험의 주요 원인과 효과적인 예방 및 치료 개입의 가능성을 이해한 데 기반한 것이었습니다. 이러한 문제들은 단일 치료나 해결책보다는 다양한 치료 요소들을 포함하는 예방 전략을 채택함으로써 의미 있는 감소를 보인 바 있습니다. 자살 문제 또한 이와 유사하게 효과적인 예방 전략을 개발하기 위해서는 자살 위험의 여러 측면을 구성하는 기제들에 대한 더 나은 이해가 필요할 것으로 보입니다(Anestis, 2018).

그러나 자살의 일반적인 위험 요인에 대한 지난 50년간의 연구를 메타분석한 결과, 자살 사망을 사전에 예측하는 능력은 전혀 향상되지 않았습니다(Franklin et al., 2017). 더욱이 자살 사고가 있는 사람들 대부분은 실제 자살 시도를 하지 않으며, 자살 시도를 한 사람들 중에서도 실제로 자살로 사망하는 경우는 극히 드물다는 점이 여러 연구에서 일관되게 입증되었습니다(Goldsmith, Pellmar, Kleinman, & Bunney, 2002; Nock et al., 2008). 이러한 연구 결과에 따라 최근 자살학(suicidology) 분야는 '사고에서 행동으로(ideation-to-action)'라는 새로운 이론적 틀을 주목하고 있습니다(Klonsky & May, 2015).

자살 행동에 대한 사고에서 행동으로 이론은, 다양한 요인이 자살 사고에 어떻게 영향을 미치는지뿐 아니라 자살 사고가 실제 자살 시도나 자살로 이어지는 과정을 어떻게 매개하는지에 초점을 맞춥니다(Klonsky & May, 2014; Klonsky, Saffer, & Bryan, 2018). 이 이론에서 자살 사고의 발생과 사고가 시도로 전이되는 과정은 '서로 다른 설명과 예측 요인을 가진 별개의 현상'입니다(Klonsky, May, & Saffer, 2016, p. 307). 예를 들어, 우울증이나 절망감과 같은 정신건강 문제는 자살 사고의 발생을 예측하는 데는 유용할 수 있으나, 이러한 변수들만으로는 개인이 실제로 자살 시도를 할지 혹은 자살로 생을 마감할지를 정확하게 예측할 수는 없습니다. 이와 관련하여, 조이너(Joiner, 2005)의 대인관계 이론(interpersonal theory of suicide)과 클론스키와 메이(Klonsky & May, 2015)의 3단계 이론(three-step theory of suicide)이 대표적인 사고에서 행동으로 이론입니다.

## 조이너의 대인관계 자살 이론

토머스 조이너(Thomas Joiner)의 자살에 대한 대인관계 이론(Interpersonal Theory of Suicide: ITS; Joiner, 2005, 2009; Joiner et al., 2009)은 자살에 대한 최초의 사고-행동 이행 모델로, 현대 자살학 분야에서 가장 영향력 있는 이론으로 평가받고 있습니다. 이 이론은 "자살 사고와 그 사고에서 실제 시도로의 전이는 별개의 과정이며, 각각 고유한 설명과 위험 요인을 가진다."라는 점을 처음으로 명확히 구분하였습니다(Klonsky & May, 2015, p. 115). 이는 이 책의 주제인 학생 자살 행동 예방, 평가, 개입에 있어 실질적이고 유용한 함의를 가지고 있기 때문에 자세히 다루고자 합니다.

조이너의 자살 행동 이론은 벡(Beck)이나 슈나이드만(Shneidman)과 같은 기존 이론을 대체하려는 것이 아니라, 이들의 강점을 수용하고 보다 포괄적이며 개념적으로 정교한 이론을 구축하려는 것입니다(Joiner, 2005). 예를 들어, 벡의 이론에서 절망감이 자살의 핵심 변수라고 받아들인다 하더라도, 조이너는 "자살을 시도하는 사람들이 정확히 무엇에 대해 절망하는가? 절망감이 핵심이라면, 왜 많은 절망적인 사람들 중 비교적 소수만이 자살에 이르게 되는가?"라는 질문을 제기합니다(Joiner, 2005, p. 39). 슈나이드만의 심리적 고통(psychache) 이론도 유사한 한계를 가지는데, 자살자가 어떤 경험으로 인해 고통을 느끼는지, 그러한 고통이 어떻게 발생하는지가 명확하지 않습니다.

벡과 슈나이드만 모두 절망감이나 심리적 고통을 겪는 사람들이 자살에 이르는 경우가 있는 반면, 왜 다수는 자살에 이르지 않는지에 대한 충분한 설명을 제공하지 못했습니다. 본질적으로 조이너(2009)는 사람들이 자살하는 이유는 "그들이 자살을 할 수 있고, 또 하고 싶기 때문"이라고 설명합니다(p. 244). 즉, 자살 위험은 자살에 대한 '욕구'와 '실행 능력'이 모두 존재할 때 증가합니다(Joiner, 2005). 조이너의 이론에 따르면, 자

살에 대한 욕구는 '타인에게 짐이 된다는 느낌, 소속감의 결여, 그리고 이러한 상태들이 바뀌지 않을 것이라는 절망감'을 느낄 때 가장 강하게 나타납니다(Anestis et al., 출간 예정, p. 5). 그렇다면 자살할 수 있는 능력은 어떻게 생기는 걸까요? 진화론적으로 인간은 자기 보존 본능을 가지고 있으며, 자해나 자살과 같은 자기파괴적 행동은 본능적으로 회피하게 되어 있습니다. 이에 대해 조이너와 동료들(2009)은 다음과 같이 말합니다. "치명적인 자해는 극심한 공포나 고통을 수반하기 때문에, 실제로 이를 실행할 수 있는 사람은 극히 드물다. 자살에 대한 생각과 욕구가 있는 사람에게도 마찬가지다"(p. 4).

ITS 이론은 자살할 수 있는 능력이란 단순히 욕구만으로 생기는 것이 아니라, 고통과 도발(예: 자해, 위험한 불법 행위, 전투 경험 등)을 반복적으로 경험하면서 공포와 고통에 둔감해지는 '습관화' 과정을 통해 생긴다고 봅니다. 인간은 본능적으로 고통, 부상, 죽음을 회피하게 설계되어 있기 때문에, 자살 시도는 매우 어렵고 드문 행동입니다(Klonsky & May, 2015). 고통이나 공포를 유발하는 경험, 예를 들어 부상, 사고, 폭력(피해자, 가해자, 혹은 목격자) 또는 무모한 행동 등은 죽음에 대한 공포를 점차 약화시켜 자살 능력을 높이는 데 기여할 수 있습니다. 낙하산을 반복해서 타며 공포를 극복하는 스카이다이버처럼, 반복적인 고통과 도발적 경험을 통해 자살에 대한 두려움을 극복하게 됩니다. 이 이론은 의사, 경찰, 군인 등 특정 직업군에서 자살률이 높은 이유를 어느 정도 설명할 수 있습니다. 이 직업들의 공통점은 자주 폭력적 방식으로 죽음을 접하고, 그러한 고통스러운 경험에 반복적으로 노출된다는 점입니다(Joiner, 2005).

조이너에 따르면, 자살 능력은 시간과 반복을 통해 습득되는 것으로, 신체적으로나 심리적으로 매우 어려운 일입니다(Joiner et al., 2009). 실제로 다른 사람을 죽이거나 스스로 목숨을 끊는 일은 매우 어려운 행위라는 증거도 많습니다. 그로스먼(Grossman, 1995)은 인간을 포함한 같은 종 간의 싸움이 흔히 비치명적이라는 점을 지적합니다. 예를 들어, 전투 중인 병사들이 총을 발사해도 서로를 잘 맞히지 못하는 경우가 많으며, 이는 우연의 일치보다 훨씬 높은 확률입니다. 그로스먼은 미국 남북전쟁 중 빅스버그 전투(1863년)의 한 목격자의 말을 인용해 "15걸음도 안 되는 거리에서 병사들이 수차례 일제사격을 했지만 단 한 명의 사상자도 없었다. 이상하게 들릴 수 있지만, 이게 사실이었다."라고 전합니다(p. 11). 이는 인간이 본능적으로 동족을 죽이는 것을 피하려는 경향을 가지며, 이는 자살에도 해당된다는 것을 시사합니다(Joiner, 2005). 치명적인 수단을 사용하여 매우 취약한 부위를 겨냥하는 경우에는 자살이 현실화될 가능성이 높지만, 실제로 많은 자살 시도자들이 자해 행동이 얼마나 신체적, 심리적으로 어려운지 깨닫게 됩니다.

자살의 신체적 어려움은 브렌트 루니언(Brent Runyon)의 경험을 통해 잘 나타납니다. 그는 14세의 나이에 휘발유를 몸에 끼얹고 불을 붙여 자살을 시도하였습니다. 이 시도 이전에도 여러 차례 자살을 시도한 바 있으며, 그는 자신의 저서에서 다음과 같이 회상합니다(Runyon, 2004).

> "왜 내가 자살하려 했던 모든 방법들이 실패했는지 궁금하다. 교수형도 시도해 봤다. 옷장 봉에 밧줄을 매 놓고 그걸 목에 걸고 몸을 떨궜다. 그런데 의식을 잃기 시작하면 결국엔 그냥 일어나게 된다. 약도 먹어 봤다. 어느 날 오후엔 애드빌을 스무 알이나 먹었지만 그냥 졸리기만 했다. 손목을 그으려 했던 모든 시도도 마찬가지였다. 깊게 긋지를 못했다. 결국 몸은 내가 무슨 짓을 하든 살아남으려 한다는 것이다." (p. 13)

자살의 심리적 어려움은 니펠(Knipfel, 2000)의 다음과 같은 서술에서도 드러납니다. 그는 왜 자신이 여러 차례 자살을 시도했음에도 죽지 않았는지를 다음과 같이 말합니다.

> "분명 내가 끝까지 실행하지 못한 이유는 겁이 났기 때문이었다. 난 자살을 성공하지 못했는데, 그건 단지 용기가 없었기 때문이다. …… 아무리 애를 써도 아무것도 되지 않았다. 계단에서 몸을 던지고, 표백제를 마시고, 손목을 긋고, 버스 앞에 뛰어들기도 했지만 모두 소용없었다." (pp. 13, 33)

자살이 '비겁한 선택'이라는 인식은 흔히 존재합니다. 『절망의 절벽(Cliffs of Despair)』(2006)의 저자 톰 헌트(Tom Hunt)는 잉글랜드 이스트서식스의 비치 헤드(Beachy Head) 절벽에서 투신한 사람들의 시신을 수습하는 일을 수년간 맡아 온 한 남성과 인터뷰를 하였습니다. 자살자들이 그 절벽에서 뛰어내리는 데 용기가 필요하다고 생각하는지를 묻자, 그는 "그건 비겁한 방법이다."라고 했습니다. 이어 그는 "실제로 삶과, 우울증이든 뭐든 자신을 그 지점까지 몰고 간 문제와 직면하는 것이 훨씬 더 용기 있는 일이다.

자살은 어떤 의미에서는 쉬운 선택이다."라고 말했습니다(Hunt, 2006, p. 115). 이러한 견해가 널리 퍼져 있기는 하지만, 조이너(2005)는 자살이란 일반적으로 강한 결단력과 공포 극복이 필요하며, 삶을 유지하려는 본능을 넘어서야 가능한 행동이라는 점에서 상당한 용기를 요하는 행위라고 설명합니다.

하지만 자살할 수 있는 능력이 자살 욕구까지 포함하는 것은 아닙니다. 예를 들어, 무술을 수련한 사람은 타인에게 신체적 피해를 줄 수 있는 능력을 갖추고 있지만, 자기 방어 상황이 아닌 이상 타인에게 공격적으로 행동할 욕구는 없으며 실제로 그런 행동도 하지 않습니다(Joiner, 2009). 이와 마찬가지로 조이너의 이론에 따르면, 자살 행동을 할 수 있는 능력은 자살이 실제로 발생하기 위한 필수 조건이기는 하나, 충분 조건은 아닙니다. 즉, 자살 욕구와 자살 능력 둘 다 있어야만 실제 자살로 이어질 수 있습니다.

그렇다면 자살 욕구는 어떤 상태에서 생기는 것일까요? 조이너는 자살이 발생하려면 두 가지 상호 관련된 심리 상태가 공존해야 한다고 봅니다. 바로 '인지된 짐스러움(perceived burdensomeness)'과 '소속감 결여(failed belongingness)'입니다. 인지된 짐스러움이란, 자신이 가족이나 친구, 사회에 부담이 되는 존재라고 믿는 상태를 의미합니다(Joiner et al., 2009). 청소년과 학생들의 경우, 이는 '쓸모 없음'이나 '효능감 결여'의 감각을 포함하기도 합니다(Joiner, 2005). 즉, 자신이 다른 사람(가족, 학교, 친구들-역자 주)에게 필요 없는 존재이거나 무가치하다고 느끼는 아이들은 자신이 주변 사람들에게 짐이 된다고 인식할 수 있습니다. 결국 아이들은 자신의 죽음이 삶보다 가치 있다고 믿게 됩니다.

이러한 인지된 짐스러움 개념은 자살이 '이기적인 행동'이라는 일반적인 오해를 반박하는 데 도움이 됩니다(Joiner, 2010). 즉, 자살은 가족이나 친구를 고려하지 않은 이기적인 행동이라는 통념과 달리, 자살을 고려하는 사람은 자살을 타인을 위한 이타적 선택이라고 인식할 수 있습니다. 그들은 자신의 죽음이 오히려 주변 사람들에게 더 적은 부담이 될 것이며, '자신이 없어도 더 잘 살 수 있다.'라고 믿기 때문입니다. 하지만 이는 사실과 다른 심각하고 치명적인 오해이며, 실제로 생명을 위협할 수 있습니다(Joiner, 2009).

이러한 현상은 조울증 및 자살 연구의 권위자인 케이 레드필드 제이미슨(Kay Redfield Jamison)의 책 『밤은 빠르게 온다(Night Falls Fast)』(1999)에서도 잘 드러납니다.

그녀는 자신이 자살을 시도했던 경험에 대해 다음과 같이 회상합니다.

> "나는 몇 년 전 자살을 시도했고 거의 죽을 뻔했지만, 그것이 이기적인 행동이라고 생각하지도, 그렇지 않다고 생각하지도 않았다. 그저 내가 감당할 수 있는 마지막 한계였을 뿐이다. 다음 날 아침에 다시 시작해야 한다는 상상을 하는 것조차 견디기 어려웠다. 그것은 그저 끔찍한 병의 끝이었고, 내가 결코 이겨 낼 수 없을 것 같은 병이었다. 아무리 많은 사랑을 주고받아도, 아무리 따뜻한 가족이 있고 멋진 직업이 있어도, 내가 느끼는 고통과 절망감을 이길 수는 없었다. 아무리 열정적이고 낭만적인 사랑이 있어도 소용없었다. 나는 내 인생이 망가졌다고 믿었고, 가족과 친구, 환자들이 나 없이 더 잘 지낼 거라고 의심 없이 믿었다. 내게 남은 건 거의 없었고, 내가 죽으면 그동안 나를 위해 낭비된 시간과 에너지를 다른 데 쓸 수 있을 거라고 생각했다." (p. 291)

제이미슨은 자살 직전의 유서를 남긴 한 젊은 화학자의 말도 인용합니다.

> "자살이 친구나 가족에게 이기적인 행동인지에 대해서는 나도 답을 할 수 없다. 하지만 한 가지는 분명하다. 나는 오랫동안 그 문제를 고민했고, 살아 있는 것보다 죽는 것이 그들에게 덜 상처가 될 거라고 판단했다." (p. 292)

이처럼 조이너의 이론과 일치하게도 제미슨이나 이 화학자 모두 자신들의 자살 욕구를 이기적인 충동으로 보지 않았습니다. 오히려 그들은 자살을 고통에서 벗어나기 위한 합리적인 선택이자, 타인에게 부담을 줄이기 위한 해결책으로 간주했습니다.

하지만 조이너는 인지된 짐스러움이 자살 욕구의 필수 조건이긴 하지만, 이것만으로는 부족하다고 설명합니다. 또 하나의 필수 요건은 '소속감 결여'입니다. 소속감 결여는 "자신이 가족, 친구, 소중한 집단의 일원이라고 느끼지 못하고 고립되었다고 인식하는 상태"를 의미합니다(Joiner, 2009, p. 245). 이는 외로움이나 사회적 소외감과 유사하지만 완전히 동일한 개념은 아닙니다(Joiner et al., 2009). 중요한 점은, 이것 역시 '지각된 상태'라는 것입니다. 즉, 주변에 친구가 많아 보이는 청소년일지라도, 자신이 소외되었

다고 느끼고 진정으로 어울리지 못한다고 생각한다면 자살 위험은 증가합니다.

만약 어떤 사람이 인지된 짐스러움과 소속감 결여를 동시에 강하게 경험하고, 이 두 상태가 앞으로도 바뀌지 않을 것이라는 절망감까지 느낀다면, 조이너(2009)는 "살 이유가 전혀 없다고 느끼기 때문에 죽음에 대한 욕구가 생긴다."라고 설명합니다(p. 245).

조이너의 이론을 간단히 요약하자면, 왜 사람들, 특히 아동과 청소년이 자살에 이르게 되는가? 그것은 그들이 자살 욕구와 자살 능력, 이 두 가지를 모두 갖췄기 때문입니다. 타인에게 짐이라는 인식과 소속되지 못했다는 감각, 그리고 이 상태들이 바뀌지 않을 것이라는 절망감은 자살 사고를 유발합니다. 그러나 자살 사고가 실제 행동으로 이어지기 위해서는 자살을 실행할 수 있는 능력이 동반되어야 합니다. 이 능력은 고통스럽고 도발적인 경험을 반복적으로 겪으면서 습득됩니다. 따라서 자살은 욕구와 능력, 이 두 가지 조건이 충족될 때에만 일어나며, 이는 자살 사고를 하는 사람은 많지만 실제 자살에 이르는 사람은 적은 이유를 설명해 줍니다. 아네스티스(Anestis, 2018)는 다음과 같이 언급합니다.

> 젊은이들이 자살로 사망하는 이유는 기본적으로 자살을 할 수 있고 원하기 때문입니다. 다시 말해, 자살할 수 있는 능력과 자살하고 싶은 욕구가 모두 있는 경우 자살 위험이 높아집니다.

> "자살을 생각하는 대부분의 사람들은 그 생각을 행동으로 옮길 능력을 가지고 있지 않고, 자살 능력이 있는 대부분의 사람들은 자살 사고를 하지 않는다." (p. 48)

ITS 이론은 지역사회 집단(Van Orden, Witte, Gordon, Bender, & Joiner, 2008), 대학생(Joiner et al., 2009), 미국 군인(Anestis et al., 2015), 청소년(Czyz, Berona, & King, 2015; Stewart, Eaddy, Horton, Hughes, & Kennard, 2017) 등 다양한 집단을 대상으로 검토되고 지지를 받아 왔습니다. 청소년 자살과 관련하여, 스튜어트와 동료들(Stewart et al., 2017)은 청소년의 자살 행동을 ITS 관점에서 해석하거나 직접 검증한 17개의 연구를 분석하였으며, 특히 '습득된 자살 능력'과 자살 시도 간의 연관성에 대해 이론적 타당성이 있음이 확인되었습니다.

이 책에서는 조이너의 자살 행동 이론 전체를 다루기에는 범위가 제한되어 있으므로, 보다 자세한 내용을 원하시는 독자께서는 조이너와 동료들의 주요 저작(Joiner,

2005, 2009; Joiner et al., 2009)을 참조하시는 것이 좋습니다.

## 클론스키와 메이의 자살 3단계 이론

조이너(Joiner)의 이론과 마찬가지로, 데이비드 클론스키(David Klonsky)와 알렉시스 메이(Alexis May)의 자살 3단계 이론(Three-Step Theory of Suicide, 3ST; Klonsky & May, 2015)은 자살 사고(suicidal ideation)와 자살 시도(suicide attempt)의 발생을 서로 다른 과정으로 설명합니다. 이 이론은 고통, 절망감, 연결감, 자살 실행 능력의 네 가지 요인을 중심으로 구성되어 있습니다.

이 이론의 명칭에서 알 수 있듯이, 총 세 단계로 이루어져 있습니다. 첫 번째 단계는 자살 사고의 형성, 두 번째 단계는 강한 자살 사고와 중간 수준의 자살 사고의 구분, 세 번째 단계는 자살 사고에서 실제 자살 시도로의 전이에 해당합니다.

### 1단계: 자살 사고의 형성

이론에 따르면, 자살 사고는 고통으로부터 시작됩니다. 이 고통은 신체적인 경우도 있으나, 대부분은 심리적 · 정서적 고통입니다(Klonsky & May, 2015). 이러한 고통은 신체적 고통, 사회적 고립감, 부담스러움에 대한 인식, 소속감 결여, 좌절감과 갇힌 느낌, 부정적인 자기 인식 등 다양한 원인에서 비롯될 수 있습니다. 그러나 고통은 자살 사고를 유발하는 '필요조건'이기는 하지만, 단독으로는 '충분조건'이 되지 않습니다. 자살 사고가 형성되기 위해서는 고통에 절망감이 결합되어야 합니다. 클론스키와 메이(2015)는 다음과 같이 설명합니다. "한 개인의 일상적인 경험이 고통으로 채워져 있고, 그 고통이 나아질 가능성이 없다고 느껴 절망에 빠지게 되면, 자살을 고려하게 됩니다. 즉, 고통과 절망감이 결합될 때 자살 사고가 형성되는 것입니다." 연구 결과에 따르면, 고통과 절망감은 자살 시도의 가장 흔한 동기로 나타났습니다(Klonsky & May, 2015).

### 2단계: 자살 사고의 강도에 영향을 미치는 연결감(connectedness)

두 번째 단계에서는 연결감이 중요한 역할을 합니다. 일반적으로 연결감은 다른 사람들과의 관계를 의미하지만, 클론스키와 메이(2015)는 연결감을 더 넓게 정의하여,

직업, 프로젝트, 역할, 관심사, 삶의 의미 등 개인이 삶에 대한 애착을 느낄 수 있는 모든 요소를 포함합니다. 이들은 다음과 같이 설명합니다. "어떤 사람이 고통과 절망감을 느끼고 자살을 고려하더라도, 삶과의 연결감이 고통보다 크다면, 자살 사고는 '가끔 죽는 게 낫겠다고 생각한다.'와 같은 중간 수준에 머무르지만, 반대로 연결감이 고통보다 약하면 '기회가 있다면 자살하겠다.'라는 강한 수준의 자살 사고로 발전하게 됩니다"(Klonsky & May, 2015, pp. 117-118).

이 개념은 조이너 이론에서의 '소속 실패감(failed belongingness)'과 유사하지만, 클론스키와 메이 이론에서는 연결감이 고통과 절망감을 직접적으로 유발하는 필수 요인으로 보지는 않는다는 점에서 차이가 있습니다. 다시 말해, 연결감이 부족하다고 해서 반드시 고통과 절망감이 생기는 것은 아니며, 연결감이 약해도 자살 사고가 없는 사람도 있고, 반대로 연결감이 비교적 유지된 상태에서도 자살 사고를 경험하는 사람도 있다는 것입니다(Klonsky & May, 2015, p. 118).

3단계: 자살 시도로의 전이-자살 능력(suicide capacity)

마지막 세 번째 단계는 자살 사고에서 실제 자살 시도로 이어지는 과정입니다. 이 부분에서 클론스키와 메이는 조이너(2005)의 관점에 동의하며, 자살 시도 행동의 핵심 결정 요인은 개인이 자살을 실행할 수 있는 능력(capacity)을 갖추었는가에 달려 있다고 봅니다.

하지만 조이너가 자살 능력을 고통스러운 경험에 대한 습관화(habituation)로 설명한 반면, 클론스키와 메이는 이보다 더 포괄적인 시각에서 접근합니다. 이들은 자살 능력을 다음 세 가지로 구분합니다.

- 기질적 능력(dispositional capability) - 유전적으로 타고난 특성, 예를 들어 통증에 대한 민감도 등
- 습득된 능력(acquired capability) - 조이너가 말한 개념과 동일하게, 반복된 고통·자극적 경험을 통해 자살에 대한 두려움이 줄어드는 현상
- 실용적 능력(practical capability) - 자살을 실행할 수 있는 구체적 조건, 예를 들어 치명적인 수단에 대한 지식과 접근성(예: 총기 소유)

정리하자면, 이 세 가지 능력(기질적, 습득된, 실용적)이 자살 시도의 실행 가능성을 결정하며, 강한 자살 사고를 가진 사람이라도 이들 능력이 충족되지 않으면 실제 자살 시도로 이어지지 않는다는 것입니다(Klonsky & May, 2015, p. 119).

클론스키와 메이(2015)는 자살 사고와 자살 시도를 모두 경험한 성인 910명을 대상으로 연구를 진행하였으며, 남녀 및 다양한 연령대에서 이 이론의 핵심 가정이 뒷받침되는 결과를 확인하였습니다.

최근에는 이러한 사고에서 행동으로의 전이(ideation-to-action) 이론이 자살 사고와 자살 행동을 구분하여 이해하는 방식에 큰 영향을 끼치고 있습니다(Miller, 2018). 조이너(2005)와 클론스키와 메이(2015)는 자살을 원하는 마음(사고)과 실제로 자살을 시도하는 행동을 유발하는 요인이 서로 다르다고 주장합니다. 따라서 학교 현장에서는 자살에 대한 욕구뿐만 아니라 자살을 실행할 수 있는 능력까지 고려한 예방 프로그램을 구성함으로써, 지역사회와 협력하여 청소년 자살 예방에 보다 효과적으로 대응할 수 있을 것입니다(Miller, 2018).

## 고통과 고뇌 그리고 인지

이 장에서 다루어진 최근 자살 이론들, 특히 현대의 '사고에서 행동으로의 전이(ideation-to-action)' 이론에는 공통된 주제가 있습니다. 그것은 자살 사고의 발달에 있어 심리적 고통(psychological pain)과 고뇌(suffering)를 주요 원인 변수로 강조하고 있다는 것입니다. 그러나 일반적으로 고통(pain)과 고뇌(suffering)는 같은 의미로 사용되거나 유사한 개념으로 받아들여지지만, 이 둘은 동일하지 않으며, 명확한 차이가 존재합니다. 예를 들어, 카밧진(Kabat-Zinn, 1990)은 고통과 고뇌를 다음과 같이 구분합니다.

> "고통은 삶의 경험에서 자연스러운 일부입니다. 반면, 고뇌는 고통에 대한 다양한 반응 중 하나입니다. 고뇌는 신체적 또는 정서적 고통으로부터 발생할 수 있습니다. 이는 우리가 경험을 어떻게 해석하고 받아들이는지에 따라 달라지는, 생각과 감정이 개입된 과정입니다. 고뇌 또한 매우 자연스러운 반응이며, 실제로 인간의 삶은 '피할

수 없는 고뇌'로 묘사되기도 합니다. 하지만 중요한 점은, 고통 자체보다 그것을 어떻게 인식하고 반응하는지가 우리가 경험하는 고뇌의 정도를 결정한다는 것입니다. 결국 우리가 진정으로 두려워하는 것은 고통 그 자체가 아니라 고뇌입니다." (pp. 285-286)

이와 유사하게, 드멜로(DeMello, 1998)도 정신적 고뇌가 인지적 요소들로 인해 발생한다는 점을 강조합니다.

"고뇌를 유발하는 것은 무엇인가요? 바로 마음의 활동, 즉 생각을 구성하는 것입니다. 때로는 마음이 고요한 상태에 있을 때 아무 문제도 없습니다. 그러나 어떤 때에는 마음이 작동하기 시작하면서, 불교에서 말하는 '사유의 구성(construction of thoughts)'이 일어납니다. 즉, 마음은 판단하고 평가하며 다양한 생각을 만들어 냅니다. 마음은 사람이나 사건을 판단하고 평가하는 방향으로 작동하게 됩니다. 결국 고뇌는 평가, 판단, 그리고 마음속에서 형성된 생각의 구조로부터 비롯됩니다." (p. 94)

이러한 관점, 즉 정서적 문제는 실제 사건 자체보다는 그 사건을 어떻게 해석하고 평가하며 의미를 부여하는가에 의해 더 크게 유발되고 유지된다는 개념은 새로운 것이 아닙니다. 실제로 이 개념은 동서양 고대 철학에서 이미 논의된 바 있습니다. 예를 들어, 수천 년 된 불교 경전에서는 이러한 내용을 광범위하게 다루고 있으며, 세네카(Seneca), 에픽테토스(Epictetus), 마르쿠스 아우렐리우스(Marcus Aurelius)와 같은 고대 스토아 철학자들 또한 이와 유사한 견해를 제시하였습니다(Farnsworth, 2018). 이러한 고대 사상의 영향은 오늘날의 인지행동치료(cognitive-behavioral therapies) 이론의 발전에도 뚜렷하게 반영되어 있으며(Ellis, 2004), 청소년 자살 예방에도 중요한 시사점을 제공합니다. 즉, 자살 사고와 정서적 고뇌를 예방하기 위해서는 단순히 외부 사건을 통제하는 것을 넘어서, 청소년들이 자신의 생각과 감정을 어떻게 인식하고 해석하는가에 주목하고, 그에 대한 건강한 인지적 대응 전략을 기르는 것이 필수적입니다.

## 자살 위기 학생의 고뇌를 줄이는 것이 중요합니다

학교, 특히 담임교사와 전문상담교사들은 자살 행동을 예방하고 자살 위험 청소년에게 개입할 때 심리적·정서적 고뇌(psychological and emotional suffering)를 완화하는 것이 얼마나 중요한지를 인식해야 합니다. 실제로 반드시 이해되어야 할 핵심은 자살을 고민하거나 시도하는 사람들은 대부분 죽음을 원한다기보다 심통에서 벗어나고자 하는 마음이 더 크다는 점입니다(Shneidman, 1996). 다시 말해, 자살 위험에 놓인 청소년을 포함한 자살 성향을 가진 사람들은 단순히 죽음을 바란다기보다는 감당할 수 없다고 느끼는 고통스러운 상황에서 벗어나기 위한 탈출구로서 자살을 선택하는 경우가 많습니다(Jacobson, Batejan, Kleinman, & Gould, 2013; Williams, 2001).

많은 자살 위기 학생들은 자신이 겪고 있는 고통을 줄이거나 끝내기 위해 다양한 시도를 해 보지만, 그것이 반복적으로 실패로 끝나게 됩니다. 그 결과 이들은 자살만이 유일하게 실현 가능한 해결책이라고 인식하게 될 수 있습니다. 실제로 자살 행동을 보이는 이들은 “지속적이며, 강도 높고, 완화되지 않는(prolonged, intense, and unpalliated)” 고뇌로부터의 해방을 추구하고 있는 경우가 많습니다(Jamison, 1999, p. 24). 청소년의 경우, 이 고뇌가 극심한 수준에 도달하면 더 이상 견딜 수 없는 것으로 인식하게 됩니다.

비록 ‘사고에서 행동으로의 전이(ideation-to-action)’ 모델은 심리적 고통과 고뇌 자체만으로는 자살을 유발하기에 충분하지 않다고 보지만, 이러한 고통이 죽음에 대한 강한 욕망과 자해에 대한 실행 능력과 결합될 경우, 자살 위험은 상당히 증가할 수 있습니다. 학교가 자살 위기 학생에게 직접적인 치료를 제공하는 주된 역할을 담당하지는 않을 수 있으나, 학교의 예방과 개입은 매우 중요한 역할을 할 수 있고, 또 반드시 해야 하는 존재임은 분명합니다. 학교의 전문상담교사와 선생님들이 학생 자살 행동을 예방하고, 실제 상황 발생 시 효과적으로 대응할 수 있도록 하기 위한 구체적인 실천 전략은 이 책의 다음 장들에서 다루겠습니다.

# 과학, 유사과학, 그리고 청소년 자살 예방

이 책 전반에 걸쳐 반복적으로 강조되는 주제는 학교에서 자살을 예방하기 위해 근거 기반(evidence-based) 또는 근거에 입각한(evidence-informed) 예방 및 개입 체계를 적극적으로 지지해야 한다는 점입니다(Leschied, Saklofske, & Flett, 2018). 안타깝게도 학교는 역사적으로 그 효과가 검증되지 않았거나 과학적 근거가 부족한 예방 프로그램과 개입 전략들이 단지 인기 있다는 이유로 채택되는 경우가 많았습니다. 이와 같은 단기적 유행(fads)이나 검증되지 않은 유행 프로그램들은 일시적으로 확산되었다가, 결국에는 또 다른 '의도는 좋지만 지속 가능성은 낮은' 교육적 시도로 대체되곤 합니다(D. N. Miller & Sawka-Miller, 2011).

이러한 프로그램들 중 상당수는 충분한 연구적 뒷받침 없이 시행되며, 그 효과성에 대한 평가가 미흡하거나 아예 평가되지 않는 경우도 많습니다(Merrell, Ervin, & Gimpel Peacock, 2012). 대표적인 예가 D.A.R.E. 프로그램(약물 남용 저항 교육 프로그램)으로, 많은 학교에서 활용되었지만 그 효과성은 뚜렷하게 입증되지 않았습니다. 또한 인터넷과 소셜미디어의 확산은 잘못된 정보가 빠르게, 그리고 광범위하게 퍼질 수 있도록 만들었으며, 학교 구성원들 역시 이러한 정보 확산으로부터 자유롭지 않습니다. 심지어 의도는 선하고 경험이 풍부한 전문가들조차도 인터넷상에서 정보를 비판적으로 검토하지 못하고, 중요한 질문을 던지지 않은 채 잘못된 내용을 받아들이는 '온라인 정보 수용의 순진성(online gullibility)'을 보일 수 있습니다(Steinmetz, 2018, p. 28).

이 문제를 더욱 복잡하게 만드는 또 다른 요인은 많은 학교가 과학적 실천(scientific practice)과 유사과학적 실천(pseudoscientific practice)을 구분하는 데 어려움을 겪고 있다는 사실입니다(Lilienfeld, Ammirati, & David, 2012). 실제로 자살 예방 분야에서도 잘못된 통념과 오해가 효과적인 자살 예방을 방해하는 사례가 종종 발견됩니다(D. N. Miller, 2015). 따라서 학교는 반드시 '근거 기반 실천과 비근거 기반 실천을 구별해 낼 수 있는 전문 역량'을 갖추어야 하며(Lilienfeld, Ammirati, & David, 2012), 이는 학교에서 실행되는 자살 예방 프로그램들 또한 과학적 근거에 기반한 프로그램인지 여부를 식별하는 능력을 포함합니다.

이에 따라 자살 예방 프로그램을 기획, 실행, 평가하는 사람들은 개인적 직관이나 주변 사람들의 이야기, 또는 유행과 같은 신뢰도 낮은 변수에 의존하기보다는 전문 학술지에 발표된 동료 평가(peer-reviewed) 연구와 같은 과학적 근거에 기반하여 실행에 나서야 합니다. 이를 가장 효과적으로 실천하기 위해서는 자살 예방 프로그램의 실천자들이 '과학적 사고방식(scientific mindset)'을 갖추는 것이 필수적입니다. 즉, 과학은 단순한 지식의 축적이나 사실의 모음이 아니라, 사고의 방식이라는 점을 인식하는 것입니다. 이 사고방식은 겉보기에는 상충되어 보일 수 있는 두 가지 태도, 즉 건전한 회의(skepticism)와 열린 마음(open-mindedness)의 균형을 요구합니다(Sagan, 1996). 따라서 학교에서 자살 예방 프로그램을 이끌고자 하는 사람들은 사실과 허위를 분별하는 '허튼소리 탐지 능력(the fine art of baloney detection)'을 기르면서도, 새로운 정보에 대해 항상 열린 태도를 유지할 수 있어야 합니다(Sagan, 1996, p. 201).

물론 과학만으로 청소년 자살이라는 비극을 완전히 해결할 수는 없습니다. 우리는 자살로 영향을 받은 이들을 지원하고, 자살과 정신건강 문제를 겪는 사람들에게 가해지는 낙인(stigma)을 줄이기 위해 적극적으로 노력해야 하며, 학교와 지역사회 간의 협력적 파트너십을 더욱 강화할 필요도 있습니다. 하지만 청소년 자살을 진정으로 예방하고자 한다면, 과학적으로 검증된 근거 기반 실천에 대한 헌신은 단순히 중요할 뿐만 아니라 반드시 따라야 할 필수적 요소입니다. 이를 따르지 않는다면, 그것은 곧 윤리적·전문적 책임의 방기에 해당합니다(D. N. Miller, 2015).

## 맺음말

청소년 자살 행동은 중대한 공중보건 문제입니다. 자살률은 시기별로 다소 변동이 있지만, 지난 수십 년간 특히 최근 들어 미국 내 아동과 청소년 자살 건수는 눈에 띄게 증가하였습니다. 이 장의 목적은 청소년 자살이라는 국내외적인 문제를 보다 정확한 맥락 속에서 이해할 수 있도록, 자살 행동에 대한 정의와 자살을 경험하는 청소년의 기본적인 인구통계학적 정보를 제공하는 것이었습니다.

또한 자살에 관한 대표적인 잘못된 통념과 오해가 어떤 방식으로 자살 예방 노력에 방해가 되는지도 다루었습니다. 아울러 청소년 자살이 언제, 어디서, 어떻게 발생하는

지에 대한 정보와 함께, 아동과 청소년을 포함한 사람들이 왜 자살에 이르게 되는지에 대한 주요 이론들에 대해서도 간략히 소개하였습니다. 그중에서도 특히 조이너(Joiner)의 대인관계 이론은 자살 예방, 평가, 개입에 대한 실용적 적용 가능성과 널리 확산된 영향력을 이유로 이 장에서 특별히 강조되었습니다. 이 이론은 이후 장들에서 더 자세히 다뤄질 자살 예방 및 개입 전략과도 밀접한 관련이 있습니다.

그러나 무엇보다도 우선적으로 우리가 이해해야 할 것은, 자살 예방에서 학교와 담임교사, 전문상담교사 그리고, 관리자(교장, 교감)와 같은 학교 구성원이 맡게 되는 역할입니다. 여기에는 법적 책임, 관련 입법, 윤리적 의무, 그리고 효과적인 학교 기반 자살 예방 프로그램의 구성 요소 등이 포함됩니다. 이러한 주제들과 그 외 중요한 내용들은 제2장에서 보다 구체적으로 다루겠습니다.

**현장 피드백** **이병도(교육지원청 교육장 전)**

저는 수십 년 교직생활을 하며 '친절한 학교'를 꿈꾸어 왔습니다. '학교가 아이들에게 조금 더 친절하면 얼마나 좋을까?' 늘 생각해 왔습니다. 미국의 한 주에서는 ADHD 아동에게 대학원생이나 학부모가 수업 도우미가 되어 주고, 뉴질랜드의 학교에서는 언어가 서툰 아이에게 통역 도우미를 붙여 주었다고 합니다. 이제 가난보다 더 큰 결핍은 마음의 배고픔입니다. 마음이 아픈 아이들에게 학교는 안심구역이 되어야 합니다. 이 책은 학교의 유대감과 문화가 자살을 예방하는 핵심 보호요인임을 여러 연구를 통해 보여 줍니다. 저는 그것이 곧 학교가 '인격에 대한 친절함'을 회복하는 과정이라 생각합니다. 친절은 생명을 지키는 실증적 근거이자, 교육이 인간으로 돌아가는 출발점입니다. 자살이나 자해로 이어지는 아이들의 내면에는 '살고 싶지만 더는 견딜 수 없음'의 외침이 있습니다. 그 격통의 소리에 귀 기울이는 친절한 학교, 아이가 마음 놓고 숨 쉴 수 있는 안심 교육을 만드는 것, 이것이 제가 함께 꿈꾸고 싶은 우리 학교의 모습입니다.

# 학생 자살 행동과 학교

"학교는 교육과 사회화를 책임지는 지역사회의 핵심 기관이며, 학생의 위험 행동을 조절하고, 위험에 처한 학생을 조기에 발견하여 적절한 도움을 연결해 줄 수 있는 잠재력을 지니고 있습니다."

_존 칼라팻(John Kalafat)

"교육청과 학교가 반드시 던져야 할 현실적이고 실용적인 질문은, 학생 자살과 관련하여 학교 시스템이 어느 정도의 책임과 법적 의무(책임소재)를 지니는가에 대한 것입니다."

_스콧 폴란드(Scott Poland)

"선생님의 역할은 단순히 교육에만 국한되지 않습니다. 학생의 삶의 방향을 긍정적으로 바꾸는 것입니다."

_로버트 호너(Robert Horner)

아동과 청소년이 하루 중 많은 시간을 학교에서 보내는 현실을 고려할 때, 학교가 청소년 자살 예방 노력에서 보다 중심적인 역할을 맡아야 한다는 주장이 지속적으로 제기되어 왔습니다. 예를 들어, 알렌 베르맨과 동료들이 저술한 『Adolescent Suicide: Assessment and Intervention』(Alan Berman et al., 2006)에서는 독자에게 다음과 같은 상상을 제안합니다.

> "청소년 자살의 발생률이 급증하고 있다는 언론 보도에 대응하여 개최된 심포지엄에 참석했다고 상상해 보십시오. 이 심포지엄에는 다양한 분야의 저명한 연사들이 모여 문제에 대한 관점과 설명, 그리고 해결을 위한 제언을 제시하고 있습니다. 이들은 학교와 오늘날의 치열한 경쟁 환경을 청소년에게 스트레스를 유발하는 주요 요인으로 지목합니다. 일부 패널은 청소년 자살이 국제적인 문제라고 강조하고, 다른 이들은 공식 통계의 신뢰성과 타당성에 의문을 제기하며, 또 다른 일부는 언론 보도의 선정성과 그에 따른 영향에 대해 우려를 표합니다. 자살의 군집 발생 현상(suicide clusters), 암시에 대한 민감성, 모방 행동, 그리고 총기 접근성 등의 문제 또한 논의됩니다. 다양한 예방 및 개입 전략이 제안되며, 교육 시스템은 자살 예방에서 핵심적인 역할을 할 수 있는 고유한 위치에 있다는 점이 강조됩니다." (p. 21)

이러한 내용의 심포지엄이라면 오늘날의 학교 기반 정신건강 전문가들이 참석할 수 있을 법한 자리로 보입니다. 그러나 이 예시에서 가장 흥미로운 점은 이 심포지엄이 실제로는 지금으로부터 100년이 넘은 1910년에 열렸다는 사실입니다. 해당 심포지엄의 의장은 지그문트 프로이트였으며, 이는 프로이트가 주재하던 빈 정신분석학회(Vienna Psychoanalytic Society)의 마지막 모임 중 하나였습니다. 이 학회의 회원에는 칼 융과 알프레드 아들러도 포함되어 있었으며, 모임은 프로이트의 거실에서 매주 수요일 저녁에 진행되었습니다(Berman et al., 2006).

이처럼 오늘날 우리가 직면한 문제들이 이미 100여 년 전에도 활발히 논의되었다는 사실은 청소년 자살 문제가 결코 새로운 것이 아니며, 오랜 시간 동안 교육 및 심리 분야에서 지속적으로 깊은 고민을 유발해 온 복합적이고 어려운 주제임을 상기시켜 줍니다(Berman, 2009).

## 학교 자살 예방의 간략한 역사

20세기 후반, 미국을 비롯한 여러 국가에서 청소년 자살률이 불길하고도 심각하게 증가함에 따라, 학교 기반 자살 예방 프로그램의 개발과 확산이 촉진되었습니다. 미국에서 이러한 프로그램을 분석하고 평가하려는 최초의 연구들과 이후 문헌 고찰은 1980년대에 등장하기 시작했으며(예: Ashworth, Spirito, Colella, & Benedict-Drew, 1986; Nelson, 1987; Overholser, Hemstreet, Spirito, & Vyse, 1989; Ross, 1980; Spirito, Overholser, Ashworth, Morgan, & Benedict-Drew, 1988), 1990년대에는 관련 연구들이 더욱 활발히 이루어졌습니다(예: Ciffone, 1993; Eggert, Thompson, Herting, & Nicholas, 1995; Garland & Zigler, 1993; Kalafat & Elias, 1994; Klingman & Hochdorf, 1993; LaFromboise & Howard-Pitney, 1995; Mazza, 1997; D. N. Miller & DuPaul, 1996; Orbach & Bar-Joseph, 1993; Reynolds & Mazza, 1994; Shaffer, Garland, Vieland, Underwood, & Busner, 1991; Shaffer, Vieland, Garland, Rojas, Underwood & Busner, 1990; Zenere & Lazarus, 1997). 이러한 연구는 21세기에도 계속 이어지고 있습니다(예: Aseltine & DeMartino, 2004; Ciffone, 2007; Kalafat, 2003; Mazza, 2006; Mazza & Reynolds, 2008; D. N. Miller et al., 2009; Randall, Eggert, & Pike, 2001; Robinson et al., 2013; Schilling, Aseltine, & James, 2016; Singer, Erbacher, & Rosen, 2019; Wasserman et al., 2015; York et al., 2013).

이러한 학교 기반 자살 예방 프로그램은 1970년대에 처음 개발되었으며, 1980년대에 급속히 확산되었습니다. 예를 들어, 갈랜드, 섀퍼와 휘틀(Garland, Shaffer & Whittle, 1989)은 전국 규모의 조사를 실시하여, 해당 프로그램을 운영하는 학교 수가 1984년 789곳에서 1986년 1,709곳으로 증가하였음을 보고했습니다. 그러나 1990년대에는 프로그램에 대한 관심이 일시적으로 감소하였고, 이후에는 연방 정부의 정책적 개입 등 다양한 요인에 의해 관심이 다시 증가하게 되었습니다. 대표적인 사례로는 미 보건복지부(U.S. Department of Health and Human Services, 1999)의 『자살 예방을 위한 외과의장의 행동 촉구(Call to Action)』 및 개럿 리 스미스기념법(Garrett Lee Smith Memorial Act)을 통한 보조금 지원(Goldston et al., 2010) 등이 있습니다.

1980년대에 발표된 연구들이 다루고 있는 이른바 '1세대' 학교 기반 자살 예방 프로그램은 대상 집단과 목표에 대한 명확한 초점이 부족하다는 비판을 받아 왔습니다

(Kalafat, 2003). 이러한 프로그램들에 대한 또 다른 비판은, 학생들에게 정보를 제공하는 많은 프로그램이 자살 행동을 '스트레스 모델(stress model)'에 따라 설명한다는 점입니다(Garland et al., 1989). 이 모델은 자살을 '극심한 스트레스에 대한 반응'으로 단순화하여 설명하는 경향이 있으며, 이는 청소년 자살 행동에 대한 왜곡된 인식을 초래할 수 있습니다. 실제로 마자(Mazza, 1997)는 "이 모델은 상당한 양의 연구 결과를 무시하고 있으며, 청소년 자살과 자살 행동이 정신질환이나 심리병리와 밀접하게 관련되어 있다는 사실을 간과하고 있다."(p. 390)라고 지적합니다. 임상 환경의 연구들 또한 자살 시도를 한 청소년들 대다수가 하나 이상의 진단 가능한 정신질환을 가지고 있었다는 사실을 보여 주고 있습니다(Brent, Baugher, Bridge, Chen, & Chiappetta, 1999).

'스트레스 모델(stress model)'에 기반한 자살 이론은 자살과 자살 행동을 정상적인 반응처럼 보이게 만든다는 비판을 받아 왔습니다. 이 모델은 충분한 스트레스가 주어진다면 누구든지 자살의 위험에 노출될 수 있다는 관점을 취하고 있으며, 이는 연구 결과에 의해 뒷받침되지 않습니다(Mazza, 1997; D. N. Miller & DuPaul, 1996; D. N. Miller & Mazza, 2018). 실제로 스트레스 모델을 채택한 자살 예방 프로그램의 운영자들은 자살을 정신질환과 연관 지을 경우 청소년들이 자신이나 친구의 자살 위험 행동을 드러내는 것을 꺼릴 수 있다고 우려하여, 정신건강 중심의 접근을 피했다고 보고된 바 있습니다(Garland et al., 1989).

그러나 섀퍼, 갈랜드, 굴드, 피셔, 트라우트만(Shaffer, Garland, Gould, Fisher, & Trautman, 1988)은 스트레스 모델이 자살을 '정상적인' 반응으로 보이게 하여, 학생들 사이에서 자살을 수용 가능한 행동으로 인식하게 만들 수 있다고 지적했습니다. 이들은 또한 자살과 정신질환 간의 연관성을 강조하는 것이, 자살을 문제 해결의 수단으로 여기는 경향을 줄이는 데 도움이 될 수 있다고 주장했습니다. 무엇보다도 이들 연구진의 문헌 고찰 결과는 정보 제공 위주의 프로그램이 실제로 자살 위험이 높은 학생들에게는 효과가 가장 낮은 경향이 있다는 점을 보여 주었습니다. 이들은 일부 자살 예방 프로그램에 대해 '일시적 중단(moratorium)'을 권고하였으며, 이는 해당 프로그램이 초래할 수 있는 부작용에 대한 사회적 논쟁과 논의를 촉발시켰습니다.

이후 개발된 최근의 '2세대' 학교 기반 자살 예방 프로그램들은 자살이 스트레스의 결과가 아니라 중대한 정신건강 문제, 가장 흔하게는 우울증과 같은 질환의 부산물

일 수 있다는 보다 정확한 정보를 학생들에게 제공하기 시작했습니다. 2세대 프로그램은 자살 위험에 처한 또래 친구에게 적절히 대응하는 방법을 교육하는 데 중점을 두었고, 학생들의 지식 향상과 도움 요청 의향 증가에 긍정적인 영향을 보인 것으로 나타났습니다(Kalafat, 2003; Mazza, 1997). 그러나 이들 프로그램 역시 대부분의 이전 프로그램들과 마찬가지로, 자살 고위험군 학생들의 실제 행동에 미치는 영향을 구체적으로 검토하지는 않았습니다.

최근의 학교 기반 자살 예방 프로그램은 학생들에게 자살이 스트레스의 결과가 아니라 오히려 다음과 같은 정확한 정보를 제공합니다. 심각한 정신건강 문제, 가장 일반적으로 우울증의 부산물일 수 있습니다.

또한 이러한 프로그램들은 '지식과 태도의 변화가 곧 행동 변화로 이어진다.'라는 가정에 기반을 두고 있다는 비판도 받고 있습니다. 하지만 이 가정은 아직까지 실증적으로 입증되지 않았습니다(Berman et al., 2006; D. N. Miller & DuPaul, 1996; York et al., 2013). 청소년 자살에 대한 인식 향상이나 도움 요청에 대한 태도 변화는 분명 중요하지만, 이러한 변화가 실제 자살 행동 감소로 이어지는지에 대해서는 아직 명확한 결론이 내려지지 않았습니다(Kalafat, 2003; Mazza, 1997; Mazza & Reynolds, 2008; D. N. Miller & Mazza, 2013, 2017, 2018).

현재 미국의 학교에서 활용되는 자살 예방 프로그램의 '전형적인' 형태를 규정하기는 어렵지만, 일반적으로 고등학교 수준에서는 3~6교시 분량의 교과 기반, 강의 및 토론 중심의 프로그램이 자주 사용됩니다(Goldsmith et al., 2002). 이들 프로그램의 주요 목표는, (1) 청소년 자살에 대한 인식 제고, (2) 자살에 대한 잘못된 정보나 통념에 대한 논의 및 해소, (3) 위험 요인 및 경고 신호 인식 능력 향상, (4) 도움 요청에 대한 태도 변화, (5) 학교 및 지역사회 내 자원 정보 제공입니다.

일반적인 학교 기반 자살 예방 프로그램은 커리큘럼 기반의 교실 중심 강의-토론 프로그램으로, 보통 고등학교 수준에서 3~6차시로 구성되는 것으로 보입니다.

많은 프로그램은 학교 교직원을 대상으로도 유사한 정보와 '게이트키퍼 교육'을 제공하고 있으며, 일부 프로그램은 또래 지지망(peer support network) 강화, 문제 해결 및 위기 대응 기술 교육과 같은 요소를 추가적으로 포함하기도 합니다(D. N. Miller & Mazza, 2018).

지난 수십 년 동안 학교 현장에서 자살 예방 프로그램이 급속히 확산되었지만, 이것이 반드시 모든 선생님과 교육 전문직들이 이러한 흐름을 지지하거나 찬성한다는 것을 의미하지는 않습니다. 실제로 많은 선생님과 교육 전문직들은 이와 관련하여 여러 가지 정당하고 타당한 의문이나 우려를 가질 수 있습니다.

예를 들어, 다음과 같은 질문이 제기될 수 있습니다.

> 학교 기반 자살 예방 프로그램은 실제로 효과가 있는가?
>
> 왜 학교가 자살 예방에 관여해야 하는가?
>
> 과연 이 문제는 학교의 책임인가?

이와 같은 질문들은 프로그램 도입의 당위성과 실효성을 둘러싼 교육 현장의 현실적 고민을 반영하고 있으며, 이에 대한 충분한 논의와 공감대 형성이 요구됩니다.

## 학교 기반 자살 예방 프로그램의 평가

학교 기반 자살 예방 프로그램에 대한 체계적인 평가는 비교적 최근에 시작된 분야입니다. 21세기 초 전 세계적으로 학교 기반 자살 예방 프로그램의 운영 현황을 검토한 연구에 따르면, 미국과 캐나다가 이 분야에서 "가장 앞서 있다."(Leenaars et al., 2001, p. 381)라고 평가됩니다. 현재는 일본을 비롯한 여러 나라에서 다양한 형태의 자살 예방 프로그램이 학교에 도입되고 있으며, 특히 일본의 경우 오랫동안 자살이 금기시되어 온 문화적 배경을 고려할 때 매우 주목할 만한 변화로 볼 수 있습니다. 그러나 많은 개발도상국에서는 여전히 학교 기반 자살 예방 프로그램은 물론, 자살 예방 정책 자체도 마련되어 있지 않은 경우가 많습니다. 심지어 일부 선진국에서도 학교 기반 자살 예방 활동은 아직 초기 단계에 머물러 있으며, 미국과 캐나다에 비해 약 20년 정도 뒤처졌다는 평가도 있습니다(Leenaars et al., 2001, p. 381). 이후 다른 나라들에서도 관련 연구가 점차 증가하고 있지만, 여전히 그 수는 제한적이며, 프로그램을 개발하고 지속하는 데에는 다양한 어려움이 있는 것으로 나타났습니다(Wolf, Bantjes, & Kagee, 2015).

이러한 프로그램의 도입이 비교적 최근이라는 점에서, 그 효과성을 평가하는 연구가

아직 초기 단계에 머물러 있다는 것은 놀라운 일이 아닙니다. 향후 보다 실증적인 평가가 이루어지기 위해서는 더 많은 연구가 필요합니다. 물론 무엇을 평가할 것인지, 즉 측정 대상에 대한 명확한 정의가 선행되어야 합니다. 이는 단순해 보이지만 실제로는 매우 복잡한 문제입니다. 예를 들어, 제1장에서 설명했듯이 자살은 보다 포괄적인 개념인 '자살 행동(suicidal behavior)'의 일부로 이해되어야 합니다. 이런 시각에서 보면, '자살 예방'은 단순히 자살 자체를 막는 것을 넘어, 자살 사고(suicidal ideation), 자살 관련 의사소통(suicide-related communication), 자살 시도(suicide attempt), 그리고 실제 자살 행위를 포함하는 모든 형태의 자살 행동을 감소시키기 위한 광범위한 개입을 의미합니다.

또한 학교 기반 자살 예방 프로그램의 효과를 평가하는 데에는 몇 가지 중요한 어려움이 존재합니다. 첫 번째로, 프로그램의 효과성을 평가하는 가장 직관적인 방법은 자살을 실제로 얼마나 예방했는지를 측정하는 것이지만, 이는 학교 현장에서 거의 불가능한 과제입니다(Erbacher et al., 2015). 청소년의 자살은 다행히도 드물게 발생하는 사건으로, '기저율(base rate)'이 낮은 행동에 해당하기 때문에, 특정 프로그램이 자살률 감소에 직접적으로 영향을 미쳤는지를 실증적으로 입증하기는 매우 어렵습니다. 이러한 점을 설명하기 위해 에르바허와 동료들(Erbacher et al., 2015)은 유용한 가상의 예시를 제시합니다.

> "가령, 여러분의 교육청이 전체 학생 10만 명을 대상으로 한 보편적(universal) 및 선택적(selective) 개입 서비스를 포함한 종합적인 자살 예방 프로그램을 시행했다고 가정해 봅시다. 프로그램이 도입되기 전 해에는 총 11명의 학생이 자살로 사망했습니다. 그다음 해, 즉 프로그램이 시행된 해에는 9명의 학생이 자살로 사망했다면, 이 예방 프로그램은 효과적이었다고 볼 수 있을까요? 반대로 만약 13명의 학생이 자살했다면 어떻게 평가해야 할까요?
>
> 통계적으로 보면, 자살 사망자 수가 ±2명 차이가 났다고 해서 그것이 자살 예방 프로그램 때문이라고 단정할 수는 없습니다. 다시 말해, 프로그램의 효과로 인해 사망자 수가 2명 줄었거나, 늘었다고 입증하는 것은 통계적으로 불가능합니다.

> 정치적 · 사회적으로 보았을 때도, 자살 학생 수가 11명에서 9명으로 줄었다고 하여 이를 '성과'로 기념하거나 자축하는 것은 현실적으로 어렵습니다. 더욱이 프로그램 덕분에 얼마나 많은 생명을 구했는지는 아무도 알 수 없습니다. 예컨대, 만약 해당 프로그램이 도입되지 않았다면 자살 학생 수가 23명까지 늘었을 수도 있었지만, 이러한 가정은 실질적으로 검증할 방법이 없습니다. 즉, '일어나지 않은 일'을 측정하는 것은 불가능합니다." (p. 77)

따라서 대부분의 학교 기반 자살 예방 프로그램은 자살 사망률 감소 여부를 기준으로 프로그램의 효과성을 평가하지 않습니다. 그 대신 지금까지 수행된 대부분의 평가 연구는 자살 경고 신호에 대한 학생들의 지식이 얼마나 향상되었는지, 또는 자살 위험이 있는 학생을 식별하고 상담기관에 연계하는 방법에 대한 교사의 이해도가 얼마나 높아졌는지와 같은 변인에 주로 초점을 맞추고 있습니다(Erbacher et al., 2015). 이외에도 측정 가능한 다른 변인들로는 자살 예방 프로그램 시행 전후의 학생 상담 의뢰 건수, 스스로 도움을 요청한 학생 수, 자살 사고를 보고한 건수, 자살 시도 보고 건수 등이 있습니다. 예를 들어, 일부 연구에서는 자살 사고 및 자살 시도를 줄이는 데 있어 프로그램의 효과가 입증되기도 했습니다(Calear et al., 2016; Katz et al., 2013; Wasserman et al., 2015).

최근 들어 학교 기반 자살 예방 프로그램의 효과성을 검증하려는 연구들이 점차 증가하고 있으나, 이들 연구는 여전히 규모가 작고, 연구 설계에 있어서도 여러 가지 방법론적 한계를 보이고 있습니다. 대표적으로는 자살 관련 결과 변인의 설정, 변화의 작용 기제 식별, 대조 집단 설정의 어려움(특히 무작위 통제 연구 부족) 등이 지적되고 있습니다(D. N. Miller et al., 2009; Robinson et al., 2013; York et al., 2013).

치료 효과성을 평가할 때 무작위 통제 실험(Randomized Controlled Trials: RCT)은 '골드 스탠더드(gold standard)'로 여겨집니다. 바서만과 동료들(Wasserman et al., 2015)은 유럽연합 내 168개 고등학교의 11,110명의 학생을 무작위로 배정하여 학교 기반 자살 예방 프로그램의 효과를 RCT 방식으로 검증했습니다. 주요 평가지표는 개입 시행 후 3개월 및 12개월 시점의 자살 시도 건수였습니다. 이 연구에서는 '청소년 정신건강 인식 프로그램(Youth Aware of Mental Health Programme: YAM)'이 대조군에 비해 자살 시

도 및 자살 사고를 모두 유의미하게 감소시키는 데 효과적이라는 결과가 나타났습니다. YAM 프로그램은 보편적(Tier 1) 자살 예방 프로그램으로, 자세한 내용은 제5장에서 소개합니다.

프로그램 평가는 자살 예방의 필수적인 요소임에도 불구하고 학교 현장에서 종종 간과됩니다. 자살 예방 프로그램만을 다루는 것은 아니지만, 모리슨과 함스(Morrison & Harms, 2018)는 다층적 지원 체계(Multi-Tiered System of Supports: MTSS) 틀 안에서 학교 내 프로그램 평가를 위한 매우 유용한 지침을 제시하고 있습니다. 또한 완더스맨과 플로린(Wandersman & Florin, 2003)은 학교 기반 자살 예방 프로그램을 평가할 때 고려해야 할 다음과 같은 10가지 핵심 질문을 제안하고 있습니다.

- 우리 학교의 실제 요구와 가용 자원은 무엇인가?
- 프로그램의 목표, 대상, 그리고 기대되는 결과는 무엇인가?
- 이 예방 또는 개입 프로그램은 관련 분야의 과학적 지식과 모범 사례를 어떻게 반영하고 있는가?
- 이 프로그램은 기존에 운영 중인 다른 프로그램들과 어떻게 연계되는가?
- 이 프로그램을 효과적으로 운영하기 위해 어떤 실행 역량이 필요한가?
- 이 예방 또는 개입 프로그램은 어떤 방식으로 실행될 것인가?
- 프로그램 실행의 질은 어떻게 평가할 것인가?
- 이 예방 또는 개입 프로그램은 실제로 어느 정도 효과가 있었는가?
- 지속적인 질 향상 전략은 어떻게 프로그램에 반영될 것인가?
- 만약 이 개입이 효과가 있다면, 그 효과를 어떻게 유지하고 지속할 것인가?

## 학교 기반 자살 예방의 효과적인 요소

현재까지 관련 연구의 수는 제한적이지만, 학교 기반 자살 예방의 효과적인 요소에 대한 지식이 차츰 쌓이고 있습니다. 예를 들어, 자살 예방, 위험 평가, 위기 개입, 사후 대응 등 4요소를 포괄하는 접근 방식을 제공하는 것이 매우 중요합니다(D. N. Miller &

Mazza, 2018; Singer et al., 2019). 또한 효과적인 프로그램은 자살 위험이 있는 학생(고위험군 및 위험군)을 식별하고, 그들에게 직접적인 서비스를 제공하며, 자신 또는 자살 위험 행동을 보이는 또래 친구를 위해 도움을 요청하는 분위기를 장려하고 지원합니다. 실제로 많은 청소년들이 자살 생각이나 행동을 어른보다 또래에게 먼저 털어놓는 경향이 있기 때문에, 학생들이 학교 내에서 누구에게 도움을 요청할 수 있는지, 어떤 자원이 학교 및 지역사회에 존재하는지를 알고 있도록 교육하는 것이 중요합니다(D. N. Miller & Mazza, 2018; Singer et al., 2019).

"학교 기반 자살 예방 프로그램은 학교 시스템에 통합하고, 교육과정의 일부로 간주해야 합니다"(Mazza & Reynolds, 2008; D. N. Miller & Mazza, 2018). 이렇게 프로그램을 교과에 통합하면 전교생이 보편적 개입을 받으며, 일부 학생은 추가 지원을 받습니다. 이 모델은 학교 내에서 학업, 사회성, 정서 및 행동 지원을 제공하기 위한 인구집단 기반 공공보건 모델의 접근 방식과 일치합니다(Doll & Cummings, 2008a; McIntosh & Goodman, 2016). 예를 들어, CASEL[1](Collaborative for Academic, Social, and Emotional Learning)은 사회정서학습(SEL) 프로그램을 학교에서 시행할 것을 권장하며, 이를 단순한 보조 활동이 아닌 정규 교과과정의 일부로 포함시켜야 한다고 강조합니다(CASEL, 2015).

세 번째로, 효과적인 자살 예방 프로그램은 청소년의 자살 행동을 정신건강의 관점에서 이해하고 접근해야 합니다. 왜냐하면 자살 행동은 일반적으로 아동과 청소년의 정신건강 문제와 깊은 관련이 있기 때문입니다. 하지만 정신질환이 없다고 해서 반드시 정신건강 상태가 좋은 것은 아닙니다. 오히려 정신건강은 하나의 연속성으로 이해해야 하며, 이중 요인 모델(dual factor model)을 통해 접근할 필요가 있습니다(Suldo, 2016). 이 모델은 단순히 정신병리(정신건강 문제)의 유무뿐만 아니라, 주관적 안녕감(자신의 삶에 대해 느끼는 만족감과 긍정적 감정)의 수준도 함께 고려합니다. 즉, 정신건강 문제가 없다고 해서 반드시 '정신적으로 건강하다.'라고 말할 수는 없다는 것입니다. 예를 들어, 그린스푼과 사클로프스케(Greenspoon & Saklofske, 2001), 설도와 섀퍼(Suldo &

1 CASEL(Collaborative for Academic, Social, and Emotional Learning)은 미국에서 설립된 사회 · 정서 학습(SEL: Social and Emotional Learning) 분야의 가장 영향력 있는 비영리 연구 · 정책 기관입니다.세계적으로 학교 기반 SEL 교육의 표준 모델, 개념틀, 품질 기준을 정립한 기관으로 평가됩니다.

Shaffer, 2008)는 겉으로 보기엔 심리적 어려움을 드러내지 않지만, 주관적인 행복감이 매우 낮은 아동 집단이 존재한다는 사실을 밝혔습니다. 이러한 연구는 정신건강에 대한 보다 정교하고 포괄적인 접근이 필요함을 보여 줍니다.

일반적인 프로그램 구성 외에도 실제로 효과가 있는 요소들에 대해서는 이미 많은 연구 결과가 있습니다. 예를 들어, 학생과 교사에게 자살에 관한 정보를 제공하는 것은 자살 행동에 대한 지식을 높이고, 학교 내 정신건강 전문가에게의 상담 의뢰 횟수를 증가시키는 데 도움이 된다는 연구 결과가 있습니다(Kalafat, 2003; Mazza, 1997; D. N. Miller & DuPaul, 1996). 또한 학생들에게 자살에 대한 정보를 제공하는 것만으로도 자살에 대한 태도를 보다 긍정적으로 변화시킬 수 있으며(Kalafat, 2003), 자살의 경고 신호에 대해 학생들과 논의하는 것이 오히려 불안이나 우울 같은 부정적인 감정을 유발하거나 자살 행동을 증가시키지는 않는다는 점도 여러 연구를 통해 확인되었습니다(Robinson, Calear, & Bailey, 2018; Rudd et al., 2006; Van Orden et al., 2006). 이러한 결과는 자살 예방 교육이 안전하게 이루어질 수 있으며, 오히려 학생들의 인식과 대응 능력을 높이는 데 긍정적인 효과가 있음을 보여 줍니다.

학생들에게 자살 인식과 개입에 대한 정보를 제공하고, 문제 해결 및 대처 기술을 교육하며, 위험 요인을 줄이고 보호 요인을 강화하는 개입은 학생들의 문제 해결 능력을 향상시키고, 스스로 인식한 취약성을 줄이는 데 도움이 된다는 연구 결과가 있습니다(D. N. Miller et al., 2009; Singer et al., 2019). 또한 신뢰도와 타당도가 검증된 선별 검사가 존재하며(Goldston, 2003; Gutierrez & Osman, 2009), 이 검사들은 학교 전체, 학급 단위, 혹은 개별 학생 수준에서 사용 가능하고(Gutierrez & Osman, 2008; Reynolds, 1991), 자살 위험이 있는 학생을 효과적으로 선별하는 데 유용하다는 점도 입증되어 있습니다(Gutierrez & Osman, 2008, 2009). 한편, 일부에서 우려한 것과는 달리, 이러한 선별 심리검사가 학생들의 자살 사고나 심리적 고통 수준을 증가시키지 않는다는 연구 결과도 있습니다(Gould et al., 2005).

학교는 학생들 사이에서 보호 요인을 지지하고 증진하는 환경을 조성할 수 있으며, 이러한 환경은 자살 행동의 위험을 낮추는 데 기여합니다. 예를 들어, 학교 유대감

(school connectedness)[2]이 높은 학생들은 자살 생각이나 시도를 보고할 가능성이 더 낮은 것으로 나타났습니다(Marraccini & Brier, 2017). 그리고 무엇보다 중요한 것은, 일부 학교 기반 자살 예방 프로그램들이 실제로 학생들의 자살 사고 및 시도를 감소시키는 데 효과가 있다는 점입니다(Calear et al., 2016; Katz et al., 2013; Wasserman et al., 2015; Zenere & Lazarus, 2009).

## 비효과적인 요소

학교 기반 자살 예방에 있어 효과적이지 않은 접근 방식도 분명히 존재합니다. 예를 들어, 단회성으로 이루어지는 짧은 교사 연수 프로그램이나 학생 프로그램은 효과가 떨어질 가능성이 높습니다(Kalafat, 2003). 이러한 프로그램은 학생들이 전달된 정보를 지속적으로 기억하지 못하는 경우가 많으며, 실제로 그 내용을 활용하고 있는지, 혹은 도움이 되었는지를 확인하기 위한 사후 점검이 거의 이루어지지 않습니다. 또한 이러한 단기 프로그램은 효과적인 결과를 얻기 위한 충분한 시간과 자원을 제공하지 않으며, 학생들의 반응을 전반적으로 관찰할 기회도 부족합니다. 일반적인 단기 정신건강 프로그램들과 마찬가지로, 단지 지식이 증가하는 것만으로는 행동 변화로 이어지지 않으며, 자살 예방에서 가장 중요한 변수는 바로 '행동의 변화'라는 점을 고려할 필요가 있습니다(D. N. Miller & Mazza, 2018).

자살 예방 프로그램에는 자살 행동을 묘사한 미디어 콘텐츠나 과거 자살 시도 경험이 있는 청소년의 발표와 같은 내용이 포함되어서는 안 됩니다. 연구에 따르면, 이러한 요소들은 특히 취약한 학생에게 부정적인 영향을 미칠 수 있으며, 모방 효과(전염 효과)

---

2 역자 주: 학교유대감척도(school connectedness scale: SCS)의 경우 5개 간단한 문항으로 담임선생님도 학급에서 쉽게 확인 가능합니다. "1. 나는 우리 학교에 있는 사람들과 가깝다고 느낀다. 2. 나는 우리 학교에 다니는 게 행복하다. 3. 나는 우리 학교의 일부라고 느낀다. 4. 우리 학교 선생님들은 학생들을 공평하게 대한다. 5. 나는 학교에서 안전하다고 느낀다." 각 문항에 매우 아니다가 1점, 매우 그렇다가 5점으로 총점은 25점입니다. 학교유대감과 자살 사고, 자살 시도의 연관에 대한 메타 연구(약 20만 명)에 의하면 유대감이 낮은 학생이 자살 사고와 시도를 보일 가능성이 높습니다. 출처: Marraccini, M. E., & Brier, Z. M. (2017). School connectedness and suicidal thoughts and behaviors: A systematic meta-analysis. School psychology quarterly, 32(1), 5.

의 가능성을 높일 수 있다는 점이 지적되고 있습니다(이에 대해서는 제8장에서 자세히 다룹니다). 또한 예방 프로그램 개발이나 평가를 위한 외부 전문가의 활용은 도움이 될 수 있지만, 전체 프로그램을 외부에 위탁하는 방식은 학교 내 기존 인력의 전문성 향상을 저해하고, 지역 자원의 강화에도 기여하지 못하기 때문에 권장되지 않습니다. 아무리 우수한 내용의 프로그램이라 하더라도 실행의 일관성과 충실도가 떨어지는 경우, 즉 부실하게 운영되는 경우에는 사용 빈도와 관계없이 학생들의 행동에 긍정적인 영향을 미치기 어렵습니다.

끝으로 학생들에게 자살 행동을 줄이는 데 실질적인 도움이 되는 구체적인 기술과 자살 행동의 근본 원인이 되는 정신건강 문제를 다루는 기술을 교육하지 않는 자살 예방 프로그램은 효과가 떨어질 수 있습니다(D. N. Miller & Mazza, 2018; Singer et al, 2019). 청소년의 자살 행동을 감소시키는 데 있어 변증법적 행동치료(Dialectical Behavior Therapy: DBT)가 실증적 효과를 보였다는 연구 결과에 비추어 볼 때(Linehan, 1993; McCauley et al., 2018; A. L. Miller et al., 2007), 이 치료적 접근의 핵심 요소들을 학교 자살 예방 프로그램에 통합하는 것이 효과적일 수 있습니다(D. N. Miller & Mazza, 2018). 실제로 마자와 동료들(Mazza et al., 2016)은 청소년의 자살 행동을 포함한 정서 조절 문제를 지원하기 위해 DBT 기술을 교육하는 학교용 교육과정 프로그램을 개발한 바 있습니다. 이 프로그램은 학교가 학생들의 사회정서학습(Social and Emotional Learning: SEL)을 지원하는 하나의 모델을 제시하며, 이는 정신건강 증진과 더불어 자살 행동의 가능성을 감소시키는 데 기여할 수 있습니다.

학교 기반 자살 예방에 대해 아직 밝혀져야 할 부분이 많지만, 현재까지 보고된 사실만으로도 상당한 지식이 축적되어 있으며, 이러한 지식은 학생의 자살 행동을 줄이기 위해 학교 현장에서 활용될 수 있으며, 활용되어야 합니다. 실질적인 변화를 이끌어 낸 자살 예방의 한 사례로, 미국 플로리다 남부의 교육청 사례를 들 수 있습니다. 마이애미-데이드 교육청(Miami-Dade Public School District)에서는 약 30년간 수집된 데이터를 통해 학교 기반 자살 예방이 실제로 학생 자살 발생률을 줄일 수 있다는 강력한 경험적 증거를 제시하고 있습니다. 이 교육청에서 시행된 자살 예방 프로그램은 단지 학생들의 자살에 대한 지식과 태도를 변화시키는 데 그치지 않고, 실제 자살 행동의 장기적인 감소를 보여 준 몇 안 되는 사례 중 하나라는 점에서 특히 주목할 만합니다. 또한 해당 프로그램은 교육청 전체를 아우르는 보편적(universal) 접근 방식을 취하고 있다는 점에서도 중요한 사례로 평가됩니다.

## 마이애미-데이드 교육청의 사례

플로리다주 마이애미에 위치한 마이애미-데이드 교육청은 미국 내에서 네 번째로 큰 교육청으로, 총 392개 학교에 약 345,000명의 학생들이 재학 중입니다. 이 교육청은 도시 지역에 위치하고 있으며 매우 다양한 인종 및 문화적 배경을 가진 학생들로 구성되어 있습니다. 학생들은 56개 언어를 사용하며, 160개국 이상의 다른 나라 출신 배경입니다.

1988년, 마이애미-데이드 교육청 소속 학생 중 18명이 자살로 생을 마감하였습니다. 이 사건은 지역 사회에 큰 충격과 우려를 불러일으켰으며, 이를 계기로 전 교육청 차원의 자살 예방 프로그램이 마련되어, 다음 해인 1989년부터 본격적으로 시행되었습니다. 이 자살 예방 프로그램은 여러 단계에 걸쳐 다양한 구성 요소를 포함하고 있으며, 프로그램 시행 이후 현재까지 지속적으로 필요한 부분에 대해 수정 및 보완이 이루어지고 있습니다.

이 예방 프로그램의 효과를 확인하기 위한 연구는 5년간 진행되었으며, 자살 사고, 자살 시도, 그리고 실제 자살 발생 건수 등 여러 측면에 대한 조사가 이루어졌습니다. 프로그램이 시행된 이후, 학생들의 자살 시도 및 자살 사례 모두에서 현저한 감소가 나타났습니다(Zenere & Lazarus, 1997). 이 연구는 방법론적으로 일부 제약이 있지만, 학교 기반 자살 예방 프로그램이 학생의 자살 관련 행동, 특히 자살 시도 및 자살과 같은 가장 심각한 형태의 행동을 줄일 수 있음을 처음으로 시사하였습니다. 해당 연구는 또한 문헌 검토에서 교육적 · 임상적으로 유의미한 성과를 보여 준 유일한 연구로 평가되었습니다(D. N. Miller et al., 2009). 이후 18년에 걸친 종단적 추적 연구에서도 학생 자살 시도 및 자살 건수의 감소가 장기적으로 유지되고 있음이 확인되었고, 이는 2017-2018학년도까지도 지속되었습니다(Zenere & Lazarus, 2009; F. J. Zenere, 개인 통신, 2018년 7월 30일).

비록 마이애미-데이드 교육청이 자살 예방 프로그램의 효과를 장기간에 걸쳐 체계적으로 수집하고 발표한 유일한 교육청으로 알려져 있지만, 이와 유사한 자살 예방 프로그램을 교육청 차원에서 대규모로 시행 중인 다른 대도시 교육청도 존재합니다. 예를 들어, 1,147개 학교에 약 734,000명의 학생이 재학 중이며 뉴욕시 교육청 다음으로 큰 규모를 자랑하는 로스앤젤레스 광역 교육청(Los Angeles Unified School District: LAUSD)은 1986년부터 청소년 자살 예방 프로그램을 시행해 왔습니다. LAUSD는 자살 예방, 개입, 사후 대응 서비스를 다양하게 제공하고 있으며, 이에는 교직원 대상 자살 위험 요인 및 경고 신호에 대한 교육, 자문 지원 서비스 제공, 위기 대응팀 훈련, 학생·교사·학부모의 자살 사망 이후 사후 대응 지원 등이 포함되어 있습니다(Lieberman et al., 2008).

## 학교 기반 자살 예방 프로그램의 구성 요소

버먼과 동료들(Berman et al., 2006)은, ① 조기 발견 및 의뢰 능력, ② 자원 파악, ③ 도움 요청 행동 촉진, ④ 담임교사 전문성, ⑤ 학부모 교육, ⑥ 일차 예방, ⑦ 사후 대응 등 학교 기반 자살 예방 프로그램이 갖추어야 할 일곱 가지 구성 요소를 제시하였습니다.

### ① 조기 발견 및 의뢰 능력

조기 발견 및 의뢰 능력이란, 학생이나 선생님이 자살의 위험 요인 및 경고 신호를 인식하는 것부터 시작하여, 특히 담임교사의 경우 자살이 의심되는 학생을 발견했을 때 어떤 조치를 취해야 하며 어떠한 절차를 따라야 하는지를 배우는 것을 의미합니다. 이러한 교육은 학생 보호와 위험 개입의 첫걸음입니다.

### ② 자원 파악

효과적인 의뢰를 위해서, 학교 내에 자살 위험성을 평가할 수 있는 유능한 전문가가 배치되어 있어야 하며, 필요시 학교 외 지역사회 내에서 의뢰 가능한 전문 기관이 확보되어야 합니다. 지역사회 자원, 정신건강 기관, 정신과 병원, 민간 심리 치료 전문가 등은 고위험군 학생들을 안전하게 의뢰할 수 있는 역량이 있는지를 사전에 검토하고 확인합니다. 또한 학생들이 쉽게 접근할 수 있도록 학교 내의 지원에 대해서도 명확하게 안내 합니다(Berman et al., 2006). 보다 자세한 내용을 제5장과 제6장에서 다루고 있습니다.

### ③ 도움 요청 행동 촉진

자원 파악의 부수적인 효과 중 하나는, 학생들이 도움을 요청하는 행동을 보다 정상적이고 일상적인 것으로 인식하게 된다는 점입니다(Berman et al., 2006). 학교와 지역사회가 자살 위험 청소년을 위한 서비스 제공의 필요성과 그 서비스의 질에 대해 관심을 보일 때, 자살에 대한 인식이 제고되며, 자살을 둘러싼 낙인도 줄어들 가능성이 높아집니다. 그 결과 학생들이 자원을 활용하는 데 대한 수용도가 증가할 수 있으며, 치료에 대한 순응도 역시 향상될 수 있습니다.

> 자살을 시도하는 청소년에게 학교와 지역사회가 서비스를 제공하고 서비스의 질에 관심을 보일 때, 자살에 대한 인식이 높아질 뿐만 아니라 자살 시도자에 대한 낙인감도 줄어들 가능성이 높아집니다.

### ④ 담임교사 전문성

담임교사[3]의 학생 자살에 대한 전문성이 높아질수록 학교 내에서 활용 가능한 자원 역시 강화됩니다(Berman et al., 2006). 이와 관련된 자세한 내용은 제5장에서 확인할 수 있습니다.

### ⑤ 학부모 교육

학교의 역할을 지역사회 전체에 대한 교육까지 포함하는 넓은 관점으로 볼 필요가 있습니다. 학부모 또는 보호자에게도 학생과 선생님에게 제공되는 방식과 유사하게 자살의 위험 요인과 경고 신호에 대한 정보가 제공되어야 합니다. 특히 대부분의 청소년 자살이 가정에서 발생하며 총기를 사용한 경우가 많다는 점을 고려할 때(Simon, 2007), 총기 안전 관리에 관한 홍보 프로그램을 학부모, 특히 자살 고위험군 자녀를 둔 가정을

3 한국의 교육 환경과 「초·중등교육법」상 학생에 대한 담임교사의 막중한 책임 등을 고려하여 교직원(School persoanel)을 담임교사로 의역합니다.

대상으로 실시하는 것이 바람직합니다(Berman et al., 2006). 청소년 자살과 총기 관련 문제는 제4장에서 자세히 논의됩니다.

#### ⑥ 일차 예방

일차 예방(primary prevention) 전략은, 본 자료에서 보편적 개입 또는 1단계(Tier 1) 전략으로 표현되며, 학교에서 활용할 수 있는 자살 예방 접근법 중 가장 효과적이고 비용 효과적인 방식입니다(Berman et al., 2006, p. 320). 이 프로그램들은 학생들에게 마음 건강을 증진시키는 행동과 행동 기술을 교육하는 방식으로 구성되어야 하며, 초등학교 시기부터 시작하여 후속 교육을 통해 지속적으로 강화되어야 합니다. 특히 학생들의 적응 기술과 역량을 기르는 데 중점을 두어야 합니다. 이러한 보편적 전략은 제5장에 있습니다.

#### ⑦ 사후 대응

마지막으로, 학교 기반 자살 예방 프로그램에는 반드시 사후 대응 절차가 포함되어야 합니다. 사후 대응이란, 학생이 자살로 사망한 경우뿐만 아니라 자살을 시도했으나 생존한 경우에도 시행되어야 하는 절차입니다. 예를 들어, 한 학생이 심각한 자살 시도를 하고 병원에 입원한 후 학교로 복귀하는 상황에서도 이러한 사후 대응이 요구됩니다. 이에 대한 내용은 제7장에서 간략히, 제8장에서 보다 자세히 다루고 있습니다.

이러한 종합적인 학교 기반 자살 예방 프로그램의 구성 요소들은, 학교 차원의 다른 프로그램들과 비교하였을 때 비교적 실행이 용이하다는 장점이 있습니다. 예를 들어, 학교 전반의 긍정적 행동 개입 및 지원(PBIS) 프로그램과 같은 다른 프로그램들에 비해, 앞에서 제시된 구성 요소들은 재정적 비용이나 교직원의 시간 · 노력 면에서 덜 부담스럽게 시행할 수 있으며, 보다 쉽게 개발하고 유지할 수 있습니다. 그러나 이러한 실행 용이성은 단지 여러 장점 중 하나에 불과합니다. 학교가 자살 예방에 적극적으로 참여해야 하는 보다 중요한 이유들을 다음 장에서 함께 고민하겠습니다.

## 학교가 자살 예방에 참여해야 하는 이유는 무엇인가요

> 아동과 청소년이 학교에서 보내는 상당한 시간을 고려할 때 교육 시설은 집중적인 자살 예방 노력을 기울일 수 있는 이상적인 장소입니다.

> 교직원은 청소년 자살과 관련하여 명확한 학교 정책과 절차를 마련하는 등 가능한 한 합리적이고 적절한 노력을 기울여야 할 윤리적 책임이 있습니다.

학교 기반 자살 예방 프로그램이 효과적일 수 있다는 연구 결과가 점차 증가하고 있음(Kalafat, 2003; D. N. Miller et al., 2009; Robinson et al., 2013; Singer et al., 2019; Wasserman et al., 2015; York et al., 2013; Zenere & Lazarus, 1997, 2009)에도 불구하고, 학생 자살 예방에 학교가 참여해야 하는 이유는 단순히 효과성 차원을 넘어섭니다.

첫째, 아동 및 청소년이 하루 중 상당 시간을 학교에서 보내고 있다는 점에서, 학교는 자살 예방 활동을 집중적으로 수행하기에 이상적인 환경을 제공합니다. 학교는 "학생들의 주의가 비교적 잘 집중되며, 교수-학습이 일상적으로 이루어지고, 또래 간 상호작용이 공통된 주제를 중심으로 조직될 수 있는 공간"(Berman et al., 2006, p. 313)입니다. 둘째, 학교는 청소년 자살을 예방하기 위한 합리적이고 적절한 노력을 기울여야 할 윤리적 책임을 지니고 있습니다. 여기에는 명확한 정책과 절차를 마련하는 것도 포함됩니다(Jacob, 2009).

셋째, 청소년 자살과 정신건강 문제 사이에는 밀접한 상관관계가 존재하며, 학교는 이러한 문제를 예방하고 정신건강을 증진하는 역할을 점점 더 많이 요구받고 있습니다(Mazza et al., 2016; D. N. Miller, Gilman, & Martens, 2008; Power, DuPaul, Shapiro, & Kazak, 2003). 일선 선생님의 경우 혹은 교육 정책을 책임지는 교육 전문직의 경우 이러한 책임의 적절성에 의문을 가질 수 있습니다. 하지만 현실적으로 학교 외에 아동 및 청소년의 정신건강 요구를 종합적으로 관리하는 기관은 존재하지 않습니다(Mazza & Reynolds, 2008). 정신건강 문제는 자살 행동의 주요 위험 요인 중 하나이며, 정신건강 문제를 예방하고 치료하는 것은 효과적인 자살 예방 프로그램의 핵심 요소입니다.

넷째, 청소년의 자살 행동에 대응할 수 있는 정신건강 전문가의 부족 또한 학교가 자살 예방에 참여해야 하는 이유입니다. 일반적으로 자살 위험 평가 및 관리에 대한 심리상담사 혹은 정신의학과 의사와 같은 정신건강 전문가들의 훈련 수준은 놀라울 정도로 제한적이며(Schmitz et al., 2012), 이는 학교 기반 정신건강 전문가인 전문 상담교사

도 해당됩니다. 예를 들어, 여러 국가적 조사에 따르면, 전문상담교사(원문: 학교 심리학자-역자 주)들은 자살 위험 평가(D. N. Miller & Jome, 2008), 예방 및 개입(Debski et al., 2007; D. N. Miller & Jome, 2010), 그리고 사후 대응(O'Neill et al., 2020) 영역에서 추가적인 교육이 필요하다고 인식하고 있습니다. 이러한 상황을 고려할 때, 담임교사와 전문상담교사는 자살 관련 주제에 대해 보다 심층적인 연수와 체계적 교육을 받을 필요가 있습니다.

다섯째, 학교가 자살 예방에 더욱 적극적으로 참여해야 하는 중요한 이유는 자살 행동이 학교의 주요 기능인 교육과 직접적으로 관련되어 있기 때문입니다. 예를 들어, 낮은 학업 성취도는 우울증 및 자살 행동과 관련이 있는 것으로 보고되고 있습니다(Thompson, Connelly, Thomas-Jones, & Eggert, 2013). 한 연구에서는, 읽기 능력이 낮은 학생이 자살 사고 및 시도를 경험하거나 학교를 중도 탈락할 가능성이 읽기 능력이 정상인 또래보다 높다는 결과를 제시합니다. 이는 정신과적 및 인구통계학적 변수를 통제한 후에도 여전히 유의미하였습니다(Daniel, Walsh, Goldston, Arnold, Reboussin, & Wood, 2006).

> 청소년 자살과 정신건강 문제 사이에는 밀접한 관계가 있으며, 특히 예방 및 정신건강 증진 분야에서 이러한 문제를 해결하기 위해 교직원에게 더 큰 역할을 수행해야 한다는 요구가 점점 더 커지고 있습니다.

이와 유사하게 주관적인 학업 성취 인식과 학생 자살 행동 사이에 관련성이 존재할 수 있습니다. 예를 들어, 한 연구에서는 학업 성적이 좋지 않다고 느끼는 것이 자살 시도의 가능성을 높이는 요인으로 작용할 수 있음이 밝혀졌으며, 이는 자존감, 통제 소재(locus of control), 우울 증상을 통제한 이후에도 유효하였습니다(Richardson, Bergen, Martin, Roeger, & Allison, 2005). 이어진 종단 연구에서는 자존감과 통제 소재뿐만 아니라, 학업 성취에 대한 인식이 자살 행동과 유의미하게 관련 있으며, 이 중 학업 성취에 대한 인식은 장기적인 예측 요인으로 특히 강력한 영향을 미치는 것으로 나타났습니다(Martin, Richardson, Bergen, Roeger, & Allison, 2005)

물론 이와 같은 연구 결과를 가지고 학업 문제가 있는 학생 혹은 주관적인 학업 문제 인식이 부정적인 학생이 일반적으로 또는 필연적으로 자살 행동한다고 해석해서는 안 됩니다. 현재까지 자살 관련 인과 요인들에 대한 연구를 바탕으로 볼 때, 학업 문제는 단독으로, 그리고 고립된 상태에서는 자살 행동을 유발하는 직접적인 원인이 되지 않습니다. 그럼에도 불구하고, 위에서 언급된 연구들과 기타 여러 연구들은 학생의 정신건강과 학업 성취 간의 유의미한 상관관계를 보여 줍니다(Durlak, Weissberg, Dymnicki, Taylor, & Schellinger, 2011; Taylor, Oberle, Durlak, & Weissberg, 2017). 오히려 이러한 결과들은 한 영역의 개선이 다른 영역에도 긍정적인 영향을 미칠 수 있다는 점을 상기시켜 줍니다(D. N. Miller, George, & Fogt, 2005). 예를 들어, 학생의 성취감을 향상시키는 것은 종종 학생의 행동 및 정신건강을 동시에 향상시키는 부수적 효과를 가져올 수 있습니다(Berninger, 2006). 따라서 효과적인 정신건강 개입과 효과적인 학업 개입은 상호보완적이며 본질적으로 통합되어야 할 요소입니다.

## 법적 책임과 관계 법령, 윤리적 책임과 모범 실천 사례

앞서 제시된 여러 이유만으로 학교 기반 자살 예방 프로그램의 도입 필요성이 충분히 설득되지 않을 수 있습니다. 그런데 학교가 이러한 프로그램을 채택해야 하는 법적, 입법적, 윤리적 근거 또한 존재합니다. 학교 관리자(교장, 교감), 담임교사, 전문상담교사의 경우 학생 자살과 관련된 법적 책임 문제와 윤리적 책임이라는 무거운 부담이 있습니다. 또한 학교 기반 자살 예방 프로그램을 의무화하는 관계 법령, 그리고 학생 자살을 예방하고 자살 행동에 대응해야 할 학교의 윤리적 책임에 대해 더 심도 있게 살펴보겠습니다. 더불어 학교 기반 자살 예방 프로그램을 실행함에 있어 모범 실천 사례(best practices)를 따르는 것의 중요성을 함께 보겠습니다.

### 법적 책임의 판례 경향

가족들이 학생의 자살에 대해 학교 관계자에게 책임을 묻고자 했던 공개된 법원 판결을 검토한 결과, 대부분의 판결이 학교 관계자에게 유리하게 내려진 것으로 나타났습니다.

학생이 자살로 사망한 경우, 학부모나 보호자가 학교, 교육청 또는 교사를 상대로 소송을 제기하는 사례가 실제로 존재합니다. 이에 따라 일부 선생님들은 자살 위험이 있는 학생의 행동에 대해, 특히 학부모나 보호자에게 충분히 알리지 않았을 경우 법적 책임을 지게 될 수 있다는 우려를

가질 수 있습니다. 이러한 우려는 잘 알려진 타라소프 사건(Tarasoff v. Regents of the University of California, 1976)에 기인한 것으로 보입니다. 이 판례는 치료받는 내담자가 타인에게 심각한 위협이 될 경우, 심리치료사는 해당 사실을 제3자에게 경고할 의무(duty to warn)가 있다는 법적 기준을 수립하였습니다. 그러나 널리 알려지지 않은 사실은, 이 타라소프(Tarasoff) 판결이 모든 법원에서 보편적으로 채택된 것은 아니며, 심지어 캘리포니아주 최고법원조차 이 경고 의무를 자살과 관련된 사건에는 확대 적용하지 않았다는 점입니다(Fossey & Zirkel, 2011).

학생 자살 사건에서 학교 측의 책임을 묻고자 하는 가족의 소송에 대한 판결을 검토한 연구들(Fossey & Zirkel, 2004, 2011; Jacob, Decker, & Timmerman Lugg, 2016; Zirkel, 2019; Zirkel & Fossey, 2005)에 따르면, 대부분의 경우 법원은 학교 측에 유리한 판결을 내렸습니다. 또한 현재까지 판례 중 어느 것도 학교 기반 정신건강 전문가 또는 교직원이 손해배상 책임을 진 사례는 없는 것으로 보고되고 있습니다.

지르켈(Zirkel, 2019)은 이 분야에 관한 판례를 2019년 초까지 종합적으로 검토한 결과, 다음과 같이 요약하였습니다. “원고(즉, 학부모)가 교육청을 상대로 승소할 확률은 낮으며, 개별 교직원에게 적용되는 법적 책임 근거는 더 적고, 교육청이 보다 재정적 책임을 지는 구조이기 때문에 학교 심리학자나 교직원이 패소하는 경우는 거의 없다”(p. 30). 물론 향후 사법 판례의 변화에 따라 이러한 경향이 바뀔 가능성은 존재하나, 현재까지의 사례들을 종합해 보면, 법원은 다양한 상황 속에서도 학생 자살과 관련하여 교직원에게 법적 책임을 지우는 데 매우 신중한 입장을 취하고 있음을 알 수 있습니다(Fossey & Zirkel, 2011; Jacob et al., 2016; Zirkel, 2019).

### ◈ 학교와 자살에 관련된 법적 책임: 과실과 예견 가능성

담임교사와 전문상담교사 그리고, 교장 · 교감 선생님은 학교와 자살 관련 법적 책임 문제가 일반적으로 과실(negligence)과 예견 가능성(foreseeability)이라는 두 가지 개념과 밀접하게 연결되어 있다는 점을 이해해야 합니다.

자살과 관련된 과실(negligence)은 다음과 같이 정의될 수 있습니다. “학생에 대한 보호 의무를 위반하여 손상 또는 피해(자살)가 발생하고, 교직원의 돌봄 의무 부족과 학생의 자살 사이에 인과 관계가 존재하는 경우”(Erbacher et al., 2015, p. 52)입니다. 예를 교직원은 학교와 자살과 관련된 책임 문제는 일반적으로 과실과 예측 가능성 문제를 수반한다는 점을 이해해야 합니다.

들어, 자살 위기가 임박한 것으로 알려진 학생을 교내에서 충분히 관찰하지 않았고, 그 결과 학생이 자살에 이르게 되었을 경우, 학부모나 보호자는 학교 측이 자녀의 죽음을 방지할 수 있었음에도 이를 소홀히 했다고 판단하여 과실 책임을 묻는 소송을 제기할 수 있으며, 법원에서 학교나 교사에게 책임을 물을 수 있습니다.

또한 예견 가능한 자살을 방지하기 위해 적절한 조치를 취하지 않았을 경우에도 학교와 교사는 소송에 직면할 위험이 있습니다. 모든 교직원은 학생을 "합리적으로 예측 가능한 위험으로부터 보호할 의무"(Jacob, 2009, p. 243)가 있습니다. 에르바허와 동료들(Erbacher, et al., 2015)은 "만약 학생이 급성 정서적 고통 상태에 있다는 점을 합리적인 사람이라면 인식할 수 있었고, 자해나 위험이 어느 정도 예상 가능했음에도 학교가 이를 방지하지 못했다면, 학교는 책임을 질 수 있다."라고 언급하였습니다(p. 52). 그러나 여기서 주의할 것은, 예견 가능성(foreseeability)과 예측 가능성(predictability)은 동일한 개념이 아니라는 점입니다(Berman, 2009, p. 234). 예견 가능성이란 '학생에게 발생할 수 있는 위해 가능성에 대한 합리적인 평가'를 의미합니다. 물론 '합리적 평가'의 기준은 해석에 따라 달라질 수 있으나, 일반적으로 법원은 이와 관련하여 학교에 넓은 재량권을 부여하고 있습니다(Fossey & Zirkel, 2011; Zirkel, 2019).

### ◈ 사례: 와이크 대 폴크 교육청 (1997)

자살 사건 이후 학교와 교육청이 법적 책임을 지게 된 대표적인 사례 중 하나는 와이크 대 폴크 교육청 사건(1997)입니다. 이 사건에서, 13세 학생인 숀 와이크(Shawn Wyke)는 1989년 가정 내에서 자살하였으며, 그에 앞서 학교 내에서 두 차례 자살 시도(두 번 모두 목을 매는 시도)를 했던 사실이 있었습니다. 숀의 어머니인 캐롤 와이크(Carol Wyke)는 폴크 교육청을 상대로 소송을 제기하며, 아들의 자살은 예견 가능했으며, 교육청이 이를 예방하지 못한 데에 과실이 있다고 주장하였습니다. 당시 숀은 어머니 캐롤의 전 남자친구의 어머니인 헬렌(Helen)의 집에 거주하고 있었습니다. 재판 과정에서, 학교 측이 숀의 자살 시도에 대해 캐롤과 헬렌 어느 누구에게도 이를 통보하지 않았다는 명백한 증거가 드러났습니다. 배심원단은 '교육청이 자살 예방 프로그램을 제공하

지 않은 점, 학교가 손에 대한 적절한 조치를 하지 않은 점, 교사가 자살 위험에 대해 보호자들에게 통지하지 않은 점'에 대한 책임을 인정하고 유죄 판결을 내렸습니다. 에르바허와 동료들(Erbacher et al., 2015)은 이 사례에 대해 다음과 같이 지적하였습니다.

> "이 사건은 모든 학교가 자살 예방 교육을 강화하고, 이를 문서화하며, 학생의 자살 위험 행동을 보호자에게 신속히 알릴 수 있는 지침을 개발하는 계기가 되었어야 했습니다. 그러나 유감스럽게도, 여전히 많은 학교 관리자들이 이 사건의 중요한 교훈을 인식하지 못하고 있습니다." (p. 57)

### ◈ 사례: 아르미조 대 웨건공립학교(1998)

학교가 학생 자살에 대해 법적 책임을 지게 된 또 다른 사례로는 아르미조(Armijo) 대 웨건(Wagon)공립학교 사건(1998)이 있습니다. 이 사건에서, 16세 학생 아르미조는 자신이 초등학생을 괴롭혔다는 이유로 한 교사가 자신을 신고하자, 이에 대해 폭력을 행사하겠다고 협박했다는 혐의로 정학 처분을 받은 후, 스스로 총을 쏘아 자살하였습니다. 사건 당시, 교장은 학교 상담교사에게 아르미조를 자택까지 데려다주도록 지시하였지만, 그의 부모에게 연락을 취하려는 시도는 하지 않았습니다. 재판 과정에서 제시된 증거에 따르면, 아르미조는 이미 자살과 관련된 행동을 보였으며, 학교는 이러한 사실을 인지하고 있었던 것으로 나타났습니다. 예를 들어, 자살 당일 아르미조는 학교 보조교사에게 "차라리 죽는 게 나을지도 모르겠다."라는 발언을 한 것으로 보고되었습니다. 미국 제10순회 항소법원(Tenth Circuit Court of Appeals)은 이 사건을 심리하며, 교장과 상담교사가 아르미조가 자살 위험에 처해 있다는 사실을 알고 있었음에도 불구하고, 총기에 접근 가능한 집에 그를 혼자 남겨 두었다는 증거가 존재한다는 점에 주목하였습니다. 이 사례는, 자살 위험이 있는 학생에 대해 학교가 적절한 보호 조치를 취하지 않았을 경우, 그로 인한 결과에 대해 법적 책임을 질 수 있음을 보여 주는 또 하나의 중요한 판례로 평가됩니다.

또한 학교와 교사가 다음과 같은 행위로 인해 실제로 소송을 당한 사례들이 존재합니다. 자살과 관련된 학생의 의사 표현을 학부모에게 제대로 통보하지 않은 경우, 학생이 자살 계획을 밝힌 상황에서 적절히 개입하지 않은 경우, 그리고 학생의 자살 행동에 교직원은 자녀의 자살 의사를 부모에게 알리지 않거나, 학생이 자살 계획을 알린 상황에 개입하지 않거나, 청소년 자살 행동과 관련된 학교 정책 및 절차를 따르지 않는 등의 행위로 인해 소송을 당할 수 있으며, 실제로 소송을 당한 사례도 있습니다.

관련된 학교의 정책과 절차를 따르지 않은 경우 등이 이에 해당합니다(Berman, 2009).

물론 위와 같은 상황에서 제기된 소송에 대해 법원이 학교나 교사에게 책임을 인정한 사례는 거의 드물었습니다. 그러나 교육청 관계자, 학교 관리자, 교사라면 누구나 자신의 학교나 교사가 대상이 되는 소송은 가급적이면 피하고자 할 것입니다. 이러한 소송은 금전적인 측면뿐 아니라, 시간, 인력 소모, 그리고 무엇보다 학교에 미치는 부정적 영향 등 여러 측면에서 막대한 비용을 초래할 수 있습니다. 그 결과와 무관하게, 소송 자체만으로도 학교에 큰 부담이 될 수 있습니다. 그렇다면 학교와 교사가 학생 자살 행동과 관련된 소송의 대상이 될 가능성을 줄이기 위해서는 어떤 점에 유의해야 할까요? 첫째로, 반드시 인지해야 할 점은, 이러한 소송은 거의 예외 없이 다음의 두 가지 조건이 충족되었을 때 발생한다는 것입니다. (1) 학생이 자살로 사망하였고, (2) 해당 학생의 부모나 보호자가 학교 측이 자녀의 죽음을 충분히 예방할 수 있었음에도 불구하고 그 책임을 다하지 않았다고 믿는 경우입니다.

자살은 단 한 건이라도 결코 가볍게 여겨져서는 안 되지만, 제1장에서 살펴본 바와 같이 자살 행동과는 달리 실제 자살 발생률은 비교적 낮은 편이며, 이는 학생과 학교가 직면한 다른 여러 문제에 비해 그 빈도가 낮다는 점에서 잘못된 안도감을 줄 수도 있습니다. 그러나 학생 자살은 실제로 발생하고 있으며, 특히 예상치 못한 순간에 발생하는 경우가 많습니다. 그 결과 학교와 교사들은 자살 사건이 발생했을 때 어떻게 대처해야 할지 몰라 당황하고, 혼란스러워하며, 두려움을 느끼는 경우가 많습니다. 이러한 계획 부족과 사전 준비의 미흡은 학생의 자살에 대한 학교 측의 대응 과정에서 실수가 발생할 가능성을 높이며, 이로 인해 법적 소송이 제기될 위험성도 증가하게 됩니다. 실제로 다음과 같은 여러 판례는 이를 뒷받침하고 있으며, 학교는 자살 예방을 위한 명확한 정책과 절차를 마련해야 한다는 점을 시사하고 있습니다. 여러 판례[Kelson v. The City of Springfield(1985), Eisel v. Board of Education of Montgomery County(1991), Wyke v. Polk County School Board(1997)]에 대한 해석에 따르면, 학교는 자살 위험 행동이 의심되거나 관찰될 경우, 학부모나 보호자에게 반드시 통보해야 하며, 학생 자살 행동과 관

련된 학교의 정책 및 절차를 충분히 숙지할 수 있도록 해야 합니다(Jacob et al., 2016).

또한 자살과 관련된 소송을 피하는 데만 집중하기보다는, 학교에서 자살을 예방하기 위한 선제적 조치를 취하는 데 더 집중해야 한다는 점도 강조되고 있습니다(Erbacher et al., 2015). "학교는 법적 소송에 얽히는 데 따르는 시간, 비용, 스트레스, 낙인을 감수하기보다는 자살이 발생하지 않도록 할 수 있는 모든 조치를 다 해야 합니다"(Erbacher et al., 2015, p. 51). 또한 자살 및 학교 관련 판례 분야의 법률 전문가인 지르켈(Zirkel, 2019) 역시 유사한 결론에 도달하며 "법적 책임에 대한 두려움보다는, 학생 자살과 관련된 근거 기반의 모범 실천 사례를 파악하고 이를 도입하는 것에 집중해야 합니다. 이는 성공적인 학교의 특징입니다."(p. 31)라고 언급했습니다. 그렇다고 하더라도 학교 기반 자살 예방 프로그램을 시행할 때, 학교와 교육청 관계자들은 발생할 수 있는 법적 책임 문제를 명확히 이해하고자 하는 것이 충분히 이해되는 일입니다. 이러한 목적을 위해, 앞서 언급된 중요한 판례들뿐만 아니라 향후 등장할 수 있는 관련 판례들에 대해서도 지속적으로 인지하고 있어야 합니다. 이에 대해 에르바허와 동료들(Erbacher et al., 2015)은 학생 자살과 관련된 법적 책임으로부터 학교와 교사가 스스로를 보호하기 위한 몇 가지 권고사항을 다음과 같이 제시하고 있습니다.

- 책임 보험 유지[4]: 학교 기반 정신건강 전문가(전문상담교사 혹은 생명존중 자살 예방 담당교사, 학생 자살이나 정신건강 취약 지역의 담임교사 등-역자 주) 개인 전문 직무배상 책임보험(malpractice insurance) 가입을 고려하는 것이 바람직합니다. 이는 법적 분쟁 발생 시 자신을 보호할 수 있는 중요한 수단이 됩니다.
- 전문가와의 수퍼비전: 학교 기반 정신건강 전문가들은 자살 예방, 자살 위험 평가, 개입, 사후 대응에 대해 전문적 역량을 갖추어야 하며, 더 나아가 전문가들과의 상담(supervision)을 통해 다양한 시각을 확보하고 보다 효과적인 대응 가능성을 높

4 역자 주: 미국의 전문가 책임 보험은 과실, 잘못된 판단, 의무 위반, 개인정보 침해 등 기타 전문가적 오류로 소송을 당했을 때 보호하는 제도입니다. 학교 상담사의 경우 위기 징후를 파악하지 못한 것, 비밀 유지 위반 등 윤리 위반 등의 위험에 대하여 법적 방어 비용과 지정된 한도의 손해를 보장합니다. 코네티컷주 체셔 학군에서 11세 학생이 괴롭힘 후 자살한 사건에서 85만 달러의 소송을 해결하는 등의 사례가 있습니다. 또한 담임교사, 학교상담사로서 학생과 직접대면, 상담, 위기 개입 업무를 맡는 경우 반드시 월 1달러 이상의 전문 사적 책임보험을 자체적으로 가입합니다. 한국의 경우 법정 의무는 없으며, 일부 자율가입하는 사례가 있기도 합니다.

일 수 있습니다.

- 정확하고 체계적인 기록 유지: 기록은 곧 증거입니다. 자살 위험이 있는 학생에 대해 이루어진 모든 조치, 예를 들어, 자살 위험 평가 등은 세심하게 문서화되어야 합니다. 이러한 문서화와 체계적인 기록 관리가 법정에서 학교와 교육청을 불리한 판결로부터 보호할 수 있습니다.
- 위기 대응 교육 이수 내역 문서화: 자살 예방과 관련된 위기 상황 대응 교육은 전 교직원을 대상으로 필수적으로 실시되어야 하며, 교육의 일시, 참석자 명단, 교육 내용 등은 모두 정확히 문서화되어야 합니다. 이는 추후 법적 책임이 제기될 경우 중요한 근거 자료가 됩니다.
- 모범 실천 사례에 기반한 대응 제공: 모든 학교는 근거 기반(evidence-based)의 자살 예방, 개입, 사후 대응 전략을 실천해야 하며, 이러한 접근은 학교가 법적 책임을 지게 될 가능성을 현저히 줄이는 효과적인 방법입니다. 전문성과 체계성을 갖춘 대응은 학생 보호뿐만 아니라 법적 측면에서도 학교를 안전하게 지키는 핵심 요소입니다.

**-법률**

법원 판결 외에도, 특히 주(州) 차원의 법률은 많은 교직원에게 학생 자살 예방에 대한 필수 교육을 요구하고 있습니다. 예를 들어, 제이슨 플랫법[5][Jason Flatt Act: 자살로 세상을 떠난 아들 제이슨을 기리기 위해 클락 플랫(Clark Flatt)이 설립한 청소년 자살 예방 단체인 제이슨 재단의 이름에서 유래]은 한 주의 모든 교육자들이 교사 자격증을 취득하고 유지하기 위해 청소년 자살 인식 및 예방 교육을 이수하도록 요구합니다. 제이슨 재단은 교육청에 무료로 온라인 교육 자료를 제공합니다. 현재 이 법은 20개 주(Alabama, Alaska, Arkansas, California, Georgia, Idaho, Illinois, Kansas, Louisiana, Mississippi, Montana, North Dakota, Ohio, South Carolina, South Dakota, Tennessee, Texas, Utah, West Virginia, Wyoming)에서 시행되고 있습니다.

5 역자 주: 주로 매년 2시간 이상 교사 면허 갱신 요건으로 시행합니다. 입문부터 심화까지 폭넓은 교육 내용 수준으로, 심화에는 청소년 자살의 규모, 경고 신호, 위험 요인과 교사의 관찰과 개입 대화 방법, 학교내 절차 설계 등 실무 연계형 과정입니다. (https://jasonfoundation.com/)

이 글을 작성하는 시점 기준으로 11개 주(Alaska, Delaware, Georgia, Idaho, Iowa, Kansas, Louisiana, Maryland, Nebraska, Tennessee, Texas)는 교직원의 연례 자살 예방 교육을 의무화하고 있습니다. 추가로 20개 주(Arizona, Arkansas, Connecticut, Illinois, Indiana, Kentucky, Maine, Massachusetts, Mississippi, Nevada, New Jersey, Ohio, Pennsylvania, South Carolina, South Dakota, Utah, Virginia, Washington, West Virginia, Wyoming)와 워싱턴 D.C.는 교직원에게 자살 예방 교육을 의무화하고 있으나, 연례 교육은 요구하지 않습니다. 캘리포니아주는 자살 예방 교육을 제공해야 한다고 규정하지만, 개별 교사에게는 의무가 아닙니다. 현재 13개 주(Alabama, California, Colorado, Florida, Michigan, Minnesota, Missouri, Montana, New York, North Dakota, Oklahoma, Rhode Island, Wisconsin)는 교직원의 자살 예방 교육을 장려하는 법을 시행하고 있습니다.[6]

또한 현재 20개 주(Alabama, California, Connecticut, Delaware, Georgia, Idaho, Illinois, Indiana, Iowa, Kansas, Maine, Mississippi, Missouri, Montana, Nevada, Oregon, Pennsylvania, Tennessee, Utah, Washington과 워싱턴 D.C.)는 주 전체 차원에서 학교 자살 예방, 개입, 사후 개입 정책 및 또는 프로그램을 의무화하고 있습니다. 추가로 7개 주(Arkansas, Louisiana, Maryland, New Jersey, Oklahoma, Texas, Virginia 등)는 이러한 정책 또는 프로그램을 장려하고 있습니다.

교사와 특히 학교 관리자인 교장, 교감 선생님은 자신이 속한 주의 요구사항과 정책을 잘 알고 있어야 하지만 안타깝게도, 이러한 인식이 충분하지 않다는 증거도 있습니다. 예를 들어, 미국 고등학교 교장들을 대상으로 한 전국 연구에 따르면, 약 25%만이 자신이 속한 주의 학교 기반 자살 예방 관련 법률을 정확히 인지하고 있었고, 66.1%만이 자신의 학교 자살 예방 프로그램이 주 법률을 완전히 준수하고 있다고 보고했습니다(Smith-Millman & Flaspohler, 2019).

모든 학교와 교육지원청은 학생의 자살 관련 행동과 이에 대한 대응 방식에 대해 명확한 정책과 절차를 가지고 있어야 합니다. 명확하게 정리된 정책과 절차는 학교가 학

---

6 역자 주: 한국의 경우 2024년 7월 1일부터 「자살예방 및 생명존중문화 조성을 위한 법률」 제17조에 따라 공공기관, 노인 및 사회복지시설, 병원급 의료기관과 모든 학교(초,중,고)의 교사 및 교직원에게 연 1회 이상 실시를 시작하고 있습니다. 보건복지부의 교육센터(https://edu.kfsp.or.kr/)에 대상자에 따른 1~2시간 온라인 강의가 있습니다. 제이슨의 경우 설립목적과 역사만큼 학교, 청소년, 전문가에게 전문화된 다양한 플랫폼을 구축한 것에 비해 한국의 경우 학교와 교사를 위한 전문적인 플랫폼은 아직 부족합니다.

생 자살 행동에 대해 일관되고 선제적으로 대응할 수 있는 체계를 제공하며, 교사와 직원들의 행동을 안내하고 지원하는 데 도움이 됩니다(이 주제는 제3장에서 추가 정보를 제공합니다). 학생 자살 행동과 관련된 학교 기반 정책과 절차를 개발하는 것은 단지 법적 요구사항이기 때문만이 아니라(많은 주에서 그렇듯이), 윤리적 책임과 그것이 현재까지의 모범 사례였기 때문입니다.

**– 윤리적 책임**

법이란 "국가에 의해 규정되어 법적 구속력을 가지는 일련의 행동 규칙"입니다. 반면, 전문직 윤리는 "실무자가 직업적 상호작용에서 타인과의 관계 속에서 따르는 폭넓은 윤리 원칙과 규칙의 결합"을 의미합니다(Jacob et al., 2016, p. 22). 학교에서 근무하는 사람들은 그 역할이나 직무에 관계없이 모두 전문직 종사자로 간주되며, 따라서 자신이 맡은 아동과 청소년에게 윤리적 책임을 집니다. 전문적으로 윤리적인 방식으로 행동한다는 것은, 실제 업무에서 불가피하게 발생하는 문제들에 대해 윤리 원칙과 구체적인 규칙을 적용하는 것을 의미합니다(Jacob et al., 2016).

학교에서 일하는 많은 전문가들은 보통 '행동 강령'이라 불리는 규범에 따라 전문적인 태도를 보여야 할 책임이 있습니다. 법과 윤리의 중요한 차이점 중 하나는, 전문 윤리 강령은 일반적으로 법이 요구하는 수준보다 더 엄격한 결정을 요구합니다(Ballantine, 1979, p. 636). 실제로 많은 경우, 전문가들은 이러한 더 높은 윤리 기준을 충족시키기 위해 자신의 행동을 조정해야 합니다(Jacob et al., 2016). 예를 들어, 미국심리학회(American Psychological Association, 2017)는 "윤리 강령이 법이 요구하는 수준보다 더 높은 행동 기준을 제시할 경우, 심리학자는 더 높은 윤리 기준을 따라야 한다."라고 명시하고 있습니다(p. 3).

따라서 담임교사와 전문상담교사는 학생 자살 예방과 관련된 법적 요구사항을 충족해야 할 뿐만 아니라, 이를 수행함에 있어 윤리적으로 행동해야 할 의무가 있습니다. 윤리 강령을 따르는 것은 단순히 법을 따르는 것보다 더 높은 수준의 책임을 요구하는 경우가 많습니다(D. N. Miller, 2014). 또한 윤리 강령과 윤리적 행동 사이에는 분명한 차이가 존재합니다. 윤리 강령은 "전문직 종사자의 의사결정을 위한 지침"을 제공하지만, 윤리적 행동은 "윤리 원칙과 강령, 윤리적 추론, 그리고 개인적 가치에 기반한 신중한

선택"을 포함합니다(Jacob et al., 2016, p. 4).

다음과 같은 상황을 상상해 보세요. 따뜻한 여름날, 한적한 호숫가에서 책을 읽으며 혼자 쉬고 있습니다. 해가 막 지고, 근무 중이던 구조요원은 이미 퇴근한 상태입니다. 갑자기 누군가의 도움을 요청하는 비명소리가 들립니다. 고개를 들어 보니 한 청소년 남자아이가 물속에서 허우적거리며 팔을 휘젓고, 얼굴엔 공포가 가득합니다. 수영을 못 하는 것으로 보입니다. 누군가 즉시 도와주지 않으면 익사할지도 모른다는 사실을 금세 알아차립니다. 구조요원은 떠났고 주변에는 아무도 없습니다. 아이의 절박한 외침을 들을 수 있는 사람은 오직 당신뿐입니다.

어떻게 하시겠습니까? 대부분의 주(州)에서는 타인을 돕거나 구조할 법적 의무가 없습니다. 따라서 물에 뛰어들어 구조하지 않아도 법적으로 처벌받을 일은 없습니다. 그렇다면 정말로 아이의 외침을 외면하시겠습니까? 물론 그렇지 않을 것입니다. 왜냐하면 이 상황에서 그 아이를 도우려는 시도는 법적 의무는 아닐지라도, 대부분의 사람들이 윤리적으로 올바른 행동이라고 생각하기 때문입니다. 즉, 널리 받아들여지는 문화적·사회적 가치에 비추어 도덕적이고 윤리적인 '옳은' 행동이라는 것입니다.

학교에서 자살 위험이 있는 학생을 대할 때 고려해야 할 세 가지 중요한 윤리적 쟁점이 있습니다. 바로, ① 비밀 보호, ② 전문성, ③ 옹호입니다.

### ◈ 비밀 보호 예외

비밀 보호(confidentiality)란 "정보 제공자 또는 당사자가 동의한 특정 조건을 제외하고는 개인에 관한 어떤 정보도 공개하지 않겠다는 명시적인 약속 또는 계약"입니다(Siegel, 1979, p. 251). 일반적으로 학생과 전문상담교사, 담임교사 간의 상호작용에서, 학생이 표현한 고민이나 민감한 정보는 비밀로 보호되어야 합니다. 그러나 예외적인 상황이 있으며, 그중 하나는 학생이 자살과 관련된 생각이나 행동을 드러내는 경우입니다. 이와 같은 경우에는 반드시 해당 학생의 부모나 보호자에게 상황을 알리는 조치를 취해야 합니다. "자살 가능성이 있는 모든 사례에서는 위험 수준이 낮든 높든 관계없이 부모에게 반드시 연락해야" 합니다(Jacob et al., 2016, p. 215). 일부 전문상담교사는 이러한 부모 통보가 지나치게 제한적이라고 느끼거나, 학생과 상담사 사이의 신뢰 관계를 해칠 수 있다고 우려할 수 있습니다. 그러나 에르바허와 동료들(Erbacher et al.,

2015)은 이 점에 대해 명확히 언급합니다. "비록 학생이 부모나 관련 교사에게 개인 정보를 알리는 것에 대해 불쾌해할 수 있지만, 살아 있는 학생과의 관계를 회복하는 것이, 부모에게 통보하지 않아 자살 시도나 실제 자살이 발생한 이후의 결과를 감당하는 것보다 훨씬 덜 어렵다."(p. 62)라는 것입니다.

학생이 자살할 가능성이 있다고 의심되는 상황에서 부모 또는 보호자에게 이를 알리지 않는 것은 학교 관련 소송의 가장 흔한 원인이 되고(Berman et al., 2009), 학생이 자살을 고려하고 있다는 합리적인 증거가 있을 경우, 비밀 보호는 중단되어야 하며 반드시 부모나 보호자에게 통보해야 합니다. 학교 관계자는 자살 위험이 의심되는 학생을 보고해야 할 법적 · 윤리적 의무를 가지며, 이는 앞서 설명된 '예견 가능성(foreseeability)' 원칙에 근거합니다. 이러한 의무는 "학생이 자살 생각이나 의도를 부인하더라도" 적용됩니다. "학생이 자살할 가능성이 있다고 암시 되는 정보가 있다면, 학교는 반드시 부모에게 이를 통보해야 하며, 이를 하지 않는 것은 학교 측의 과실로 간주된다."(Erbacher et al., 2015, p. 62)라는 점을 명심해야 합니다. 자살 위험이 의심되는 경우 부모에게 통보한 사실은 항상 문서로 남겨야 하며, 가능하다면 부모나 보호자의 서명을 받아 두는 것이 바람직합니다.

또한 학생이 자살 위험에 처했을 수 있다고 판단되어 부모에게 경고해야 하는 상황에서 다음과 같은 세 가지 문제가 발생할 수 있습니다. 첫째, 가정 내에서 아동 학대나 방임이 의심되는 경우입니다. 이때에는 먼저 아동보호전문기관에 연락합니다. 둘째, 부모나 보호자가 자녀의 안전을 보장하려 하지 않거나, 정신건강 서비스를 받도록 하는 것을 거부하거나, 자녀의 자살 위험을 심각하게 받아들이지 않는 경우입니다. 이때에도 아동보호전문기관에 연락합니다. 셋째, 부모나 보호자가 비협조적인 경우, 예를 들어, 자녀와의 대화를 거부하거나, 학교에 와서 자녀를 데려가지 않으려는 경우에 학교 관계자는 해당 학생이 어른의 보호 없이 혼자 집에 가도록 걸어가게 하거나 버스를 타게 해서는 안 됩니다(Erbacher et al., 2015).

### ◈ 전문성

학생 정신건강 전문가인 전문상담교사는 자신의 지식과 훈련 범위를 초과하지 않고, 자신의 전문성(Competence) 수준 안에서 행동해야 할 윤리적 의무를 지닙니다(Jacob et

al., 2016). 일반적으로 '전문성'이라는 용어는 "전문가는 자신의 지식과 기술을 내담자 및 상황에 대한 이해와 통합하여, 단기적 효과와 장기적 영향을 모두 고려한 적절한 결정을 내릴 수 있는 능력을 갖추고 있다."라는 의미를 포함합니다(Jacob et al., 2016, p. 16). 이는 곧, 학생의 정신건강 문제를 다루는 데 있어 지식, 기술, 전문성을 갖춘 전문상담교사가, 학교 내 자살 예방과 관련된 다양한 기술을 충분히 갖추고 있어야 하며, 학교 차원의 자살 예방 프로그램을 실행하는 데 주도적인 역할을 맡아야 함을 의미합니다. 이들은 자살 예방에 필요한 전문 교육과 경험을 지닌 만큼, 해당 분야의 지식과 기술이 부족할 수 있는 일반 교직원(예: 교사, 관리자 등)보다 더 적절한 담당자로 평가됩니다.

### ◈ 적극적 보호

적극적 보호(Advocacy)는 학교 구성원이 지녀야 할 중요한 윤리적 책임 중 하나지만, 현실에서는 그 중요성이 종종 간과되곤 합니다. 미국 학교심리학회(NASP, 2020)의 전문에는 학교심리사가 "모든 학생의 보호자로서 행동해야 한다."라고 명시하고 있습니다(p. 39). 자살 예방의 맥락에서 이는 학교 기반 정신건강 전문가들이 자살 위험이 있는 학생을 적극적으로 보호해야 함을 의미합니다. 이러한 학생들 중에는 성소수자 청소년 등 자살 위험이 높고 정신건강 문제로 인해 또래나 학교 구성원으로부터 낙인이나 소외를 경험할 수 있는 취약 집단도 포함됩니다(Jacob, 2013).

예를 들어, 많은 학생이 학교에서 운영하는 자살 예방 프로그램으로부터 실질적인 도움을 받지 못하고 있으며, 이들 중 다수는 학교에 안정적으로 출석하지 못하는 상황에 처해 있습니다. 이들은 정학 중이거나, 주거가 불안정하거나, 구금 시설, 응급 보호소, 병원, 치료 기관 등에 머무르거나, 부모에 의해 프로그램 참여가 제한된 경우 등으로, 자살 위험이 높고 사회적으로 소외되어 있는 경우가 많습니다(Singer et al., 2019, p. 68). 따라서 이와 같은 학생들이 적절한 지원을 받을 수 있도록 적극적으로 보호하고, 다른 관련 전문가들과 협력하는 일은 학교 기반 정신건강 전문가의 핵심적인 역할입니다.

전문가에게 옹호자의 역할을 기대하는 것과 더불어, 미국 학교심리학회의 윤리 강령(NASP, 2010)은 전문가가 내담 학생에게 "효과적인 서비스"를 제공해야 한다고 규정하고 있습니다(p. 302). 비록 '효과적인 서비스'가 구체적으로 정의되지는 않았지만, 이는 해당 서비스가 근거 기반(evidence-based) 효과를 갖추어야 함을 암시합니다. 즉, 보호 활동은 단지 문제 상황에 수동적으로 반응하는 데 그치지 않고, 보다 적극적이고 선제적인 접근이 요구됩니다. 이는 단지 윤리 강령이나 법적 기준이 요구하는 최소한의 의무를 충족하는 수준을 넘어서, 전문가로서 최선의 전문성과 책임감을 실천하는 태도를 의미합니다(Jacob et al., 2016, p. 315).

## 모범 사례

모범 사례(Best Practices)는 법적 요건과 윤리적 책임에 따라 결정되지만, 반드시 이에 국한될 필요는 없습니다.

모범 사례란, 학생들에게 더 긍정적인 결과를 가져온다는 것이 실증적으로 입증된 방법, 전략, 혹은 기법을 의미합니다. 중요한 점은, 모범 사례는 법적 요구사항과 윤리적 책임에 근거하여 형성되지만, 반드시 그 범위에만 국한되지 않는다는 것입니다. 즉, 학교 구성원은 법적 규정이나 직업 윤리 강령에 부합하는 방식으로 행동해야 하지만, 이러한 기준은 어디까지나 최소한의 기대 수준으로 간주되어야 하며, 전문가가 실제로 할 수 있거나 해야 하는 일의 한계를 규정하는 것은 아닙니다.

예를 들어, 이 책에서 설명하는 자살 예방 프로그램이나, 약물 남용 또는 학교폭력 예방을 위한 다양한 예방 및 개입 프로그램과 같은 근거 기반(evidence-based) 예방·개입 전략을 학교에서 제공하는 것은, 법적 혹은 윤리적 의무사항은 아닙니다. 그럼에도 불구하고 이러한 프로그램의 활용은 정당할 뿐만 아니라, 보다 폭넓고 근본적인 이익을 위해 강력히 권장되는 바람직한 실천 방식입니다. 다시 말해, 이와 같은 프로그램들은 모범 사례라고 할 수 있습니다.

## 맺음말

오래전 오리건 대학교의 로버트 호너(Robert Horner) 교수는 리하이 대학교(Lehigh University)에서 학교 현장에서 일할 준비를 하고 있는 대학원생들을 대상으로 특별 강

연을 한 적이 있습니다. 그는 강연 중 다음과 같이 말했습니다. "선생님의 역할은 단지 교육에만 국한되지 않습니다. 그것은 우리 학생들의 삶의 궤도를 바꾸는 일입니다." 이 인상 깊은 발언은 선생님들이 학생들의 행동을 변화시키고, 그들의 삶의 결과를 향상시키며, 때로는 삶 자체를 변화시키는 데까지 미칠 수 있는 막강한 영향력을 다시금 상기시켜 줍니다.

효과적인 학교 기반 자살 예방 프로그램은 이 모든 것을 가능하게 합니다. 더 나아가, 이러한 프로그램은 단지 삶을 변화시키는 데 그치지 않고, 삶을 구할 수도 있습니다. 학교 기반 자살 예방 프로그램을 시행해야 하는 주요한 이유는, 법적 분쟁이나 소송 가능성을 줄이는 데 도움이 될 수 있기 때문만은 아닙니다. 물론 그러한 결과가 있다면 분명 유리하겠지만, 이러한 프로그램의 가장 중요한 시행 근거는 그것이 윤리적이고 전문적인 책임에 부합하기 때문입니다. 이러한 책임은 단순한 의무가 아니라, 불필요하고 너무 이른 죽음으로부터 학생의 생명을 구하는, 상상할 수 있는 가장 중대하고 의미 있는 목표 중 하나를 이루기 위한 노력에서 비롯됩니다.

그보다 더 중요한 일이 과연 있을까요?

**현장 피드백** **강인영(변호사)**

제2장을 읽으며, 학교가 생명을 지키는 공간이 되기 위해 법이 어디까지 개입할 수 있고, 또 어디서부터 윤리의 몫이 되는지를 깊이 생각하게 되었습니다. 법의 언어로 보면 자살 예방에서 학교의 책임은 '과실'과 '예견 가능성'의 경계 위에 있습니다. 법은 교사에게 일정한 주의 의무만을 요구하지만, 윤리는 그보다 훨씬 더 높은 기준을 세웁니다. 학생의 위험 신호를 알고도 대응하지 못했다면, 법의 판단을 넘어 인간으로서의 책무가 남는다고 생각합니다. 이 책은 학교의 자살 예방을 단순한 법적 의무가 아니라 관계적 책임으로 바라보고 있습니다. 법이 최소한의 기준을 제시한다면, 예방과 개입은 교사와 학교가 지켜야 할 생명윤리의 실천 영역입니다. 저는 학교가 법적 불안이 아닌 신뢰와 윤리의 원칙 위에서 움직이기를 바랍니다. 그렇게 될 때 학교는 법을 넘어 가장 인간적인 제도, 그리고 아이들의 생명을 품는 진정한 배움의 공간이 될 것입니다.

# 교육청 정책과 학교 안 협업

"단결은 힘입니다. 협업이 있을 때, 놀라운 일들이 이루어질 수 있습니다."

_매티 스테퍼넥(Mattie Stepanek)

"팀의 힘은 각 구성원에게서 나오고, 각 구성원의 힘은 팀에서 나옵니다."

_필 잭슨(Phil Jackson)

"큰 고통을 겪고 있는 사람들을 돕는 과정에서 탈진(burnout)이 느껴지거나, 사기가 저하되고 지쳐 있다고 느껴진다면, 모두를 위해 잠시 물러나 스스로를 회복하는 것이 최선입니다."

_달라이 라마(Dalai Lama)

제3장에서는 학생 자살 예방과 개입에 대한 교육청 차원의 일반적인 정책과 절차에 대해 논의합니다. 이러한 정책과 절차는 학교 구성원들의 역할과 책임에 중대한 영향

을 미치기 때문에 우리의 출발점이 됩니다.

또한 학교 구성원 간의 효과적인 협력과 상호 존중을 바탕으로 한 협업 문제를 논의하겠습니다. 협업은 학교 기반 자살 예방 프로그램을 개발하고 지속하는 요소입니다. 팀워크가 효과적으로 작동하기 위해서는 학교 구성원들이 각자의 명확한 역할과 책임을 인지하고, 학생 자살 예방이라는 공동의 목표를 향해 어떻게 함께 기여할 수 있는지를 이해해야 합니다. 분명히 말하자면, 학교 구성원 모두가 학생 자살 예방에 있어 각자의 역할과 책임을 가지고 있습니다. 일부 구성원은 보다 두드러진 역할을 맡게 될 수 있지만, 모든 구성원이 의미 있는 기여를 할 수 있습니다.

이 장의 목적은 대응 과정에서 협업 중심의 접근을 바탕으로 교육청, 학교, 그리고 학교 구성원들의 역할과 책임에 대해 논의하는 데 있습니다. 교내 다양한 보직에 따른 학교 인력의 역할과 책임을 구체적으로 다루는 한편, 학생 자살 예방을 위한 지속적인 노력을 지원하고, 학생이 자살로 사망하는 드물지만 비극적인 상황에 가장 효과적으로 대응할 수 있도록 하는 위기관리위원회(Core Suicide Prevention Team: CSPT, 핵심 자살 예방팀을 한국 학교 실정에 맞추어 번역함-역자 주) 구성 및 유지를 살펴보겠습니다.

자살 위험이 있는 학생들과 함께 생활하는 과정은 선생님에게 정서적인 부담을 줍니다. 이 장의 마지막 부분에서는 '돌보는 사람을 위한 돌봄(care for the caregiver)'에 대해 폭넓게 논의합니다. 자살 위기에 처한 학생들과 생활하는 선생님은 상황에 따라 탈진(burnout), 연민 피로(compassion fatigue), 혹은 대리 외상(vicarious traumatization)을 경험할 수 있습니다(Erbacher et al., 2015). 따라서 자살 예방에 관여하는 모든 선생님, 특히 담당한 담임교사와 전문상담교사에게 자기 돌봄(self-care)은 매우 중요한 역량입니다.

## 교육청의 정책

교육청은 자살 예방에 관한 명확한 정책과 절차를 갖추고 학교에 제공하고 있어야 합니다. 효과적인 정책과 절차는 구성원 간의 역할을 명확히 하고, 실행에 대한 책임성을 보장합니다. 다시 말해, 학교 구성원 각자가 무엇을, 언제, 어떻게 수행할 것인지에

대해 구체적으로 명시하고 있어야 하며, 이 정책과 절차가 의도한 바대로 이행될 수 있도록 해야 합니다.

또한 정책과 절차는 단순히 교직원용 안내서에 인쇄하거나 공유 웹사이트에 게시하는 데 그쳐서는 안 됩니다. 정기적으로 갱신하고, 학교 구성원들이 이에 대해 실제로 교육을 받고 훈련에 참여하는 과정이 반드시 필요합니다. 연구에 따르면, 책임성과 연결되지 않은 교육은 실질적인 행동 변화로 이어지기 어렵습니다(Sawka-Miller, McCurdy, & Mannella, 2002; Shapiro, Miller, Sawka, Gardill, & Handler, 1999).

교육청 차원의 학생 자살 대응 정책을 수립할 때 고려해야 할 권장 지침은 여러 가지가 있습니다. 여기서는 미국 자살 예방 재단(American Foundation for Suicide Prevention), 미국 학교상담협회(American School Counselor Association), 미국학교심리학회(National Association of School Psychologists), 그리고 트레버 프로젝트(The Trevor Project)가 공동으로 발표한 『자살 예방을 위한 모범 교육청 정책(Model School District Policy on Suicide Prevention)』 제2판(2019)을 기반으로 하였습니다. 현재 우리 교육청이 학생 자살에 관한 정책을 갖췄는지, 정책이 있다면 해당 정책이 충분히 포괄적인지, 그리고 『자살 예방을 위한 모범 교육청 정책』[1]이 제시하는 주요 요소들을 충실히 포함하고 있는지를 아래 문항을 통해 점검해 보세요.

① 현재 우리 교육청 정책은 자살 예방과 관련된 연례 또는 격년 연수를 모든 교사에게 실시합니까?
② 우리 교육청의 정책은 자살 위험이 높은 특정 집단(학군이나 학교급 등)에 대해 논의하고 있습니까?
③ 현재 정책은 자살 예방에 대한 내용을 명확히 담고 있습니까?
④ 자살 예방 전담팀(Task Force) 또는 이와 유사한 조직을 구성하고 있습니까?

1 역자 주: 교육청의 정책이 부재하거나 내용이 부족할 경우 일선 학교의 혼란과 과중을 초래할 수 있습니다. 제2장의 법률적 책임 문제에서 살펴보았듯이, 일부 소송의 경우 교육청의 정책이 부재한 상태에서 모든 책임이 학교 혹은 담임교사에게 쏠리게 됩니다. 개인적인 경험에 의하면, 2번 위험 특정 집단, 5번 위험 평가 시스템, 7번의 복귀과정, 8번의 학부모 통지방법의 경우 교육청의 정책에 많이 빠져 있었습니다. 정책과 절차가 부재하면, 담당교사나 전문상담교사 개인의 판단에 맡겨지면서 혼란과 책임 과중이 발생할 수 있습니다.

⑤ 자살 위험 평가를 실시할 수 있는 전문가가 배치되어 있습니까?

⑥ 위기 상황에 처한 학생들에게 문화적으로 적절한 상담 및 연계가 제공될 수 있도록 하는 정보가 정책에 포함되어 있습니까?

⑦ 학교 내에서 자살 시도가 발생했을 때 어떻게 대응할 것인지에 대한 절차가 정책에 포함되어 있습니까? 자살 시도 이후 학생의 복귀 과정(reentry process)은 어떻게 다루고 있습니까?

⑧ 학교 밖에서 자살 시도가 있었을 경우, 학부모에게 어떻게 알리고 어떻게 협력할 것인지에 대한 내용이 포함되어 있습니까?

## 게이트키퍼: 모든 학교 직원의 역할

게이트키퍼(gatekeeper)란 학교에서 근무하면서 일반적으로 알려진 자살 위험 요인 및 경고 신호를 바탕으로 위험 가능성이 있는 학생을 식별하고, 필요한 경우 적절한 전문가에게 연결해 줄 수 있는 사람을 의미합니다(Walsh, Hooven, & Kronick, 2013). 학교 공동체에 속한 모든 성인은 자살 예방에서 게이트키퍼의 역할을 맡아야 합니다. 교장 및 관리자, 교육지원 인력, 보조교사, 복도 감독 요원, 급식실 여사님, 청소 및 시설 관리 직원, 그리고 버스 운전기사 등 학교 내 모든 구성원은 자살 위험이 있는 학생을 인식하고 대응할 수 있는 위치에 있으므로, 모두 게이트키퍼로서의 훈련을 받아야 합니다. 학교 내에 다수의 성인들이 게이트키퍼로서의 역할을 할 수 있을 때, 학교 전체가 자살 위험이 있는 학생들을 더 잘 식별하고, 조기에 개입할 수 있는 역량을 갖추게 됩니다.

### 자살 위험 학생이 접근했을 때: 어떻게 말할까

특히 학생들과 일상적으로 접촉하고 상호작용하는 교사의 경우, 자살 생각이나 행동을 호소하는 학생이 다가왔을 때 어떤 말을 해야 할지 몰라 당황스럽거나 난처한 상황에 놓일 수 있습니다. 표현 방식은 다양할 수 있으나, 학생의 고민과 감정을 인정하고,

공감과 연민을 표현하며, 도움을 주고 싶다는 진심을 전달하는 것을 중심에 둡니다. 에르바허와 동료들(Erbacher et al., 2015)은 도움이 되는 예시 문장을 제시하고 있습니다(p. 33).

> "이런 이야기를 해 줘서 고마워. 이제 우리가 도움을 받을 수 있도록 해 줄게."
> "이렇게 큰 고통을 혼자 감당할 필요는 없어. 함께 도움을 받아 보자."
> "지금까지 얼마나 힘들었니? 안쓰럽구나. 하지만 분명히 도움은 있어."
> "믿고 찾아와 줘서 고마워. 이젠 이렇게 아프지 않도록 필요한 도움을 받을 수 있게 해 줄게."

## 자살 위험 학생에게 하지 말아야 할 말

아무리 선한 의도에서 비롯된 말이라 하더라도, 경우에 따라 학생의 고통을 악화시키는 발언이 될 수 있습니다. 대표적인 예로는 '교정 반사(righting reflex)'가 있습니다. 이는 "잘못된 것을 바로잡고자 하는 욕구"로, 학생에게 지시하거나 충고하는 형태로 나타나며, 학생의 고통을 있는 그대로 수용하지 못하고 문제를 바로 해결하려는 태도로 비춰질 수 있습니다(Miller & Rollnick, 2013, p. 6). 예시로는 "너가 해야 할 일은 말이야……." "이렇게 해 보는 게 좋지 않을까?"와 같은 표현이 있습니다(Erbacher et al., 2015, p. 33). 이러한 말들은 학생이 경험하는 고통을 즉각 해결하려는 시도로 인해, 오히려 그들의 감정을 축소하거나 무시하는 느낌을 줄 수 있습니다. 또 다른 부적절한 반응 유형은 공감의 표현이 오히려 부정적으로 작용하는 경우입니다. 예를 들어, "네가 어떤 기분인지 나도 알아."와 같은 발언은, 말하는 사람의 비슷한 경험을 강조함으로써 대화의 중심이 학생에서 어른으로 이동하게 됩니다. 이는 학생으로 하여금 "선생님은 내 상황을 몰라요!"라는 반응을 유발할 수 있습니다. 이럴 때는 "네가 이런 상황을 겪고 있다니 걱정이 되네."와 같이, 학생의 고통에 대해 관심을 표현하는 방식이 더 적절합니다. 학교 구성원은 무조건적인 수용(unconditional acceptance)을 실천하며, 학생이 비판받지 않고 있다는 안정감을 느끼게 해야 합니다(Erbacher et al., 2015, p. 33).

에르바허와 동료들(Erbacher et al., 2015, pp. 34-35)이 제시한 자살 위험 학생에게 하지 말아야 할 말의 예시는 다음과 같습니다.

"네가 겪는 걸 나도 이해해."
"긍정적으로 생각해야지."
"부모님이 네가 이런 말 하는 걸 들으면 화나실 거야."
"살아야 할 이유가 많잖아."
"금방 올게."

이러한 발언들은 다음과 같은 이유로 도움이 되지 않습니다.

지시적 표현으로 들려 학생을 위축시킴(예: "긍정적으로 생각해." "살아야 할 이유가 많잖아.")

공감의 범위를 넘는 부적절한 동일시(예: "네가 겪는 걸 나도 알아.")

비판이나 부정적 감정을 암시(예: "부모님이 화내실 거야.")

위험 상황에서 학생을 혼자 두는 행위(예: "금방 올게.") – 자살 위험이 있는 학생은 절대 혼자 두어서는 안 됩니다.

## 교사의 역할과 책임

교사는 학교의 다른 어떤 전문가보다도 학생들과 더 많은 시간을 보내기 때문에 자살 예방 활동에서 중요한 역할을 담당하게 됩니다. 교사는 게이트키퍼로서의 역할 외에도, 자살 위험군으로 간주되는 학생들뿐 아니라 모든 학생들의 전반적인 정신건강과 정서적 웰빙을 증진시키는 활동을 통해 자살 예방에 능동적으로 참여할 수 있습니다. 그 구체적인 방법 중 하나로, 교사는 학생들에게 사회·정서적 기술(Social and Emotional Learning: SEL)을 가르침으로써 정신건강을 증진하는 SEL 프로그램에 적극적으로 참여할 수 있습니다(Merrell & Gueldner, 2010). SEL 프로그램을 통해 학생들은 대인 관계 및 정서적 자기 조절 등 중요한 기술을 배우게 되며, 이는 학생들의 사회·정서적 기능과 전반적인 정신건강을 다양한 상황에서 향상시키는 것으로 나타났

고, 그 효과는 장기적으로 유지된다고 보고되었습니다(Durlak et al., 2011; Taylor et al., 2017). 최근 자살 예방에서는 보호 요인을 강화하고 정신건강을 증진시키는 '상류 접근법(upstream approach)'에 대한 관심이 증가하고 있으며(Wyman, 2014), 이에 따라 초등학교 시기부터 보편적 수준에서 SEL 프로그램을 도입하는 것이 청소년 자살률을 줄이는 데 중요한 요소가 될 수 있다고 제안되고 있습니다(D. N. Miller, 2019; Singer et al., 2019).

중학교 및 고등학교에서도 SEL 프로그램은 충분히 활용될 수 있습니다. 예를 들어, 청소년의 정서 문제 해결을 위한 변증법적 행동치료 기술 훈련(DBT Skills Training for Emotional Problem Solving for Adolescents) 프로그램은 중·고등학생의 SEL을 지원하기 위해 고안된 교육과정으로, 교사들이 활용할 수 있는 효과적인 프로그램입니다(Mazza et al., 2016). 이 프로그램은 고통 감내(distress tolerance), 감정 조절(emotion regulation) 등 학생들의 전반적인 기능 및 정신건강을 향상시키는 데 필요한 다양한 기술을 가르치며, 특히 자살 예방과 직접적으로 관련된 기술들을 다룬다는 점에서 독특한 특성을 가집니다. DBT 기술 훈련에 대한 보다 구체적인 내용은 제5장에서 다루고 있습니다.

교사가 학교 공동체 내에서 학생들의 학교 유대감과 소속감에 대한 인식을 강화하는 것도, 학생들의 정신건강을 증진시키는 중요한 방법 중 하나입니다. 제1장에서 다루었듯이, 지속적으로 소속되지 못했다고 느끼는 인식(즉, 소속감의 실패)은 다른 변수들과 결합될 경우, 자살에 대한 욕구로 이어질 수 있습니다. 실제로 학교 유대감(school connectedness)을 증진시키는 것이 학생의 자살 행동을 감소시키는 데 효과적이라는 연구 결과가 제시된 바 있습니다(Marraccini & Brier, 2017; Whitlock, Wyman, & Moore, 2014). 청소년은 학교 연령대 집단 중에서도 자살 위험이 가장 높은 집단이기 때문에 이와 같은 접근은 특히 중요합니다. 또한 학교 유대감을 높이는 것은 자살 예방 외에도 다양한 긍정적 효과를 가져올 수 있습니다. 예를 들어, 학교 중도 탈락 가능성을 낮추고, 학생들의 학업 성취와 건강한 행동 실천을 증가시키는 데에도 기여할 수 있습니다.

학생 자살 예방에서 교사의 핵심적인 역할은 아무리 강조해도 지나치지 않습니다. 교사가 자살 위험 가능성이 있는 학생을 정확히 식별하고 적절히 반응하는 방법에 대해 효과적으로 훈련되지 않는 한, 학교 내 자살 예방은 실질적인 효과를 기대하기 어렵습니다(Erbacher et al., 2015 참조). 교사는 게이트키퍼의 역할뿐만 아니라, 학생들의 전반적인 정신건강 증진을 위한 활동을 수행하며 자살 예방에 기여할 수 있습니다. 더 나아가, 일부 교사는 핵심 자살 예방 팀(Core Suicide Prevention Team: CSPT)인 위기관리위원회의 일원으로 참여하여, 자살 예방에 보다 직접적으로 관여하는 역할을 맡을 수도 있습니다. 이 팀의 구체적인 역할과 책임은 다음 장에서 논의됩니다.

## 위기관리위원회(CSPT)의 구성과 역할

학교는 학생 자살 예방을 위한 전문적인 노력을 개발하고, 이끌며, 지속적으로 유지해 나갈 수 있는 전문가 팀[2]을 갖추어야 합니다. 이러한 위원회는 자살 예방만을 전담하는 것이 아니라, 위기 개입을 포함한 다양한 예방 및 중재 활동을 포괄하는 역할을 수행하게 됩니다(Brock et al., 2016; Brock & Jimerson, 2012). 물론 위원회의 위원은 위기 상황에 효과적으로 대응할 수 있는 지식과 기술을 갖추고 있어야 하지만, 단지 사후 대응에 국한되어서는 안 되며, 보다 폭넓고 선제적인 활동을 포함해야 합니다. 즉, 자살 예방 팀인 위기관리위원회는 학교 차원의 전반적인 학생 자살 예방 활동을 조율하는 리더 역할을 수행해야 합니다.

위기관리위원회(CSPT)의 구성원은 누구여야 하는가? 이에 대한 명확한 정답은 없지만, 학교 공동체를 대표하는 다양한 분야의 구성원들이 균형 있게 포함되는 것이 이상적입니다. 예를 들어, 다음과 같은 인력이 포함될 수 있습니다. 즉, 전문상담교사, 보건교사, 관리자(예: 교장, 교감, 부장 교사 등), 침착하고 경험 있는 교사입니다. 또한 필요에 따라, 자살 예방에 전문성을 갖춘 지역사회 정신건강 전문가를 외부 구성원으로 포함시키는 것도 고려할 수 있습니다. 위원회에 참여하는 모든 구성원은 위기 대응에 대한 지식, 침착함(calmness), 원활한 의사소통 능력, 팀워크에 대한 긍정적인 자세와 같은 역량과 태도가 필요합니다(Erbacher et al., 2015, p. 40). 위기관리위원회(CSPT)가 효율적이고 효과적으로 기능하기 위해, 학교와 교육청은 위원의 지속적인 전문성 개발

2 역자 주: 한국의 경우, 「초·중등교육법」 시행령 제31조 학교운영위원회의 기능에 자문기구 혹은 학생생명존중 및 자살예방 교육 강화 계획(교육부 지침, 수시 개정)의 각급 학교 위기관리위원회 설치 및 운영 권고 등에 근거하여 학교에 따라 위기관리위원회를 둘 수 있습니다. 이에 이하 CSPT는 위기관리위원회로 번역합니다.

(professional development) 기회 제공, 프로그램 운영에 필요한 예산 확보, 계획 수립 및 회의를 위한 충분한 시간과 일정 조정, 학생 자살 예방, 개입, 사후 대응에 대한 학교 차원의 명확한 정책 및 절차 수립과 같은 적극적인 행정적 지원을 제공해야 합니다.

위기관리위원회(CSPT)의 위원은 학생 자살 예방을 위한 학교 기반 활동에 있어 각자의 역할을 수행해야 하지만, WeeClass가 있는 학교의 경우 전문상담교사와 학교 기반 정신건강 전문가들은 특히 중요한 역할을 담당합니다. 이들은 자살 예방 팀 내에서 리더십을 발휘할 수 있으며, 발휘해야만 하며, 다음과 같은 활동에 중심적으로 참여해야 합니다. 자살 예방 프로그램의 실행 및 유지, 프로그램의 효과성 평가 및 개선, 만약 학생의 자살로 인한 비극적인 상황이 발생할 경우, 사후 대응 과정의 주도 및 조정 등이 여기에 속합니다. 전문상담교사의 자살 예방 전 과정에 걸친 핵심적인 역할 수행과 전문성, 실천 역량은 학교 전체의 안전과 학생들의 생명을 지키는 데 있어 중추적인 기반이 됩니다.

버먼(Berman, 2009)은 전문상담교사가 학생들 사이의 자살 행동 발생률을 낮추고, 자살 사건 및 그 여파에 효과적으로 대응하는 데 있어 중요한 역할을 수행할 수 있다고 언급하였습니다(p. 237). 이러한 목적을 달성하기 위해, 그는 전문상담교사 및 학교 기반 심리 상담사에게 요구되는 핵심 역량을 제시하였습니다.

- 자살 행동의 위험 요인 및 경고 신호에 대한 충분한 지식을 갖추고 있을 것
- 학교에서의 자살 예방과 관련된 법적 쟁점과 최선의 실천 방안에 대해 이해하고 있을 것
- 자살 예방과 관련된 근거 기반의 실천(evidence-based practices)을 이해하고 있을 것
- 자살 위험 평가를 계획하고 수행할 수 있는 능력을 갖출 것
- 자살 행동과 비자살적 자해 행동(nonsuicidal self-injury)을 구별할 수 있을 것
- 안전 계획(safety plan)과 자살하지 않겠다는 서약(no-suicide contract)의 차이점과 각각의 장단점을 이해하고 있을 것
- 위기 평가 및 개입 분야에서 전문적 지식과 실무 능력을 갖출 것
- 자살 위험이 있는 학생의 개입 과정에서 학부모를 효과적으로 참여시킬 수 있는 방법을 알고 있을 것

- 자살 시도 이후 학생이 교실로 복귀(reintegration)할 때 필요한 절차와 지원 방법을 알고 있을 것
- 자살 전염(suicide contagion) 및 자살 군집 현상(clusters)에 대한 이해가 있을 것
- 효과적인 자살 사후 대응(postvention) 절차를 실행할 수 있는 능력을 갖출 것

이 책을 읽는 선생님들은 앞에 제시된 각 영역에 대해 이해를 높일 수 있는 내용을 학습하게 됩니다. "자신의 학교에서 첫 번째 자살이든, 다음 자살이든 그것을 예방할 수 있는 준비를 더 잘 갖추기 위해 추가적인 연수나 교육 기회를 적극적으로 모색"하는 것이 전문상담교사에게 요구됩니다(Berman, 2009, p. 237).

## 위기관리위원회의 효과적 진행

효과적인 학교 기반 자살 예방 및 사후 대응을 제공하기 위해서는 학교 차원의 계획 수립과 교내 협력이 필요하며, 이는 위원회 회의를 통해 가장 효과적으로 이루어집니다. 그러나 현장에서는 위원회의 가치에 대해 회의적일 수 있습니다. 안타깝게도 이는 많은 학교 현장에서 빈번히 나타나는 현실입니다. 부실하게 운영되는 위원회의 회의는 위원회에 대한 불만과 좌절감 증가, 사기 저하 및 헌신도 감소, 불참률 증가 같은 부정적인 결과를 초래할 수 있습니다. 따라서 위기관리위원회(CSPT)는 회의가 위원들의 시간 낭비로 인식되지 않도록 하기 위해 의도적이고 전략적으로 접근합니다.

구체적으로 회의는 명확하게 정의된 목표와 목적이 있고, 실행을 위한 책임자 및 일정이 명확히 정해져야 하며, 회의가 의미 있고 가치 있는 시간으로 느껴져야 합니다. 효과적인 위원회 회의를 운영하기 위한 전략으로 다음의 여섯 가지가 있습니다(Kern, George, & Weist, 2016, p. 31). 그것은 전략적으로 위원을 구성하기, 회의 운영에 필요한 실무적 요소(logistics)에 주의 기울이기, 기본 규칙(ground rules)을 정하고 회의 시작 시 이를 공유 및 재확인하기, 효율적이고 효과적으로 회의를 진행하기, 회의 시간은 안건에 따라 유연하게 조정하기입니다.

이와 같은 전략을 통해 회의는 단순한 행정 절차가 아닌, 학교의 자살 예방 역량을

실질적으로 강화하는 핵심 도구로 기능할 수 있습니다(Kern et al., 2016, p. 31 참조). 학생 자살과 관련된 위기 상황이 실제로 발생한 후에야 대응 계획을 수립하려 한다면, 이미 너무 늦은 상황일 수 있습니다. 따라서 사전에 위원회를 구성하고, 계획 수립 과정을 준비해 두는 것이 필수입니다. 이러한 준비 과정을 통해, 학교 구성원들은 모든 위기 상황에 보다 효과적으로 대응할 수 있는 준비태세를 갖추게 됩니다. 이는 학생의 생명을 보호하고, 학교 공동체 전체의 정신건강과 안전을 증진시키는 데 결정적인 역할을 합니다.

## 탈진, 연민 피로, 대리 외상

선생님들은 자살 위험이 있는 학생과 함께 일하는 과정에서 심리적 부담감이나 정서적 압박을 느끼는 경우가 있으며, 이로 인해 자신의 정서적 어려움을 겪을 위험에 놓일 수 있습니다. 특히 자살 위험 학생들과 자주, 밀접하게 접촉하는 상담사는 이러한 위험이 더욱 높다고 알려져 있습니다. 이는 놀라운 일이 아닙니다. 자살 위험이 있는 사람들과 함께 일하는 경험은 여러 연구에서 전문직 종사자에게 가장 스트레스가 큰 활동 중 하나로 지속적으로 보고되어 왔습니다(Erbacher et al., 2015). 예를 들어, 위기 상황에 개입한 경험이 있는 학교 심리사를 대상으로 한 연구에서는, 90%가 신체적, 정서적, 직업적 측면에서 부정적인 영향을 경험했다고 응답했습니다(Bolnik & Brock, 2005). 학교에서 선생님과 상담사는 아동 및 청소년을 돌보는 사람(caregiver)으로서, 학생들에게 다양한 지원과 도움을 제공하는 역할을 합니다. 그러나 일반적으로 타인을 돌보는 역할을 수행하는 사람은 자기 자신을 돌보는 데 소홀해지기 쉽고, 이로 인해 자신의 심리적 어려움을 경험할 가능성도 커지게 됩니다.

학교에서 돌봄을 제공하는 전문가들에게 서로 다르지만 밀접하게 연관된 탈진(Burnout), 연민 피로(Compassion Fatigue), 대리 외상(Vicarious Traumatization)과 같은 정서적 문제가 발생할 수 있습니다(Erbacher et al., 2015). 탈진은 감정적 소진(emotional exhaustion), 탈인격화(depersonalization), 성취감 저하(reduced sense of accomplishment)로 나타나는 정서적 상태로, 돌봄 제공자에게 점진적으로 나타날 수 있습니다. 이는 희망의 상실, 업무 수행의 어려움, 자신의 노력이 아무런 변화를 만들지 못하고 있다는 무기력감으로 이어질 수 있습니다(Brock et al., 2016). 탈진의 주요 징후에는 지속적인 피로, 좌절감 또는 분노, 부정적인 사고, 대인 관계에서의 위축, 업무 성과 저하, 타인에 대한 부정적 반응 증가가 포함됩니다(Erbacher et al., 2015).

연민 피로는 돌봄 제공자가 타인에 대한 공감 능력을 유지하는 데 어려움을 느끼는 상태를 말합니다(Brock et al., 2016). 연민 피로는 "타인의 외상 경험에 대해 알게 되었을 때 자연스럽게 나타나는 행동 및 감정 반응"(Figley, 1995, p. 7)으로, 위기 상황에 자주 개입하는, 특히 자살 위기 청소년들과 지속적으로 일하는 전문가들은 시간이 지남에 따라 연민 피로를 겪을 수 있습니다. 연민 피로의 징후로는 슬픔, 비탄, 악몽, 신체 통증, 죄책감, 과각성 상태, 감정적 거리두기 및 고립, 가치관이나 신념 체계의 변화 같은 것들이 있습니다(Erbacher et al., 2015).

대리 외상은 "외상 피해자를 도와주는 사람이 심각한 심리적 영향을 경험할 수 있으며, 이러한 영향은 방해가 되고 고통스러울 수 있으며, 외상 피해자와의 관계가 끝난 이후에도 수개월 또는 수년 동안 지속될 수 있다."(McCann & Pearlman, 1990. p. 133)라고 정의됩니다. 즉, 자살 위기에 처한 학생들과 지속적으로 접촉하면서 타인의 외상 경험을 반복적으로 접하게 되면, 돌보는 사람 스스로가 심리적 외상 반응을 겪을 수 있는 위험이 생깁니다. 대리 외상의 주요 징후에는 불안, 슬픔, 혼란, 무기력, 신체적 통증, 관계 형성 능력의 저하, 통제감 및 신뢰감 상실, 침습적 이미지(trauma-related imagery)가 포함됩니다(Erbacher et al., 2015).

탈진, 연민 피로, 대리 외상은 증상이 유사하고 서로 겹쳐 나타나는 경우가 많습니다(Erbacher et al., 2015). 특히 위기 상황에 처한 학생들과 자주 접촉하는 교사들은 이러한 심리적 소진에 노출될 위험이 높기 때문에, 자신의 정서적 상태를 꾸준히 점검하는 것이 매우 중요합니다.

에르바허와 동료들(2015)은 다음과 같은 질문들을 스스로에게 던져 볼 것을 권합니다. 아래 질문 중 하나라도 '그렇다'고 답했다면, 탈진, 연민 피로, 혹은 대리 외상의 가능성이 있으므로 주의가 필요합니다.

- 자신을 위한 시간이나 에너지가 전혀 없다고 느끼십니까?

- 업무와 관련된 악몽을 꾼 적이 있습니까?
- 예전보다 세상을 더 부정적으로 바라보게 되셨습니까?
- 병가를 자주 사용하고 계십니까?
- 일에 대한 의욕이 줄었거나, 예전보다 생산성이 떨어졌다고 느끼십니까?
- 특정 학생이나 사례가 머릿속에서 계속 떠나지 않습니까? (p. 204)

이러한 자가 점검은 정서적 소진을 조기에 인식하고 대처하는 데 도움이 될 수 있습니다.

탈진과 같은 문제를 예방하거나 대응하기 위한 자기관리는 단순한 전문성의 문제가 아니라 윤리적인 책임이기도 합니다. 교직 수행 능력이 저하되면 이는 심각한 윤리적 위반이 될 수 있으며, 학생들에게 직접적인 위험을 초래할 수 있습니다(Brock et al., 2016).

## 돌봄을 위한 자기 돌봄

자살 위험이 있는 학생을 돕는 과정에서 발생할 수 있는 스트레스를 잘 관리하고, 탈진을 예방하는 것은 교사의 자기 돌봄을 위해서 뿐만 아니라 학생들을 위해서도 반드시 필요합니다. 자기관리를 위한 개인적 · 전문적 전략은 선생님의 건강을 지키는 데 도움이 될 뿐만 아니라, 학생과 학교에 더 나은 서비스를 제공하는 데도 중요한 역할을 합니다. 스트레스를 효과적으로 관리하고 탈진을 예방하기 위해서는 세 가지 수준에서의 자기관리가 필요합니다. (1) 개인적인 전략, (2) 전문적인 전략, (3) 조직 차원의 전략입니다(Erbacher et al., 2015).

### 개인적인 자기관리

권장되는 개인적 자기관리 방법에는 다음과 같은 것들이 있습니다(Bolnick & Brock, 2005; Erbacher et al., 2015). (1) 규칙적인 생활 루틴을 유지하기, (2) 위기개입 동료들과 경험과 감정을 나누기, (3) 주변 사람들도 스트레스를 받고 있음을 인식하기, (4) 규칙적으로 운동하기, (5) 충분한 휴식을 취하기, (6) 같은 역할을 하는 동료들과 시간 보내기입니다. 이 외에도 다음과 같은 전략들이 있습니다.

- 필요할 때 "아니요."라고 말하기
- 일과 가정의 경계를 명확히 구분하기
- 전문 상담 받기
- 가족이나 반려동물 등 사랑하는 존재와 시간 보내기
- 음주와 같은 위험한 대처 행동 피하기
- 요가, 명상, 독서 등 마음을 안정시키는 활동하기
- 가족이나 친구로부터 감정적인 지지받기
- 경험 많은 동료들과 함께 사건을 정리하고 공유하기
- 삶의 의미에 대해 스스로 성찰해 보기
- 하루 중 틈틈이 쉬는 시간 갖기
- 트라우마 관련 뉴스나 콘텐츠 과다 노출 피하기

## 전문적인 자기관리 전략

자살 위험이 있는 학생과 함께 일하는 교직원은 개인적인 관리뿐 아니라 전문적인 자기관리 전략도 함께 실천해야 합니다. 효과적인 자기관리는 일과 삶의 균형뿐만 아니라, 직업 내에서도 다양한 역할 간 균형을 유지하는 것을 포함합니다(Erbacher et al., 2015). 예를 들어, 일과 가정의 경계를 설정하는 한 가지 방법은 "걱정이나 고민을 병에 담아 뚜껑을 닫고 사무실 선반 위에 올려 두는 상상을 하는 것"입니다. 그렇게 하면 다음 날 아침까지 그 병은 잠시 멈춘 상태로 머물게 됩니다(p. 202). 직무 내 균형을 위해 할 수 있는 전략은 근무 시간을 줄이기, 업무량을 스스로 조절할 수 있도록 하기, 하루 중 휴식 시간 확보하기, 다양한 문제 수준을 가진 학생들과 균형 있게 일하기 등이 있습니다. 브록과 동료들(Brock et al., 2016)은 개인적 · 전문적 차원을 아우르는 자기관리 전략을 세 가지 영역으로 나누어 제시합니다.

### 1. 신체적 자기관리

충분한 수면 취하거나 피로 누적 시 보충 수면 확보하기, 장시간 혼자 일하는 것 피하고, 중간중간 휴식 취하기, 건강한 식사와 수분 섭취, 음주 및 흡연 자제하기, 규칙적으로 운동하기 · 명상 · 심호흡 · 이완 훈련 등 스트레스 관리 기법 활용하기

### 2. 심리적 자기관리

과도한 집중 상담이나 개입 시간 조절하기, 자신의 스트레스 반응을 자가 점검하며 민감하게 살피기, 2~3주 이상 증상이 지속될 경우 외상 전문가에게 상담 받기, 과거의 개인적 외상 경험에 대한 대처 전략 마련하기

### 3. 사회적 · 대인관계 · 가정 영역의 자기관리

가정 및 가족 안전 계획 세우기(자녀 및 반려동물 돌봄 포함), 믿을 수 있는 지지자 2~5명 확보하기(직장 동료 포함), 사회적 활동이나 회복을 위한 공익 활동 참여하기, 종교적 신앙이나 영성 활동 실천하기, 글쓰기 · 그림 그리기 · 수업 등 창의적 자기 표현 활동 찾기, 일상 속에서 웃음을 찾는 마음가짐 갖기

## 조직 차원의 자기관리 전략

자살 위험이 있는 학생과 밀접하게 일하는 담임교사와 전문상담교사들의 탈진, 연민 피로, 대리 외상를 줄이기 위해 학교의 교장이나 교육지원청의 장학사가 할 수 있는 일들이 있습니다. 대표적인 전략은 다음과 같습니다.

적절하고 균형 잡힌 업무량 배분, 어려운 사례에 대해 충분한 상담 및 자문 기회 제공, 휴식 요청에 긍정적으로 반응하기, 위기 개입과 전문성 향상을 위한 체계적인(근거 기반 치료-역자 주) 연수 프로그램을 운영합니다.

또한 학교 내 위기 대응 역량을 강화하기 위해 더 많은 교직원이 자살 위기 대응에 참여할 수 있도록 훈련하는 것도 효과적인 전략입니다. 에르바허와 동료들(Erbacher et al., 2015)은 다음과 같이 말합니다.

"학교에서 자살 위기에 대응할 수 있는 인력을 더 많이 양성하면, 몇몇 담당자에게만

과도한 부담이 집중되는 것을 막을 수 있으며, 이는 이차 외상의 위험을 줄여 줍니다" (p. 203).

## 맺음말

학교는 학생 자살 예방에 어떤 방식으로든 기여할 수 있으며, 그래야만 합니다. 대부분의 교직원은 '게이트키퍼'(위기 신호를 인식하고 적절히 연결해 주는 역할)로서의 책임을 가지게 됩니다. 학교 내 정신건강 전문가나 위기관리위원회(자살 예방 협력팀, CSPT) 구성원 등은 보다 전문적이고 중요한 역할을 맡게 됩니다. 자살 위험이 있는 학생들과 자주 접하는 교직원은 탈진과 같은 문제를 겪을 가능성이 높기 때문에, 스트레스를 관리하고 효과적인 자기관리를 실천하는 노력이 필요합니다. 학교 내 어떤 위치에 있든, 모든 교직원은 학생 자살을 예방하는 하나의 팀의 일원이며, 그 공동 목표를 실현하기 위한 중요한 역할을 하고 있습니다. 다음 장들에서 이러한 목표를 실제로 실현하는 데 도움이 되는 구체적인 정보와 전략들을 소개하겠습니다.

**현장 피드백** **한효성(교육지원청 Wee센터 실장)**

현장에서 마주하는 학생 자살은 실무자에게 혼란과 무거운 책임을 동시에 안깁니다. 그 절박한 순간마다 필요한 것은, 추상적 권고가 아닌 실질적 매뉴얼과 협업의 구조입니다. 이 책이 제시하는 협력 기반 예방 체계는 현장의 언어로 설계된 전략이자, 작동 가능한 시스템입니다. 학생의 생명은 학교만의 책임이 아니라 우리 모두의 몫입니다. 교직원과 학생 모두의 안전을 보살피는 이 깊은 논의가 현장에 회복과 희망을 안겨 주길 바랍니다.

# 학생 자살 예방을 위한 공공보건 접근법

“인류 전체에 영향을 미치는 집단적 문제는 개인 치료 중심의 접근으로는 결코 통제되거나 사라지지 않습니다.”

_조지 W. 올비(George W. Albee)

“고위험군 소수보다 저위험군 다수가 질병 발생에 더 큰 영향을 미칠 수 있습니다.”

_제프리 로즈[Geoffrey Rose (Rose's Theorem)]

“자살 예방은 개인 문제로만 볼 것이 아니라, 공공보건의 관점에서 더 넓게 바라봐야 합니다. 이 관점에서 보면 학교, 직장, 의료 시스템, 사법 제도, 종교 공동체 등 다양한 사회 시스템이 변화에 관여하고 있다는 것을 알 수 있습니다. 우리 모두가 자살 예방에 역할을 할 수 있습니다.”

_샐리 스펜서-토머스(Sally Spencer-Thomas)

비교적 최근인 20세기에 들어서야 자살은 예방할 수 있으며, 개인뿐 아니라 학교와 같은 조직도 이 과정에 중요한 역할을 할 수 있다는 인식이 본격적으로 자리 잡기 시작하였습니다. 미국에서 최초로 조직적인 자살 예방 활동을 시작한 인물은 침례교 목사였던 해리 마시 워런(Harry Marsh Warren)입니다. 그는 1906년, 한 젊은 여성의 자살에 충격을 받아 '세이브-어-라이프 리그(Save-A-Life League)'를 설립하였습니다. 이 단체는 워런의 말에 따르면, 뉴욕시에서 매주 약 100명에게 상담 및 기타 지원 서비스를 제공하였으며, 그의 사망인 1940년까지 약 34년간 지속되었습니다(Miller & Gould, 2013). 이후에도 자살 위기자를 돕기 위한 여러 조직적인 시도들이 있었으나, 대부분 오래가지 못하고 사라졌습니다. 이는 자살이 오랜 시간 동안 낙인 찍혀 왔고, 자살시도자들을연민보다는 비난의 시선으로 바라보았기 때문입니다(Joiner, 2005, 2010). 실제로 1950년대 이전까지 미국 사회에서는 자살 문제가 거의 치료되지 않았고, 심리학이나 정신의학 분야에서도 자살에 대한 논의가 드물었습니다(Colt, 2006; Spencer-Thomas & Jahn, 2012).

시간이 지나면서 워런과 '세이브-어-라이프 리그'는 이후 자살 예방을 위한 다양한 조직적 노력의 기반이 되었습니다. 그 대표적인 예가 1953년 채드 바라(Chad Varah)가 설립한 사마리아인 단체(Samaritans)입니다(Kerr, 2013). 사마리아인 단체는 영국에서 시작되었지만, 이후 미국을 포함한 여러 국가로 확산되었고, 현재까지도 활동을 이어 가고 있습니다. 하지만 미국에서 자살과 자살 예방에 대해 본격적인 관심이 시작된 것은 1958년, 에드윈 슈나이드먼(Edwin S. Shneidman), 노먼 파버로(Norman L. Farberow), 로버트 리트먼(Robert E. Litman)이 로스앤젤레스 자살예방센터(Los Angeles Suicide Prevention Center)를 설립하면서부터였습니다(Spencer-Thomas & Jahn, 2012). 그리고 자살이 단지 개인의 정신건강 문제가 아니라, 사회 전체에 영향을 미치는 공공보건 문제로 널리 인식되기 시작한 것은 20세기 후반에 이르러서야 가능해졌습니다.

## 공공보건 문제로서의 자살

20여 년 전, 전 미국 공공보건국장 데이비드 새처(David Satcher) 박사(1998)는 "자

살과 자살 행동으로 인한 손상은 이 나라에서 공공보건 문제로 충분히 다뤄지지 않았다."라고 지적하였습니다(p. 325). 그 이후 연방 차원에서 자살 문제, 특히 청소년 자살을 포함한 여러 형태의 자살에 대응하려는 노력이 증가하였습니다. 이러한 많은 정책과 프로그램은 새처 박사가 공공보건국장으로 재임하던 시절에 시작되었습니다. 예를 들어, 그는 미국 공공보건국 역사상 처음으로 자살에 대한 공식 보고서인 자살 예방을 위한 실천 촉구(Call to Action to Prevent Suicide)를 발표하였습니다[U.S. Department of Health and Human Services(USDHHS), 1999]. 이 보고서에서 자살은 국가적 공공보건 문제로 규정되었으며, 자살의 위험 요인에 대한 대중의 인식 제고, 인구 집단 중심 및 임상 서비스의 질 향상, 자살 예방 과학에 대한 투자 확대 등이 강조되었습니다(Jamison, 1999).

같은 해에 발표된「The Surgeon General's Call to Action to Prevent Suicide」[1]는 자살 예방에서 정신건강 및 약물 남용 서비스의 중요성을 강조하는 내용을 담고 있었습니다(USDHHS, 1999). 또한 2000년 말, 새처 박사는 아동 정신건강: 국가 행동 계획 수립을 위한 회의(Children's Mental Health: Developing a National Action Agenda)를 주최하여, 아동과 청소년을 지원하는 모든 시스템 안에서 정신질환의 조기 발견을 개선하고, 접근성의 장벽을 제거하며 서비스 이용을 확대해야 한다고 강조하였습니다.

이러한 일련의 노력들은 '국가 자살 예방 전략: 실행을 위한 목표와 과제(National Strategy for Suicide Prevention: Goals and Objectives for Action)'의 발표로 이어졌습니다(U.S. Public Health Service, 2001). 전 공공보건국장 레지나 벤저민(Regina Benjamin) 박사는 이 전략을 "전국적인 자살 예방 활동을 조직적으로 시작하게 한 이정표"라고 평가하였습니다(USDHHS Office of the Surgeon General & National Action Alliance for Suicide Prevention, 2012, p. 3). 이 전략은 자살 예방을 공공보건의 관점에서 접근하고자 하는 국가적 의지를 명확히 보여 주었으며, 공공 부문과 민간 부문이 함께 협력한 최초의 자살 예방 계획이라는 점에서 의미가 있습니다. 이후 2012년, 벤저민 박사와 국가 자살 예방 행동 연합(National Action Alliance for Suicide Prevention)의 주도로 이 전략은

1 미국 보건복지부 산하 Surgeon General(미국 공중보건국장의 공식 직책)이 발표한 국가 차원의 자살 예방 행동 권고문입니다.

새롭게 개정되어 발표되었습니다(이 보고서는 다음 링크에서 무료로 열람할 수 있습니다. https://www.hhs.gov/surgeongeneral/reports-and-publications/suicide-prevention/index.html).

자살 예방에 있어 국가적 · 국제적으로 가장 중요한 발전 중 일부는 21세기에 들어 이루어졌으며, 그중 많은 성과는 최근 10여 년 사이에 이루어졌습니다(Reidenberg & Berman, 2017). 이러한 발전에는 2012년 국가 자살 예방 전략(National Strategy for Suicide Prevention: Goals and Objectives for Action)과 세계 자살 예방을 위한 글로벌 권고 보고서(Preventing Suicide: A Global Imperative)와 같은 주요 정책 문서들이 포함되어 있습니다. 또한 자살 예방 자원 센터(Suicide Prevention Resource Center), 국가 자살 예방 행동 연합(National Action Alliance for Suicide Prevention), 국가 자살 예방 생명전화(National Suicide Prevention Lifeline)와 같은 주요 기관들이 설립되고, 정부와 민간의 재정적 지원도 이어졌습니다. 이와 함께 기존의 자살 예방 관련 단체들도 지속적으로 활발한 활동을 이어 오고 있습니다. 대표적인 예로는 미국 자살학회(American Association of Suicidology: AAS)와 미국 자살 예방 재단(American Foundation for Suicide Prevention: AFSP)이 있으며, 각각 www.suicidology.org와 www.afsp.org에서 관련 자료를 확인할 수 있습니다.

공공보건적 접근을 통한 자살 예방의 강조는 아동과 청소년에 대한 관심으로도 이어졌습니다. 이러한 노력의 대표적인 사례는 2004년 제정된 미국 최초의 청소년 자살 예방 법안인 개럿 리 스미스 기념법[Garrett Lee Smith(GLS) Memorial Act]입니다. 이 법의 목적은 “주 전체 차원에서 청소년 자살 조기 개입 및 예방 전략을 계획하고 실행하며 그 효과를 평가하는 조직적 활동을 지원하고, 대학 캠퍼스 내 정신건강 및 행동 건강 서비스 센터에 자금을 제공하는 것”이었습니다(Garrett Lee Smith Memorial Act, 2004, p. 1696). 이 획기적인 법안을 통과시키면서, 미국 의회는 “청소년 자살은 근본적인 정신건강 문제와 연결된 공공보건의 비극이며, 이에 대한 조기 개입 및 예방 활동은 국가적 우선과제”라고 명시하였습니다(p. 1696).

> 미국 의회는 개럿 리 스미스 기념법을 통과시키면서 “청소년 자살은 근본적인 정신건강 문제와 관련된 공공보건의 비극이며 청소년 자살 조기 개입 및 예방 활동은 국가적 우선순위”라고 언급했습니다.

이 법을 통해 확보된 예산은 미국 전역에서 다양한 청

소년 자살 예방 프로그램 운영을 가능하게 했습니다. 연구에 따르면, GLS 프로그램의 교육 훈련을 시행한 지역에서는 10세에서 24세 사이 청소년의 자살률이 그렇지 않은 지역보다 유의미하게 낮았습니다(Walrath, Godoy Garazza, Reid, Goldston, & McKeon, 2015). 또한 GLS 프로그램이 시행된 지역에서는 16세에서 23세 사이 청소년의 자살 시도율도 감소한 것으로 보고되었습니다(Godoy Garazza, Walrath, Goldston, & McKeon, 2015).

이러한 연방, 주, 지방 정부 차원의 정책들은 자살이 중요한 공공보건 문제이며, 효과적인 예방을 위해서는 공공보건적 해결책이 필요하다는 인식을 확산시켰습니다. 이 장의 나머지 부분에서는 자살률을 감소시킨 다양한 공공보건 접근법을 소개하고, 학교에서 청소년 자살을 예방하기 위해 공공보건적 접근을 어떻게 적용할 수 있는지를 설명합니다. 그리고 다음 장에서는 이 접근법을 학교 내 다양한 수준과 학생 집단에 구체적으로 어떻게 실행할 수 있는지를 보다 상세히 다룹니다. 본격적인 설명에 앞서, 먼저 공공보건의 기본 개념에 대해 간단히 살펴보겠습니다.

> 자살을 공공보건 문제로 이해하고 개념화하면서 많은 개인과 단체는 공공보건 모델이 자살을 예방하는 데 유용한 접근 방식이 될 수 있다는 결론을 내렸습니다.

## 공공보건: 간략한 개요

공공보건은 개인보다는 지역사회나 전체 인구의 건강을 증진하고 보호하는 것을 목표로 하며, 문제가 발생한 후 치료하기보다는, 사전에 예방하는 데 초점을 맞춘 접근 방식입니다. 또한 공공보건은 사회 정의(social justice)를 실현하는 하나의 방식으로 이해될 수 있습니다(Hess, Short, & Hazel, 2012). 예를 들어, 보건윤리학자 보샹(Beauchamp, 1976)은 "공공보건은 정의를 실현하는 방식이며, 모든 인간 생명의 가치와 우선순위를 주장하는 방식이어야 한다."라고 강조하였습니다(p. 8).

공공보건이라는 개념은 19세기에 본격적으로 주목받기 시작하였습니다. 당시 의사들과 정부 관계자들은 건강 문제의 원인이 개인에게만 있는 것이 아니라, 사회적·환경적 요인들이 그 문제를 유발하거나 악화시킬 수 있다고 보기 시작했습니다(Doll &

Cummings, 2008b). 초기 공공보건 프로그램은 지역사회의 청결을 유지하는 간단한 정책에서 출발하였으며, 이후 백신 접종, 환경 개선 등 현재와 같은 의학적 개입 중심의 정책으로 발전해 왔습니다(Strein, Hoagwood, & Cohn, 2003; Woodside & McClam, 1998). 1970년대부터 미국에서 개인의 건강뿐 아니라 전체 인구의 건강 상태가 국가 정책의 중요한 우선과제로 떠오르면서, 지방 및 연방 차원에서 여러 변화가 이루어졌습니다(Strein et al., 2003). 이후 흡연과 음주 감소, 신체 활동 증가, 교통사고 사망자 감소, 원치 않는 임신과 성병 예방을 위한 안전한 성 행동 장려 등 다양한 공공보건 정책이 성공적으로 시행되었습니다.

보다 최근에는 COVID-19 팬데믹 당시 사회적 거리두기와 마스크 착용이 대표적인 공공보건 개입으로 작용하였으며, 이로 인해 수많은 생명을 구할 수 있었습니다. 공공보건적 접근은 최근 아동과 청소년의 다양한 건강 문제, 특히 정신건강 문제에까지 확대 적용되고 있으며, 이는 연방 정부 보건 정책의 우선순위가 변화하고 있음을 보여주는 중요한 신호입니다. 이러한 프로그램들은 다음 세 가지 핵심 전제에 기반하여 구성되어 왔습니다. (1) 정신건강은 공공보건 시스템의 핵심적이고 본질적인 요소이며, (2) 정신건강 문제에 대한 낙인을 줄이고, 조기 발견을 증진하는 것이 건전한 공공보건 시스템을 위해 필수적이며, (3) 연구와 실제 현장 간의 연계를 강화하는 것이 대중에게 가장 큰 효과를 가져올 수 있다는 점입니다(Hoagwood & Johnson, 2003, p. 3).

최근에는 자살 예방을 위한 다양한 공공보건 기반의 프로그램들도 등장하고 있습니다(Anestis, 2018; Miller, 2016). 다음 절에서는 지역사회 중심의 공공보건 접근 방식이 자살 예방에 어떻게 활용되고 있는지 요약해서 알아봅니다. 비록 이러한 접근 방식이 학교를 중심으로 한 전략은 아니지만, 학교에 중요한 시사점을 줍니다. 그 이유는 다음과 같습니다. 지역사회 기반의 청소년 자살 예방 접근은 실제로 효과적일 수 있으며, 학교와 지역사회 간의 협력을 강화하며, 학교는 학부모와 협력하여 지역사회 자살 예방 프로그램에 대한 인식을 높일 수 있고, 선생님은 지역사회에서 이러한 접근법을 지지하고 옹호하는 역할을 할 수 있기 때문입니다.

## 자살 예방을 위한 지역사회 중심 공공보건 접근법

초기의 자살 예방 접근은 자살 사고나 자살 행동을 보이는 개인들이 스스로 어려움을 주변에 털어놓고 도움을 구할 것이라는 기대에 기반을 두고 있었습니다. 하지만 많은 자살 위험자들은 자신의 문제에 대해 도움을 요청하지 않으며, 자살 관련 행동을 인정하거나 이야기하기를 꺼려 하고, 조용히 고통을 겪는 경우가 많습니다(Anestis, 2018). 예를 들어, 한 문헌 고찰에 따르면 자살로 사망한 사람들의 68%가 사망 전 12개월 동안 정신건강 관련 기관을 방문한 기록이 없었습니다(Luoma, Martin, & Pearson, 2002). 또한 자살 전에 정신건강 전문가나 일반 의료인을 만났던 경우에도, 자신의 자살 생각이나 행동을 제대로 전달하지 않았을 가능성이 있습니다. 이러한 사례들을 통해 알 수 있는 중요한 교훈은 자살과 그 이면에 있는 정신건강 문제를 효과적이고 효율적으로 예방하려면, 전통적인 치료 방식(예: 정신건강 전문가나 의료 전문가를 만나는 것)만으로는 충분하지 않다는 것입니다.

이러한 관점을 지지한다고 해서 자살 위험이 있는 개인이나 집단에 대한 직접적인 치료가 불필요하거나 비효과적이라는 뜻은 아닙니다. 실제로 효과적인 치료 접근법은 존재하며(이에 대해서는 제7장에서 자세히 다룸), 자살 위험 평가를 정확히 수행하고, 자살 가능성 또는 임박한 자살 위험이 있는 개인에게 효과적인 심리치료 및 기타 개입을 제공할 수 있는 숙련된 전문가의 필요성은 매우 큽니다. 또한 많은 사람이 정신건강 전문가보다 주치의를 더 자주 만나는 경향이 있다는 점을 고려할 때, 주치의에게 자살 위험을 정기적으로 선별하고 평가할 수 있는 적절한 교육을 제공하는 것이 중요합니다(Yamokoski & Lamoureux, 2013). 그러나 자살 예방이 가장 효과적으로 이루어질 가능성이 높은 상황은 개인 수준(미시적 접근)과 공공보건 수준(거시적 접근)이 결합된 경우입니다(Anestis, 2018; Joiner et al., 2009; Miller, 2016).

공공보건 모델에 기반한 여러 지역사회 중심 접근법이 제안되어 왔습니다. 이러한 접근에는, (1) 수단 안전(means safety), (2) 위기 상담전화의 활용, (3) 인터넷과 소셜미디어의 활용, (4) 자살에 대한 정보를 제공하는 공공 교육 캠페인 등이 포함됩니다. 또한 공공보건적 자살 예방 접근에서 주목할 만한 성과를 보인 미국 공군의 프로그램도 함께 소개합니다. 이러한 지역사회 중심 접근법은 학교의 자살 예방에 중요한 시사점을 제공합니다.

## 수단 안전

수단 안전(Means Safety)이란 "자살 시도에 사용될 수 있는 도구를 안전하게 보관하고, 해당 도구 접근을 일시적으로 제한하려는 노력"을 말합니다(Anestis, 2018, pp. 68-69). 일반적으로 '수단 제한(means restriction)'이라는 표현도 사용되지만, 총기 소유자와 같은 일부 사람들에게 이 표현이 부정적으로 받아들여질 수 있기 때문에 '수단 안전(means safety)'이라는 용어가 더 선호됩니다(Stanley, Hom, Rogers, Anestis, & Joiner, 2016). 수단 안전의 논리는 다음과 같습니다. 첫째, 자살 시도에 대한 충동은 시간이 지나면서 약해질 수 있기 때문에, 그 사이에 개입할 수 있는 시간과 기회를 확보할 수 있습니다(Berman et al., 2006). 둘째, 자살 의도가 있더라도 실제로 자살에 이를 가능성을 줄일 수 있습니다(Anestis, 2018).

이와 관련해 오래된 반론 중 하나는, 자살 수단에 대한 접근을 제한해도 자살을 막을 수 있는 건 일시적일 뿐이며, 특정 수단을 사용하지 못하게 되면 다른 수단으로 자살을 시도할 것이라는 주장입니다(Stengel, 1967). 이는 '수단 대체(method substitution)'라고 불리며, 예를 들어 총기 접근을 제한하면 일산화탄소 중독과 같은 다른 방법이 증가해 결국 자살률은 변하지 않는다는 입장입니다.

그러나 연구에 따르면, 많은 사람이 수단 대체가 흔하게 발생한다고 생각하지만, 실제로는 그렇게 자주 일어나지 않습니다(Daigle, 2005). 오히려 치명적인 수단에 대한 접근을 제한하면 자살률이 감소하며, 이는 아직 충분히 활용되지 않은 중요한 자살 예방 전략입니다(Lester, 2013). 예를 들어, 1950년대 가정에 공급한 도시가스에는 20%의 고농도의 일산화탄소를 포함하고 있었고, 당시 자살 사망의 가장 흔한 수단이었습니다(Anestis, 2018). 그러나 1958년부터 영국은 점차 일산화탄소가 제거된 천연가스를 공급하기 시작했고, 1970년대 초까지 대부분의 가정에 무독성 천연가스가 사용되면서 자살률이 눈에 띄게 감소했습니다(Anestis, 2018).

이 변화가 이루어지기 전까지, 영국 전체 자살의 약 40%는 일산화탄소 중독에 의한 질식사였습니다. 그러나 천연가스로의 전환 이후, 일산화탄소 중독은 전체 자살

의 10% 미만을 차지하게 되었습니다. 남성의 경우, 일산화탄소 중독에 의한 자살률은 80.3% 감소했으며, 다른 수단에 의한 자살률은 거의 변동이 없었습니다. 여성의 경우, 일산화탄소 중독에 의한 자살률은 87.2% 감소했고, 다른 수단에 의한 자살률 증가는 매우 미미했습니다. 가장 주목할 점은, 대체 자살 수단의 사용이 크게 늘지 않았음에도 불구하고, 영국의 전체 자살률이 눈에 띄게 감소했다는 것입니다(Shaffer et al., 1988). 또한 이 시기에는 실업률이 상승했는데, 이는 일반적으로 자살 증가와 연관된 변수임에도 불구하고 전체 자살률은 오히려 감소했습니다(Joiner et al., 2009; Kreitman & Platt, 1984). 아네스티스(Anestis, 2018)는 이러한 결과를 요약하며 "자살에 자주 사용되던 매우 치명적인 수단의 독성을 제거함으로써, 영국은 수천 명의 생명을 구할 수 있었다."라고 평가했습니다(p. 74).

수단 대체에 대한 잘못된 믿음을 보여 주는 가장 설득력 있는 사례 중 하나는, 미국에서 그리고 어쩌면 전 세계에서 연간 자살이 가장 많이 발생하는 장소인 캘리포니아 샌프란시스코의 골든게이트 브리지입니다(Blaustein & Fleming, 2009). 이 다리가 완공된 1937년 이후 지금까지 확인된 자살 사례만 1,700건이 넘으며, 실제 숫자는 2,000건을 훨씬 초과할 것으로 추정됩니다. 매년 몇 건씩 자살 사례가 계속 추가되고 있음에도 불구하고, 안전 장벽 설치 제안은 이미 1950년대에 처음 제기되었지만, 골든게이트 브리지 및 교통구역 이사회가 장벽 설치를 승인한 것은 2008년이 되어서였습니다. 그 후에도 예산 승인은 2014년에야 이루어졌고, 여러 차례의 추가 지연 끝에 양측과 아래쪽에 자살 방지용 그물망을 설치하는 첫 공사는 2018년에야 시작되었습니다. 이 글이 작성된 시점 기준으로, 골든게이트 브리지 물리적 자살 억제 시스템 프로젝트는 2021년쯤 완공될 예정이었습니다.

지난 수십 년 동안, 많은 사람이 골든게이트 브리지에 자살 방지 장벽을 설치하는 것에 반대해 왔습니다. 이들은 주로 비용 문제, 미관 훼손, 그리고 장벽이 실제로 자살을 막지는 못할 것이라는 일반적인 믿음을 이유로 들었습니다(Colt, 2006; Friend, 2003; D. N. Miller, 2013b). 이러한 믿음과 관련하여, 연구자들은 미국 전역의 2,770명을 대상으로 다음과 같은 가상의 질문을 했습니다. "골든게이트 브리지에서 이미 자살로 사망한 1,000명 이상의 사람들에게 자살 방지 장벽이 있었다면, 그들의 운명은 어떻게 달라졌을까요?" 이에 대해 전체 응답자의 34%는 장벽이 있었다 하더라도 모든 사람이 결국 다른 방법으로 자살했을 것이라고 응답했습니다. 추가로 40%는 대부분의 사람이 다른 수단으로 자살했을 것이라고 믿는다고 응답했습니다(M. Miller, Azrael, & Hemenway, 2006).

골든게이트 브리지에 자살 방지 장벽 설치를 반대했던 많은 사람과 앞서 언급한 설문 응답자들 대부분은, 지금은 고전으로 평가받는 한 연구 결과를 알지 못했을 가능성이 큽니다. 리처드 세이든(Richard Seiden, 1978)은 1937년부터 1971년까지 골든게이트 브리지에서 자살을 시도하려다 제지된 515명의 기록을 분석했습니다. '수단 대체 이론(method substitution theory)'에 따르면, 이들 대부분은 이후 다른 시점에 다른 방법으로 결국 자살했어야 합니다. 그러나 세이든이 발견한 사실은, 이들 중 94%가 이후에도 자살하지 않았다는 것입니다. 이후 다리 장벽이 자살 행동에 미치는 영향을 분석한 여러 연구들에서도 유사한 결과가 반복적으로 나타났습니다(예: Beautrais, 2007; Bennewith, Nowers, & Gunnell, 2007; O'Carroll & Silverman, 1994; Reisch & Michel, 2005). 이는 다리 위에 물리적 장벽을 설치함으로써 자살을 예방할 수 있으며, 실제로 생명을 구할 수 있다는 점을 시사합니다. 자살 위험성이 높은 장소로 악명이 높았던 여러 지역들(예: 뉴욕의 엠파이어 스테이트 빌딩, 호주의 시드니 하버 브리지, 일본의 미하라 산 등)에서도 장벽이 설치된 후 자살률이 거의 '0' 수준으로 감소했습니다(Friend, 2003). 최근 연구에 따르면, 다리나 고가도로 같은 인공 구조물은 물론, 절벽과 같은 자연적 고지대에도 물리적 장벽을 설치하는 것이 자살 예방에 효과적이라는 사실이 밝혀졌습니다(Pirkis, Spittal, Cox, Robinson, Cheung, & Studdert, 2013).

하지만 이러한 연구 결과가 '수단 대체가 절대 발생하지 않는다.'라는 의미는 아닙니다. 일부 개인은 선호하는 자살 수단을 사용할 수 없거나 사용을 제지당할 경우, 다른 자살 방법을 사용할 수 있습니다(Caron, Julien, & Huang, 2008; Reisch, Schuster, & Michel, 2007). 예를 들어, 한 연구(De Leo, Dwyer, Firman, & Nellinger, 2003)는 총기에 의한 자살이 감소할 때, 목맴에 의한 자살이 증가하는 경향이 있다는 상관관계를 발견했습니다. 이와 유사하게 총기 규제법이 시행된 이후 총기에 의한 자살이 줄어드는 동시에, 목맴 자살이 증가했다는 연구도 있습니다(Rich, Young, Fowler, Wagner, & Black, 1990). 그러나 일반적으로 이러한 사례는 예외적입니다. 다수의 자살 시도를 반복하는 사람들 사이에서는 이전에 사용했던 동일한 수단을 다시 사용하는 경향이 가장 흔하게

나타납니다(Anestis, 2018).

요약하자면, 수단 안전(means safety)은 자살 예방에 매우 효과적인 전략이지만, 아직 충분히 활용되지 않고 있습니다. 아네스티스(Anestis, 2018)는 다음과 같이 강조했습니다. "자살에 자주 사용되는 치명적인 수단의 안전을 확보하거나, 수단의 치명성을 낮추면, 사망하는 사람의 수가 줄어든다"(p. 77). 또한 자살 시도를 한 사람 중 최대 90%는 이후 재시도하지 않는다는 점을 고려할 때(Anestis, 2018), 한 번의 자살 시도로부터 한 사람의 생명을 구하는 일은 곧 그 사람의 삶 전체를 구하는 일이 될 수 있습니다.

아동과 청소년의 경우, 약물 문제는 대표적인 수단 안전(means safety) 사례가 됩니다. 특히 10대 여성 사이에서 약물 과다복용은 자살 시도에 자주 사용되는 수단이기 때문에 약물 접근을 제한하는 것이 효과적인 자살 예방 전략이 될 수 있습니다. 여기서 말하는 약물은 일반의약품(OTC), 처방약, 그리고 알코올 등 다른 물질과 혼합된 형태를 포함합니다. 예를 들어, 덴마크에서는 바비튜레이트(barbiturates)[2]의 판매 제한과 일산화탄소가 포함된 가정용 가스의 사용 제한 이후, 전체 자살률이 약 55% 감소했고, 약물 중독을 통한 자살도 함께 줄어들었습니다(Nordentoft, Qin, Helweg-Larsen, & Juel, 2007). 또한 영국에서는 진통제(analgesics)의 1회 구매 가능 수량을 제한하는 법안이 시행된 후, 진통제를 이용한 자살 및 약물 과다복용으로 인한 자살이 감소했습니다. 특히 주목할 점은, 이러한 감소가 다른 자살 수단의 증가 없이 이루어졌다는 사실입니다(Hawton, 2002).

잠재적으로 치명적인 약물의 처방 용량을 제한하는 등의 수단 안전 조치는 확실히 도움이 될 수 있지만(Berman et al., 2006), 고의적인 약물 과다복용으로 인한 자살은 목멤이나 특히 총기(gun)와 같은 다른 방법보다 훨씬 덜 일반적입니다. 실제로 자살로 사망한 사람들 사이에서 총기는 단연 가장 흔하게 사용된 수단입니다.

## 총기 수단 안전

미국에서는 자살 시도의 5% 미만이 총기로 이루어지지만, 총기는 전체 자살 사망의

---

2 수면 진정제

약 50%를 차지합니다(Anestis, 2018). 예를 들어, 2018년에는 약 2만 4천 명이 총기를 이용해 자살했으며, 이는 그해 전체 자살 사망자의 절반 이상을 차지했습니다. 총기로 인한 자살 사망자 수는 목 매달기 등 두 번째로 흔한 방법의 두 배에 달합니다. 하지만 총기 폭력은 주로 타인을 향한 범죄, 특히 대규모 총격 사건과 관련해 논의되는 경우가 많습니다. 이로 인해 많은 사람이 자살로 인한 총기사망이 타살보다 더 많다는 사실을 잘 모릅니다.

미국은 세계에서 가장 높은 총기 소유율을 보이며, 전체 세계 인구의 5% 미만이지만 전 세계 총기의 35~50%를 보유하고 있습니다. 총기 소유의 주요 이유는 '자기 방어'로 나타나며, 가정 내에는 주로 권총이 많습니다. 하지만 연구에 따르면, 가정에 총기가 있으면 침입자를 막는 데 사용되기보다는 가족이 사고로 혹은 의도적으로 사망할 가능성이 더 높습니다(Hemenway & Solnick, 2015). 특히 청소년의 경우 자위 목적보다 위협당할 가능성이 더 큽니다.

총기 소유율은 주마다 큰 차이를 보입니다. 예를 들어, 알래스카, 아칸소, 아이다호 등 총기 소유율이 높은 주는 자살률도 높은 경향이 있습니다. 반면, 뉴욕, 뉴저지, 로드아일랜드 등 총기 소유율이 낮은 주는 자살률이 상대적으로 낮습니다.

총기를 소유한 가정일수록 청소년 자살률이 높다는 연구 결과도 있습니다. 총기 소유율이 10% 증가할 때마다 청소년 자살률이 약 27% 증가했습니다(Knopov, Sherman, Raifman, Larson, & Siegel, 2019). 특히 장전된 상태로 잠금장치 없이 보관된 총기에 접근 가능한 청소년은 그렇지 않은 경우보다 자살 위험이 32배나 높습니다(Brent et al., 1993). 총기를 사용하는 자살 시도는 85~95%가 사망으로 이어집니다.

총기 규제를 강화한 주에서는 자살률, 특히 총기로 인한 자살률이 감소하는 경향을 보입니다. 대기 기간, 신원 조회, 총기 잠금장치, 공개 휴대 제한 등은 효과적인 예방 조치로 평가됩니다(Anestis & Anestis, 2015). 실제로 총기 가게 프로젝트(Gun Shop Project) 같은 지역 협력 활동은 총기 판매자와 사격장을 대상으로 자살 예방 정보를 제공하고, 위험한 인물에게 판매를 피하도록 돕는 자료를 배포하고 있습니다.

가정 내 총기, 특히 장전되고 잠금장치 없는 권총은 청소년 자살의 가장 큰 위험 요인 중 하나입니다. 총기를 치우거나 안전하게 보관하는 것만으로도 자살 위험을 현저히 낮출 수 있습니다. 따라서 총기 안전은 청소년 자살 예방을 위한 효과적인 전략 중

하나입니다.

## 위기 상담전화

위기 상담전화(또는 문자 서비스, Crisis Hotlines)는 자살 위기 상황에 처한 사람에게 즉각적인 개입과 정서적 지지를 제공하는 도구입니다(Joiner et al., 2007). 전화나 문자로 손쉽게 접근할 수 있기 때문에, 자살 시도 직전의 중요한 시점에서 개입이 가능합니다. 특히 청소년에게는 얼굴을 마주하는 전문가 상담보다 익명성과 편안함이 있는 전화 상담이 더 수용되기 쉬운 경향이 있습니다(Berman et al., 2006).

미국의 대표적인 위기 상담 서비스는 전국 자살예방 생명전화(National Suicide Prevention Lifeline, 1-800-273-TALK)입니다. 2005년 시작되어 24시간, 연중무휴로 운영되며, 170개 이상의 지역 위기센터와 연결되어 있습니다. 2020년, 미국 연방통신위원회(FCC)는 3자리 전화번호 988을 자살 예방 및 정신건강 위기 대응용으로 공식 채택하였고, 2022년부터 모든 통신사들이 이 번호로 연결하도록 의무화되었습니다. 이는 응급 상황에서 빠르게 도움을 받을 수 있도록 만든 것으로, '정신건강 분야의 911'로 불립니다. 통화를 원치 않는 사람은 웹 채팅 서비스(Lifeline Chat)를 통해 도움을 받을 수 있습니다. Trans Lifeline(미국: 877-565-8860)은 트랜스젠더 커뮤니티를 위한 전용 상담 서비스로, 상담원도 모두 트랜스젠더입니다. 이 서비스는 동의 없는 경찰 개입을 하지 않는 유일한 위기 상담전화입니다. 2018년에는 2만 건 이상의 상담이 이루어졌습니다.

위기 상담전화는 다음과 같은 장점을 가집니다(Gould et al., 2006). 즉, 다른 자살 예방 서비스가 닿지 않는 시간대에도 이용 가능하고 다른 치료 자원에 대한 정보를 제공하며 청소년이 복잡한 감정을 안전하고 비판 없는 환경에서 표현 가능하고 본인이 직접 연락을 시작하고 종료할 수 있습니다.

연구에 따르면, 상담전화를 이용한 청소년은 자살 행동이 감소하고 심리 상태가 개선되는 효과를 경험했습니다(King, Nurcombe, Bickman, Hides, & Reid, 2003). 그러나 많은 청소년이 위기 상담전화의 존재를 알고 있음에도 실제 이용률은 낮습니다(Gould et al., 2006). 한 연구(고등학생 519명 대상)에 따르면, 단 2.1%만이 위기 상담전화를 이용한 경험이 있었습니다. 주요 이유는 다음과 같습니다. 문제를 심각하게 여기지 않음

(35.3%), 스스로 해결하고 싶었음(33.1%), 가족이나 친구가 도와줄 거라 생각함(24.6%), 도움받아도 소용없을 것 같았음(24.0%), 시간이 지나면 나아질 거라 생각함(22.8%), 너무 개인적인 문제라 말하기 어려웠음(15.1%), 어디에 연락해야 할지 몰랐음(13.1%), 가족 반응이 걱정됨(10.9%), 조언이나 도움을 신뢰하지 않았음(9.7%), 부끄러워서 연락하지 못했음(7.1%) 등이었습니다.

상담전화 이용을 가장 꺼리는 학생들이 오히려 가장 도움이 필요한 집단이라는 사실은 특히 우려됩니다(Gould et al., 2006). 여학생이 남학생보다 상담전화를 더 많이 이용합니다(Mishara & Daigle, 2001). 하지만 실제 자살 사망률은 남학생이 더 높습니다. 이는 남성이 도움을 요청하는 행동을 더 회피하는 경향과 관련이 있을 수 있습니다. 일상 기능이 떨어지거나 절망감을 느끼는 학생들은 자기 문제는 스스로 해결해야 한다는 태도가 강하고, 상담전화 이용에 대해 부끄러움도 더 많이 느꼈습니다. 또한 절망감을 느끼는 학생일수록 상담전화에 대해 알지 못하거나 접근 방법을 모르는 경우가 많았습니다. 이는 절망감에서 흔히 나타나는 부정적인 인지와 동기 저하와 관련이 있습니다.

또한 정신건강 전문가를 이미 이용한 경험이 있는 청소년들도 상담전화에 대해 불필요하거나 꺼려지는 수단으로 인식하는 경향이 강했습니다. 실제 상담전화를 이용한 청소년 대부분은 기존에 다른 치료 서비스도 함께 이용하고 있었습니다(Gould et al., 2006). 이는 상담전화가 이미 구축된 치료 시스템 내에서는 보조적 역할로 인식되고 있다는 것을 시사합니다.

자살 위험이 높은 청소년들일수록 상담전화 이용률이 낮다는 점은 중대한 문제입니다. 상담전화를 어떤 방식으로 청소년에게 소개하고 활용을 유도해야 할지에 대한 명확한 방향이 필요합니다. 즉, 상담전화를 단기적 정서적 지원 수단, 장기적 치료로의 연결 통로, 또는 기존 서비스의 보완 수단 중 어느 역할로 강조해야 하는지에 대한 논의가 필요합니다(Gould et al., 2006). 자살위험 평가의 전문성과 신뢰성에 대한 우려도 존재하며, 이를 해결하기 위한 표준화된 평가 기준 마련이 계속 시도되고 있습니다(Joiner et al., 2007). 그리고 자살로 사망하는 청소년의 대다수가 남학생이라는 점에서, 상담전화 이용을 촉진하기 위한 타겟 전략이 이들에게 더욱 절실합니다(Shaffer et al., 1988). 청소년의 생활 방식과 인식에 맞는 방식으로 서비스가 제공되어야 하며, 자발적이고 편하게 접근할 수 있는 환경 조성이 필요합니다(Gould et al., 2006).

자살 위기를 겪는 학생들이 상담전화 번호를 몰라 911에 연락하는 경우도 있습니다. 하지만 911 상담원들이 자살 위기에 얼마나 효과적으로 대응할 수 있는지는 지역과 훈련 수준에 따라 상이합니다. 현재는 911센터, 지역 위기센터, 자살예방 기관 간 협력 강화가 진행 중이며, 상담전화의 효과적인 연결을 위해 미국 연방통신위원회(FCC)는 988이라는 3자리 번호를 전국 자살예방 전용 번호로 승인했습니다. 이 번호는 자동으로 국가 자살예방 생명전화(Lifeline)로 연결되어 즉각적인 지원을 받을 수 있도록 설계되었습니다.

상담전화는 자살위기 청소년에게 중요한 자원임에도, 정작 가장 취약한 집단에서 그 이용을 꺼리는 경향이 강합니다. 특히 남학생, 기능 저하자, 절망감을 느끼는 학생, 또는 이미 정신건강 서비스를 이용 중인 학생들에서 이 같은 경향이 나타납니다. 상담전화의 목적과 역할을 명확히 하고, 개인의 상황과 생활 방식에 맞는 맞춤형 접근 전략과 제도적 지원이 필요합니다. 988 같은 간단하고 기억하기 쉬운 번호의 도입은 청소년이 위기 상황에서 더 빠르게 도움을 받을 수 있도록 하는 긍정적인 변화입니다.

## 인터넷, 소셜미디어

청소년이 위기 지원 서비스에 더 쉽게 접근할 수 있는 방법 중 하나는 인터넷입니다. 휴대전화나 스냅챗, 인스타그램, 트위터, 페이스북 등과 같은 전자 통신 기기처럼, 인터넷은 다양한 연령대의 청소년들이 폭넓게 활용하고 있습니다. 한 연구에 따르면, 청소년들은 학교 상담사나 정신건강 전문가를 찾는 것과 비슷한 비율로 인터넷을 통해 도움을 요청한다고 합니다(Gould, Munfakh, Lubell, Kleinman, & Parker, 2002). 이는 인터넷과 전자 통신 기기가 청소년 자살 예방 활동에서 중요한 도구가 될 수 있음을 보여줍니다. 특히 인터넷과 소셜미디어와 함께 성장한 청소년들은 문자 메시지와 같은 방식이 자신의 생활 방식에 더 잘 맞는다고 느끼며, 이러한 소통 방식을 통해 도움을 요청할 가능성이 높습니다. 이에 따라 기술이 발전하면서 트위터, 페이스북, 문자 메시지 등 온라인 및 소셜미디어 플랫폼을 활용한 위기 개입 서비스도 생겨났습니다(Kerr, 2013).

문자를 활용한 대표적인 위기 지원 서비스로는 Crisis Text Line이 있습니다. 이 서비스는 자살과 관련된 위기 상황을 포함하여 다양한 위기 상황에 대해 연중무휴 24시간 무료 지원을 제공합니다. Crisis Text Line 공식 홈페이지(www.crisistexthotline.org)에 따르면, 이 서비스는 전문 교육을 받은 상담사들이 운영하며, 지금까지 8천만 건 이상의 메시지를 처리했다고 합니다. 미국과 캐나다에서는 'HOME'이라는 단어를 741741번으로 문자 전송하면 서비스를 이용할 수 있습니다. 문자 메시지가 대부분의 미국 청소년 일상에 익숙한 소통 수단이라는 점을 고려할 때, 이러한 형태의 위기 개입 서비스는 청소년 자살 예방에 매우 중요한 역할을 할 수 있습니다.

그러나 인터넷이 지역사회 기반의 자살 예방 접근법으로서 큰 가능성을 지니고 있음에도 불구하고, 몇 가지 심각한 문제점도 존재합니다. 인터넷은 콘텐츠에 대한 규제가 없기 때문에, 자살에 관한 정보가 부정확하거나 해로운 경우가 많습니다. 예를 들어, 자살을 긍정적으로 묘사하거나 부추기는 사이트들도 존재합니다. 한 연구(Mandrusiak, Rudd, Joiner, Berman, Van Orden, & Witte, 2006)에 따르면, 여러 웹사이트에서 자살 경고 신호 목록을 제공하고 있으나, 서로 간에 일치도가 낮은 것으로 나타났습니다. 그럼에도 불구하고 위기 상담전화보다 인터넷을 더 선호하는 청소년들이 많은 현실을 고려할 때, 자살 예방을 위한 도구로서 인터넷의 가능성을 모색해 보는 것은 충분히 가치 있는 일입니다.

인터넷과 소셜미디어를 활용한 개입은 매우 많은 청소년들에게 접근할 수 있는 가능성을 지니고 있으며, 앞으로 더욱 주목받게 될 것입니다(D. N. Miller & Mazza, 2017).

## 자살에 대한 공공 교육

앞서 언급한 바와 같이, 미국에서 자살로 사망하는 많은 사람은 사망 이전에 정신건강 전문가의 도움을 받지 않은 경우가 많습니다. 그러나 대부분의 자살 희생자들은 사망 직전까지 다른 사람들과 접촉한 것으로 나타났습니다. 이들이 접촉했던 사람들, 예를 들어, 가족, 친구, 교사, 동료 등이 자살에 대한 기본적인 지식, 경고 신호, 그리고 도움이 필요한 사람을 어떻게 도울 수 있는지를 알고 있었다면, 지역사회 내에서 자살을 예방할 수 있는 중요한 '게이트키퍼' 역할을 할 수 있었을 것입니다(Joiner et al., 2009). 이러한 도움을 제대로 제공하기 위해서는 자살에 관한 정확하고 실질적인 정보가 많은

사람에게 널리 전달되는 것이 중요합니다.

공공보건 문제와 관련한 대중 교육은 대중 매체를 활용한 캠페인 형태로 진행되어 왔으며, 피임 사용과 같은 일부 영역에서는 효과가 있었지만, 자전거 헬멧 착용 같은 다른 영역에서는 그 효과가 낮게 나타났습니다(Joiner et al., 2009). 자살에 대한 대중 교육과 일반인을 대상으로 한 캠페인은 비교적 최근에 시작된 움직임이며, 현재까지 그 효과에 대한 평가는 제한적인 상황입니다. 하지만 일부 연구에서는 긍정적인 결과도 확인되고 있습니다. 예를 들어, 일본 농촌 지역에서 실시된 지역사회 프로그램은 자살 문제에 대한 대중의 인식 제고, 건강 증진 활동, 중장년층의 삶의 목적 의식 향상을 위한 프로그램, 지역사회 네트워크 형성 등을 중심으로 구성되었고, 그 결과 자살률이 50% 감소하였습니다(Motohashi, Kaneko, Sasaki, & Yamaji, 2007).

자살에 대한 공공 교육에서 중요한 요소 중 하나는 정신건강 문해력(mental health literacy)을 향상시키는 것입니다(Goldney & Fisher, 2008; Rodger et al., 2018; Whitley, Smith, Vaillancourt, & Neufeld, 2018). 이 용어는 개인이 정신건강 문제에 대해 가지고 있는 지식과 인식, 그리고 이러한 지식이 문제를 인지하고, 관리하며, 예방하는 데 어떻게 도움이 될 수 있는지를 의미합니다(Jorm 외, 1997). 학교에서는 학생, 교직원, 행정 담당자 모두의 정신건강 문해력을 증진시키는 것이 매우 중요합니다(Rodger, Hivvert, Leschield, Atkins, Masters, & Pandori-Chuckal, 2018; Whitley, Smith, Vallancourt, & Neufeld, 2018). 또한 정신건강 문해력은 도움을 요청하는 행동(help-seeking behavior)에도 영향을 미치는 주요 요인이기 때문에, 지역사회 기반 자살 예방 프로그램의 핵심 요소로 간주되고 있습니다(Joiner et al., 2009). 골드니와 피셔(Goldney & Fisher, 2008)는 세 집단을 대상으로 정신건강 문해력에 관한 정보 제공의 효과를 분석하였습니다. (1) 주요 우울증 진단을 받았고 자살 충동을 보인 사람들, (2) 주요 우울증 진단은 받았지만 자살 충동은 없었던 사람들, (3) 우울증이나 자살 충동이 없는 일반인들을 분석한 결과, 세 집단 모두에서 정신건강 문해력이 유의미하게 향상되었으며, 특히 정보 제공 전보다 지식이 증가한 것으로 나타났습니다. 하지만 가장 도움이 절실했던 첫 번째 집단(우울증과 자살 충동을 동시에 가진 사람들)에서는 변화의 폭이 가장 작았고, 적절한 치료를 받으려는 행동 변화 역시 가장 적게 나타났습니다. 이러한 결과는 정신건강 문해력 향상을 위한 교육이 광범위하게 필요하며, 특히 위기 상태에 있는 사람들에게는 보다 맞춤형 개입이 요구된다는 점을 시사합니다.

이 연구의 결과는, 자살 위험이 있는 사람들은 종종 효과적인 문제 해결 능력이나 의사결정 능력이 부족하다는 것을 보여 주는 기존 연구들과 일치합니다. 이는 자살률 감소를 위한 지역사회 기반의 광범위한 교육 프로그램이 가질 수 있는 한계를 시사합니다. 비슷한 결과는 학생들에게 정보를 제공하는 학교 기반 교육과정 프로그램의 효과를 분석할 때도 나타났습니다. 이러한 결과는 자살에 대한 현재의 이해와 공공보건 모델에 대한 지식을 고려할 때 놀라운 일이 아닙니다. 즉, 보편적 개입(universal interventions)은 분명 도움이 될 수 있지만, 자살 위험에 노출된 개인의 필요를 충족시키기에는 단독으로는 충분하지 않다는 것이 현재까지의 연구에서 드러나고 있습니다.[3]

## 미 공군의 자살 예방 모델

1990년대 중반, 미 공군 내 자살률이 급격히 증가하자, 공군 지휘부는 자살을 개인 문제가 아닌 지역사회 전체의 책임으로 인식하고 이를 예방하기 위한 공공보건적 접근 방식을 적극적으로 도입하였습니다. 이 자살 예방 프로그램의 핵심 요소는 다음과 같습니다. 이는 공군 지휘부의 지속적인 관심과 적극적인 참여, 자살 예방에 대한 지속적이고 일관된 정보 전달 및 의사소통, 정신건강 문제로 도움을 구하는 것에 대한 낙인 해소, 공군 내 다양한 예방 기관들 간의 협력 체계 강화, 일상 속에서 자살 신호를 감지할 수 있는 '일반인 게이트키퍼'의 발굴과 교육입니다.

이러한 프로그램이 공군 전체에 시행된 이후, 자살률이 눈에 띄게 그리고 지속적으로 감소하였다는 결과가 보고되었습니다(Knox, Conwell, & Caine, 2004). 녹스와 동료들(Knox et al., 2004)은 이 프로그램이 로제의 이론(Rose's Theorem)을 실제로 입증한 첫

3 역자 주: 마음건강 문해력과 자살에 대한 공공보건 교육은 한국에 좋은 시사점이 될 수 있습니다. 정신건강 문제는 가정과 연관이 높고, 학부모를 중심으로 하는 마음건강 문해력 향상은 좋은 기회를 제공할 수 있습니다. 경기도가 2013년 「학교 학부모회 설치, 운영에 관한 조례」를 제정하였고, 이후 2021~2023년에 걸쳐 부산, 대전, 울산, 인천, 광주 등 거의 모든 시도교육청이 관련 조례를 제정하거나 개정하여, 학부모회의 기반을 조성하였습니다. 기반이 조성된 학부모회의 역할로 마음건강 문해력 향상을 도입하는 것도 한국형 자살 예방 공공보건 모델이 될 수 있습니다.

번째 사례가 될 수 있다고 평가했습니다. 즉, "위험이 높은 개인만을 선별하여 개입하는 것보다, 전체 지역사회의 정신건강 수준을 향상시키는 것이 자살을 예방하는 데 더 효과적이다."(p. 42)라는 이론을 뒷받침한다는 것입니다. 미 공군의 자살 예방 모델은 자살을 공공보건적 관점에서 접근할 수 있는 효과적인 방법을 보여 주는 사례로, 이 모델의 핵심 구성 요소들은 학교 현장에도 충분히 적용 가능합니다.

## 공공보건의 한 요소로서 정신건강

지난 수십 년간, 공공보건 모델을 예방 중심에서 건강 증진 중심, 특히 정신건강 증진 중심으로 확장하려는 다양한 국가적 정책들이 추진되어 왔습니다. 이는 특히 아동과 청소년을 대상으로 하는 경우가 많았습니다(Furlong, Gilman, & Huebner, 2014; D. N. Miller et al., 2008; Power, 2003; Suldo, 2016). 오늘날 정신건강은 공공보건의 중요한 구성 요소로 점점 더 인식되고 있습니다. 과거에는 정신건강과 정신질환을 이분법적으로 나누는 경향이 있었지만, 최근에는 정신건강, 정신건강 문제, 그리고 정신질환을 연속선상에 존재하는 개념으로 이해합니다(Nastasi, Bernstein Moore, & Varjas, 2004; Suldo, 2016).

정신건강이라는 개념은 단순히 정신질환이 없는 상태로 정의하기에는 복잡합니다. 예를 들어, 어떤 연구에서는 심리적 스트레스 수준은 낮지만 주관적 행복감도 낮은 학생 집단이 확인되었습니다(Greenspoon & Saklofske, 2001; Suldo & Shaffer, 2008). 이는 정신질환 증상이 없다고 해서 반드시 정신적으로 건강한 것은 아니라는 점을 시사합니다.

이에 따라 제안된 것이 정신건강의 이중 요인 모델(dual-factor model)입니다(Suldo, Thalji-Raitano, Kiefer, & Ferron, 2016). 이 모델은 개인의 정신병리 수준(높음/낮음)과 주관적 행복감 수준(높음/낮음)을 함께 고려해야 한다고 설명합니다. 연구 결과에 따르면, 대부분의 청소년은 정신병리 증상이 거의 없고, 주관적 행복감이 평균 이상인 상태로, 이를 '완전한 정신건강(complete mental health)' 상태라고 볼 수 있습니다. 반면, 정신병리 수준이 높은 청소년은 주관적 행복감이 낮은 경우가 많으며, 이를 '문제가 있는(troubled) 상태'라고 합니다. 하지만 이외에도, 정신병리 수준은 높지만 주관적 행복감도 높은 청소년("증상이 있으나 만족하는 상태" symptomatic but content)이나, 정신병리 수준은 낮지만 주관적 행복감이 낮은 청소년("취약한 상태" vulnerable)도 존재함이 밝혀졌습니다.

전통적인 의료 모델(medical model)은 개인 내부에 문제(장애나 질환)가 있다고 보고, 주로 진단과 치료에 중점을 둡니다. 반면, 공공보건 모델(public health model)은 보다 넓은 관점에서 접근합니다. 이 모델은 전체 인구의 정신건강, 정신건강 증진과 질환 예방, 개인과 환경의 상호작용, 서비스 접근성, 그리고 서비스의 평가와 효과성에 관심을 둡니다(Nastasi et al., 2004, pp. 4-5). 이러한 공공보건적 관점은 학생들의 자살 행동의 배경에 있는 정신건강 문제를 다룰 때에도 중요한 시사점을 제공합니다. 공공보건 접근은 다음과 같은 원칙을 포함합니다. 그것은, (1) 문제 발생 이전의 예방, 초기 개입, 치료까지 연속성을 가진 서비스 체계, (2) 개인의 정신건강은 문화적, 사회적, 물리적 환경 요인과 깊이 연결되어 있다는 전제, (3) 일반 대중이 쉽게 접근할 수 있는 서비스 제공, (4) 자료 수집과 지속적인 평가를 통해 개입의 효과성을 검증하고, 실제 현장에 적용 가능한 근거 기반 접근(evidence-based practice) 방법, (5) 학생이나 지역사회의 정신건강 상태를 지속적으로 모니터링하는 조기 개입입니다(Nastasi et al., 2004).

## 학교에 적용하는 공공보건 접근법

공공보건 관점에서의 예방 및 개입은 최근 학교 현장에서 권장되는 교육 실천으로 점점 더 주목받고 있습니다(Doll & Cummings, 2008a, 2008b; Forman & Oliveira, 2018; Strein et al., 2003). 자살과 정신건강 문제를 해결하기 위한 연방 정부 차원의 여러 정책은 특히 학교에서 영향을 강하게 미쳐 왔습니다. 이는 정신건강이 학업 성취에 매우 중요한 요소로 반복적으로 확인되고 있으며(Hoagwood & Johnson, 2003), 이 두 요소는 상호 깊이 연결되어 있기 때문입니다(Adelman & Taylor, 2006; Doll & Cummings, 2008b). 더불어 학생들이 학교에서 경험하는 삶의 질은 긍정적인 아동, 청소년 발달에 중요한 영향을 미칩니다(Furlong et al., 2014). 예를 들어, 종단적 연구에 따르면 학교생활에 대해 긍정적으로 느끼는 학생일수록 성인이 되었을 때 정신적 · 신체적 건강 상태가 더 좋은 것으로 나타났습니다(Reynolds & Ou, 2010; Wickrama & Vazsonyi, 2011).

공공보건 접근법이 학교에 유의미한 부분은 특히 다음과 같습니다.

① 과학적 연구에 기반한 증거를 바탕으로 교육 및 심리 서비스를 제공하는 것
② 문제 행동을 줄이는 데 그치지 않고 긍정적 행동을 강화하는 것
③ 학교와 지역사회 간 협력 체계를 강조하고, 두 시스템 간의 서비스 연계를 강화하는 것
④ 학교 내 서비스의 효과를 평가하고 지식 기반을 향상시키기 위해 적절한 연구 전략을 활용하는 것 등입니다(Strein et al., 2003).

공공보건 모델은 학교가 학생들의 다양한 요구를 충족시키기 위해 적절한 예방 프로그램과 개입 전략을 선택하고 실행할 수 있도록 역량을 강화하는 데에도 유용합니다(Merrell & Buchanan, 2006). 여기서 '역량 강화(capacity building)'란 조직이나 개인이 자신의 업무를 더 효과적으로 수행하기 위해 필요한 기술, 지식, 자원을 확보하고 유지하며 발전시키는 과정을 의미합니다. 이 과정을 효과적으로 이루기 위해서는 가능한 많은 인원에 대한 충분한 교육이 필수적입니다.

공공보건 모델은 세 가지 핵심이 있고, 서로 연결된 특징이 있습니다. 첫째, 개인보다는 전체 인구집단에 초점을 맞추지만, 개인 수준의 개입도 함께 고려하여, 위험 수준에 따라 다양한 개입을 포함하는 전체적인 접근을 중요하게 여깁니다. 둘째, 문제를 치료하는 것보다는 예방에 우선순위를 두되, 치료도 필요하다고 봅니다. 셋째, 문제를 줄이는 것뿐만 아니라 학생들의 역량, 정신적 · 신체적 건강, 그리고 전반적인 웰빙을 증진하는 데에 동등한 비중을 둡니다(Doll & Cummings, 2008a; Domitrovich, Bradshow, Greenberg, Embry, Poduska, & Ialongo, 2010). 또한 대부분의 공공보건 접근법에서 예방 프로그램과 개입 전략이 '근거 기반(evidence-based)'이어야 한다는 점을 강조합니다. 이는 해당 개입이 과학적 연구를 통해 그 효과가 입증되었음을 말합니다. 이러한 공공보건 접근의 특징들이 학교에 어떻게 적용될 수 있는지 더 자세히 설명하겠습니다.

## 인구집단 기반 정신건강 접근법

공공보건 접근법의 핵심 특징 중 하나는 인구집단(population) 전체를 대상으로 하는 서비스에 중점을 둔다는 점입니다. 이에 대해 돌과 커밍스(Doll & Cummings, 2008a)는 학교의 인구집단 기반 정신건강 서비스를 다음과 같이 설명합니다.

> "인구집단 기반 정신건강 서비스는 학교에 재학 중인 모든 학생의 정신건강 요구를 충족시키기 위해 신중하게 설계된 서비스를 말합니다. 이러한 서비스는 심리적 건강이 학업 성공을 위한 전제 조건이라는 가정에 기반합니다. 모든 아이들에게 읽기를 가르치는 것이 교사의 책임이라면, 모든 학생이 학습에 필요한 심리적 역량을 갖추도록 돕는 것은 학교 정신건강 전문가의 책임입니다." (p. 3)

이상적인 인구집단 기반 정신건강 서비스는 다음과 같은 네 가지 목표를 가지고 있습니다(Doll & Cummings, 2008a). (1) 모든 학생의 심리적 웰빙과 발달 역량을 증진하는 것, (2) 학생들이 일상적인 어려움과 위험 요인을 이겨 낼 수 있도록 지지적인 환경을 조성하는 것, (3) 문제 발생 위험이 높은 학생들에게 보호적 지원을 제공하는 것, (4) 정서적, 행동적, 사회적 문제를 해결하여 학생들이 역량을 개발할 수 있도록 돕는 것입니다. 이러한 접근은 모든 학생이 정신적으로 건강한 상태에서 학습할 수 있도록 전체 학교 시스템 차원에서 개입하는 것을 의미합니다.

## 예방

공공보건의 관점에서는 문제가 발생한 이후에 이를 치료하기보다, 발생 이전에 예방(Prevention)하는 것이 더 효과적이고 효율적인 방법입니다. 이에 대해 새처(Satcher, 1998)는 1854년 영국에서 발생한 콜레라 대유행 사례를 통해 예방 중심의 공공보건 접근을 잘 설명했습니다. 당시 수많은 사람이 콜레라로 인해 사망했고, 의료진들은 밀려드는 환자들로 크게 부담을 겪고 있었습니다. 한 의사는 수백 명의 환자들과 면담하면서 그들이 며칠 동안 어떤 음식을 먹었고 어떤 물을 마셨는지를 조사하였습니다. 그 결

과, 모든 환자가 같은 펌프에서 물을 공급받았다는 공통점을 발견했습니다. 그는 병원을 떠나 문제의 펌프를 찾았고, 그 펌프의 물이 오염된 하수관과 연결되어 있다는 사실을 알아냈습니다. 그는 즉시 펌프의 손잡이를 제거했고, 그 이후로 더 이상 감염자가 발생하지 않았습니다. 이 유행병은 '치료'를 통해 해결된 것이 아니라, 문제의 원인을 사전에 차단함으로써 예방된 것입니다.

비록 이 사례는 의학적 문제였지만, 공공보건 접근은 더 폭넓은 사회적 문제에도 적용될 수 있습니다. 예를 들어, 현재 많은 학교에서는 다양한 예방 프로그램이 도입되고 있으며, 이는 학업, 사회성, 정서, 행동 문제를 줄이거나 예방하는 데 효과를 보이고 있습니다(Durlak, 2009). 효과적인 프로그램은 위험 요인과 보호 요인을 모두 다룹니다. 즉, 학생들이 문제를 겪을 가능성을 높이는 요인을 보완하면서, 학생 개개인의 강점과 역량을 강화하여 문제를 예방하려는 것입니다(Doll & Cummings, 2008b; Durlak, 2009). 효과적인 예방 및 역량 증진 프로그램의 주요 특징은 다음과 같습니다(Bond & Camola-Hauf, 2004; Durlak, 2009; Nation et al., 2003). (1) 이론에 기반을 두고 있으며, (2) 과학적 근거가 있으며, (3) 개인 및 사회적 역량 증진과 변화를 동시에 강조하며, (4) 행동 변화와 역량 강화를 위한 효과적인 전략을 사용하고, (5) 환경의 다양한 영향을 고려하며, (6) 어른들과의 관계 형성 및 건전한 또래 관계를 촉진하고, (7) 학생들과 학교의 요구, 선호, 가치에 맞게 융통성 있게 운영되며, (8) 적절하고 충실하게 실행되고, (9) 실제 데이터를 기반으로 평가 및 수정이 이루어집니다.

청소년의 정신건강 문제를 유발할 수 있는 위험 요인으로는 초기 행동 문제, 학업 실패, 또래 집단에서의 거절, 비행 또래와의 관계, 지역사회 붕괴, 경제적 어려움 등이 있습니다. 반면, 보호 요인에는 자기조절력, 갈등 해결 능력, 약물 거절 기술, 문제 해결 능력 같은 개인 및 사회적 역량과 더불어 학교에 대한 소속감이 포함됩니다. 또한 안전하고 질서 있는 학교 환경, 배려 깊은 교직원, 높은 학업 기대, 학생의 수준에 맞는 도전적인 교육과정, 학부모의 학교 참여, 그리고 학교와 가정 간의 강한 협력은 학생의 전인적 성장에 긍정적인 영향을 미칩니다(Durlak, 2009; Kern et al., 2016).

## 건강 증진

건강 증진(Health Promotion)은 질병이나 이상 상태를 예방하는 데 중점을 두기보다는, 웰빙(Wellness)과 긍정적인 건강 결과를 촉진하는 데 초점을 맞추는 접근입니다(Stormont, Reinke, & Herman, 2010; Suldo, 2016). 건강 증진은 신체 건강(예: 영양, 식단, 운동), 정신건강(예: 희망과 낙관성 증진), 또는 이 둘의 결합을 포함할 수 있습니다(D. N. Miller et al., 2008). 선생님들이 학교의 정신건강 증진과 관련해 최근 주목할 만한 분야에 긍정심리학(Positive Psychology)도 있습니다. 긍정심리학은 인간의 강점과 덕목을 과학적으로 연구하는 학문으로, 단순히 질병이나 이상을 치료하거나 제거하는 것을 넘어, 정신적 건강, 웰빙, 행복을 증진하는 것에 초점을 둡니다(Seligman & Csikszentmihalyi, 2000; Snyder & Lopez, 2007). 이는 결함이나 질병 중심의 관점에서 벗어나, 학생들이 지닌 강점과 잠재력을 개발하고 긍정적인 삶을 살도록 돕자는 접근으로, 학교 정신건강의 방향을 변화시키고 있습니다(D. N. Miller, Nickerson, & Jimerson, 2014; Suldo, 2016). 학교 현장에서 긍정심리학을 활용하여 학생들의 정신건강을 증진시키기 위한 우수한 자료로는 퍼롱(Furlong et al., 2014)[4]과 설도(Suldo, 2016[5])의 저서를 추천드립니다. 이 책들은 교사들이 실질적으로 적용할 수 있는 전략과 이론을 함께 제공합니다.

## 근거 기반 실천

최근 학교 현장에서는 근거 기반 실천(Evidence-Based Practices)의 중요성이 강조되고 있습니다(Grapin & Kranzler, 2018; Stoiber & DeSmet, 2010). 근거 기반 실천이란, 그 효과가 연구를 통해 입증된 중재 및 예방 프로그램을 의미합니다. 안타깝게도 제1장에

4 역자 주: 『Handbook of Positive Psychology in Schools』 (2판), 출판사: Taylor & Francis, 2014년. 학교에서 긍정심리학 이론과 실천을 아우르는 심층적 전략과 연구 사례 제공. 한국 미출판.

5 역자 주: 『Promoting Student Happiness: Positive Psychology Interventions in Schools』
출판: Guilford Press, 2016년. 한국 미출판.
역자 주: 한국에 출판된 긍정심리학 입문서 중 학교 현장에 참고할 만한 책으로는 『긍정심리학 : 행복의 과학적 탐구』(권석만, 2008)과 『초등학교 웰빙교육의 이론과 실제』 (추병완, 2019) 등이 있습니다.

서 언급한 바와 같이, 많은 학교들은 과거부터 현재까지 효과에 대한 충분한 근거가 부족하거나 평가가 이루어지지 않은 중재 및 예방 프로그램들을 채택해 온 경우가 많습니다. 학교 현장의 많은 구성원들은 특정 문제를 해결하는 데 효과적인 중재가 무엇인지조차 잘 알지 못하며, 그러한 중재를 실제로 어떻게 실행하고 평가해야 하는지도 충분히 이해하지 못하는 경우가 많습니다. 특히 학생들의 정신건강 문제와 관련해서는, 우리가 해야 한다고 알고 있는 일과 실제로 학교에서 실행하는 일 사이에 안타까운 간극이 존재합니다(Jensen, 2002a).[6]

따라서 학교는 자신의 전문 분야에 해당하는 근거 기반 실천들을 찾고, 발굴해야 합니다. 예를 들어, 학교 심리 전문가들(예: 전문상담교사)은 다양한 심리적 · 정신건강 문제, 특히 자살 행동의 기저에 존재할 수 있는 문제들을 효과적으로 예방하거나 치료하는 데 근거가 있는 프로그램과 중재 방법들에 대해 알아야 합니다. 물론 문제 해결에 가장 효과적인 방법이 과학적으로 무엇인지 아는 것은 매우 중요합니다. 그러나 그것만으로는 실제로 학교 현장에 변화를 가져오기에는 부족합니다. 이 지식은 첫걸음에 불과하며, 실제로 효과적인 학교 기반 프로그램을 실행함으로써 행동의 변화를 이끌어 내는 과정과 연결되어야만 진정한 변화가 일어날 수 있습니다. 학교 심리학과 임상 심리학의 창시자로 널리 알려진 위트머(Witmer, 1907, 1996)도 다음과 같이 말했습니다. "과학이라 불리는 것의 최종적인 시험은 그것이 실제로 적용될 수 있는가에 달려 있다"(p. 249).

## 학교의 다층 지원 체계

다층 지원 체계(Multi-Tiered Systems of Support: MTSS)는 최근 학교에 적용된 공공보건적 접근 방식으로 점점 더 많이 언급되고 있습니다(McIntosh & Goodman, 2016).

---

6 한국의 경우 교육 환경 상 근거 기반 실천에는 단위 학교의 역할과 교육청의 역할 구분에 대한 논의가 향후 필요해 보입니다. 교육청은 학교에 보급하는 다양한 인성, 정서, 프로그램에 대한 평가-인증 시스템을 개발하여 근거 기반 실천을 기준으로 제시할 수 있습니다. 단위 학교에는 정책과 상황에 따라 수많은 프로그램의 실행이 요구됩니다. 하지만 채택된 프로그램에 대한 근거 기반 실천의 평가 기준이 없다 보니, 일회적 행사가 되고, 주관적 평가에 매몰되게 됩니다. 학교 마음건강을 위한 교육청과 학교의 근거 기반 실천의 간극에 대한 보다 광범위한 논의를 기대합니다.

MTSS는 "모든 학생의 다양한 요구를 충족시키기 위해 예방과 중재 서비스를 연속적으로 제공하는 포괄적인 서비스 제공 체계"라고 정의됩니다(Forman & Oliveira, 2018, p. 116). 이 세 단계 모델은 종종 삼각형 도식으로 표현되며, 세 개의 겹치는 단계(tier)는 학생들의 반응 수준에 따라 개입의 강도가 점점 증가하는 연속적인 중재 체계를 나타냅니다(Sugai, 2007, p. 114; Shinn & Walker, 2010; Walker et al., 1996).

삼각형의 아래쪽, 즉 1단계는 '보편적 수준(universal level)'이라 하며, 이는 전체 학생들(예: 학교 전체, 학년 전체, 한 학급의 학생들)이 공통적으로 받는 예방 중심의 개입으로, 정서적 · 행동적 · 학업적 문제를 예방하는 데 목적이 있습니다. 중간 단계인 2단계는 '선택적 수준(selected level)'으로, 문제 발생 가능성이 있는 학생들이나 1단계 개입에 충분히 반응하지 못한 학생들을 위해 보다 집중적인 중재가 제공됩니다. 마지막인 3단계는 '개별화 수준(tertiary level)'이라 하며, 명확한 문제를 나타내는 학생들 가운데 1단계 및 2단계 개입에도 충분한 반응을 보이지 않은 학생들에게 고도로 개별화되고 전문화된 중재가 제공됩니다(McIntosh & Goodman, 2016; Shinn & Walker, 2010).

MTSS 모델에 대한 흔한 오해 중 하나는 각 단계가 서로 분리된 개입 체계로 이해된다는 점입니다. 즉, 어떤 학생은 1단계만 받고, 다른 학생은 2단계나 3단계만 받는다고 생각하는 것입니다. 그러나 실제로는 각 단계가 이전 단계에 덧붙여지는 방식으로 구성되어 있습니다. 즉, 지원이 이전 단계를 대체하는 것이 아니라, 누적적으로 제공되는 구조입니다(McIntosh & Goodman, 2016, p. 15). 구체적으로 말하면, 모든 학생이 1단계 서비스를 받고, 그 중 일부는 1단계와 2단계 서비스를 함께 받으며, 다시 그중 일부는 1, 2, 3단계 서비스를 모두 받게 됩니다.

MTSS 모델로 이어지는 예방 논리는 1950년대 후반 만성 질환을 예방하기 위한 체계적인 접근에서 비롯되었습니다. 이후 1980~1990년대를 거치며 정신건강을 포함한 다양한 분야에 적용되며 발전하였습니다(Sugai, 2007). 최근에는 개별 학생의 필요를 충족시키기 위한 연속적인 중재 체계의 논리가 학교에서의 학업 및 행동 문제 예방에 초점을 맞추고 있으며, 학업 중재 반응(Response to Intervention: RTI), 긍정적 행동 중재 및 지원(Positive Behavioral Interventions and Supports: PBIS) 같은 실천에서 그 예를 찾아볼 수 있습니다. MTSS가 효과적으로 작동하기 위해서는 개입의 강도가 문제의 심각도와 적절히 일치해야 하며, 고도로 개별화된 3단계 개입의 효과는 보편적인 1단계 전

략이 얼마나 효과적인지에 크게 좌우됩니다(McIntosh & Goodman, 2016; Sugai, 2007).

이 접근법의 지지자들은 학교 현장에서 직면하는 다양한 문제에 MTSS가 유용하게 작용할 수 있음을 보여 주었습니다. 예를 들어, 학업 문제 예방 및 치료(Martinez & Nellis, 2008), 파괴적이거나 반사회적 행동(Sugai & Horner, 2009), 학교 총기 사건 예방(D. N. Miller & Sawka-Miller, 2015), 사회 · 정서적 문제(Merrell, Gueldner, & Tran, 2008), 약물 남용(Burrow-Sanchez & Hawken, 2007), 우울증(Mazza & Reynolds, 2008), 자해 행동(Miller & Brock, 2010) 등이 이에 해당합니다. 특히 자살 예방과 관련하여 MTSS 접근법은 최근 몇 년간 다시금 관심을 받고 있으며, 학교 기반 자살 예방 모델로 강조되고 있습니다(Mazza & Reynolds, 2008; D. N. Miller et al., 2009; D. N. Miller & Mazza, 2018). 이 접근법은 이 책의 다음 장들에서 더 깊이 있게 다룹니다.

## 마음 건강 = 공공보건 + 교육청 정책, 그리고 학교

일부 사람들은 다양한 이유로 학생들의 정신건강 문제를 위해 학교 자원을 사용하는 것에 반대합니다. 예를 들어, 누구는 담임교사나 전문상담교사가 아동과 청소년의 정신건강 문제를 정확하고 적절하게 판별할 수 있는지에 대해 의문을 제기하며, 또 누구는 대부분의 학교에 정신건강 문제를 다룰 수 있는 자원이 부족하다는 점을 우려합니다(Nelson, Sprague, Jolivette, Smith, & Tobin, 2009). 그러나 정신건강 평가와 치료가 필요한 학생을 제대로 식별하지 못하는 것은 일종의 딜레마(catch-22)[7]를 초래하게 됩니다. 이는 정신건강 문제를 지닌 학생들의 필요가 과소평가되는 결과로 이어질 수 있으며, 그로 인해 필요한 서비스를 받지 못하는 학생들에게 심각하고 부정적인 영향을 줄 수 있습니다(Jensen, 2002b).

학생의 정신건강 문제와 그것이 얼마나 광범위한지 충분히 이해하지 못하면, 정책 입안자들이 아동과 청소년을 위한 정신건강 서비스 축소를 주장하게 될 수도 있습니

7 역자 주: 'catch-22'는 모순된 상황이나 진퇴양난, 즉 어떤 문제를 해결하려면 조건을 충족해야 하지만, 그 조건을 충족하려면 그 문제부터 해결되어야 하는 상황을 뜻합니다.

다. 예를 들어, 교육 개혁과 관련된 매우 영향력 있는 문서에서 혼과 타이난(Horn & Tynan, 2001)은 정서, 행동 문제가 있는 학생들은 학교가 아닌 청소년 사법 체계를 통해 지원받아야 한다고 주장했습니다. 그러나 청소년 사법 체계는 처벌 중심적이고, 실제로 유용하거나 효과적인 정신건강 서비스를 제공하는 데 적합하지 않다는 연구 결과가 있습니다. 넬슨과 동료들(Nelson et al., 2009)은 이에 대해 "이와 같은 잘못된 정책 입장을 받아들이는 데 따르는 위험은, 지원이 필요한 청소년과 그 가족은 물론, 사회 전체에 있어 매우 크다."라고 지적했습니다(p. 477).

또한 학교 정신건강 서비스의 필요성을 받아들이지 못하는 것은 학생들 개인을 넘어서는 더 광범위한 영향을 미칩니다(Knitzer, Steinberg, & Fleisch, 1991). 예를 들어, 학교에서 이루어지는 정신건강 서비스가 체계적으로 연계되어 운영된다면, 매일 학생을 만나는 선생님 및 교직원에게 더 많은 도움이 제공될 수 있습니다(Nelson et al., 2009).

공공보건의 관점에서 볼 때, 학교 기반 정신건강 서비스를 제공하는 것은 매우 타당합니다. 왜냐하면 아동과 청소년은 대부분의 시간을 학교에서 보내기 때문입니다. 일부 비판자들은 학교에서 제공되는 일반 및 특수 교육 서비스와 정신건강 서비스를 명확히 구분해야 한다고 주장합니다. 그러나 학생들을 위한 서비스를 보편적(universal), 선택적(selected), 그리고 개별화(tertiary) 수준의 예방 및 중재로 개념화하는 방식은 "연구와 실제를 포괄적이고 잠재적으로 더 효과적인 공공보건 모델과 더욱 밀접하게 정렬시키는 접근"이라 할 수 있습니다(Nelson et al., 2009, p. 478).

## 맺음말

자살은 이제 점점 더 심각한 공공보건 문제로 인식되고 있습니다. 1990년대부터 시작된 미국 연방 정부의 여러 이니셔티브는 지역사회와 학교 모두에서 자살과 그 예방에 대한 관심을 높이는 계기가 되었습니다. 지역사회 기반 공공보건 접근 방식으로는 자살 수단의 안전 확보(means safety), 위기 상담전화 서비스, 인터넷 및 다양한 소셜미디어 · 전자 통신 수단, 대중 교육, 미 공군의 자살 대응 체계 등이 제안되어 왔습니다. 이러한 접근 방식들은 모두 어느 정도 효과와 가능성을 보여 주고 있습니다. 특히 학교

현장에서 아동과 청소년의 문제에 공공보건적 접근을 적용하려는 시도 또한 증가하고 있으며, MTSS 모델에 대한 관심도 함께 커지고 있습니다.

이 책의 앞 장에서는 청소년 자살 문제의 배경을 제공하고, 왜 학교가 청소년 자살 예방에 참여해야 하는지에 대한 타당한 근거를 제시했습니다. 또한 학생 자살을 예방하는 데 있어 교육청, 학교, 구성원들이 맡아야 할 역할과 책임, 그리고 이 문제에 공공보건적 접근이 왜 합리적이고 현실적인 대응 방식이 될 수 있는지를 다루었습니다. 이제부터 이어지는 장들에서는 학생의 자살 행동을 보다 효과적으로 예방하기 위해 학교 안에서 실행할 수 있는 구체적이고 실질적인 예방, 평가, 중재 전략에 초점을 맞춥니다. 그 시작은 **제5장**, 모든 학생을 대상으로 한 **보편적 예방 프로그램**에 대한 고찰로부터 시작됩니다.

**현장 피드백** **안순호(일반시민)**

책을 읽으며, 자살이 개인의 선택이 아니라 사회 전체의 문제라는 말이 마음에 남았습니다. 책을 읽는 내내 "왜 자살이 집단의 문제일까?"라는 물음이 이어졌습니다. 학교와 지역사회, 공공 시스템이 함께 작동해야 한다는 설명은 공감되었지만, 현실 속에서는 여전히 그 연결이 잘 보이지 않습니다. 주민센터나 구청에서 정신건강 강좌를 찾기 어렵고, 위기상담전화번호조차 뉴스 기사 끝에서야 보게 되는 현실이 안타깝습니다. 이 책이 말하는 공공보건적 접근은 결국 시민의 삶 가까이에서 작동해야 한다는 뜻일 것입니다. 자살 예방이 전문가의 영역에만 머물지 않고, 우리가 사는 동네와 학교에서 자연스럽게 이어질 때 비로소 생명을 지키는 힘이 될 것 같습니다.

# 1단계 : 자살 예방 프로그램

"학교에서 시행되는 자살 예방 프로그램은 일반적으로 가장 많은 수의 학생들에게 접근하여, 자살 고위험군에 속할 가능성이 있는 소수의 학생들을 조기에 발견하고, 이들을 중재(평가 및 필요 시 치료)로 연결하는 것을 목표로 합니다."

_앨런 L. 버먼(Alan L. Berman)

"모든 미국인의 정신건강을 증진시키기 위해서는 과학적 지식이 필요하지만, 그보다 더 중요한 것은 사회 전체가 필요한 투자를 감행하겠다는 결심입니다. 이 투자는 반드시 막대한 예산을 요구하는 것은 아니며, 우리 모두가 정신건강과 정신질환에 대해 스스로 배우고, 또 다른 이들을 교육함으로써 여전히 남아 있는 편견과 두려움, 오해라는 장벽에 맞서는 의지를 필요로 합니다."

_데이비드 새처(David Satcher)

"1온스의 예방이 1파운드의 치료보다 중요합니다."

_ 벤저민 프랭클린(Benjamin Franklin)

자살 예방을 위한 포괄적인 학교 기반 접근법은 공공보건 모델 안에서 다층 지원 체계(MTSS)를 활용할 때 효과적으로 제공될 수 있습니다. 다층 지원 체계는 일반적으로 세 가지 뚜렷하지만 서로 중첩되는 단계(tier)로 구성되며, 이는 모든 학생들의 다양한 요구를 충족시키기 위한 연속적인 서비스 제공 체계입니다(Forman & Oliveira, 2018). 이 프레임워크는 다음과 같이 구성됩니다. 1단계(Tier 1), 한 학년 또는 전체 학교처럼 모든 학생을 대상으로 하는 보편적 개입, 2단계(Tier 2), 문제가 발생할 가능성이 있는 위험군 학생을 대상으로 한 보다 집중적인 개입, 3단계(Tier 3), 실제로 문제가 드러난 학생들을 위한 고도의 개별적 중재입니다. 이 장에서는 보편적 자살 예방 프로그램(1단계)에 대해 다루겠습니다. 2단계 및 3단계 학생들을 위한 평가와 개입을 어떻게 연계할 것인지에 대한 내용과 각 단계에 적합한 중재 방법들은 각각 제6장과 제7장에서 자세히 설명합니다.

보편적 자살 예방 프로그램은 위험 수준과 관계없이 모든 학생을 대상으로 제공되는 프로그램으로, 종종 '상류 접근법(upstream approaches)'이라고 불립니다. 이는 위험 요인을 줄이고 보호 요인을 강화하며, 자살 행동으로 이어질 수 있는 가능성 있는 경로를 조기에 차단하고, 치료나 관리보다는 예방과 정신건강 증진에 중점을 둔다는 점에서 그렇습니다(Wyman, 2014). 학교에서 이루어지는 보편적 자살 예방 프로그램의 핵심 가정은, 학생의 자살 위험에 영향을 주는 여러 요인이 종종 인식되지 못한 채 방치되며, 학생들과 선생님, 학부모에게 교육을 제공하면, 자살 위험군 학생의 식별 능력과 치료를 위한 도움 요청 및 연계가 향상될 수 있다는 것입니다(Hendin et al., 2005). 보편적 자살 예방 프로그램은 학교 현장에서 가장 널리 사용되는 접근 방식으로 보이며(D. N. Miller, 2012a; D. N. Miller et al., 2009; Robinson et al., 2013), 학교의 포괄적 자살 예방 노력에서 핵심적이고 필수적인 요소입니다.

보편적 접근법(1단계)은 가능한 한 많은 학생과 교사, 전문직원, 부모에게 도달하는 것을 목표로 하며, 그 과정에서 자살 위험이 있는 소수의 학생들을 조기에 식별하고 발

견하려는 데 목적이 있습니다(Berman, 2009). 보편적 접근법(1단계)의 주요 목적은 학생과 교사, 전문직원, 학부모 모두에게 자살에 대한 실질적이고 유용한 정보와 학교가 이 문제를 어떻게 예방하고 대응하려 하는지에 대한 정보를 제공하는 것입니다. 이러한 정보 제공 세션은 학교 심리 전문가들이 주도하는 것이 일반적이며 가장 적절합니다.

제2장에서 언급된 바와 같이, 과거의 보편적 자살 예방 프로그램들은 짧은 기간 동안 진행되었고, 자살을 극심한 스트레스로 인해 발생하는 것으로 단순화하는 '스트레스 모델'을 홍보했으며, 실제 자살 시도와 같은 심각한 자살 행동에 대한 효과를 평가하지 못하는 한계가 있었습니다. 하지만 최근의 연구에 따르면, 이러한 프로그램들은 더 긴 기간 동안 진행되어야 하며, 정신건강을 포괄적으로 다루는 접근을 포함하고, 지식이나 태도의 변화뿐만 아니라 자살 의사 표현, 자살 시도와 같은 행동적 지표에 대한 효과성도 평가해야 한다는 것이 강조되고 있습니다(D. N. Miller et al., 2009).

이 장에는 학생 자살을 예방하기 위해 학교 전체가 함께 공유해야 할 정보를 소개하겠습니다. 이 정보는 학교 심리 상담 전문가들(예: 전문상담교사나 외부 전문가)이 중학교와 고등학교 구성원 전체에게 보급할 내용입니다. 프로그램의 대상을 학생뿐만 아니라, 학부모 및 수업을 담당하는 선생님과 교실 보조인력, 학교 관리자(예: 교장, 교감), 지원 인력(예: 버스 기사, 행정 직원, 급식 및 시설 관리 인력) 등 학교 공동체 모두를 대상으로 할 때 효과적입니다. 이 정보는 매년 정기적으로 제공되어야 하며, 모든 중학생과 고등학생에게도 마찬가지로 매년 전달되어야 합니다. 또한 정보 제공 이후 추가적인 질문이나 상담이 필요한 경우, 정신건강 전문가들이 언제든지 도움을 줄 수 있다는 점을 명확히 안내합니다.

한편, 초등학생에게 이와 같은 정보를 제공해야 하는지는 명확하지 않습니다. 제1장에서 언급했듯이, 초등학생의 자살률은 중·고등학생에 비해 훨씬 낮습니다. 따라서 초등학교 교직원에게 자살 행동의 위험 요인과 경고 신호에 대한 정보를 제공하는 것은 권장되지만, 초등학생에게 동일한 내용을 제공할 필요성은 낮으며 논란의 여지가 있습니다. 게다가 지금까지의 학교 기반 자살 예방 프로그램 연구는 거의 대부분 중·고등학교에 초점을 맞추고 있으며, 초등학교 대상 연구는 매우 부족한 상황입니다. 그럼에도 불구하고 초등학교는 사회정서학습(SEL) 프로그램의 도입과 실행을 통해 자살 예방에 기여할 수 있습니다. 이러한 SEL 프로그램들은 자살 행동 자체를 직접적으로 다루는 것은 아니지만, 자살 행동의 근저에 있는 정서적·행동적 문제의 발생을 예방하는 데 초점을 두고 있습니다(D. N. Miller, 2019).

학생들에게 정보를 전달할 때는 여러 가지 방식으로 진행될 수 있습니다. 하지만 이 정보를 학교 강당에서 전교생이나 많은 학생을 한꺼번에 모아 전달하는 방식으로는 진행해서는 안 됩니다. 대신, 이 정보는 보건 수업의 일부 단원처럼 교실 단위에서 전달되어야 하며, 학급별로 나누어 진행하는 방식이 바람직합니다. 이러한 방식에는 여러 가지 장점이 있습니다. 첫째, 정신건강 전문가들이 학생들과 보다 작고 편안한 환경에서 직접 만나 인사를 나눌 수 있는 기회를 가질 수 있으며, 학생들에게 좋은 인상을 주는 것이 중요합니다. 정신건강 전문가는 편안하고, 전문성을 갖추었으며, 친근하고 접근하기 쉬운 인물로 보일 수 있도록 노력해야 합니다. 이러한 인상은 학생들과의 신뢰 관계 형성에 도움이 되며, 학교에서의 정신건강 전문가의 역할이나 자살 및 자살 예방이라는 주제에 대해 학생들이 느낄 수 있는 혼란이나 불안을 줄이는 데도 효과적입니다.

또한 교실에서의 소규모 만남은 학생들이 궁금한 점을 질문할 수 있는 시간과 기회를 제공합니다. 이는 대형 강당이나 집회 방식의 환경보다 훨씬 질문하기에 적절한 분위기를 조성합니다. 학생들이 자살에 대해 가진 질문에 신중하고 정직하게 답변해 주는 것은, 학교 구성원들이 학생들을 진심으로 걱정하고 있으며, 자살 문제를 학교가 심각하게 다루고 있고, 자살에 대해 솔직하고 개방적으로 대화할 수 있는 자세를 갖추고 있으며, 학교가 이 문제에 대해 적극적으로 대응하려는 의지가 있다는 중요한 메시지를 전달합니다.

## 모든 학생과 교직원을 위한 청소년 자살에 관한 정보

보편적 자살 예방 프로그램은 자살에 대한 전반적인 정보, 특히 청소년 자살과 그 예방에 중점을 둔 정보를 제공합니다. 자살 위험이 있는 청소년은 성인보다는 또래 친구에게 자신의 자살 생각이나 행동을 털어놓는 경우가 더 많기 때문에 모든 학생에게 자살에 대한 정보와 도움을 요청하는 방법을 알려 줍니다. 실제로 보편적 예방 프로그램

을 통해 자살에 대한 정보를 받은 후에는, 학생 본인이 직접 도움을 요청하기보다는, 또래 친구의 자살 위험 행동을 걱정하며 학교의 성인에게 알리는 경우가 더 흔합니다.

또한 이러한 정보를 학교 교직원에게 제공합니다. 물론 학생과 교직원에게 제공되는 정보의 대부분은 유사하지만, 일부 내용에는 차이가 있습니다. 예를 들어, 교사 및 기타 교직원은 학생들이 만든 작품에 주의를 기울일 수 있습니다. 여기에는 미술 작품이나 글쓰기 과제 등이 포함됩니다. 자살에 집착하고 있음을 암시하는 그림(예: 나무에 목을 맨 사람을 그린 그림, 머리에 총을 겨누는 인물을 그린 그림 등)을 발견한 경우에는, 즉시 학교 정신건강 전문가에게 알릴 수 있습니다. 또한 자살 사고나 집착이 암시되는 글쓰기 내용 역시 마찬가지로 보고 대상이 됩니다. 학교 교직원은 학생이 자살과 관련된 표현을 했을 가능성만 있어도, 반드시 학교 기반 정신건강 전문가에게 연락하고, 의심스러운 경우에는 항상 조심하는 쪽으로 판단하여 의뢰해야 합니다. '혹시나' 하는 상황에도 적극적으로 대응하는 것이 매우 중요합니다.

사례를 예로 들면, 한 학생이 '자신을 해치고 싶은 생각이 든다.'라고 쓴 것을 알게 되었을 때 부모는 매우 충격을 받았습니다. 이 글은 수업 시간에 과제의 일환으로 작성된 것이었지만, 해당 학생은 자신의 정서적 문제를 교사에게 전달하려는 분명한 시도를 했던 것입니다. 하지만 교과 선생님은 학생의 글 옆에 단순히 체크 표시만 남겼고, 그 외에 아무런 대응도 하지 않았습니다. 의도하지 않았을 수도 있지만, 이 경우 학생에게 전달된 교사의 주요 메시지는 사실상 학생의 고통에 대한 무관심이었던 셈입니다.

모든 학생과 교직원에게 전달할 내용은 다음과 같습니다. (1) 자살과 관련된 주요 인구통계학적 정보, (2) 자살에 대한 일반적인 오해와 잘못된 정보, (3) 자살 행동의 위험을 높이는 요인들(위험 요인), (4) 자살 행동의 가능성을 낮추는 요인들(보호 요인), (5) 자살 행동의 경고 신호입니다. 또한 우울하거나 자살을 생각하는 친구를 어떻게 도와야 하는지, 즉 학생들 간에 적절한 반응을 보이는 방법(무엇을 말하고, 어떻게 행동해야 하는지)을 가르치는 것도 보편적 예방 전략으로서 매우 유용합니다. 아울러 학교 및 지역사회 내 정신건강 자원에 대한 정보를 제공합니다(Kalafat, 2003; Mazza & Reynolds, 2008; D. N. Miller, 2012a; D. N. Miller & Mazza, 2018).

이 단계에서는 자살과 관련된 주제를 포괄적이고 상세하게 다루기보다는, 학생 자살 예방에 특히 중요한 정보들을 중심으로 전달하는 것이 중요합니다. 예를 들어, 자살과 관련된 여러 통념(오해)을 다루는 것이 필요하지만, 특히 학교 교육 현장에서 꼭 짚고 넘어가야 할 오해들이 있습니다. 제1장에서 다뤘던 대표적인 오해 중 하나는 '대부분의 청소년 자살자는 유서를 남긴다.'라는 것입니다. 실제로는 대부분 유서를 남기지 않습니다. 이 정보가 학생 자살 시도를 줄이는 데 직접적인 효과로 이어지지는 않을 수 있지만, 이러한 오해를 학생들과 교직원에게 알려 바로잡는 것은 의미가 있습니다.

반면, 학교 기반 자살 예방 활동을 직접적으로 방해할 수 있는 해로운 오해들도 있습니다. 예를 들면, '자살에 대해 이야기하면 오히려 자살이 더 늘어난다.' '누군가가 자살을 생각한다면, 그 누구도 그것을 막을 수 없다.' 등이 있습니다. 이러한 오해는 많은 사람이 믿고 행동으로 옮기는 순간, 자살 예방의 노력을 심각하게 훼손할 수 있습니다. 따라서 학생 자살에 대한 오해와 잘못된 인식을 다룰 때, 특히 이러한 위험한 통념들에 대해 강조하여 다룹니다.

## 인구 통계학적 정보

자살 행동 전반, 그리고 특히 아동, 청소년의 자살 행동에 관한 인구통계학적 정보는 제1장에 소개되었습니다. 이 정보는 학교 기반 정신건강 전문가인 전문상담교사가 꼭 알고 있어야 할 중요한 내용입니다. 하지만 제시된 모든 정보를 학생들과 교직원에게 그대로 전달하는 것이 항상 효과적이지는 않습니다. 따라서 정신건강 전문가는 이 통계 정보를 바탕으로 학생과 교직원이 이해하기 쉬우면서도 꼭 알아야 할 핵심 내용을 선별해 전달할 필요가 있습니다. 또한 관련 통계나 연구 결과가 새롭게 발표될 경우, 교육 자료도 지속적으로 업데이트하고, 이를 통해 보다 정확하고 신뢰할 수 있는 정보를 제공합니다.

학생들과 교직원에게는 아래와 같은 인구통계학적 정보들이 유익하며, 학교 자살 예방 교육의 일부로 반드시 포함합니다.

- 전 세계 및 미국(한국-역자 주) 내 자살 문제의 규모
- 전 세계 및 미국(한국-역자 주) 내 청소년 자살 문제의 규모

- 자살 행동은 단순한 자살만을 의미하는 것이 아니라, 자살 사고, 자살 표현, 자살 위협, 자살 계획, 자살 시도 등을 포함하는 보다 넓은 개념이라는 설명(각 용어의 차이점에 대한 설명)
- 연령, 성별, 인종 및 민족, 지역, 성적 지향 및 성 정체성, 사회경제적 지위 등과 같은 요소들이 청소년의 자살 위험과 어떤 관련이 있는지를 이해하기 쉽게 설명

## 자살에 대한 오해와 진실

청소년 자살과 관련된 흔한 오해들은 제1장에 다루어졌으며, 이 장의 마지막에 수록된 부록 5-1에 요약하였습니다. 이러한 잘못된 인식들과 그것을 반박하는 사실들(진실)은 자살 예방 교육의 핵심 요소 중 하나입니다. 특히 제1장의 내용은, 학교에서의 자살 예방 활동을 방해하거나 그 효과를 약화시킬 수 있는 대표적인 오해들(예: '자살에 대해 이야기하면 오히려 자살이 늘어난다.' '자살에 대해 말하는 학생은 단지 관심을 끌고 싶어 하는 것이다.' '자살을 생각하는 사람은 결국 아무도 도와줄 수 없다.')을 바로잡는 데 매우 유용합니다. 또한 토머스 조이너(Thomas Joiner)의 저서 『Myths About Suicide』(2010)[1]을 읽어 보기를 권합니다.

## 청소년 자살 행동을 설명하거나 예측하는 변인들

청소년의 자살 행동을 설명하거나 예측하는 데 도움이 되는 변수들은 일반적으로 두 가지 범주로 나눌 수 있습니다. (1) 자살 행동에 취약하게 만드는 위험 요인(risk factors) (2) 자살 위기가 임박했음을 나타낼 수 있는 경고 신호(warning signs)입니다(Van Orden et al., 2008). 위험 요인과 경고 신호는 자주 혼용되지만, 중요한 차이가 존재합니다. 가

1 역자 주: 이 책은 아직 국내에 번역이 안 되어 있지만, 자살을 둘러싼 대표적인 신화들을 명확하게 설명하고, 이를 과학적 · 심리학적 근거를 통해 반박하며, 학교 현장에서 자살 예방 활동을 펼치는 데 있어 신뢰할 수 있는 지식 기반을 제공하는 유익한 자료입니다.

청소년의 자살 행동을 설명하거나 예측하는 데 도움이 되는 변수는 크게 두 가지 범주로 분류할 수 있습니다. 보다 즉각적인 자살 위기 가능성을 나타낼 수 있는 징후를 확인하세요.

장 두드러진 차이는 위험 요인은 자살 행동과의 시간적 관계가 비교적 먼(장기적인) 특성을 가지는 반면, 경고 신호는 보다 가까운 시점에서 자살 위기를 암시하는 신호라는 점입니다(Van Orden et al., 2008). 또한 위험 요인은 대체로 오랜 기간에 걸쳐 나타나며, 변화시키기 어려운 경우가 많고, 주로 과학적 연구를 통해 도출된 경험적 자료입니다. 반면, 경고 신호는 보다 역동적이며 변화 가능성이 크고, 주로 임상 현장에서의 실천 경험과 관찰을 통해 확인된 경우가 많습니다(Joiner et al., 2009; Rudd, Mandrusiak, & Joiner, 2006).

## 위험 요인

자살에는 다양한 위험 요인이 있지만, 그중 가장 중요한 두 가지는 (1) 하나 이상의 정신건강 장애가 존재하는 경우, 그리고 (2) 과거 자살 시도 등 자살 행동의 이력이 있는 경우입니다. 자살에 대해 학생들과 교직원에게 정보를 제공할 때, 이 두 가지 요인이 가장 중요한 위험 요인이라는 점을 명확히 전달하는 것이 매우 중요합니다. 이 장에서는 이 두 주요 위험 요인에 대해 자세히 설명하고, 이어서 청소년 자살 행동과 관련된 기타 가능성 있는 위험 요인들을 간략히 살펴보겠습니다.

### 정신건강 장애

청소년 자살의 가장 신뢰도 높고 강력한 위험 요인 중 하나는 한 가지 이상의 정신건강 장애가 있는 경우입니다. 자살로 사망한 청소년의 가족이나 친구들을 대상으로 구조화된 인터뷰를 통해 정보를 수집하는 '심리 부검' 연구에 따르면, 자살한 청소년의 약 90%는 사망 당시 최소 한 가지 이상의 정신질환을 겪고 있었으며, 이들 중 상당수는 두 가지 이상을 동시에 가지고 있었습니다(King et al., 2013). 이 정보는 학생들과 교직원 모두가 알아야 할 사실이며, 이와 반대되는 오해는 명확히 바로잡아야 합니다. 즉, 정

자살로 사망하는 청소년에게 가장 흔하게 나타나는 정신 장애는 순서대로 기분 장애, 물질 관련 장애, 파괴적 행동장애입니다.

신질환이 있다고 해서 모두 자살로 이어지는 것은 아니라는 점입니다.

자살로 사망한 청소년에게서 가장 흔히 나타나는 정신질환은 기분 장애(예: 주요 우울 장애, 기분 부전 장애, 양극성 장애), 물질 관련 장애(예: 알코올 및 약물 남용), 그리고 품행 장애와 같은 행동 장애입니다(Fleischmann et al., 2005). 물론 임상적으로 우울증 진단을 받은 청소년 대부분이 자살을 시도하지 않으며, 자살을 시도한 청소년이 모두 우울증을 가진 것도 아닙니다(Reynolds & Mazza, 1994). 그럼에도 불구하고 자살로 사망한 청소년의 약 50~60%는 사망 당시 우울 장애를 겪고 있었던 것으로 나타났습니다(Fleischmann et al., 2005; King et al., 2013; Shaffer et al., 1996). 단극성 우울 장애(예: 주요 우울 장애, 기분 부전 장애)와 양극성 장애 모두 청소년의 자살 행동 위험을 증가시킵니다(King et al., 2013). 청소년 자살과 관련된 또 다른 정신질환으로는 외상 후 스트레스 장애(PTSD), 공황 장애, 조현병, 경계성 성격 장애, 적응 장애 등이 있습니다(Brent et al., 1993; King et al., 2013; Mazza, 2000; Mazza & Reynolds, 2001; Moskos, Olson, Halbern, Keller, & Gray, 2005; Shaffer et al., 1996). 또한 신경성 식욕부진증(Anorexia Nervosa)과 신경성 폭식증(Bulimia Nervosa)도 자살 위험을 높이는 것으로 알려져 있습니다. 이 두 질환 모두 자살 사고와 자살 시도의 위험을 증가시키지만, 자살로 인한 사망 위험이 뚜렷하게 높아지는 것은 식욕부진증에 한정됩니다(Joiner et al., 2009).

청소년 자살과 매우 밀접한 관련이 있는 또 다른 심리적 요인은 '절망감'입니다(Thompson, Mazza, Herting, Randell, & Eggert, 2005). 절망감은 자살의 위험 요인이 될 수도 있고, 경고 신호로 작용할 수도 있습니다. 제1장에서 살펴본 바와 같이, Beck의 자살에 대한 인지 이론에서도 절망감이 핵심적인 역할을 한다고 강조된 바 있습니다. 절망감은 자살을 이해하고 평가하며 개입하는 데 있어 정신질환의 유무와 상관없이 중요한 변수입니다. 조이너와 동료들(Joiner et al., 2009)은 "임상적 진단이나 삶의 상황과 무관하게, 자살은 본질적으로 절망감이 특징인 행동"이라고 지적합니다(p. 192).

자살과 관련된 다른 요인으로는 자살 의도가 없는 자해(D. N. Miller & Brock, 2010), 성적 혹은 신체적 학대 경험(Joiner et al., 2006), 또래로부터의 따돌림(Brunstein Klomek, Marrocco, Kleinman, Schonfiled, & Gould, 2008) 등이 있습니다. 실제로 자살한 청소년

대부분은 두 가지 이상의 정신질환이나 정서적 문제를 동시에 겪고 있었던 것으로 나타났습니다(T. R. Miller & Taylor, 2005). 이처럼 복합적인 문제들이 동시에 나타나는 경우가 많기 때문에, 이러한 청소년에 대한 정확한 평가와 효과적인 개입이 더욱 어려워질 수 있습니다. 자살한 청소년에게서 다양한 형태의 공존 정신병리 현상이 지속적으로 발견된다는 것은, 자살이 독립적인 사건이 아니라 다른 정신건강 문제들의 결과로 나타나는 복합적인 현상임을 강하게 시사합니다(King et al., 2013; Mazza, 2006).

## 이전 자살 행동

정신병리 외에도 자살의 또 다른 주요 위험 요인은 과거 자살 행동, 특히 자살 시도 이력입니다. 이 같은 관련성은 청소년과 성인 집단 모두에서 확인되었습니다(Joiner et al., 2005). 예를 들어, 과거 자살 시도가 있었던 청소년은 이후 자살 시도를 할 위험이 유의미하게 높아지는 것으로 나타났습니다(Borowski, Ireland, & Resnick, 2001). 자살 행동을 포함한 모든 행동에는 공통된 원리가 하나 있습니다. 그것은 바로, 미래 행동을 가장 잘 예측하는 것은 과거의 행동이라는 점입니다. 따라서 향후 자살 시도를 예측하는 데 가장 신뢰할 수 있는 지표는 과거의 자살 시도 이력입니다.

## 기타 위험 요인

자살 사고와 같이 비교적 경미한 형태의 자살 행동을 보이는 아동과 청소년이 적절한 치료를 받지 않거나 치료를 받지 못할 경우, 자살 위험이 높아질 수 있습니다. 미국 내 소수 인종 및 민족 청소년은 백인 청소년이 겪지 않는 인종 차별이나 문화적 동화로 인한 스트레스와 같은 요인으로 인해 더 큰 자살 위험에 노출될 수 있습니다(Gutierrez & Osman, 2008). 제1장에서 언급했듯이, 성소수자(LGBT) 청소년은 이성애 청소년보다 자살 행동의 위험이 높습니다. 또래의 자살을 접하거나 친구의 죽음을 경험하는 것 또한 자살 위험을 가속화시키는 요인이 될 수 있으며, 특히 이미 위험군에 속한 청소년에게 그 영향이 큽니다(Berman et al., 2006).

청소년 자살과 관련된 추가적인 위험 요인으로는 다음과 같은 것들이 보고되었습니

다(Brock, Sandoval, & Hart, 2006; King et al., 2013; Lieberman et al., 2008).

- 세로토닌 기능의 생물학적 결핍
- 사회적 고립
- 정신건강 서비스에 대한 접근성 부족
- 낮은 문제 해결 및 대처 능력
- 낮은 자존감
- 기능이 건강하지 않은 부모 양육 방식 또는 가족 환경
- 부모의 정신질환
- 치명적인 무기, 특히 총기에 대한 접근성
- 반복적인 폭력 행동 또는 폭력 노출

또한 만성 통증과 수면 장애도 자살 위험을 높이는 요인으로 제시되고 있습니다. 예를 들어, 2003년부터 2014년까지 자살로 사망한 성인을 분석한 한 연구에서는 이들의 약 8.8%가 사망 전 만성 통증을 겪고 있었고, 2014년에는 이 수치가 10%를 넘는 것으로 나타났습니다(Petrosky, Harpaz, Fowler, & Betz, 2018). 수면 장애 역시 자살 위험 증가와 관련이 있으며(Bernet & Joiner, 2007; Drapeau & Nadorff, 2017), 악몽의 빈도가 높은 사람일수록 자살 시도가 반복될 가능성이 높은 것으로 나타났습니다. 이는 정신질환이나 기타 수면 문제를 통제한 상태에서도 유의미한 차이를 보였습니다(Speed, Drapeau, & Nadorff, 2018). 비록 이 두 요인에 대한 아동 및 청소년 대상 연구는 아직 부족하지만, 자살 위험 요인의 일부로 고려하여 평가하는 것이 권장됩니다.

## 자살 행동의 경고 신호

위험 요인과 달리 자살의 경고 신호는 보다 즉각적이고 변화 가능한 요소로, 자살 위기 가능성이 높아졌다는 것을 나타냅니다(Van Orden et al., 2008). 경고 신호는 일반적으로 눈에 보이는 형태로 나타나며, 즉각적인 자살 위험과 더 밀접하게 연관되어 있습

니다. 하지만 인터넷에서 청소년 자살의 경고 신호를 검색하면, 과학적 근거보다는 개인적인 경험이나 추측에 기반한 정보가 나오는 경우가 많습니다. 따라서 학생과 교직원에게 제공되는 자살 경고 신호는 반드시 연구 기반의 자료에서 출처를 확인해야 합니다.

다음은 2015년 국내외 전문가들이 전문 문헌을 분석해 제시한 청소년 자살 행동과 관련된 과학적 근거 기반의 경고 신호들입니다(자세한 내용은 www.youthsuicidewarningsigns.org 참조). 아래에 제시된 어느 하나라도 해당된다면 주의가 필요하며, 두 가지 이상이 함께 나타날 경우 그 위험은 더욱 높아집니다.

- 자살에 대해 이야기하거나 계획을 세움
- 미래에 대한 극심한 절망감 표현
- 감정적 고통이나 심각한 괴로움 호소
- 눈에 띄는 행동 변화나 불안한 행동 신호 보임(특히, 위 항목들과 함께 나타날 경우) 예:
  - 사회적 관계에서의 급격한 단절 또는 회피
  - 수면 습관의 변화(과다수면 혹은 불면)
  - 평소와 다른 분노나 적대감 표출
  - 최근에 눈에 띄게 늘어난 초조함 또는 짜증

또한 미국 자살학회(AAS)에서 전문가 집단이 합의한 자살 경고 신호 목록은 다음과 같으며(Rudd et al., 2006), 앞의 목록과 많은 부분이 중복됩니다.

- 절망감
- 분노, 복수심
- 생각 없이 무모하게 행동하거나 위험한 활동에 참여하는 행위
- 벗어날 수 없는 덫에 갇힌 듯한 느낌
- 음주 또는 약물 사용 증가
- 가족, 친구 또는 사회로부터의 철회

- 불안 또는 극심한 초조함 경험
- 극적인 기분 변화
- 삶의 이유가 없거나 삶의 목적의식을 느끼지 못함

AAS는 이러한 경고 신호를 기억하기 쉽게 하기 위해 IS PATH WARM이라는 약어도 제시했습니다. 그것은 I: 자살 사고(Ideation) S: 약물 남용(Substance abuse) P: 삶의 목적 상실(Purposelessness) A: 불안과 초조함, 불면 포함(Anxiety) T: 덫에 갇힌 느낌(Trapped) H: 절망감(Hopelessness) W: 사회적 철회(Withdrawal) A: 분노(Anger) R: 무모함 (Recklessness) M: 기분 변화(Mood changes)입니다.

다만, 경고 신호에 대한 몇 가지 주의 사항도 필요합니다. 첫째, 현재까지 대부분의 연구는 성인을 대상으로 이루어졌기 때문에, 아동이나 청소년에게서 나타나는 자살 경고 신호가 어떻게 다를 수 있는지는 추가 연구가 필요합니다(Van Orden et al., 2008). 둘째, 자살을 암시하는 행동으로 종종 언급되는 '소지품을 나눠 주는 행동'은 과학적으로 근거가 부족하여 경고 신호 목록에 포함되어 있지 않습니다. 셋째이자 가장 중요한 점은, 아동이나 청소년 중 일부는 이러한 경고 신호를 여러 개 보일 수 있음에도 자살 행동으로 이어지지 않을 수 있습니다. 반대로, 자살한 청소년 중 일부는 눈에 띄는 경고 신호를 거의 보이지 않았을 수도 있습니다. 조이너(Joiner, 2010)는 이에 대해 "자살 위험 요인을 가진 사람의 대다수는 실제로 자살하지 않으며, 자살한 사람 중 다수는 기존의 위험 요인을 갖고 있지 않은 경우도 많다."라고 지적합니다(p. 31). 그럼에도 불구하고, 이러한 경고 신호를 보이는 청소년은 자살 위험군으로 간주하고, 학교 내 정신건강 전문가의 개별적인 평가와 개입이 반드시 이루어져야 합니다.

## 촉발 요인: 상황적 위기 및 스트레스성 삶의 사건

정신건강 장애, 약물 남용, 치명적인 수단에의 접근과 같은 만성적인 위험 요인들과 더불어 급성 상황 위기나 스트레스성 삶의 사건(예: 인간관계 상실 등)이 발생할 경우, 자살 행동의 위험이 더욱 증가합니다(Gould & Kramer, 2001). 청소년의 자살 행동을 촉발할 수 있는 다양한 유형의 스트레스 사건과 위기가 확인된 바 있습니다. 이러한 사건이나 위기 자체가 자살 행동을 직접적으로 유발하지는 않지만, 자살 위험성이 있는 취약한 학생들에게는 자살 행동을 '방아쇠'처럼 촉진할 가능성이 있습니다. 특정한 스트레스 상황이나 사건 하나만으로 자살 행동을 예측할 수는 없지만, 이미 자살 경향성을 가진 청소년의 경우, 삶에서 경험하는 스트레스 사건의 수와 정서적 강도가 늘어날수록 자살 위험도 증가할 수 있습니다(D. N. Miller, 2013a). 이 장의 마지막에 제시된 부록 5-2에는 자살 행동을 유발하거나 촉진할 수 있는 다양한 상황적 위기와 스트레스성 삶의 사건들이 있습니다.

## 보호 요인

많은 청소년이 자살의 주요 위험 요인을 가지고 있음에도 실제로 자살 행동으로 이어지지 않는다는 연구 결과는, 다양한 보호 요인 혹은 회복탄력성 요인이 존재함을 시사합니다(Beautrais, 2007). 보호 요인이란 자살 행동의 위험을 낮추는 데 통계적으로 관련이 있는 변수들을 의미하며, 중재 변수나 조절 변수로 작용할 수 있습니다(Gutierrez & Osman, 2008). 이 분야에 대한 연구는 진행 중이지만, 자살 위험 요인에 비해 보호 요인에 대한 연구는 상대적으로 부족한 실정입니다. 따라서 어떤 보호 요인이 자살 행동의 위험을 효과적으로 낮추는지에 대해서는 아직 많은 것이 밝혀지지 않았습니다. 그럼에도 불구하고, 다음과 같은 몇 가지 요인이 잠정적으로 자살 보호 요인으로 제시되고 있습니다.

- 사회 문제 해결 및 대처 능력
- 좋은 자존감
- 또래와 부모의 사회적 지지

또한 자살에만 국한되지는 않지만 정신건강 문제나 그 외의 어려움을 완화하는 데 도움이 되는 보호 요인도 있습니다(Doll & Cummings, 2008a). 이들은 다음과 같습니다.

- 또래 친구들과의 친밀감과 우정
- 높은 자기 효능감
- 학교 등 생산적인 활동에 적극적으로 참여하는 태도
- 어른들의 따뜻한 관계와 지지
- 민감하고 반응적인 학교 환경

## 학생들에게 도움을 요청하는 방법과 경로를 가르치기

1단계 자살 예방 프로그램에는 자신이 자살을 생각하고 있거나 친구 또는 또래가 자살 위험에 처해 있다고 느낄 때 어떻게 행동해야 하는지를 알려 주는 내용이 반드시 포함되어야 합니다. 학생들에게는 다양한 도움 요청 방법을 소개해 본인이 가장 편하다고 느끼는 방식으로 걱정을 표현하고 공유할 수 있도록 합니다. 예를 들어, 신뢰할 수 있는 선생님에게 알리는 방법 등이 있습니다. 자신이나 또래가 자살 위기를 겪고 있을 때 도움을 요청하는 것은 예방의 핵심입니다. 실제로 도움을 요청하려는 태도와 행동은 자살 행동과 음의 상관관계를 보이며, 즉 도움을 더 많이 요청할수록 자살 행동은 줄어드는 것으로 나타났습니다(Klimes-Dougan, Klingbeil, & Meller, 2013).

안타깝게도 예방을 위한 도움 요청 과정에서 가장 큰 장벽 중 하나는, 자살 행동의 위험이 가장 높은 청소년일수록 다른 사람에게 도움을 요청할 가능성이 가장 낮다는 일관된 연구 결과입니다(Berman et al., 2006). 즉, 자살 사고나 자살 행동 자체가 어떤 학생들에게는 도움을 받는 데 장애물이 될 수 있으며, 이는 '도움 회피(help-negation)'라는 현상으로 알려져 있습니다(Rudd, Joiner, & Rajab, 1995). 이러한 도움 회피 현상은 고등학생과 대학생 같은 일반 학생 집단(nonclinical sample)에서도 관찰되고 있으며, 이에 대한 연구도 점점 늘어나고 있습니다. 예를 들어, 뉴질랜드 고등학생을 대상으로 한 연구에서는 자살 사고가 도움 요청 행동과 부정적인 관련을 보였습니다(Carlton & Deane, 2000). 이 결과는 이후 호주(Deane, Wilson, & Ciarrochi, 2001)와 미국(Fur, Westefeld, McConnell, & Jenkins, 2001) 대학생들을 대상으로 한 연구에서도 반복 확인되었습니다. 특히 미국 연구에서는 자살 사고를 경험한 1,455명 중 오직 20%만이 상담이나 도움을 요청한 것으로 나타났습니다. 커티스(Curtis, 2010)는 대학생들이 자살 행동에 대해 도움을 요청하지 않는 이유로 낙인에 대한 두려움과 자립에 대한 강한 욕구를 제시했습니다.

또한 학생들이 실제로 도움을 요청할 때는 어른보다는 또래에게 말하는 경우가 많습니다(Klimes-Dougan et al., 2013). 하지만 또래에게 털어놓는다고 해서 반드시 자살 위기 상황에서 필요한 지원이 이루어지는 것은 아니며, 오히려 그 친구에게 정서적 부담을 줄 수 있습니다(Singer et al., 2019). 특히 연구에 따르면, 우울하거나 자살 위험이 높은 청소년은 비슷한 상태에 있는 또래와 관계를 맺는 경향이 있기 때문에, 실질적으로 도움을 줄 수 있는 친구의 수가 제한적일 수 있습니다(Fulginiti et al., 2016). 그렇지만 1단계 자살 예방 프로그램인 Sources of Strength는 훈련받은 또래 리더들이 자살 위험이 있는 학생을 어른에게 효과적으로 알릴 수 있음을 보여 주었습니다(Wyman, Rice, Hsu, Rhoades, & Winetrobe, 2010).

이러한 고위험 청소년들, 특히 남학생들 중 많은 수는 우울증과 자살 행동에 대해 부적응적인 대처 방식에 근거한 신념과 태도를 가지고 있습니다(Gould et al., 2004). 예를 들어, '자기 문제는 스스로 해결해야 한다.'라는 강한 인지적 신념을 가진 경우가 많습니다. 문제는 이런 학생들의 또래들 역시 정서적 어려움을 겪고 있는 경우가 많아 도움을 요청하라고 권유하는 데 효과적이지 못할 수 있다는 점입니다. 따라서 인지행동적 접근을 통해 학생들의 대처 전략과 도움 요청에 대한 인식을 평가하고 지도하는 것이 유용할 수 있습니다(Gould et al., 2004). 또한 학교 교직원은, 미 공군 자살 예방 프로그램처럼, "도움을 요청하는 것은 약함이 아니라 용기이며, 자신의 문제를 솔직하게 인정하는 강한 자세"임을 지속적으로 강조하고 전달할 수 있습니다. 실제로 이 프로그램은 남학생처럼 도움 요청을 꺼리는 집단에 긍정적인 영향을 준 사례로 활용될 수 있습니다.

학생의 자살이나 기타 문제에 대한 도움 요청 행동에는 다양한 요인이 영향을 미칩니다(Srebnik, Cauce, & Baydar, 1996). 예를 들어, 미국 콜로라도주의 고등학생 854명을 대상으로 도움 요청에 대한 장애 요인을 조사에서, 학생들이 스스로 도움을 요청하는 데 있어 가장 두드러지게 언급한 장애 요인은 다음과 같았습니다. (1) 어른들과 문제를 이야기하기 어려움, (2) 문제는 스스로 해결해야 한다는 믿음 (3) 병원에 입원될 수 있다는 두려움, (4) 학교 내 어른들과의 정서적 거리감이었습니다. 또한 친구를 도와주기

위해 어른에게 도움을 요청하는 데 있어 학생들이 가장 크게 느낀 장애 요인은 다음과 같았습니다. (1) 친구의 상태에 대해 잘못 판단할까 봐 걱정됨, (2) 학교 어른들이 다가가기 어렵다고 느낌, (3) 친구가 병원에 입원될까 봐 걱정됨, (4) 친구의 문제를 과소평가함이었습니다(Cigularov, Chen, Thurber, & Stallones, 2008).

취약한 학생들이 자신의 문제에 대해 도움을 요청하는 것을 명백히 꺼린다는 연구 결과(예: Carlton & Deane, 2000; Curtis, 2010; Zwaaswijk, Van der Ende, Verhaak, Bensing, & Vernhulst, 2003)는 학교의 1단계 보편적 자살 예방 노력에 시사점을 줍니다. 예를 들어, 학생들이 선생님을 자신의 고민을 들어 주고 도와줄 수 있는 존재로 인식하게 하려면, 선생님들이 학생들과 보다 강한 신뢰 관계를 형성할 필요가 있습니다.

> 교직원은 일반적으로 학생들과 더 강한 유대감을 형성하여 학생들이 교직원을 자신의 자살 행동이든 또래의 자살 행동이든 자신의 문제를 해결하는 데 도움이 되는 친근한 사람으로 인식할 수 있도록 해야 합니다.

이러한 관계 형성과 정서적 지지는 특히 남학생에게 더욱 중요합니다. 왜냐하면 남학생은 여학생보다 자살로 사망할 위험이 훨씬 높기 때문입니다. 따라서 학생들에게 먼저 다가가고, 지지의 메시지를 분명하게 전달하려는 선생님의 노력이 필요합니다. 또한 학생들에게는 자살 행동의 배경이 되는 정신건강 문제(예: 우울증)가 아동과 특히 청소년 사이에서 매우 흔하다는 점을 알려 줘야 합니다. 그리고 이러한 문제를 전문가에게 도움을 요청하는 것은 신체 질환에 대해 병원을 찾는 것과 다르지 않다는 사실을 가르쳐야 합니다. 특히 남학생의 경우, 정신건강 문제보다는 신체 건강 문제로 인식되는 것에 더 쉽게 동의하는 경향이 있으므로, 우울증이나 자살 행동에 대한 생물학적 취약성을 강조하는 접근이 효과적일 수 있습니다. 이러한 정보는 자신이 겪는 문제를 심리적 약점이 아니라 건강 문제로 받아들이는 데 도움을 줄 수 있으며, 결국 도움 요청으로 이어질 가능성을 높입니다.

## 1단계 자살 예방 프로그램의 한계

모든 학생을 대상으로 자살 예방 정보를 제공하는 것은 권장되는 교육 방안이지만, 이 접근 방식에는 내재된 한계가 있습니다. 예를 들어, 앞서 언급한 예에서 볼 수 있듯이 실제로 자살 위험이 높은 학생일수록 이러한 프로그램에서 얻는 효과가 낮을 수 있다는 연구 결과들이 존재합니다. 뿐만 아니라, 자살 위험을 포함한 정신건강 문제가 있는 학생들은 오히려 자살 예방 교육에 참여할 가능성 자체가 낮은 경향이 있습니다. 또한 자퇴 위기에 처해 있거나 퇴학 위기에 있는 학생, 소년원에 수감 중인 청소년, 가출 청소년, 홈리스 청소년, 대안학교에 배치된 학생들은 일반학교 재학생보다 자살 위험이 더 높음에도 불구하고, 학교 기반 자살 예방 프로그램의 혜택을 거의 받지 못할 수 있습니다(Berman, 2009; Erbacher et al., 2015). 결과적으로, 가장 도움이 필요한 학생들이 오히려 학교 내 예방 서비스로부터 소외될 수 있으며, 이들을 적극적으로 찾아 나서고 접근해 학교가 제공할 수 있는 자살 예방 서비스를 온전히 받을 수 있도록 해야 합니다.

이러한 한계에도 불구하고, 모든 학생을 대상으로 한 보편적 자살 예방 교육은 대부분의 학생들이 자살 고위험군은 아닐지라도, 다층 지원 체계(MTSS) 모델에서 예방의 '첫 단계'로 작용하므로 중요합니다. 즉, 자살에 대한 정보와 도움 요청 방법 및 경로를 학생들과 교직원 모두에게 제공함으로써, 교직원의 관찰을 통한 추천, 또래 학생의 추천, 또는 학생 스스로의 도움 요청 등을 통해 2단계(Tier 2) 또는 3단계(Tier 3)의 개입이 필요한 학생들을 식별할 수 있게 됩니다. 또한 학생 자살 예방에 대한 동일한 정보가 학부모에게 제공될 때, 이들도 자살 예방에 대한 인식을 높이고 지역사회 내의 문지기 역할을 할 수 있습니다.

## 자살 예방 프로그램들

이 장에서 앞서 설명한 보편적(1단계, Tier 1) 자살 예방 전략 외에도, 자살 행동을 보다 선제적으로 예방하고자 하는 학교에서는 SEL(사회·정서 학습) 프로그램을 도입할 수 있습니다. 학교에서 정신건강 문제를 겪고 있는 학생들만을 대상으로 지원하는 2단계(Tier 2) 또는 3단계(Tier 3) 접근 방식만 사용할 경우, "향후 정신건강 문제를 경험하게 될 학생의 유입 자체를 차단하는 데에는 거의 도움이 되지 않으며, 이는 예방이 아닌 사후 대응되고, 결국 정신건강 문제가 실제로 학교 생활에 부정적인 영향을 줄 때까

지 지원이 제공되지 않게 됩니다"(D. N. Miller & Mazza, 2018, p. 266).

이제 소개할 여러 보편적 SEL 프로그램들은 학생 자살 행동 자체 또는 자살 위험을 줄이고 예방하는 데 도움이 되는 정신건강 문제를 다루는 내용으로 구성되어 있습니다. 이는, (1) Good Behavior Game, (2) Sources of Strength, (3) SOS Signs of Suicide, (4) Lifelines 교육과정, (5) Youth Aware of Mental Health Programme (YAM), (6) DBT Skills in Schools 교육과정입니다. 이 중 네 가지 프로그램(Good Behavior Game, Sources of Strength, SOS Signs of Suicide, Lifelines)은 자살예방자원센터(SPRC)에서 효과성이 입증된 프로그램으로 공식 등재되어 있습니다. 또한 YAM 프로그램은 대규모 무작위 통제 연구에서 청소년의 자살 사고 및 자살 시도 감소에 효과가 있는 것으로 확인되었습니다(Wasserman et al., 2015). 마지막으로, 소개되는 DBT Skills in Schools 프로그램은 최근 개발된 1단계 프로그램으로 감정 조절 곤란과 자살 행동 감소에 있어 큰 가능성을 보여 주고 있는 교육과정입니다.

## Good Behavior Game(GBG)

Good Behavior Game(GBG)은 초등학생을 대상으로 한 보편적 수준의 학급 기반 행동관리 프로그램입니다. 이 프로그램은 자살 예방을 목적으로 개발된 것은 아니지만, 학급 전체를 팀 단위 게임 형식으로 운영하며 적절한 행동을 강화하고 이에 대한 보상을 제공하는 방식으로 이루어집니다. GBG의 핵심 목표는 자살 예방이 아니라, 공격적이고 문제적인 행동을 줄이는 것입니다. 그러나 이러한 행동들은 장기적으로 자살 행동을 포함한 다양한 정신건강 문제의 위험 요인이 되기 때문에, 간접적으로 자살 위험을 감소시키는 데 기여할 수 있습니다. 실제로 한 연구에서는 초등학교 1, 2학년에 참가한 학생이 19~21세가 되었을 때, 자살 사고나 자살 시도 경험률이 대조 집단에 비해 유의미하게 낮은 것으로 나타났습니다(Wilcox et al., 2008).[2]

2 역자 주: GBG의 경우 한국에 간접적으로 소개된 사례는 있으나, 본격적인 도입 · 보급은 미비해 보입니다. 행동중재나 긍정적 행동지원(PBIS) 맥락에서 유사한 기법이 일부 학교에서 시도된 사례는 있으나, GBG 자체는 거의 활용되지 않는 것으로 보입니다.

## Sources of Strength(SoS)

Sources of Strength(LoMurray, 2005)는 또래 리더십을 활용한 자살 예방 프로그램으로, 학생들 사이의 보호 요인을 강화하고 자살 위험 학생을 조기에 식별하는 것을 목표로 합니다. 이 프로그램은 학생들이 도움을 요청하는 행동을 촉진하기 위해 또래 사회적 관계망(peer social networks)과 성인 교직원의 협력을 기반으로 운영됩니다. 프로그램의 핵심 구조는 또래 리더 학생들이 중심이 되어 자살 위험이 있는 친구를 발견하고, 이 정보를 전문상담교사와 공유하며, 학교는 해당 학생에게 직접 지원을 제공하거나 지역사회 전문기관과 연결하는 중개 역할을 수행합니다. Sources of Strength는 자살 행동을 단순히 억제하려는 방식이 아니라, 학생 스스로 도움을 주고받는 문화를 조성하고, 긍정적 관계와 지지 체계를 강화함으로써 자살 예방 효과를 끌어내는 것이 특징입니다.

Sources of Strength는 청소년의 자살 예방을 위해 보호 요인을 강화하는 데 초점을 둔 프로그램으로, 다음과 같은 8가지 핵심 요소를 중심으로 구성되어 있습니다. (1) 정신건강(Mental Health), (2) 가족의 지지(Family Support), (3) 긍정적인 친구 관계(Positive Friends) (4) 멘토(Mentors), (5) 건강한 활동(Healthy Activities), (6) 관대함과 나눔(Generosity), (7) 영성(Spirituality), (8) 의료 접근성(Medical Access)입니다. 이 프로그램의 목적은 학생들이 정서적으로 불안하거나 자살 위기에 처했을 때, 위의 8가지 보호 요인을 의식적으로 떠올리고 활용할 수 있도록 돕는 것입니다.

이 프로그램에 대한 결과 데이터는 매우 고무적이었습니다. 무작위 대조군 실험 결과에 따르면, SoS의 원천은 또래 리더와 성인과의 연결성, 또래 리더의 학교 참여도, 또래 리더가 자살한 친구를 성인에게 추천하는 비율(특히 대규모 학교에서)이 증가했으며 자살 학생에 대한 성인 지원과 도움 요청 수용성에 대한 긍정적인 인식이 증가했습니다(Wyman et al., 2010). SoS에 대한 자세한 내용은 프로그램 웹사이트(www.sourcesofstrength.org)를 참조하세요.[3]

3 역자 주: 생명존중 또래지킴이는 SoS와 유사한 한국의 프로그램으로 많은 학교에 소개, 보급되어 있습니다. 둘은 유사하지만 프로그램의 철학과 초점에 차이가 있습니다. SoS는 청소년이 자살 위기를 겪기 전에 회복탄력성, 연결감, 긍정적 정체성을 강화해 위험에 강한 구조적 환경을 만드는 것에 초점을 둡니다. (예: "자살을 예방하는 것은 위기를

## Signs of Suicide(SOS)

SOS(Signs of Suicide)는 중학교 및 고등학교을 위한 보편적 자살 예방 교육과정으로, 학생들에게 우울증과 자살에 대한 이해를 높이고, 도움을 요청하는 행동을 장려하며, 정신건강 문제에 대한 낙인을 완화하는 것을 목표로 합니다. 이 프로그램은 또한 학부모, 보호자, 교직원을 게이트키퍼로 양성하고, 청소년 정신건강을 지원하는 지역사회 협력을 촉진하고자 합니다.

SOS는 우울증과 자살에 대해 정확한 정보를 습득하도록 하고, 자신과 친구를 위한 도움 요청 행동을 유도하고, 자살 및 정신질환에 대한 편견과 낙인을 완화하고, 부모, 보호자, 교직원이 자살 예방의 협력자로 참여하도록 지원하는 것이 목표입니다.

SOS의 교육 과정은 우울증과 자살 간의 연관성 인식, 자신과 타인의 우울 증상 및 자살 경고 신호 식별, 우울감 및 자살 사고에 대한 선별검사(스크리닝) 실시와 ACT 기법(Acknowledge, Care, Tell)을 활용한 도움 요청 전략입니다. ACT는 Acknowledge(인정하기): 자살 신호를 알아차리고 인정하기, Care(관심 가지기): 친구의 어려움에 진심으로 공감하고 관심 보이기, Tell(알리기): 믿을 수 있는 어른에게 즉시 알리기입니다. 교육이 끝난 후, 학생들에게는 자신 또는 친구가 상담을 받아야 할 필요가 있을 때 사용할 수 있는 추천 카드가 제공됩니다.

SOS는 예방에 유의미한 긍적 효과를 보였습니다. 예를 들어, 아셀틴, 제임스, 쉴링

---

없애는 게 아니라, 지지 기반을 늘리는 것이다.") 반면, 또래지킴이는 자살 위험이 있는 친구를 조기에 발견하고, 전문가에게 신속히 연계하는 조기 개입 중심 모델입니다. (예: "자살 신호를 보면 보고하고 연결하자.")

SoS에서는 또래 리더가 친구에게 긍정적 모델이 되고, 학교에 '도움 요청' 문화를 만드는 데 기여합니다. 또래 리더의 역할은 단순 전달자가 아닌, 문화 변화의 주체입니다. 반면, 또래지킴이는 친구의 위험을 '감지'하고, 교사에게 전달하는 연결자 역할에 국한되는 경우가 많습니다. 본인의 심리적 자원이나 회복력 강화는 상대적으로 부각되지 않습니다.

SoS는 8가지 보호 요인(정신건강, 가족, 친구, 멘토, 건강한 활동, 영성 등)을 구조화해 학생 스스로가 자신의 회복 자원을 인식하고 활용하도록 훈련합니다. 반면, 또래지킴이는 자살 위험의 징후나 신호(말, 행동, 상황 등)를 인지하고 대응하는 데 집중되며, 보호 요인 개념은 간접적으로만 포함됩니다.

SoS는 회복 중심, 긍정적 자원 활용, 문화 변화를 핵심으로 하는 예방 모델로, 위기 전 단계에서의 예방 효과가 매우 강조되지만, 생명존중 또래지킴이는 위험 징후 인식 및 전달에 특화된 현실적인 모델로, 긴급 상황 대응에 적합합니다. 하지만 두 모델은 상호 보완적이어서, 생명존중 또래지킴이에 SoS의 철학을 반영한다면 한국화가 용이해 보입니다. 또한 최근 일선 학교에서 또래지킴이 활동에 보호 요인(팀 기반 캠페인, SNS 활동 등 긍정 문화 조성 활동)을 강화가 증가하고 있습니다.

및 글라노브스키(Aseltine, James, Schilling, & Glanovsky, 2007)는 이 교육과정을 이수한 학생들이 그렇지 않은 또래에 비해 자살 충동을 느낄 가능성이 적다는 사실을 발견했습니다. SOS를 받은 중학생은 그렇지 않은 또래에 비해 자살 충동을 덜 느끼는 것으로 나타났습니다(Schilling, Lawless, Buchanan, & Aseltine, 2014). SOS 프로그램을 받은 고등학생은 3개월 동안 대조군 또래에 비해 자살 시도를 했다고 보고할 확률이 현저히 낮았습니다(Schilling et al., 2016). SOS에 대한 자세한 내용은 웹사이트 www.mindwise.org에서 확인할 수 있습니다.[4]

## Lifelines Curriculum

Lifelines Curriculum은 중학교와 고등학교를 위한 자살 예방 교육 프로그램으로, 학생들이 도움을 요청하는 것이 자연스럽고 권장되는 학교 문화를 조성하는 것을 주요 목표로 합니다(Underwood & Kalafat, 2009). 이 교육과정은 자살 행동은 비밀로 해서는 안 되며, 학생과 교직원이 자살의 경고 신호를 인식할 수 있어야 한다는 점을 강조합니다.

Lifelines Curriculum은 전체 Lifelines 자살 예방 프로그램의 한 부분으로, 일반적으로 전문상담교사나 정신건강 전문가에 의해 운영됩니다. 주 대상은 중3~고1 수준으로, 대부분의 학생들이 중학교에서 고등학교로 전환하는 시기에 해당합니다. 45분 수업 4회 또는 90분 수업 2회 분량으로, 사회성 발달 모델에 기반하여, 역할극(role play)과 상호작용 중심 교수법을 사용합니다. 자살과 관련된 올바른 지식을 전달하고, 친구의 자살 위험 신호를 인식하고 비밀로 하지 않는 태도를 형성하고, 도움 요청 행동을 장려하고, 성인과의 연결을 자연스럽게 유도하며, 교내에서 돌봄(caring)과 책임감 있는 문화 형성하는 것이 주요 목표입니다.

연구에 따르면, Lifelines Curriculum을 이수한 학생들은 자살에 대한 지식 향상, 자살 개입 및 선생님에게 도움 요청하는 것에 대한 태도 개선, 친구의 자살 사

4 SOS는 학교 수업 시간에 쉽게 적용 가능한 구조, 학생 중심의 예방 교육, 또래 및 교사와의 연계, 낙인 완화 접근 등으로 인해 한국 중·고등학교 현장에 도입 가능성이 높아 보입니다. 또한 국내 자살 예방 교육(예: 보고·듣고·말하기)과도 철학적으로 통합이 가능합니다. ACT 기법은 단순하고 기억하기 쉬워, 교실 수업 및 또래지킴이 활동과의 연계도 용이하여, 문화적 적응 작업을 거쳐 국내 교육과정에 통합한다면, 중·고등학생 자살 예방을 위한 효과적인 보편적 프로그램이 늘어날 수 있습니다.

고를 비밀로 하려는 경향이 감소되는 긍정적 변화를 보였습니다(Kalafat, Madden, Haley, & O'Halloran, 2007). 프로그램에 대한 자세한 정보는 공식 웹사이트 www.violencepreventionworks.org에서 확인할 수 있습니다.[5]

## YAM 청소년 정신건강 인식 프로그램

청소년 정신건강 인식 프로그램(Youth Aware of Mental Health Programme: YAM)은 유럽에서 개발된 매뉴얼 기반의 보편적 정신건강 예방 프로그램으로, 자살과 관련된 위험 요인과 보호 요인에 대한 인식을 높이고, 우울과 불안에 대한 이해를 증진시키며, 삶의 어려움과 스트레스, 자살 행동에 효과적으로 대처할 수 있는 기술을 강화하는 데 목적이 있습니다(Wasserman et al., 2015, p. 1538). YAM은 총 4주간, 교실 수업 시간 5시간 내외로 구성되며 3시간 분량의 역할극 중심 상호작용 워크숍, 정신건강 정보가 담긴 32쪽 분량의 안내 책자(학생이 집으로 가져감), 6종의 교육용 포스터(교실 내 게시), 정신건강 주제의 1시간 분량 프레젠테이션 2회와 같은 활동을 포함합니다. 이러한 구성은 학생들이 일상적인 스트레스와 부정적 감정에 스스로 대처할 수 있도록 돕고, 도움을 요청하는 행동의 정당성을 자연스럽게 학습하도록 설계되어 있습니다.

여러 유럽 국가를 대상으로 한 획기적인 무작위 대조군 연구(Wasserman et al., 2015)에서 YAM은 프로그램에 참여한 학생의 자살 시도, 자살 계획, 자살 충동을 예방하는 데 그렇지 않은 학생에 비해 훨씬 더 효과적인 것으로 밝혀졌습니다. 특히 학생들의 자살 시도에 대한 YAM의 효과는 대조군 학생들에 비해 50% 감소한 것으로 보고되어 주목할 만했습니다.[6]

---

5 Lifelines는 수업 시간 또는 상담 주간 활동 등과 연계하기 좋은 구조를 갖추고 있습니다. 게다가 역할극, 토의 중심 수업, 실제적인 위기 대처 훈련 등을 포함하고 있어 학생들의 몰입도를 높일 수 있습니다. 특히 '자살은 혼자 감당하는 일이 아니다.'라는 메시지를 중심으로, 친구의 위험 신호를 비밀로 하지 않고 믿을 수 있는 선생님에게 알리는 용기를 기르는 데 중점을 둔 접근 방식은, 한국의 학생들에게도 교육적으로 매우 의미 있는 경험이 될 수 있습니다.

6 역자 주: 한국에서 YAM 자체가 번역되어 활용된 정식 번역본이나 매뉴얼은 존재하지 않지만, 박선영과 김영민(2021)은 「청소년 자살 예방을 위한 학교 기반 프로그램 고찰」에서 YAM을 '유럽 중심의 과학적 근거 기반 자살 예방 모델'로 소개하였습니다. 또한 일부 정신건강복지센터나 교육청 위탁기관에서 YAM의 핵심 요소(예: 감정표현 워크숍, 우울 인식, 역할극)를 선별 적용한 청소년 프로그램을 시범 운영한 사례가 있습니다.
YAM은 학생들이 자신의 감정과 정신건강을 주체적으로 이해하고 표현할 수 있도록 하는 학습 구조를 갖추고 있으

## DBT STEPS-A 청소년을 위한 정서 문제 해결 DBT 기술 훈련

마자와 동료들(Mazza et al., 2016)이 개발한 청소년을 위한 정서적 문제 해결을 위한 DBT 기술 훈련(DBT STEPS-A)은 DBT에서 제공하는 기술을 기반으로 한 SEL 커리큘럼입니다(Linehan, 1993, 2015). DBT는 자살 행동을 포함하여 심각하고 만연한 정서 조절 장애를 특징으로 하는 문제를 가진 성인과 청소년을 위한 경험적으로 뒷받침되는 심리사회적 치료법입니다(Linehan, 1993, 2015; A. L. Miller et al., 2007). DBT STEPS-A 커리큘럼은 12~19세 학생들을 위해 개발되었으며, 일반적으로 정신건강 문제에 대한 인식을 갖춘 일반 교사와 전문상담교사가 가르칩니다. 비록 1단계(Tier)의 보편 예방 프로그램으로 설계되었지만, 2단계(Tier)와 3단계(Tier)의 학생에게도 확장 적용 가능하도록 추가 전략을 포함할 수 있습니다.

DBT STEPS-A는, (1) 마음챙김, (2) 스트레스 내성, (3) 감정 조절, (4) 대인관계 효과성의 네 가지 기본 모듈을 통합합니다. 수업은 50분 동안 구성된 30개의 매뉴얼화된 수업으로 구성되어 있습니다. 수업은 한 학기 동안 주당 1회 또는 2회 진행하도록 설계되었습니다. 각 수업은 스크립트로 구성되어 있으며 요약, 요점, 필요한 자료, 준비물, 수업 개요 및 시간표, 자세한 계획이 포함되어 있습니다. DBT STEPS-A 커리큘럼의 기초는 DBT에서 사용되는 기술을 기반으로 하지만, 그 자체로 자살 예방 프로그램이 아니라 청소년 자살 행동과 관련된 두 가지 주요 요소인 정서 조절 및 대처 전략 프로그램입니다(Rathus & Miller, 2015).

DBT STEPS-A는 최근 도입되어 아직 정식 효과 검증 연구는 초기 단계이지만, 여러 학교 교육청에서 긍정적인 경험 보고가 이어지고 있습니다. 현재까지의 보고에 따르면, 수업 구조가 매우 체계적이고 실용적이며 실제 수업 현장에서 유용하다는 평가를 받고 있으며, 학생이 정서적으로 어려운 상황을 더 잘 다루고, 스트레스를 효과적으로 관리하며, 더 나은 의사결정을 할 수 있도록 돕는 도구로 작용하고 있습니다.[7]

---

며, 자살 예방을 '위험 차단'이 아닌 '학생 스스로 회복력 강화'라는 관점에서 접근한다는 점에서, 국내 학생 정신건강 교육의 질적 전환에 기여할 수 있는 유망한 프로그램으로 보입니다.

7 DBT STEP-A는 한학기 30시간으로 책에 소개된 프로그램 중 가장 볼륨이 큽니다. 역자의 경우 2024/25 DBT Intesive Course를 참여하며, 미국의 드보즈 박사, 제시카 박사와 호주의 카라 박사와 수련할 기회를 얻었습니다.

## 1단계 보편 예방과 학교 유대감

1단계 보편 예방 프로그램이 최대한 효과를 발휘하려면, 긍정적인 학교 환경 속에서 이루어져야 합니다. 아동과 청소년이 긍정적이고 건강하게 성장하기 위해서는 학교와 같은 주요 사회화 환경에서 그들이 따뜻하고 환영받는 방식으로 상호작용한다고 느끼는 것이 중요합니다. 학교는 교육뿐만 아니라 사회적 · 정서적 · 행동적 측면에서도 풍부한 환경을 조성함으로써 학생들의 정신건강과 전반적인 웰빙을 증진시킬 수 있습니다(Baker & Maupin, 2009).

긍정적인 학교 환경을 설명할 때 핵심적으로 다뤄야 할 세 가지 관련 개념은 학교 분위기, 학교 만족도, 그리고 학교 유대감입니다. 학교 분위기에 대한 보편적인 정의는 없지만 "학교 생활의 질과 성격"(Cohen, McCabe, Mitcheli, & Pickeral, 2009, p. 182)이라고 정의될 수 있습니다. 학교 분위기는 긍정적일 수도 있고, 부정적일 수도 있습니다. "긍정적인 학교 분위기는 적절한 학습과 발달을 촉진하는 규범, 가치, 인간관계, 조직 구조를 모두 포함합니다"(Zullig & Matthews-Ewald, 2014. p. 313). 긍정적인 학교 분위기는 학생들이 친근하고 포용적이며 지지받고 있다고 느끼는 환경입니다(McGiboney, 2016). 학생과 선생님 모두 존중받고, 안전하며, 심리적으로 안정감을 느끼며, 적극적인 참여가 강조됩니다. 학생과 교직원 간의 관계 역시 상호 긍정적이고 강화적인 방향으로 형성됩니다. 1단계 보편 예방 프로그램은 단순한 자살 예방 홍보 업무가 아니라, 학생 정신건강을 위한 실질적인 효과를 거두기 위한 노력이고, 학교 전체의 분위기와 문화를 근본적으로 점검하고 개선하는 환경을 조성할 기회를 제공합니다.

긍정적인 학교 분위기는 학생들의 학교 만족도와 높은 관련이 있습니다. 학교 만족도는 학생들이 자신의 학교생활의 질을 인지적으로 평가하는 주관적인 판단을 의미하며(Baker & Maupin, 2009), 이는 전반적인 웰빙 지표의 일부로 이해될 수 있습니다(Suldo, Bateman, & Gelley, 2014, p. 366). 학교 만족도는 교사와 학생 간의 따뜻하고 정서적으로 지지적인 관계, 상호 신뢰에 기반한 태도, 긍정적인 또래 관계, 그리고 필요

---

DBT는 자살성 행동을 보이는 학생에게 매우 좋은 프로그램입니다. 하지만 어느 심리 치료 프로그램이든 치료자의 전문성과 숙련도가 관건이고 DBT의 경우 다행히 한국에서 국제 교육 과정이 개설되어 있다는 점이 장점입니다. DBT의 수련은 DBT 한국 본부 https://dbtkorea.org/에서 확인할 수 있습니다.

할 때 도움을 줄 것이라는 인식과 꾸준히 관련되어 나타납니다. 또한 학생들이 교실 환경을 지지적이고 긍정적이며 괴롭힘이나 폭력이 없는 곳으로 인식할수록 학교 만족도는 높아지는 경향이 있습니다(Baker & Maupin, 2009). 베이커, 딜리, 오펄리 및 파틸(Baker, Dilly, Aupperlee, & Patil, 2003)은 학교를 "심리적으로 건강한 환경"을 갖춘 "배려하는 공동체"(p. 586)로 묘사하며, 이러한 학교 환경은 학업적 · 사회적 · 정서적 · 행동적 발달을 아우르는 전인적 학습이 이루어질 수 있는 최적의 조건을 만들어 낸다고 강조합니다(Baker et al., 2003, p. 206).

학교 만족도와 밀접하게 관련되어 있지만 동일하지는 않은 개념이 바로 학교 유대감입니다. 이 개념은 "학생이 학교 환경 내에서 개인적으로 수용받고, 존중받으며, 포함되고, 지지받고 있다고 느끼는 정도"로 정의됩니다(Goodenow, 1993, p. 80). 학교 유대감은 학교 참여(school engagement), 학교 애착(school attachment), 소속감 등 다양한 용어로도 불리며, 학생들의 학업적 · 정서적 · 행동적 · 사회적 측면에서 긍정적인 결과를 이끄는 핵심 보호 요인으로 점점 더 많은 연구에서 강조되고 있습니다(Griffiths, Sharkey, & Furlong, 2009). 이는 학생 정신건강 증진의 중요한 요소로도 인식되고 있습니다. 예를 들어, 2,000명 이상의 학생을 대상으로 한 연구에서는 학교 유대감이 우울증과 기타 정신건강 문제로부터 학생들을 보호하는 중요한 요인으로 나타났습니다(Shochet, Dadds, Ham, & Montague, 2006). 또한 소속되지 못한다는 감정은 자살 행동의 주요 원인이 될 수 있다는 연구(Joiner, 2005, 2009)에 비추어 볼 때, 학교 유대감을 높이는 것은 자살 위험 학생을 위한 효과적인 예방 및 개입 전략이 될 수 있습니다. 실제로 한 연구는 학교 유대감이 높을수록 청소년의 자살 행동이 적게 나타났으며, 이는 성소수자 청소년에게도 해당된다고 보고했습니다(Marraccini & Brier, 2017).

요컨대 긍정적인 분위기가 특징인 학교는 만족도가 높고 학교와 선생님과 강한 유대감을 느끼는 학생이 있을 가능성이 높습니다. 이러한 학교의 학생들은 정신건강 문제를 보일 가능성이 적고, 문제가 있는 학생은 도움을 요청할 가능성이 높으며, 교사를 비롯한 교직원이 학생에게 더 잘 반응하고 필요한 도움을 제공할 가능성이 높습니다. 따라서 긍정적인 학교 분위기와 심리적으로 건강한 교실 환경을 조성하는 것은 자살 행동을 포함한 학생 정신건강 문제의 발생과 유지에 중요한 조절 변수로 작용할 수 있는 보편적인 전략입니다. 심리적으로 건강한 학교 환경 조성에 대한 자세한 내용은

훌륭한 연구들(Furlong et al., 2014; Leschied et al., 2018; McGiboney, 2016; Suldo, 2016)을 참조할 수 있습니다.

## 학교 분위기 개선 전략

학교가 분위기를 개선하는 가장 간단하고 실용적인 방법 중 하나는 교직원들이 학생들과의 긍정적인 상호작용을 의도적으로 늘리는 것입니다. 그런데 연구에 따르면, 초등학교 저학년 시기에는 교사와 학생 간의 긍정적 상호작용 비율이 높지만, 나이가 들수록 이 비율은 급격히 낮아져 중·고등학교 시기에는 부정적인 상호작용이 더 많이 일어나는 경향이 있습니다(Maag, 2001). 이러한 변화는 학생들의 학교 만족도와 학교 유대감의 감소와도 관련이 있으며, 이는 학년이 올라갈수록 더욱 뚜렷하게 나타납니다. 따라서 교사와 학교 구성원은 이러한 부정적 흐름을 반전시키기 위해 학생들과의 적절하고 상황에 맞는 칭찬과 친사회적 상호작용을 의도적으로 계획하고 실천할 필요가 있습니다. 학생들이 벌이나 지적보다는 교사의 칭찬을 자주 경험할수록 학업 성취도와 학교 참여도가 높아지고, 문제 행동은 줄어드는 경향이 있습니다(Flora, 2000; Sawka-Miller & Miller, 2007).

필자인 제가 예전에 근무했던 곳은 리하이대학교 산하의 센테니얼 학교(Centennial School of Lehigh University)라는 대안형 주간학교였습니다. 이 학교는 정서 및 행동장애가 심각한 학생들을 위한 특별한 교육 환경입니다. 이곳에서 가장 인상 깊었던 점은 모든 교사가 학생들에게 긍정적인 말을 네 번 하고, 부정적이거나 중립적인 말은 한 번 이하로 줄이도록 훈련받았다는 것이었습니다. 이 비율을 4:1로 유지하는 것이 학교의 기본 철학이었고, 훈련은 단순한 강의로 끝나는 게 아니라, 실제 수업에서 어떻게 행동하는지를 보고 피드백까지 받는 직접 지도와 실행 중심 피드백(performance feedback) 방식으로 이루어졌습니다. 왜 이런 훈련이 필요했을까요? 정서·행동장애를 가진 학생들은 그저 가만히 있어도 교직원과의 부정적인 상호작용에 반복적으로 노출되는 경우가 많습니다(Jenson, Olympia, Farley, & Clark, 2004). 학교에서 혼나고, 지적당하고, 또 실망시키는 일이 반복되면, 당연히 학교를 안전한 공간으로 느끼기 어렵습니다. 그래서 이 학교는 그 악순환을 끊고, 학생들에게 더 따뜻하고 긍정적인 학교 환경을 제공하기 위해 모든 교직원에게 이 전략을 적용했습니다. 물론 이런 전략이 실제로 효과를 내려면, 교사들의 태도가 먼저 바뀌어야 합니다. 자신의 발화를 스스로 점검하고, 학생들이 보이는 좋은 행동들을 그냥 지나치지 않고 적극적으로 찾아내어, 그것을 본 즉시 진심 어리고, 적절하고, 열정적인 말로 칭찬해야 합니다. 예를 들어, "존, 지금 과제에 집중하고 있는 모습 정말 좋아요. 계속 그렇게 해 보세요!"와 같은 식입니다. 단순한 "잘했어."가 아니라, 구체적이고 상황에 맞는 칭찬이 필요합니다. 그 결과는 정말 놀라웠습니다. 점점 교실 분위기가 밝아지고 따뜻해졌고, 무엇보다 학생과 교직원 사이의 관계가 눈에 띄게 좋아졌습니다(Miller et al., 2005).

센테니얼 학교(Centennial School)에서는 학생들이 학교생활을 보다 긍정적으로 느낄 수 있도록 다양한 전략들을 함께 운영했습니다. 또 다른 흥미로운 전략은 '정신의 날(Spirit Days)' 같은 특별 활동일 운영이었습니다. 예를 들어, '미친 모자의 날(Crazy Hat Day)'에는 학생과 교직원 모두 재미있는 모자를 쓰고 등교하는 날인데요, 학생과 교직원 간의 유대감을 높이고, 함께 즐기고 웃을 수 있는 공동체로 경험하게 했습니다. 특히 이 학교에는 '학교 분위기 위원회(School Climate Committee)'라는 조직도 있었습니다. 이 위원회는 교직원으로 구성되어 있었고, 학생들에게 긍정적이고 강화적인 경험을 제공하기 위한 다양한 활동과 이벤트를 기획·운영했습니다(D. N. Miller et al., 2005).

센테니얼 학교에서는 학부모와 교직원 간의 관계를 강화하기 위해 몇 가지 개입 전략도 함께 시행되었습니다. 그중에서도 특히 인상 깊었던 방법은 학생이 긍정적인 행동을 보였을 때 담임교사가 직접 학부모에게 전화를 걸어 좋은 소식을 알리는 것이었습니다. 예를 들어, 철자 시험에서 늘 어려움을 겪던 한 학생이 이번에는 A를 받았을 때, 선생님은 그 학생의 부모에게 전화를 걸어 "이번에 정말 잘했다."라는 소식을 직접 전했습니다. 이런 식의 '칭찬 전화'는 대부분의 학교에서 보기 드문 방식이지만, 센테니얼 학교에서는 의도적으로 이 전략을 정기적으로 실시했습니다. 일반적으로 학교에서 학부모에게 전화가 가는 경우는 학생이 문제 행동을 보였을 때가 많습니다. 예를 들어, '다른 학생과 싸웠다.'라거나 '방과 후까지 남아 벌을 받았다.'라는 식의 내용이 대부분이지요. 좋은 소식을 전하기 위한 전화는 흔치 않으며, 그나마도 일부러 시간을 내지 않으면 실행되기 어렵습니다. 물론 학생의 부적절한 행동에 대해 부모와 소통하는 것

은 필요하고 중요한 일입니다. 하지만 이러한 부정적인 소통만이 유일한 방식이 될 경우, 학부모는 학교로부터 연락을 받을 때마다 부담감을 느끼고, 학교에 대한 반감이나 방어적인 태도를 갖게 될 수 있습니다. 결국 이런 관계는 학부모와 학교 간의 협력적 관계보다는 대립적 관계로 흐를 위험이 커집니다.

지금까지 소개된 다양한 개입 전략들에는 한 가지 공통된 목표가 있습니다. 바로 학생과 선생님 사이의 유대감(connectedness)을 높이는 것입니다. 이러한 보편적 개입 전략들은 함께 작용하여 학교에 만연한 "부정성의 바다(sea of negativity)"(Jenson et al., 2004, p. 67)와 과도하게 처벌 중심의 문화(Maag, 2001)를 줄이는 데 기여할 수 있습니다. 물론 여기서 소개된 개입들이 학생 자살 행동에 직접적으로 대응하는 전략은 아닙니다. 그러나 이러한 개입들은 모두 학교 분위기를 보다 긍정적으로 바꾸는 데 기여할 수 있으며, 이를 통해 학생들이 학교와 선생님에게 심리적으로 더 가까이 다가가고, 정서적으로 연결되어 있다고 느끼는 행동들을 촉진합니다. 학생이 교사나 다른 성인들과 긍정적인 관계를 맺고 있다고 느낄 때, 여러 가지 긍정적인 결과들이 나타날 수 있습니다. 그중 하나가 바로, 자살 행동의 잠재적 위험 감소입니다.

## 맺음말

1단계(Tier) 전략은 교실, 학교, 또는 교육청 전체를 대상으로 하는 보편적 개입입니다. 학교 기반 자살 예방의 맥락에서 이러한 보편적 전략(universal strategies)은 학생들과 교직원에게 자살 위험요인과 경고 신호, 학교 및 지역사회의 지원 자원, 도움을 요청하는 방법 등에 대한 정보를 제공하는 것을 포함합니다.

또한 많은 프로그램은 역할극(role-playing)이나 기술 훈련(skill building)과 같은 참여형 요소를 포함시켜, 학생들이 정신건강 문제, 스트레스, 부정적 생애 사건, 자살 행동 등 다양한 어려움에 더 잘 대처할 수 있도록 준비시키고자 합니다.

하지만 이와 같은 보편적 자살 예방 프로그램의 효과를 극대화하려면, 반드시 학교 분위기(school climate), 학교 만족도(school satisfaction), 학교 유대감(school connectedness)과 같은 환경적 요인들이 함께 고려되어야 합니다. 이러한 요소들이 함께 뒷받침될 때, 비로소 학생들은 학교에서 정서적으로 안전하고 연결되어 있다는 느낌을 받을 수 있습니다.

보편적 프로그램은 학교 기반 자살 예방의 핵심 구성 요소이지만, 실제 현장에서는 또 다른 과제가 존재합니다. 그것은 바로 자살 행동 위험이 높은 학생들에 대한 개별적이고 효과적인 지원을 제공하는 일입니다.

자살 위험이 높아질 가능성이 있는 학생들, 혹은 이미 자살 관련 행동을 보이는 학생들에게는, 보다 집중적이고 개인화된 개입이 필요합니다. 이러한 학생들을 위한 개입은 2단계(Tier) 및 3단계(Tier) 전략으로 분류되며, 이와 관련된 내용은 제6장과 제7장에서 다루겠습니다.

**현장 피드백** **한길자(교육청)**

『학생 자살 행동과 학교 중재 전략』이 아이들의 죽음을 개인이나 가정의 문제로만 바라보는 좁은 시선을 넘어, '한 아이의 생명은 온 우주'라는 마음으로 쓰인 책이라 믿습니다. 이 책이 학교 현장 모든 교사의 책상 위에 놓여, 아이들이 더는 존엄한 생명을 놓아 버리는 일이 없도록, 따뜻한 등불이 되어 주길 간절히 바랍니다.

# 부록 5-1
# 청소년 자살: 속설과 현실의 예*

1. **속설**: 자살에 대해 이야기하거나 물어보면 자살할 확률이 높아진다.

**현실**: 반대되는 우려에도 불구하고 이러한 믿음에 대한 증거는 없습니다. 실제로 연구에 따르면, 신뢰할 수 있는 성인과 공개적이고 솔직하게 자살에 대해 논의하는 청소년은 위험에 처한 또래와 마찬가지로 일반적으로 더 유익한 결과를 얻습니다.

또한 자살 행동이 의심되는 청소년에게 직접 질문하는 것은 효과적인 자살 위험 평가의 필수 요소입니다.

2. **통념**: 부모나 보호자가 자녀의 자살 행동을 인지하고 있다.

**현실**: 젊은 사람들(특히 청소년)은 일반적으로 자살 생각이나 행동을 부모나 보호자에게 알리지 않습니다. 대신 친구에게 이 정보를 전달할 가능성이 훨씬 더 높습니다.

3. **잘못된 상식**: 자살을 시도하는 대부분의 청소년은 어떤 형태로든 치료를 받습니다.

**현실**: 연구에 따르면, 자살을 시도한 학생 대부분이 자살이나 다른 형태의 자살 행동에 대한 치료를 받지 않는 것으로 나타났습니다. 또한 많은 학령기 아동이 운전할 나이가 되지 않았기 때문에 의료 또는 다른 형태의 치료를 위해 이동하려면 부모, 보호자 또는 형제에게 자살 행동에 대해 알려야 하는데, 대부분의 청소년은 이러한 접근 방식을 취하지 않는 것으로 보입니다.

* "이 책을 구매한 분에 한해 개인용 또는 학생 지도용으로 이 유인물을 복사해 사용할 수 있습니다."

**4. 잘못된 상식:** 자살로 사망하는 젊은이들은 대부분 유서를 남깁니다.

**현실:** 연구에 따르면, 자살로 사망하는 대부분의 사람들(어린이, 청소년, 성인 포함)은 유서를 남기지 않는 것으로 나타났습니다. 청소년들이 일반적으로 유서를 남기지 않는 주된 이유 중 하나는 부모나 보호자에게 자신의 생각이나 감정을 드러내고 싶지 않기 때문인 것으로 알려져 있습니다.

**5. 속설:** 자살하는 사람은 충동적이다.

**현실:** 자살을 시도하거나 별다른 사전 생각이나 계획 없이 갑자기 자살로 사망하는 경우가 많기 때문에 자살하는 사람은 충동적이라는 오해가 많습니다. 사실 그 반대가 사실입니다. 대부분의 경우 자살을 시도하거나 자살로 사망하는 사람들은 자살에 대해 많은 생각을 하고 신중하고 구체적인 계획을 세워 실행에 옮깁니다.

**6. 속설:** 어린 자녀는 자살하지 않는다.

**현실:** 어린 아동의 자살은 드물지만, 자살을 시도하고 경우에 따라 자살로 사망하는 등 다양한 형태의 자살 행동을 할 수 있으며 실제로도 자살을 시도합니다.

**7. 속설:** 12월에는 자살률이 증가한다.

**현실:** 흔히 12월, 특히 크리스마스, 하누카, 콴자, 새해 전야 등 연말연시에 자살률이 증가한다는 통념이 있습니다. 그러나 일반적으로 12월에는 다른 달보다 자살이 더 적으며, 이는 주요 명절 전후로 자살률이 다소 감소하는 경향이 있다는 연구 결과와 일치하는 결과입니다.

**8. 속설:** 자살은 주로 스트레스에 의해 발생하며, 스트레스가 충분하면 누구나 자살할 수 있다.

**현실:** 스트레스가 많은 생활 사건이 자살 위기의 '트리거'가 될 수는 있지만, 스트레스 그 자체만으로는 자살을 유발하기에는 충분하지 않습니다. 자살의 원

인은 복잡하며 사람들이 자살로 사망하는 이유는 단순하거나 단일하지 않습니다.

**9. 속설**: 자살하는 사람은 '미쳤다.' '제정신이 아니다.'

**현실**: 이러한 용어 중 어느 것도 정확하거나 도움이 되지 않습니다. 자살을 시도하는 사람들은 이 중 어느 것도 아니지만, 일반적으로 많은 정서적 고통과 정신질환을 앓고 있으며, 대부분 (항상 그런 것은 아니지만) 우울증을 앓고 있습니다.

**10. 속설**: 자살에 대해 이야기하는 사람들은 관심을 끌기 위해 자살을 하지 않을 것이다.

**현실**: 자살에 대해 이야기하는 사람들이 실제로 자살을 시도하는 경우가 있는데, 이는 단순히 관심을 끌기 위한 것이 아니라 자신의 고통과 아픔을 전달하기 위한 것입니다.

**11. 속설**: 자살을 시도하는 사람은 예방할 수 있는 방법이 거의 또는 전혀 없다.

**현실**: 이러한 인식이 잘못된 데에는 두 가지 중요한 이유가 있습니다. 첫째, 자살을 시도하는 대부분의 사람들은 한 번만 자살을 시도합니다. 따라서 자살을 예방할 수 있다면 앞으로 자살로 사망하거나 자살을 다시 시도하지 않을 가능성이 매우 높습니다. 둘째, 예방 전략이 생명을 구할 수 있고 실제로도 구할 수 있다는 연구 결과가 있습니다.

## 부록 5-2
## 자살 행동을 촉발하거나 유발할 수 있는 상황적 위기 및 스트레스가 많은 생활 사건**

- 로맨틱한 이별
- 괴롭힘 또는 피해
- 사랑하는 사람 또는 중요한 사람의 사망
- 원치 않는 임신
- 관계적, 사회적, 업무적 또는 재정적 손실
- 개인의 인생 경로를 바꿀 수 있는 심각한 부상
- 심각한 실망 또는 거절과 관련된 개인적인 경험
- 학교 관계자나 경찰과 같은 권위자와 문제가 생겼을 때
- 가족 구성원과의 갈등, 가족 기능 장애
- 부모 또는 보호자 이혼
- 지나치게 높은 수요 기대치
- 가정에서 학생의 돌봄 책임 증가
- 학생이 거주하는 지역의 지역사회 폭력 증가
- 중증 또는 만성 질환
- 갑작스러운 신체적 또는 정신적 건강 문제 발생
- 학교에서의 학업 실패 또는 기타 문제

---

** "이 책을 구매한 분에 한해 개인용 또는 학생 지도용으로 이 유인물을 복사해 사용할 수 있습니다."

# 2단계 위험군 선별과 위험도 평가

"자살 행동보다 더 시급한 문제는 없습니다. 그럼에도 불구하고 임상가들은 이 심각한 인간 문제에 대해 놀라울 만큼 준비가 부족합니다."

_데이비드 H. 바로우(David H. Barlow)

"얻게 되는 답은, 당신이 던지는 질문에 달려 있습니다."

_토머스 쿤(Thomas Kuhn)

"효과적인 개입으로 이어지지 않는 평가는 좋은 평가가 아닙니다."

_프랭크 M. 그레샴(Frank M. Gresham)

제5장에서는 학교에서 시행할 수 있는 1단계 보편적 자살 예방 프로그램(universal suicide prevention program)을 살펴보았습니다. 이러한 1단계 보편적 개입은 학교 차원의 자살 예방을 위한 통합적 접근 전략입니다. 그러나 보편적 개입만으로 자살을 완전

히 예방하기에 한계가 있습니다. 모든 학생에게 동일한 정보를 제공하고 예방 교육을 실시하는 것은 기본이지만, 실제로 자살 위험이 있는 학생들, 특히 고위험군 학생들을 구체적으로 식별하고 지원할 수 있는 절차가 함께 마련되어야 합니다. 이 장에서는 그러한 절차, 즉 어떤 학생이 위험군에 속하는지, 또 누가 고위험군인지를 어떻게 선별하고 평가할 것인지에 대해 구체적으로 다룹니다. 여기에 포함되는 세부 절차, 사용 가능한 검사 도구, 실질적인 선별 기준이 이 장의 핵심 주제입니다.

선별(identification)과 평가(assessment)는 제5장에서 다룬 보편적 수준의 개입만으로는 충분하지 않은 학생들을 찾아내기 위한 첫 번째 단계입니다. 어떤 학생이 위험군인지(at risk), 아니면 고위험군(high risk)인지를 정확히 판단하는 것은, 그 학생에게 어떤 수준의 개입이 필요한지를 결정합니다. 즉, 위험군(at-risk) 학생에게는 선택적 개입(selected interventions)이 고위험군(high-risk) 학생에게는 보다 개별적 집중 개입(tertiary-level interventions)이 필요합니다.

학생들의 자살 위험을 보다 체계적으로 식별하고 평가하기 위해, 이 장에서는 (1) 선별검사(screening), (2) 선택적 평가(selected assessment approaches), (3) 개별 자살 위험 평가(individual suicide risk assessments)라는 세 가지 주요 평가 모델을 소개합니다. 선별검사(screening)는 학교 전체 또는 특정 집단을 대상으로 실시하는 표준화된 검사를 활용하여, 위험 징후를 보이는 학생을 조기에 식별하는 방식입니다. 비교적 빠르게 많은 학생을 대상으로 적용할 수 있다는 장점이 있으며, 1차 보편 예방과 2차 선별 개입 사이를 연결하는 역할을 합니다. 선택적 평가(selected assessment approaches)는 민감한 인구통계 정보(예: 성별, 성정체성, 과거 정신질환 이력) 또는 이미 알려진 위험 요인에 근거해 특정 학생을 대상으로 실시하거나, 친구나 교사의 권유(referral)가 있을 때 평가를 진행합니다. 위험 가능성이 있는 학생을 더 정밀하게 선별하기 위한 방법입니다. 개별 자살 위험 평가(individual suicide risk assessments)는 학생 한 명 한 명에 대해 심층적으로 면담하고 평가하는 고도의 전문적 접근입니다. 이는 특히 고위험군 학생에게 적용되며, 의도, 계획, 수단 여부 등 자살 행동과 관련된 다양한 요소를 구체적으로 분석합니다.

이 장에서는 자살 행동(suicidal behavior)과 비자살적 자해 행동(nonsuicidal self-injury: NSSI)와 같은 주제도 함께 다룹니다. 최근 학교 현장에 자해 행동과 비자살적 자

해(NSSI) 행동을 보이는 학생 수가 급격히 증가하고 있으며, 이에 따라 두 개념의 유사성과 차이점을 정확히 이해하는 것이 중요해졌습니다. 두 행동 모두 정서적 고통의 신호일 수 있으나, 자살 의도 유무에 있어 근본적인 차이가 존재하므로, 평가 접근이 달라야 합니다. 또한 최근 들어 학교 폭력, 사이버불링 등과 자살 위험 간의 상관성에 대한 관심이 증가함에 따라, 이 주제도 이 장에서 함께 다룹니다. 담임교사와 전문상담교사는 따돌림 피해자의 정신건강 상태를 조기에 파악하고 개입할 필요가 있습니다. 마지막으로, 학생의 자살 행동과 학교 총격 사건(school shootings) 간의 연관성에 대해서도 간략히 검토합니다. 자살과 타살은 표면적으로는 상반된 행동처럼 보이지만, 내면의 절망감이나 분노, 주변과의 단절감 등에서 공통적인 정서 기반을 가질 수 있어, 이에 대한 통합적 이해가 필요합니다.

## 선별 검사

전통적으로 학교와 병원에서는 예방, 조기 발견, 개입에 있어 선제적(proactive) 접근보다는 사후적(reactive) 접근이 주를 이루어 왔습니다(Albers, Glover, & Kratochwill, 2007). 다시 말해, 문제가 심각해진 이후에야 개입이 이루어지는 경우가 많았다는 뜻입니다. 대부분의 학교 교실은 '일반적인 학습자(typical learners)'를 위한 학업 중심 환경으로 구성되어 있으며, 정서적 · 행동적 어려움을 지닌 학생이나 정신건강이 필요한 학생들을 충분히 지원할 수 있도록 설계되어 있지 않습니다(Kratochwill, Albers, & Shernoff, 2004). 한편, 공공보건 영역에서는 질병 예방과 조기 치료를 위한 보편적 선별 검사가 오랜 역사와 함께 널리 활용되어 왔습니다. 그러나 교육계에서는 이 접근의 효과성과 잠재력을 최근에서야 점차 인식하고 있는 상황입니다.

선별 검사(screening)는 학생들이 정서적, 행동적, 학업적 어려움을 겪고 있을 가능성을 조기에 발견하기 위한 과정입니다. 공공보건 모델에서는 이러한 선별 과정을 통해 위험군에 속할 가능성이 있는 학생과 그렇지 않은 학생을 구분하고, 개별화된 평가를 이어 갈 수 있도록 합니다. 이러한 평가는 단지 문제 유무를 파악하는 데 그치지 않고, 학생의 필요 수준에 맞는 적절한 개입을 설계하고 제공하는 핵심 정보를 제공합니다. 즉, 위험이 낮은 학생에게는 보편적 개입(universal strategies)을, 위험이 감지된 학생에게는 선택적 개입(selected interventions)을, 고위험군 학생에게는 개별적 집중 개입(tertiary interventions)을 제공합니다.

## 자살 위험 평가

학교에서 전통적으로 사용되어 온 대부분의 평가는 규준 중심(norm-referenced)으로 설계되었습니다. 규준 중심은 학생이 같은 학년 혹은 또래 나이와 비교하여 어느 정도 수준에 있는지를 판단하는 데 초점을 맞춥니다. 이러한 평가는 주로 진단 또는 분류 목적, 예를 들어 특수교육 대상자 선정 등에 활용되어 왔습니다. 하지만 최근에는 이러한 평가 방식에 대한 한계와 불만이 점차 커지고 있습니다. 그 이유는 이 전통적인 평가는 실제로 학생에게 필요한 개입을 설계하거나, 개입 효과를 추적·모니터링하는 데 도움이 되지 않기 때문입니다. 이러한 문제의식 속에서 최근 교육 현장에서는 보다 개입 중심의 평가 방법에 대한 관심이 높아지고 있습니다. 대표적인 예로는 다음과 같은 방식이 있습니다.

- 교육과정 기반 측정(Curriculum-Based Measurement: CBM): 학생의 학업적 어려움을 파악하고, 개입의 효과를 지속적으로 모니터링할 수 있도록 돕는 평가 방식입니다. 짧은 시간 안에 반복 측정이 가능하여 실제 수업과 밀접하게 연계된 자료 제공이 가능합니다.
- 기능적 행동 평가(Functional Behavioral Assessment: FBA): 학생의 문제 행동이 왜 발생하는지, 어떤 상황에서 주로 나타나는지를 분석하여, 행동의 원인과 목적에 기반한 개입을 설계하는 데 활용됩니다.

이러한 평가 방법들의 목적은 학생들 간의 비교나 분류에 있는 것이 아니라, 개입이 필요한 영역이나 기술을 정확히 찾아내는 것에 있습니다. 이는 자료 기반 문제 해결 모델(data-based, problem-solving model)로, 평가와 개입을 직접적으로 연결합니다. 즉,

단순히 '평가하기 위한 평가'가 아니라, 학생 개개인의 필요에 맞춘 개입을 설계하기 위한 실천 도구가 필요합니다. 학생 자살 예방의 맥락에서, 자살 위험 선별(screening) 프로그램의 주된 목적도 마찬가지입니다. 이 프로그램들은 추가 평가가 필요한 학생들을 조기에 식별하고, 그 평가 결과를 바탕으로 적절한 수준과 유형의 개입으로 직결시키는 것을 목표로 합니다.

## 자살 선별 검사 개요

많은 전문가는 학생들을 대상으로 직접 자살 위험 여부를 선별하는 과정이, 학교 기반 자살 예방 프로그램에서 매우 중요하며 필수적인 구성 요소라고 강조합니다(Gutierrez, Watkins, & Collura, 2004; Kalafat, 2003; Mazza, 1997; D. N. Miller & DuPaul, 1996). 그 이유는 보편적 자살 예방 프로그램만으로는 자살 행동의 가장 높은 위험군에 속한 학생들을 정확히 식별해 내지 못할 가능성이 크기 때문입니다. 자살 위험 선별은 학년 전체, 학교 전체, 또는 교육청 전체 학생을 대상으로 한다는 점에서 1단계 개입으로 간주될 수 있지만, 주된 목적이 '위험군 학생을 찾아내어 개입하는 것'이라는 점에서 2단계 개입으로도 볼 수 있습니다(D. N. Miller et al., 2009). 결국 자살 위험 선별과 평가는 1, 2, 3단계 개입을 모두 아우르는 복합적인 주제입니다. 예를 들어, 선별(screening)은 보편적 수준(1차) 또는 위험군 대상(2차) 개입으로 해석될 수 있으며, 자살 위험 평가(suicide risk assessment), 특히 학생과의 개별 면담 형태는 일반적으로 3단계 개입에서 실시됩니다(D. N. Miller & Mazza, 2018).

안타깝게도, 자살에 대한 생각이 있거나 실제로 시도한 경험이 있는 학생들이 스스로 교사에게 이를 알리는 경우가 드뭅니다. 하지만 학생들에게 직접적으로 자살 생각이나 행동에 대해 질문하면, 특히 신뢰할 수 있고 따뜻하게 대해 주는 어른이 질문할 경우, 많은 학생이 실제로 자신의 자살 생각이나 행동을 솔직히 이야기하는 경향이 있다는 연구 결과들이 있습니다. 예를 들어, 로빈슨과 동료들(Robinson et al., 2013)의 자살 선별 프로그램 연구에 따르면, 선별 프로그램 방식은 도움을 요청할 가능성이 낮은 학생들 중 일부를 성공적으로 식별해 냈으며, 다양한 연구에서 전체 학생의 4%에서 많게는 45%까지가 추가적인 지원이 필요한 학생으로 확인되었습니다. 이러한 결과는, 학생들이 자발적으로 도움을 요청하지 않더라도, 선별 절차를 통해 위험군을 조기에 찾아내는 것이 가능하다는 점을 보여 줍니다. 따라서 MTSS(다중 지원 체계, Multi-Tiered System of Supports) 전반에 걸쳐, 학생들에게 과거 및 현재의 자살 생각이나 행동에 대해 직접 질문하는 방식의 선별을 포함하는 것은 학교 기반 자살 예방 프로그램에서 매우 중요합니다.

학교에서 자살 위험이 있는 학생을 식별하고자 할 때 유용한 여러 가지 선별(screening) 모델이 마련되어 있습니다. 그중에서도 가장 영향력 있는 모델 중 하나는 유명한 레이놀즈(William M. Reynolds, 1991)의 2단계 선별 방법(two-phase screening procedure)으로, 이후 많은 프로그램에 모범 사례로 활용되었습니다(Shaffer & Craft, 1999). 1단계에서는 모든 학생을 대상으로 간단한 자기보고식 설문(self-report measure)을 실시합니다. 이 설문은 자살 위험과 관련된 기준에 따라 사전에 정해진 컷오프 점수(cutoff point)를 설정해 두고, 그 기준을 넘는 학생들을 선별합니다. 2단계에서는 컷오프 점수를 초과한 학생들을 개별 면담을 통해 좀 더 정밀한 자살 위험 평가를 실시합니다. 이 면담 결과에 따라 학생들은 자살 위험 수준(예: 낮음, 중간, 높음)으로 구분되며, 각자의 위험 수준에 맞춘 개입이 제공됩니다.

이러한 레이놀즈(1991)의 자살 위험 선별 모델에서는, 전체 학생을 대상으로 '자살 사고 질문지(Suicidal Ideation Questionnaire: SIQ)'를 실시합니다(Reynolds, 1988). 이 검사는 고등학생의 자살 사고 수준을 평가하는 간단한 자기보고식 설문이며, 중학생용 버전(SIQ-JR)도 있습니다. SIQ는 자살 위험 선별 검사로서 신뢰도와 타당도가 입증된 평가 도구이며(Gutierrez & Osman, 2009), 기존에 개입 대상자로 식별되지 않았을 학생들까지 효과적으로 선별해낸 사례들이 다수 보고되었습니다(Reynolds, 1991). 특히 미국 내 학교심리사들이 자살 위험 평가 시 가장 자주 사용하는 자기보고식 검사로, 현장 활용도 또한 매우 높습니다(Benson, Floyd, Kranzler, Eckert, Fefer, & Morfan, 2019). SIQ 검사 결과, 임상적으로 의미 있는 수준의 점수를 받은 학생들은 이후 전문상담교사 혹은 심리상담 전문가와의 개별 면담을 통해 보다 정밀한 자살 위험 평가를 받게 됩니다.

레이놀즈(1991)의 2단계 선별 모델과는 다르게 구성된 자살 위험 선별 프로그램도 있습니다. 대표적인 예로, 앞 장에서 언급된 SOS(Signs of Suicide) 프로그램이 있습니

다. 이 프로그램은 우울증 및 자살 행동과 관련된 위험 요인을 확인할 수 있는 간단한 선별 검사, 그리고 교직원용 매뉴얼과 교육 영상을 포함하고 있습니다. SOS 프로그램의 주요 목표는 청소년 스스로 자신과 또래의 위기 신호를 인식하고, 이에 적절하게 대응하는 방법을 익히도록 하는 것입니다. 이를 위해 학생들에게 Acknowledge(알아차리기), Care(관심 가지기), Tell(신뢰할 수 있는 어른에게 알리기)이라는 ACT 원칙을 가르칩니다. 이 프로그램은 레이놀즈(Reynolds)의 모델과 달리, 전문가가 학생의 응답을 채점하거나 분석하지 않습니다. 대신, 학생 스스로 선별 검사를 실시하고 점수를 해석하며, 점수가 높게 나올 경우 직접 도움을 요청하도록 권장하는 방식입니다(King et al., 2013).

학교 현장에서 활용 가능한 또 다른 자살 위험 선별 검사로는 Beck 자살 사고 척도(Beck Scale for Suicide Ideation: BSS)가 있습니다(Beck & Steer, 1991). 이 검사도구는 21문항으로 구성된 자기보고식 설문지로, 1번부터 19번 문항은 개인의 자살에 대한 소망, 태도, 계획의 심각도, 20번과 21번 문항은 과거 자살 시도 횟수 및 가장 최근 시도와 관련된 자살 의도 수준을 평가합니다. 특히 이 검사는 자살 시도의 계획과 준비 여부까지 평가할 수 있습니다(King et al., 2013). 원래는 성인을 대상으로 개발된 도구이지만, 청소년을 대상으로도 사용 가능하며 실제로 활용된 사례도 존재합니다. 또한 이 검사는 신뢰도와 타당도가 높은 것으로 보고되어 심리측정학적으로 우수한 도구로 인정받고 있습니다(King et al., 2013).

콜럼비아 자살 심각도 평가 척도(Columbia Suicide Severity Rating Scale: C-SSRS)는 6문항으로 구성된 간편 선별 검사도구를 포함하고 있으며, 공식 웹사이트 cssrs.columbia.edu에서 추가 정보를 확인할 수 있습니다. 연구에 따르면, C-SSRS는 수렴 타당도(convergent validity)와 예측 타당도(predictive validity)를 포함한 심리측정학적 특성이 우수한 것으로 보고되었습니다(King et al., 2013). 다음은 C-SSRS 선별용 문항 6개입니다.

(1) "죽고 싶다고 생각해 본 적이 있나요? 또는 그냥 잠들어서 다시는 깨어나지 않기를 바란 적이 있나요?"
(2) "실제로 자신을 죽이고 싶다는 생각을 해 본 적이 있나요?"

만약 2번 문항에 '예'라고 대답했다면, 3번부터 6번 문항까지를 이어서 질문합니다. '아니요'라면, 6번 문항으로 바로 넘어갑니다.

(3) "어떻게 자살할지에 대해 구체적으로 생각해 본 적이 있나요?"

예: "약을 과다 복용하는 걸 생각하긴 했지만, 언제 어디서 어떻게 할지는 계획하지 않았어요. 실제로 실행할 생각도 없었고요."

(4) "그런 생각을 하면서 실제로 행동에 옮기려는 의도도 있었나요?"

예: "그런 생각은 들었지만, 절대 실행하지 않을 거예요."와는 구별됨.

(5) "자살 계획을 실제로 세워 본 적이 있거나, 구체적인 실행 방법을 생각해 본 적이 있나요? 그 계획을 실행할 의도도 있었나요?"

(6) "생명을 끊기 위해 무언가를 해 본 적이 있나요, 하려고 시도해 본 적이 있나요, 아니면 준비를 해 본 적이 있나요?"

예: 약을 모아 두거나, 총기를 구하거나, 귀중품을 주변에 나눠 주거나, 유서나 유언장을 작성한 경우/약을 꺼내 놓았지만 먹지 않았거나, 총을 들었다가 포기했거나, 옥상에 올라갔다가 뛰어내리지 않은 경우/실제로 약을 먹었거나, 총을 쏘려 했거나, 목을 매려고 시도한 경우 등

마지막 선별 문항(6번)은 자살 행동의 실행 여부 및 준비 과정을 평가합니다. 이 문항은 단순한 자살 생각을 넘어, 행동으로 옮기려는 구체적인 시도 또는 준비 여부를 파악하는 데 중요합니다.

또한 에르바허와 동료들(Erbacher et al., 2015)은 학교 현장에서 간편하게 활용할 수 있는 5문항 자살 위험 선별 질문지를 제안했습니다. 비록 이 도구는 아직 실증적 평가를 거치진 않았지만, 학교에서 초기 면담이나 위기 개입 시 참고할 수 있는 유용한 체크리스트로 간주됩니다.

(1) "죽고 싶다고 생각해 본 적이 있나요?"

(2) "내가 죽으면 나 자신이나 친구, 가족이 더 나을 거라고 느낀 적이 있나요?"

(3) "스스로를 죽이고 싶다는 생각을 해 본 적이 있나요?"

(4) "정말로 스스로를 죽이려고 하는 마음이 있나요?"

(5) "실제로 자살을 시도해본 적이 있나요?"(p. 95)

어떤 자살 선별 도구를 사용하든, 학교 현장에서 이를 효과적으로 활용하기 위해서는 반드시 다음 세 가지 조건을 충족해야 합니다. (1) 선별 검사는 짧고 간단하며, 많은 학생에게 동시에 적용할 수 있어야 하고, 빠르게 채점하거나 평가할 수 있어야 합니다. 복잡하거나 시간이 오래 걸리는 도구는 학교 환경에서 실용성이 떨어집니다. (2) 신뢰도와 타당도가 입증된, 과학적 근거에 기반한(evidence-based) 검사여야 합니다. 즉, 실제로 정확하게 위험 학생을 식별해 낼 수 있는 도구여야만 의미 있는 예방 개입이 가능합니다. (3) 사전 계획된 소통 및 후속 조치 체계가 있어야 합니다. 선별 검사를 시행하기 전에, 반드시 선별 결과를 누구에게, 어떤 방식으로 전달할지, 선별 결과를 어떻게 기록할지(문서화), 위험 학생에 대해 어떤 후속 조치를 취할지가 명확하게 계획되어 있어야 합니다. 이 모든 내용은 선별을 시행하기 전부터 미리 준비되어 있어야 하며, 예기치 못한 상황이나 학부모 응대, 학생의 반응에 대한 대응도 함께 고려해야 합니다(King et al., 2013).

## 선별 검사의 장점

학교에서 자살 선별 검사를 실시하는 데에는 여러 가지 중요한 장점이 있습니다. 첫째, 신뢰 관계가 형성된 상황에서는 학생들이 솔직하게 이야기합니다. 자살 생각이나 과거 시도에 대해 직접 질문할 경우, 질문하는 사람이 신뢰하는 어른이라면, 많은 학생은 자신의 상태를 솔직하게 털어놓는 경향이 있습니다(D. N. Miller & DuPaul, 1996). 둘째, 자살 선별검사는 학생 스스로의 자살 사고와 행동을 직접적으로 평가할 수 있는 유일한 접근법입니다. 자살 위험은 학생 본인이 가장 잘 알고 있는 정보이기 때문에, 그들에게 직접 묻는 것이 가장 효과적입니다. 셋째, 검사 도구의 사용이 간편하고 빠르게 시행할 수 있습니다. 신뢰도 높은 선별 검사들이 이미 다수 개발되어 있으며, 짧은 시간 내에 전체 학생을 대상으로 실시할 수 있을 만큼 간단합니다. 넷째, 자살 선별은 기존 예방 프로그램이나 교사 관찰만으로는 주목받지 못했던 위험 학생들을 조기에 발견하는 데 매우 유용합니다. 실제로 많은 경우, 조용한 위험군 학생들은 일반적인 교육 활동에서 드러나지 않습니다. 다섯째, 선별 검사를 통해 학생들에게 "선생님들은 너희를 걱정하고 있고, 자살이라는 주제를 피하지 않으며, 위험 신호를 미리 발견하고 도와주려는 의지가 있다."라는 분명한 메시지를 전달할 수 있습니다.

선별의 중요성을 보여 주는 실제 사례가 있습니다. 어느 날, 한 교사가 학교심리학을 전공 중인 실습생에게 상담을 요청했습니다. 이유는 한 학생이 수업 중 반복적으로 연필을 두드리는 행동 때문이었는데, 이 행동이 수업을 방해하고 교사에게도 스트레스를 주는 상황이었습니다. 교사는 여러 차례 말로 제지했지만 소용이 없었고, 결국 실습생에게 도움을 요청했습니다. 실습생은 단순한 문제 행동으로 보기보다는, 학생의 정서나 행동 전반에 다른 어려움이 있을 수도 있다고 판단하고, 종합 평가 도구(예: 아동행동평가체계 BASC)를 활용해 교사, 부모, 학생 본인의 보고 자료를 수집했습니다. 그 결과, 교사와 부모는 별다른 문제를 느끼지 않았지만, 학생 본인의 자기보고에서는 임상적으로 유의미한 우울 수준이 나타났습니다. 이에 실습생은 청소년 우울 척도(예: Reynolds Adolescent Depression Scale)를 추가로 실시했고, 그 검사에서 학생이 자살 사고를 경험하고 있다는 것을 확인했습니다. 이후 진행된 종합 자살 위험 평가 면담에서, 학생은 자살 고위험군으로 판명되었습니다. 처음에는 단지 '연필을 두드리는 습관' 때문이었지만, 선별 과정을 통해 훨씬 더 심각한 정서적 위기 상황이 발견된 것입니다. 만약 이 초기 선별이 이루어지지 않았다면, 이 학생의 자살 위험은 전혀 드러나지 않았을 가능성이 큽니다.

## 선별 검사 시행의 어려움

자살 선별 검사에는 많은 장점이 있지만, 실제로 학교에서 이를 시행하려고 할 때 여러 가지 도전과 난관이 함께 존재합니다.

예를 들어, 일부 학교 관리자, 교사, 학부모는 자살 선별이 오히려 학생들에게 자살 생각이나 정서적 불안을 유발할 수 있다며 대규모 선별 실시를 반대하는 경우가 있습니다(Peña & Caine, 2006). 하지만 이런 우려는 과학적 근거가 없는 오해입니다. 굴드와

동료들(Gould et al., 2005)은 자살 선별을 받은 학생들이 자살 사고나 정서적 고통이 증가하지 않았으며, 이 결과는 우울 증상이나 자살 시도 경험이 있는 고위험군 학생들에게도 동일하게 나타났음을 밝혔습니다. 오히려 추가 분석 결과에 따르면, 선별을 받은 고위험군 학생들이 선별을 받지 않은 대조군 학생들보다 정서적 고통이 더 낮은 것으로 보고되었습니다. 그럼에도 불구하고, 이 같은 '자살을 언급하면 자살 위험이 높아진다.'라는 잘못된 믿음은 여전히 널리 퍼져 있어, 학교 관리자나 학부모를 설득하는 데 어려움이 따를 수 있습니다. 이러한 오해를 극복하기 위해 신뢰할 수 있는 연구 결과를 바탕으로, 자살 선별의 안전성과 필요성에 대해 충분히 설명하고, 교육 공동체의 이해와 협조를 얻는 과정이 필요합니다.

또 다른 도전으로, 선별 검사에 대한 수용성도 문제입니다. 저와 동료들은 다양한 학교 기반 자살 예방 프로그램, 예를 들어, 학생 자기보고 선별 검사, 학생 대상 정보 중심 교육, 교직원 연수 프로그램 등에 대해, 학교 구성원들이 얼마나 수용 가능하다고 느끼는지에 대한 연구를 진행한 바 있습니다.

그 결과, 고등학교 교장(Miller, Eckert, DuPaul, & White, 1999), 학교심리사(Eckert, Miller, DuPaul, & Riley-Tillman, 2003), 교육청 장학관(Scherff, Eckert, & Miller, 2005), 그리고 학생들(Eckert, Miller, Riley-Tillman, & DuPaul, 2006) 모두, 자살 선별 검사에 대한 수용성이 다른 예방 접근보다 상대적으로 낮았습니다. 하지만 이 결과는, 해당 집단이 자살 선별 경험이 거의 없거나 실제 사례에 노출된 적이 적었기 때문일 가능성이 높습니다. 실제로 정기적으로 자살 선별을 실시하는 학교에서는, 시간이 지나면서 학생들과 교사 모두가 선별을 더 자연스럽고 중요한 활동으로 받아들이는 경향을 보입니다. 특히 학생들이, 학교가 자살 선별을 자신들의 정신건강과 안녕을 진심으로 염려하고 있다는 증거로 인식하게 되면, 선별검사의 수용성은 점점 더 높아질 수 있습니다.

자살 선별 프로그램에는 여러 장점이 있지만, 현실적인 난관들도 존재합니다. 가장 먼저는 비용 문제입니다. 예를 들어, SOS(Signs of Suicide) 프로그램 키트나 SIQ와 같은 자기보고식 설문지는 별도로 구매해야 하며, 이로 인한 재정적 부담이 발생할 수 있습니다. 그러나 무엇보다도 중요한 것은 학생들과 교직원에게 요구되는 시간과 노력입니다. 선별 검사는 특히 학교 내 전문상담교사에게 많은 시간과 에너지를 요구하는 작업입니다. 우선 검사 전반을 실행 및 조정하고, 경우에 따라 설문지를 채점하거나 결과를 해석하며, 가장 큰 어려움은 위험군으로 식별된 학생들을 개별 면담하여 자살 위험 평가를 수행해야 하는 것입니다. 물론 SIQ처럼 기계 채점이 가능한 도구도 있어 일부 부담을 줄일 수는 있지만, 후속 면담은 반드시 사람이 직접 진행해야 하므로 여전히 인력과 시간이 많이 소요됩니다. 또한 자살 선별 검사는 일반적으로 위험군으로 잘못 식별되는 경우(위양성, false positives)가 많은 편입니다. 즉, 실제로는 자살 위험이 없지만 그렇게 보일 수 있는 학생까지 포함되어, 전문가가 수십 건 이상의 면담을 한꺼번에 수행해야 하는 상황이 발생할 수 있습니다. 물론 위험 학생을 너무 적게 찾아내는 것보다 많이 찾아내는 것이 훨씬 바람직하지만, 이로 인해 생기는 운영상·인력상의 부담은 교육청과 학교 차원에서 사전에 충분히 고려되어야 할 과제입니다.

또 다른 중요한 과제는 선별을 언제, 그리고 얼마나 자주 실시할 것인지 결정하는 문제입니다. 선별이 시행되는 시기에 따라 식별되는 학생이 달라질 수 있기 때문입니다. 예를 들어, 9월에 학교 전체 자살 선별을 실시했을 경우, 당시에는 자살 사고가 없었지만, 그 이후 시점에 자살 위험이 높아진 학생들은 선별에서 누락될 수 있습니다. 따라서 자살 선별은 단발성이 아니라, 정기적이고 계획적으로 운영될 필요가 있습니다.

마지막으로, 자살 선별 검사를 시행하려는 학교가 반드시 고려해야 할 핵심 요소는, 선별된 학생에 대한 후속 대응 역량을 갖추고 있는지 여부입니다(Gutierrez & Osman, 2009). "대규모 선별은, 선별된 고위험 학생 한 명 한 명에게 며칠 이내에 적절한 후속 서비스를 제공할 수 있는 자원이 있을 때에만 현실적으로 가능합니다"(Gutierrez & Osman, 2008. p. 135). 즉, 위험 학생을 찾아내는 것만큼 중요한 것은, 그 학생들에게 실제로 개입할 수 있는 준비가 되어 있는가입니다. 학교나 지역사회에 심리 상담, 정신건강, 보호자 협력 등의 실질적인 자원이 부족한 경우, 대규모 자살 선별은 오히려 부적절하고 위험할 수 있습니다. 따라서 학교는 자살 선별을 시행하기 전에 반드시 내부 자원과 외부 연계망을 점검하고, 현실적인 지원 체계를 마련한 뒤에 실행해야 합니다.

## 선별과 관련된 윤리적 · 법적 문제

야콥(Jacob, 2009)은 학교에서 자살 선별 검사를 시행할 때 반드시 고려해야 할 윤리

적 쟁점들을 제기합니다. 예를 들어, 그녀는 구티에레즈와 오즈만(Gutierrez & Osman, 2009)의 주장처럼 학교가 대규모 자살 선별을 실시하려면 그에 상응하는 자원이 반드시 마련되어 있어야 한다는 점에 동의하면서도, 이를 단순한 운영상의 문제가 아니라 윤리적 문제로도 보고 있습니다. 야콥(2009)은 "자살 행동에 대해 선별을 실시하고도, 개별적인 후속 평가와 개입을 제공하지 않는 것은 윤리적으로 부적절합니다."(p. 241)라고 지적합니다. 즉, 자살 위험을 식별하고도 그에 대한 적절한 조치를 취하지 않는다면, 오히려 학생에게 더 큰 해를 끼칠 수 있으며, 이는 전문가로서의 윤리적 책임을 저버리는 일이라는 것입니다. 따라서 학교는 자살 선별을 단순히 '시행하는 것'에만 그쳐서는 안 되며, 선별 이후 실제로 학생을 지원할 수 있는 준비와 체계가 함께 갖춰져야만 윤리적 책임을 다하는 것이라 할 수 있습니다.

야콥(2009)은 자살 선별 검사와 관련해 다양한 윤리적 쟁점들을 추가로 제시합니다. 우선, 선별 검사를 사용하기 전에 반드시 학부모에게 이를 사전에 안내하고 동의를 받아야 한다고 강조합니다. 또한 학교 관계자는 학생들에게 선별의 목적과 결과가 누구에게 전달되며 누가 접근할 수 있는지에 대해 충분히 설명해야 할 윤리적 책임이 있다고 말합니다. 그리고 선별 절차가 모든 학생에게 직접적인 이익을 보장하는 것은 아니기 때문에, 선별 대상 학생에게 참여 여부를 선택할 권리를 부여하는 것이 바람직하다고 제안합니다. 즉, 학생이 자발적으로 동의하지 않는다면 강제로 참여시키는 방식은 윤리적으로 문제가 될 수 있으며, 학교는 학생과 학부모 모두에게 충분한 정보 제공과 선택권 보장을 통해 신뢰를 형성해야 한다는 점을 강조하고 있습니다.

야콥(2009)은 자살 선별 검사를 사용했을 때 실제로 자살 위험이 없는 학생을 잘못 위험군으로 식별하는 경우(false positive)에 대한 윤리적 우려도 제기합니다. 그녀는 학교가 대규모 선별을 시행하기 전, 위험과 이득을 비교 분석하는 '위험-이득 분석(risk-benefit analysis)'을 수행해야 한다고 권합니다. 그리고 "이러한 선별은 잘못 식별된 학생들에게 해를 끼칠 수 있으며, 그 과정에서 학생은 낙인이나 불필요한 정신건강 평가로 인한 당혹감, 학부모의 불안 등 부정적 영향을 받을 수 있습니다."(Jacob, 2009, p. 241)라고 지적합니다. 이에 대해 필자는 이러한 야콥의 견해에 신중하게 반대 의견을 제시합니다. 즉, 자살 위험이 없는 학생을 잘못 식별하는 것보다는 실제로 자살 위험이 있는 학생을 놓치는 것이 훨씬 더 심각한 문제라고 봅니다. 선별 검사는 일부 학생을 실제보다 위험하게 판단할 수 있지만, 그렇다고 해서 선별 자체를 하지 않는다면, 위험 학생을 전혀 발견하지 못하게 될 가능성이 높습니다. 이와 관련하여 킹과 동료들(King et al., 2013)은 "자살 위험이 있는 청소년을 놓치는 것보다는, 위험하지 않은 학생을 과잉 식별하는 것이 윤리적·법적으로 더 바람직할 수 있습니다. 즉, '그물을 넓게 펼치는 접근(cast a wide net)'이 필요합니다."(p. 43)라고 말합니다.

야콥(2009)은 또한 선별 과정에서 낙인 가능성을 최소화할 책임도 학교에 있다고 강조합니다. 구체적으로 선별 결과, 자살 위험군으로 식별된 학생의 이름이나 정보는 모든 교사 등에게 공개되어서는 안 되며, 전문상담교사가 자살 위험을 우려하는 경우에도 '알 필요가 있는 사람에게만(limited to a need-to-know basis)' 공유해야 한다고 명시합니다(p. 241).

한편, 법적 책임 문제도 함께 고려해야 합니다. 제2장에서 언급한 바와 같이, 학교가 예측 가능한 자살을 예방하지 못했을 경우 법적 책임을 질 수 있습니다. 그러나 지금까지 법원이 학교에 자살 선별과 같은 적극적인 조치를 법적으로 요구한 적은 없으며, 학생 선별을 시행한 학교가 법적 책임을 실제로 지게 된 사례도 없습니다. 오히려 선별을 통해 더 많은 학생을 조기에 식별하고 개입 기회를 늘릴 수 있다는 점에서 위험 학생을 더 효과적으로 찾고자 하는 사람들에게는 선별이 매우 환영받을 수 있습니다. 다만 일부 학교 관리자들은 선별을 통해 식별되는 학생 수가 늘어나는 것을 부담스럽게 느끼거나, 이를 잠재적 법적 위험 요소로 인식할 가능성도 존재합니다.

## 선별 검사 요약

대규모 자살 선별 검사에는 분명한 장점이 있음에도 불구하고, 실제 학교 현장에서 그 활용이 널리 확산되지 않은 이유는 여러 가지 시행상의 어려움 때문일 것입니다. 학교 자살 선별검사는 많은 학생을 직접 평가할 수 있는 효과적이고 효율적인 방법으로, 자살 위험 가능성이 있는 학생을 조기에 식별할 수 있는 장점이 있습니다. 따라서 대규모 선별을 시행할 수 있는 역량과 의지를 가진 학교라면, 그 실행을 적극 권장할 수 있습니다. 다만 시행 전에는 예산, 인력, 후속 개입 체계 등 여러 현실적 과제를 충분히

인지하고 준비해야 합니다. 하지만 교육청이 지속적인 실행 의지를 가지고 학교가 필요한 자원을 갖춘다면, 대부분의 시행상 어려움은 극복 가능하며, 실제로 많은 학교와 교육청이 이러한 도전 과제를 해결하고 성공적으로 선별 검사를 운영하고 있습니다.

## 위험군을 선별하는 또 다른 방식

### 인구통계 및 위험 요인에 기반한 선별

모든 학생을 대상으로 하는 보편적 선별(universal screening)만큼 포괄적이지는 않지만 보다 간편하고 실행하기 쉬운 방법으로는 인구통계 정보나 이미 알려진 자살 위험 요인에 기반해 위험 가능성이 있는 학생을 선별하는 방식이 있습니다. 예를 들어, 다음과 같은 기준에 해당하는 학생은 추가 평가 또는 개입의 대상으로 고려될 수 있습니다.

- 임상적 우울증, 약물 남용, 또는 반항적 행동 문제를 보이는 학생
- 과거 자살 시도 경험이 있는 학생
- 비자살적 자해 행동(NSSI)을 반복적으로 보이는 학생
- 원주민(예: Native American) 학생
- 성소수자(LGBTQ+) 학생
- 총기 접근이 가능한 환경에 있는 학생
- 위험하거나 무모한 행동을 자주 하는 학생
- 가족이나 친구가 최근 자살로 사망한 학생
- 가족 중 자살 또는 우울증 병력이 있는 학생
- 자살하고 싶다는 표현을 직접적으로 한 학생

앞의 기준 중 한 가지 이상 조건에 해당하는 학생이 자살 위험이 더 높은 집단에 속할 가능성이 있습니다. 특히 과거에 자살 시도를 한 경험이 있는 학생은 미래에 다시 시도할 가능성이 매우 높기 때문에, 정기적이고 세심한 모니터링이 필수적입니다. 다

만 이런 위험 요인을 가지고 있다고 해서 모든 학생에게 개별 자살 위험 평가를 반드시 실시해야 한다는 것은 아닙니다. 하지만 여러 위험 요인이 동시에 나타나거나, 제5장에서 설명된 자살의 경고 신호까지 함께 보인다면, 신속한 개별 자살 위험 평가가 필요합니다.

### 학생 및 교직원 추천을 통한 식별

학교에서 가장 일반적으로 사용되는 자살 위험 학생 식별 방법 중 하나는 학생이나 교직원이 학교 내 정신건강 전문가에게 직접 추천(referral)하는 방식입니다. 이 절차가 효과적으로 이루어지기 위해서는, 모든 학생과 교직원이 자살의 경고 신호에 대한 올바른 정보를 알고 있어야 하며, 자살 위험이 의심될 경우, 어떤 절차를 통해 누구에게 보고해야 하는지에 대한 지침도 명확하게 안내되어야 합니다. 즉, 학교 구성원 전체가 자살 예방에 있어 '주의 깊은 관찰자'이자 '신속한 연결자' 역할을 할 수 있도록 교육받는 것이 필수입니다.

## 개별 자살 위험 평가

학교가 학교 전체, 혹은 학년 전체 규모의 자살 선별(suicide screening)을 시행하는 경우, 위험군으로 식별된 학생들에게는 반드시 개별 자살 위험 평가(individual suicide risk assessment)가 이어져야 합니다. 이와 마찬가지로 인구통계 정보나 위험 요인, 또는 학생 · 교직원의 추천(referral)을 통해 특정 학생이 위험군으로 확인된 경우에도 후속 개별 평가가 필요합니다. 물론 실제로는 많은 학교가 이러한 선별 검사 자체를 시행하지 않고 있으며, 상대적으로 더 간단한 인구통계 기반 식별 방식조차 도입하지 않는 경우도 적지 않습니다. 두 방식 모두 분명한 이점이 있음에도 불구하고, 미국 내 대부분의 교육청에서는 아직 널리 활용되지 않고 있는 실정입니다.

그러나 이와 무관하게 중학교와 고등학교에 근무한다면 언젠가는 반드시 학생의 개별 자살 위험을 평가해야 하는 상황을 마주하게 됩니다. 즉, 개별 자살 위험 평가는 학

교 정신건강 전문가인 전문상담교사에게 필수적인 실무 역량으로 되고 있습니다. 문제는 제2장에서 언급된 것처럼, 많은 학교 기반 정신건강 전문가들이 이 분야에서 충분한 훈련을 받았다고 느끼지 못하고 있다는 점입니다(D. N. Miller & Jome, 2008). 물론 실제 경험을 대체할 수 있는 책은 없지만, 다음 장에서는 학교 현장에서 보다 효과적으로 자살 위험 평가를 수행하는 데 도움이 될 수 있는 실질적인 정보와 지침을 통해 돕겠습니다.

## 위험도 평가 방법

학교에서 실시하는 자살 위험 평가는 주로 두 가지 목적을 가집니다. 첫 번째 목적은 학생이 자살 위험이 있는지 확인하고, 그렇다면 그 위험 수준이 어느 정도인지 판단하는 것입니다. 이를 위해 일반적으로 학생의 자살 위험도를 여러 수준으로 구분하여 분류하는 방식이 활용됩니다. 하지만 몇 단계로 나눠야 하는지, 학생을 어떤 기준으로 각 범주에 배치할지에 대한 정해진 절대 기준은 없습니다. 따라서 어느 정도는 전문가의 임상적 판단(clinical judgment)이 개입될 수밖에 없습니다. 그렇다 하더라도 학교와 전문상담교사가 자살 위험 수준을 판단할 수 있는 기준과 지침은 꼭 필요합니다.[1] 러드(Rudd, 2006)는 자살 위험 수준을 다음과 같이 5단계 연속선(continuum)으로 제시합니다. 각 수준에 해당하는 행동 지표(behavioral markers)는 다음과 같습니다.

- 최소 위험(Minimal risk): 자살 사고가 확인되지 않음
- 경미한 위험(Mild risk): 자살 사고가 가끔 나타나며, 빈도 · 강도 · 지속 시간 · 구체성이 제한적임

1 위험도 평가는 어느 정도 전문상담교사나 교사의 임상적 판단이 개입될 수밖에 없습니다. 그렇기 때문에 학교 현장에서는 자살 위험 수준을 객관적이고 일관되게 판단할 수 있는 기준과 지침이 꼭 필요합니다. 그래야 교사나 상담교사 개인의 판단 차이로 인해 평가 결과가 달라지는 혼선을 줄일 수 있습니다. 이를 위해 교육지원청이나 시·도 교육청 차원에서, 지역 사회 환경과 학교급(중학교, 고등학교)의 특성을 반영한 표준화된 자살 위험 평가 기준과 지침을 마련하는 것이 중요합니다. 이런 기준이 있다면, 현장 교사들도 보다 체계적이고 신뢰할 수 있는 방식으로 위기 학생을 지원할 수 있을 것입니다.

- 중간 위험(Moderate risk): 자살 사고가 비교적 자주 나타나고, 계획이 다소 구체적이지만 강도와 지속 시간은 낮으며, 자살 의도는 없음
- 심각한 위험(Severe risk): 자살 사고가 자주, 강하게, 지속적으로 나타나며, 구체적인 계획은 있으나 주관적 의도는 없고, 객관적 위험 신호(예: 치명적인 방법 선택 등)는 있음
- 극단적 위험(Extreme risk): 자살 사고가 빈번하고 강도 · 지속 기간이 매우 높으며, 계획이 구체적이고 주관적 · 객관적 자살 의도 모두 명확히 존재함

러드(Rudd, 2006)에 따르면, 이 중 1~3단계는 일반적으로 '낮은 위험' 범주로 간주됩니다. 이 경우 자살 사고는 있을 수 있지만, 심각한 자살 행동으로 이어질 가능성은 상대적으로 낮은 편입니다. 하지만 위험 수준이 중간 → 심각 → 극단으로 옮겨 갈수록 다음과 같은 변화가 발생합니다. 자살 행동에 대한 실질적인 의도(intent)가 나타나기 시작하고, 증상의 강도와 수가 증가하며, 보호 요인(protective factors)이 약화됩니다.

이후 에르바허와 동료들(Erbacher et al., 2015)은 러드(Rudd)의 5단계 모델을 학교 및 지역사회 정신건강 현장에서 더 널리 활용되는 3단계 모델로 단순화했습니다. 이 모델은 자살 위험 수준을 다음과 같이 3단계(낮음-중간-높음)로 나누며, 각 수준별로 학생의 주요 특징과 학교가 취해야 할 대응 조치는 다음과 같습니다. 이 내용은 학교 현장에서 보다 실질적이고 적용 가능한 자살 위험도 평가 기준으로 활용될 수 있습니다.

### ◈ (Low Risk) 낮은 수준의 자살 위험 학생

#### - 위험 수준 특징

다음과 같은 특성을 보이는 학생은 자살 위험이 낮은 수준으로 평가합니다.

- 자살 사고가 일시적이고 수시로 지나가는 정도이며, 일상생활 기능에는 지장이 없음
- 자살에 대한 구체적인 의도(intent) 없음
- 자살 계획 없음
- 자살과 관련된 위험 요인이 거의 없음
- 보호 요인(예: 가족 지지, 친구 관계, 미래에 대한 희망 등)이 존재함

**- 학교의 대응 조치**

낮은 위험 수준으로 판단되더라도, 학교는 다음과 같은 기본 조치를 취해야 합니다 (Erbacher et al., 2015).

- 학부모 또는 보호자에게 즉시 알리기
- 학생, 보호자(또는 보호자가 위기 유발 요인일 경우 학생 단독)와 함께 안전 계획(safety plan) 수립
- 학생이 학교 내에서 정서적 지지를 받을 수 있는 인물(예: 교사, 코치, 상담교사 등)을 확인하고 연결
- 보호자와 협력하여 학생이 지역사회 심리상담, 정신건강 서비스와 연계될 수 있도록 조정

### ◈ (Moderate Risk) 중간 수준의 자살 위험 학생

**- 위험 수준 특징**

다음과 같은 특성을 보이는 경우, 학생은 중간 수준의 자살 위험군으로 분류합니다.

- 자살 사고가 빈번하게 나타나지만, 강도나 지속 시간은 제한적임
- 자살 계획을 일부 언급하기도 하지만, 실제로 실행하려는 의도는 없음
- 자기 통제력은 양호함
- 일부 위험 요인 존재
- 삶의 이유나 보호 요인을 스스로 인식하고 있음

**- 학교의 대응 조치**

- 학생이 신뢰하고 편안함을 느끼는 선생님 또는 전문상담교사의 면담 빈도와 시간 증가
- 매번 면담 시 자살 위험 재평가를 실시하고, 위험 수준이 낮아지고 있는지 또는 높아지고 있는지 추적
- 학생의 보호자 및 외부 심리상담, 정신건강 전문가와 정기적으로 연락, 학생의 학교 생활 및 가정 · 지역사회에서의 변화 사항을 공유 및 업데이트

### ◈ (High Risk) 높은 수준의 자살 위험 학생

**- 위험 수준 특징**

다음의 특성이 나타나는 경우, 높은 수준의 자살 위험군으로 분류됩니다.

- 자살 사고가 빈번하고 강하며, 지속적으로 나타남
- 구체적 자살 계획이 존재함, 특히 치명적인 수단의 선택 및 접근 가능성까지 언급됨
- 복합적인 위험 요인이 다수 존재함
- 보호 요인이 거의 없거나 전혀 없음

**- 학교의 대응 조치**

자살 위험 평가 직후, 보호자에게 즉시 연락

- 필요시 보호자, 전문가, 경찰 등과 협력하여 학생을 병원이나 정신건강 기관으로 즉시 이송
- 입원 절차와 이후의 학교 복귀 과정에 대해 보호자에게 설명, 학생이 병원 치료 후 학교로 안전하게 복귀할 수 있도록 준비

에르바허와 동료들(Erbacher et al., 2015)은 학교에서 자살 위험 평가를 수행해야 하는 전문가들이 느낄 수 있는 부담감에 대하여 도움이 될 수 있는 실용적인 조언을 다음과 같이 합니다.

> "자살 위험 평가 후 세 가지 결론에 도달할 수 있다는 점을 기억하는 것이 도움이 됩니다. 그것은, (a) 학생이 자살할 위험이 없음(none or low risk), (b) 학생이 그 중간 정도에 있음(moderate risk), (c) 학생이 자살 위험이 임박함(imminent risk)입니다. 자살 위험 연속선의 양 끝에 있는 경우, 즉 위험이 거의 없거나 매우 높은 경우에는 대응 절차가 비교적 명확합니다. 자살 위험이 낮을 경우에는 학부모, 관리자에게 연락하여 자살 평가를 문서화하고 학생을 수업으로 돌려보냅니다. 임박한 위험일 경우에는 관리자와 상담하고, 보호자에게 즉시 연락하고, 문서화하고, 조율하고, 입원을 포함한 외부 조치와 연계를 진행합니다." (p. 100)

하지만 가장 어렵고 고민이 많은 상황은 학생이 '중간 위험(moderate risk)'으로 판단될 때입니다.

### ◈ (No Risk) 자살 위험 없음 학생에 대한 이해와 대응

앞서 설명한 자살 위험 수준이 낮음에서 높음까지의 범위에 초점을 두었는데, 실제로 많은 학생은 어떤 위험 범주에도 속하지 않는 경우, 즉 자살 위험이 '없음'(no risk)으로 판단될 수 있습니다. 에르바허와 동료들(Erbacher et al., 2015)이 언급한 바와 같이, "현장에서 만나는 대부분의 청소년은 자살에 대해 생각하거나, 계획하거나, 시도한 적이 없습니다"(p. 97). 다음 조건들이 충족될 때, 학생은 자살 위험이 없음(no risk)으로 간주될 수 있습니다.

- 학생이 자살 생각, 의도 또는 계획이 없다고 명확히 말함
- 학생의 진술을 의심하거나 모순되는 정황(예: 거짓 진술을 암시하는 언행이나 징후) 없음
- 제3자의 정보(예: 보호자나 교사의 보고)에서 위험 신호가 발견되지 않음

하지만 자살 위험 평가는 한 시점의 고정된 판단이 아니라, 지속적이고 유동적인 과정입니다. 자살 사고와 행동은 시간에 따라 변화할 수 있으며, 현재는 위험이 없는 학생도 미래에 환경 변화나 스트레스 요인에 따라 위험도가 높아질 수 있습니다. 즉, '자살 위험'은 고정된 상태가 아니라, 언제든지 변할 수 있는 상태입니다.

또한 자살 위험 평가는 단순히 위험 수준을 판단하는 데 그치지 않고, 학생에게 가장 적절한 개입(intervention)을 연결하는 것이 평가의 중요한 목적입니다. 즉, 위험 수준에 따라 개입 수준이 결정됩니다. 예를 들어, 자살 위험이 높다고 평가되면, 학생을 즉시 보호하고, 가정 또는 병원 등 안전한 장소로 이동시켜 추가 평가나 치료를 받을 수 있도록 조치합니다.

자살 위험 평가 시 공통적으로 따라야 할 기본 원칙에 따라 자살 위험 수준이 어떠하든, 자살 평가가 이뤄진 경우에는 항상 보호자에게 즉시 통보하고, 낮은 위험으로 판단된 경우에도, 학생을 절대 혼자 두지 말고, 가능하다면, 보호자가 학교에 직접 와서 학

생을 데려갈 수 있도록 권고합니다.

## 자살 위험 평가의 기본 원칙

킹과 동료들(King et al., 2013)은 자살 위험 평가에 있어 반드시 이해해야 할 네 가지 기본 원칙을 제시합니다. (1) 자살 위험 요인은 평가 가능하다. (2) 자살 위험은 유동적이며, 평가는 늘 진행형이다. (3) 자살 위험은 겉으로 드러나 있지 않는다. (4) 다양한 정보가 자살 위험 평가의 정확성을 높인다. 이제 각 원칙에 대해 보다 자세히 살펴보겠습니다.

### 자살 위험 요인은 평가 가능하다

앞서 보았듯이, 자살 행동과 관련된 위험 요인은 매우 다양하지만, 대표적인 위험 요인으로는 임상적 우울증을 포함한 정신건강 문제, 과거 자살 사고 또는 자살 시도 경험(특히 실제 시도 이력이 있는 경우), 약물 및 알코올 남용 문제와 같은 것들이 있고, 이러한 위험 요인들은 수많은 연구를 통해 과학적으로 입증된 요소들입니다. 이 같은 일반적 위험 요인을 잘 알고, 현재 평가 중인 학생에게 이러한 요인들이 어떻게 적용되는지를 파악할 수 있습니다. 또한 자살 위험은 보통 단일 요인이 아닌 여러 요소가 복합적으로 작용하는 경우가 많기 때문에 종합적인 위험 평가를 위해서는 여러 위험 요인을 동시에 평가하고, 이 요인들이 해당 학생에게 어떻게 상호작용하고 있는지를 파악합니다. 즉, 자살 위험은 복잡하지만 전문가로서 그 구조를 이해하고 요인들을 적절히 해석한다면 충분히 평가 가능한 영역입니다.

### 자살 위험은 유동적이며, 평가는 늘 진행형이다

#### ◈ 급성, 만성

자살 행동과 관련된 위험 요인에는 단기적(급성)인 것과 장기적(만성)인 것이 있으며,

이 둘의 차이를 이해하는 것이 지속적인 평가의 핵심입니다. 예를 들어, 우울증이나 양극성 장애와 같은 정신질환이 있는 학생이 실연, 징계, 가족 갈등 등 갑작스럽고 부정적인 사건을 경험할 경우, 자살 위험이 급격히 높아질 수 있습니다(King et al., 2013). 이러한 급성 위험(acute risk)은 시간적으로 제한적이지만, 그 지속 시간은 상황에 따라 몇 분에서 몇 시간, 며칠까지 다양할 수 있습니다(Bryan & Rudd, 2006). 또한 급성 위험은 종종 만성 위험 요인과 함께 나타나며, 둘이 결합될 경우 자살 위험은 더 크게 상승할 수 있습니다. 예를 들어, 오랜 기간 우울증과 약물 남용을 겪고 있는 학생은 만성적 위험(chronic risk)에 해당하며, 이 상태는 장기간 지속될 수 있습니다.

### ◈ 변경 불가능 요인, 변경 가능 요인

자살 위험 요인은 다음 기준에 따라도 구분할 수 있습니다. 변경 불가능한 위험 요인(static risk factors)은 예를 들어, 성적 학대 경험과 같이 과거에 발생해 수정할 수 없는 요인이고, 변경 가능한 위험 요인(modifiable risk factors)은, 예를 들어 현재는 임상적 우울 상태지만, 치료와 회복을 통해 개선될 수 있는 요인입니다. 또한 시간적 관점에서 보면, 근접 위험 요인(proximal risk factors)은 자살 행동과 시간적으로 가까운 사건(예: 이별 직후 자살 시도 등)이고, 촉발 요인(trigger) 역할 가능 및 장기 위험 요인(distal risk factors)은 과거에 발생했지만 지속적으로 자살 위험에 영향을 미치는 요인입니다.

이러한 다양한 위험 요인의 구분은 정확한 자살 위험 평가를 위해 중요합니다. 특히 자살 위험 평가는 한 번만 수행하는 일회성 절차가 되어서는 안 되며, 시간 경과에 따라 지속적으로 평가되고, 변화에 따라 재수정되어야 합니다. 예를 들어, 우울증과 자살 시도 이력이 있는 학생은 기본적으로 만성적 위험군이며, 이 학생이 음주 상태이거나 연인과 이별한 직후라면 급성 위험이 겹쳐져 자살 위험이 더욱 높아지는 상황이 됩니다(King et al., 2013). 이에 킹과 동료들(King et al., 2013)은 “우리가 자살 위험 수준을 평가하기 위해서는, 먼저 청소년의 만성적 위험 요인을 이해하고, 급성 위험 여부를 판단하기 위해 가능한 한 많은 정보를 수집해야 합니다.”(p. 70)라고 강조합니다.

## 자살 위험은 겉으로 드러나 있지 않는다

자살 위험 평가에서 가장 어려운 점 중 하나는 일부 아동과 청소년이 자살에 대한 생각, 의도, 계획, 또는 과거 경험을 주변 어른들과 공유하지 않는 경우가 많다는 사실입니다. 이때 학생이 부모나 정신건강 전문가에게도 말하지 않는 이유는 다양할 수 있습니다. 킹과 동료들(King et al., 2013)은 즉, 타인의 강한 감정적 반응이나 부정적 평가가 두려워서, 자신의 생각을 어떻게 표현해야 할지 몰라서 또는 용기가 나지 않아서, 과거에 정신과 응급실이나 병원에 입원했던 경험이 있고, 다시 가고 싶지 않아서, 자살 계획이 이미 있고, 누군가가 그것을 막을까 봐 두려워서 등의 가능성을 제시합니다(p. 70). 이처럼 학생이 자살 관련 정보를 말하지 않는 이유는 매우 복합적이며, 겉으로 드러나는 행동만으로 위험을 판단하기 어렵습니다. 따라서 심리 심리상담 전문가와 전문상담교사는 다양한 평가 방법과 정보 출처를 활용하여 종합적으로 접근할 필요가 있습니다.

## 다양한 정보가 자살 위험 평가의 정확성을 높인다

학생의 자살 위험 평가를 할 때는 항상 다양한 정보원(예: 학생 본인, 보호자, 교사 등)의 의견을 종합적으로 수집하는 것이 좋습니다. 특히 학생이 자살 사고나 행동에 대한 정보를 스스로 말하지 않으려는 경우에는 이러한 다각도의 정보 수집이 더욱 필수적입니다. 또한 보호자는 학생이 알지 못하는 중요한 정보를 제공할 수 있는 존재이기도 합니다. 예를 들어, 이전 정신건강 치료 이력, 가족 내 자살 시도나 정신질환 병력 등은 학생 본인이 모를 수 있지만 부모나 보호자는 알고 있을 수 있습니다(King et al., 2013). 설령 학생이 자살 사고나 행동에 대해 솔직하게 말하는 경우라도, 학생을 둘러싼 다른 어른들(예: 교사, 부모)의 추가 정보는 평가를 더욱 풍부하게 하고, 개입 계획 수립에도 도움이 됩니다.

하지만 다양한 정보원을 활용하다 보면, 정보 간 불일치(discrepancy)가 생길 수 있습니다. 예를 들어, 부모는 자녀의 자살 사고나 과거 자살 시도를 잘 알지 못하는 경우가 많습니다. 연구에 따르면, 부모는 보통 외적으로 드러나는 문제행동(예: 공격성, 비행

등)은 잘 인식하지만, 내면적 정서 문제(예: 절망감, 감정 고통 등)는 덜 민감하게 인식하는 경향이 있습니다(Whitcomb, 2017). 클라우스와 동료들(Klaus, Mobilio, & King, 2009)의 연구에서도 부모는 자녀의 자살 시도는 어느 정도 인지하지만, 자살 사고 자체는 인지하지 못하는 경우가 많다는 사실이 확인되었습니다.

## 학생 개별 면담 평가 방법

일반적으로 효과적인 자살 위험 평가에서 가장 유용한 방법은 해당 학생과 직접 만나 개별 위험 평가 면담을 진행하는 것입니다. 아동 및 청소년의 자살 행동에 초점을 맞춘 구조화 및 반구조화 면담 도구들이 개발되어 왔으나(Goldston, 2003), 이러한 면담 도구들은 가격이 비싸고 구하기 어렵고, 신뢰도와 타당도에 있어 큰 차이를 보이며, 학생 면담에 일반적으로 요구되는 유연성을 갖추지 못한 경우가 많습니다. 따라서 모든 학생에게 자살 행동 가능성을 평가하기 위해 동일한 질문을 획일적으로 적용하는 것은 권장되지 않습니다.

아동 청소년 심리 상담 전문가나 학교 전문상담교사가 면담을 위한 기본적인 질문 목록을 갖추고 있는 것은 필요한 정보를 수집하는 데 도움을 줄 수 있습니다. 그러나 자살위험 평가는 정해진 틀을 따르는 것이 아니라 유동적이고 역동적인 과정이기 때문에 모든 학생에게 같은 순서로 동일한 질문을 던지는 방식은 바람직하지 않습니다. 질문은 학생의 반응, 발달 수준, 그리고 평가 대상이 되는 구체적인 문제에 따라 달라져야 합니다. 다시 말해, 아동 및 청소년을 대상으로 한 자살위험 면담은 핵심적인 영역을 다루되, 면담의 진행 방식은 학생 개인의 상황에 따라 달라질 수 있으며, 이에 따라 유연한 접근이 필요합니다. 모든 사례는 서로 다르기 때문에 주요 평가 영역은 비슷하더라도 개별 상황에 맞는 면담이 이루어져야 합니다.[2]

2 개별 자살 위험 평가는 전문가나 전문상담교사가 실시하는 것이 권장되지만, 한국의 학교 현장 상황을 고려할 때, ① 전문상담교사가 없는 학교가 많으며, ② 교실 장면에서 학생이 평소와 다른 모습을 관찰한 교과 교사 혹은 담임교사에 의해 실시되는 학생 상담에서 자살성 행동이 최초 발견되는 경우가 많은 점을 고려했을 때, 일선 선생님의 자살 위험 평가 면담 방법에 대한 이해가 필요합니다. ③ 또한 교재의 자살 위험 평가 개별 면담 방법은 자살 사고가 있는

## 개별 자살 위험 평가 면담을 진행하기 전에

학생 개별 면담을 실시하기 전에 평가에 부정적인 영향을 미칠 수 있는 개인적인 편견을 인식하고, 아동 및 청소년 자살에 대한 자신의 신념이나 불편감에 대해 충분한 성찰이 도움이 됩니다(Barrio, 2007; Freedenthal, 2018). 프리덴탈(Freedenthal, 2018)은 정신건강 전문가가 자살에 대한 과거 경험(또는 그 부재)을 되돌아보고, 다음과 같은 태도를 갖출 것을 권장하였습니다. 첫째, 자살 및 그에 대한 평가 과정에서 느끼는 불안을 직면하고 잘 다룰 수 있어야 하며, 둘째, 자살 위험이 있는 학생에 대해 부정적인 감정을 갖지 않도록 유의하고, 셋째, 자신이 누군가를 '구원'해야 한다는 역할에 빠지지 않도록 하며, 넷째, 끝까지 희망의 끈을 놓지 않아야 한다는 것입니다.

바렛(Barrett, 1985)도 이와 비슷한 맥락에서 자살 위험 평가를 수행하는 이들이 반드시 고려해야 할 세 가지 요소를 언급합니다. 첫째, 죽음이나 자살에 대한 자신의 태도가 주제에 대해 편안하게 이야기하는 데 방해가 되지 않도록 해야 하며, 둘째, 면담 중 불안하거나 짜증 나는 감정을 학생에게 드러내지 않도록 조심해야 하고, 셋째, 스스로 불안하거나 자신감이 부족하다고 느껴질 경우에는 추가적인 연수나 전문적인 지원을 요청하는 것이 필요하다고 말합니다.

## 개별 평가 면담의 분위기

학생과 자살위험 평가 면담을 진행하는 교사나 전문상담교사와 학생 간에 이미 긍정적인 관계가 형성되어 있다면 면담이 훨씬 수월하게 이루어질 수 있습니다. 하지만 그런 관계가 없다면, 학생이 최대한 편안함을 느낄 수 있도록 배려하는 태도를 보여야 하며, 이를 통해 신뢰를 쌓고 라포(rapport)를 형성합니다(Freedenthal, 2018). 또한 자살위험 평가 과정에서 학생이 선호하는 교직원을 함께 참석하도록 허용하는 것도 도움이 될 수 있습니다. 이는 학생에게 '혼자가 아니다.' '도움을 받고 있다.'라는 분명한 메시

---

학생만이 아니라, 정서적으로 고통스러워하는 많은 학생을 만날 때, 학교에서 선생님들이 마음으로 소통할 수 있는 마음가짐과 스킬이 들어 있습니다. 따라서 전문가와 일선 선생님들의 기준에 맞춰 번역하였습니다.

지를 전달해 주며, 정서적 안정감을 줄 수 있습니다. 물론 말처럼 쉽지는 않지만, 면담을 진행하는 교사는 가능한 한 차분하고 자신감 있게 면담에 임하려는 노력이 필요합니다. 면담자도 마음으로 불안을 느낄 수 있고, 자신감이 없을 수 있지만, 학생이 더 편안하게 느끼는 데 도움이 된다면 그렇게 보이는 것도 중요합니다.

## 일반적인 두려움

학생에게 자살 생각이 있는지를 묻는 자살 평가 면담에서 큰 걸림돌 중 하나는 '두려움'입니다. 프리덴탈(2018)은 자살 관련 질문을 할 때 흔히 나타나는 네 가지 두려움을 다음과 같이 정리하였습니다. 첫째, 자살이라는 생각 자체를 학생에게 심어 줄까 봐 걱정하는 것, 둘째, 자살 생각을 오히려 더 악화시킬까 봐 우려하는 것, 셋째, 학생이 화를 내거나 상처를 받을까 봐 걱정하는 것, 넷째, 실제로 "네, 자살 생각이 있어요."라는 대답을 들을까 봐 두려워하는 것입니다. 이 네 가지 두려움에 대해 차례로 살펴보겠습니다.

첫 번째 두려움은, 자살에 대해 묻는 것이 오히려 자살 생각을 더 불러일으킬 수 있다는 우려입니다. 그러나 청소년과 성인을 대상으로 한 여러 연구(Harris & Goh, 2017)에 따르면, 자살에 대해 질문하는 것이 자살 위험을 증가시키지 않는다는 사실이 입증되었습니다. 프리덴탈(2018)은 "자살이라는 생각을 누군가에게 심어 줄 수 있다고 믿는 것은, 그 사람이 스스로 그런 생각을 떠올릴 수 없다고 전제하는 것"이라고 언급합니다(p. 25). 이미 자살 생각을 하고 있는 학생에게 질문을 던지는 것은 그 생각을 심는 것이 아니라, 이미 존재하는 생각을 확인하는 것입니다. 반대로, 자살 생각이 없는 학생에게 자살을 언급한다고 해서 새로운 위험이 생기는 것도 아닙니다.

두 번째로 흔한 두려움은, 자살 관련 질문이 학생의 기존 자살 생각을 더 심화시키는 게 아닐까 하는 걱정입니다. 프리덴탈(2018)은 여러 연구를 인용하여, 자살 사고에 대해 질문하는 것이 대부분의 경우 긍정적이거나 부정적인 영향을 주지 않는다고 설명합니다. 일부 사례에서 자살 사고가 일시적으로 증가한 경우도 있었으나, 다른 사례에서는 오히려 감소하였습니다(Dazzi, Gribble, Wessely, & Fear, 2014). 만약 자살위험 평가가 자살 생각을 일시적으로 악화시키더라도, 이는 학생의 생명을 구할 수 있는 정보를 얻기 위한 중요한 과정이며, 결코 평가 자체를 포기할 이유가 되지 않습니다. 이에 대해 프리덴탈(2018)은 "혈액 검사나 대장내시경처럼 진단 목적의 의료검사도 일시적으로 통증을 유발하지만, 그 고통은 중요한 정보를 얻기 위한 대가로 정당화될 수 있다."라고 비유합니다(p. 25).

세 번째 두려움은, 자살에 대한 질문이 학생을 화나게 하거나 기분을 상하게 할 수 있다는 걱정입니다. 이 두려움의 근저에는 자살에 대한 사회적 낙인(stigma)이 자리하고 있습니다. "자살에 대한 낙인은 너무 강해서, 자살을 생각하냐는 질문 하나만으로도 어떤 사람들에게는 모욕처럼 느껴질 수 있습니다"(Freedenthal, 2018. p. 25). 그러나 교사와 전문가들은 이런 낙인을 강화하는 데 일조해서는 안 됩니다. 자살을 생각하는 사람은 도덕적으로 잘못된 행동을 하는 것이 아니며, 학생이 질문을 받고 화를 낼 가능성은 높지 않습니다. 설령 화를 낸다 하더라도, 감정은 피해야 할 독이 아니라 탐색해야 할 중요한 요소입니다. 이는 중요한 정보를 얻기 위한 또 하나의 작은 대가일 뿐입니다.

마지막 네 번째 두려움은, 실제로 학생이 자살 생각이 있다고 말할까 봐 걱정하는 것입니다. 누군가가 자살할 수도 있다는 사실 자체가 충격적이고, 특히 "자살 생각이 있어요."라는 대답을 들었을 때 평가를 진행하는 교사나 전문가가 느끼는 불안감은 매우 클 수 있습니다. 특히 자살위험 평가에 대한 자신감이 부족한 경우, 이 불안은 더욱 커집니다. 아울러 '예'라는 답변이 나올 경우 더 길고 복잡한 면담을 이어 가야 하거나, 병원 연계 등 추가 조치를 취해야 할 수 있다는 부담감도 큽니다. "이러한 두려움은 극복하거나, 최소한 견뎌 내야 합니다. 비록 두렵더라도, 누군가가 자살을 고민 중이라는 사실을 아는 것이 모르는 것보다 훨씬 낫습니다"(Freedenthal, 2018. p. 26).

## 학생에게 면담의 목적과 범위를 알려 줍니다

평가 면담을 시작할 때, 학생에게 이 평가를 왜 실시하는지, 그리고 그 평가의 범위가 어떤 것인지 알려 줘야 합니다. 일반적으로, 학생에게는 많은 사람들이 학생을 걱정하고 있으며, 학생이 안전하기를 바라고 있다는 점을 분명히 전달해 주는 것이 좋습니다. 면담자는 학생에게 어떤 정보를 수집할 것이며, 그 정보가 어떻게 활용될 것인지, 그리고 비밀보장이 어디까지 가능한지 명확하게 설명해 주어야 합니다. 에르바허와 동

료들(Erbacher et al., 2015)은 다음과 같은 유용한 예시를 제시합니다.

> "선생님은 네가 쓴 글을 보고 정말 걱정했어. 지금 너가 어떤 상황에 있는지를 직접 듣고, 도와줄 수 있는 방법이 뭔지 알아보고 싶어. 솔직하게 이야기해 주는 게 너의 역할이야. 중간중간 아주 구체적인 질문을 할 거야. 네가 해 주는 말이 정말 중요해서, 잊지 않으려고 몇 가지는 적어 둘 수도 있어.
>
> 네가 말해 주는 대부분의 내용은 나와 너 사이에만 있을 거야. 그런데 꼭 다른 어른에게 알려야 하는 세 가지 경우가 있어. 그건 모두 네 안전과 관련된 거야. 첫째, 네가 스스로를 해칠 생각이 있을 때, 둘째, 누군가를 해칠 생각이 있을 때, 셋째, 누군가가 너를 해치려 하거나 실제로 해친 적이 있을 때야. 이 세 가지 경우를 제외하고는, 네가 말한 내용은 우리 둘 사이에만 있을 거야.
>
> 이야기를 마치고 나면, 너의 부모님께 어떻게 이 이야기를 전할지 함께 얘기해 보자. 가능하다면, 네가 직접 부모님께 얘기하는 쪽이 좋을 것 같아. 네가 혹시 자살 생각을 하고 있다면, 그 이야기를 부모님께 어떻게 전할지 같이 계획을 세워 보자. 내가 가장 중요하게 생각하는 건, 네가 안전하고 행복한 거야. 이 면담이 끝날 때쯤엔, 우리가 함께 그 두 가지를 위해 어떤 식으로 해나갈 수 있을지 계획을 세우게 될 거야"(p. 104).

## 관심을 갖고 기꺼이 돕겠다는 의지를 보여 줍니다

자살 위험 평가를 할 때, 따뜻한 마음과 도와주려는 의지를 행동으로 보여 줍니다. 무엇보다 중요한 건, 학생을 진심으로 걱정하고 돕고 싶은 마음이 있을 뿐만 아니라, 그런 마음이 학생에게 분명하고 명확하게 전달되도록 말과 행동으로 표현하는 것입니다. 우선 말과 몸짓 모두에서 학생을 존중하고 공감하는 태도가 학생에게 보여져야 합니다. 학생이 겪는 고통이나 절망감을 포함한 모든 경험을 진지하게 듣고 이해하려고 노력하는 자세는 치료적 동맹(therapeutic alliance)을 형성하는 데 핵심적인 요소입니다(King et al., 2013). 학생의 감정을 자주 확인하고 공감해 주는 '반영적 경청(reflective listening)'은 치료적 동맹을 형성하는 데 도움이 되고, 면담 과정에서 학생으로부터 유익한 정보를 얻는 데에도 중요합니다(King et al., 2013).

학생은 면담자를 믿지 않으면 현재의 자살 생각이나 과거의 자살 시도에 대해 잘 이야기하지 않으려 합니다. 이와 반대로 면담자가 진심으로 걱정하고 도와주려는 마음을 표현하며 학생의 경험을 있는 그대로 인정해 줄 때, 학생은 신뢰를 쌓기 시작합니다. 미국 자살예방 핫라인(National Suicide Lifeline)의 총괄 디렉터인 존 드래퍼(John Draper)는 AAS 전자 메일링 리스트에서 이렇게 말했습니다. "우리 분야가 자살 위험을 예측하는 데 더 능숙해지는 것도 중요하지만, 결국에는 절망에 빠진 사람들에게 우리가 어떻게 다가가느냐가 핵심입니다. 그들이 소중하게 여겨지고, 누군가 자신을 진심으로 걱정하고 있다는 걸 느끼게 하는 게 가장 중요하죠."

## 격려하고 용기를 인정해 주세요

에르바허와 동료들(Erbacher et al., 2015)은 "가식적으로 들리지 않는 선에서 가능한 한 많은 격려와 긍정적인 표현을 사용하라."라고 권장하며, "어떤 말을 하느냐보다 그 말을 어떤 말투로 전달하느냐가 더 중요할 때가 많다."라고 말합니다(p. 104). 예를 들어, 학생이 자살 생각이나 감정을 이야기하려고 하지만 잘 표현하지 못하고 있을 때, "이거 쉽지 않은 거 알아. 그런데 지금 정말 잘하고 있어. 우리 급한 거 아니니까 천천히 해도 괜찮아."라고 말해 줄 수 있습니다.

자신의 깊은 개인적 경험이나 아픔, 고통을 드러내는 건 엄청난 용기가 필요한 일입니다. 면담자는 이 점을 꼭 인정하고, 학생이 그런 용기를 냈다는 걸 칭찬해 줍니다. 예를 들면, "이런 이야기 꺼내는 게 정말 어려운 일이라는 거 알아. 그런데 지금 해 주는 이 말들은 큰 용기가 필요한 거야. 누구나 이렇게 할 수 있는 건 아니거든."이라고 말해 줄 수 있습니다.

## 학생이 자신의 이야기를 들려줄 시간을 주세요

치료적 동맹을 형성하는 요소 중 하나는, 학생이 자신의 자살 행동에 대한 "이야기"를 들려줄 수 있도록 기회를 주는 것입니다. 자살 위험 평가를 진행할 때, 면담자가 질

문을 쏟아붓는 경우가 종종 있습니다. 자살과 관련된 면담은 불안감을 유발할 수 있기 때문에 면담자가 평가를 더 통제하려는 마음에 필요 이상으로 많은 질문을 던지는 경향이 생기기도 합니다. 물론 많은 질문이 필요할 수는 있지만, 때로는 그것이 "자살 위험에 대한 정보를 얻으려는 면담자의 목적에는 부합해도, 고통 속에 있는 학생이 '듣고 있다' '이해받고 있다.' '혼자가 아니다'라는 감정을 갖는 데는 방해가 될 수 있다."라고 프리덴탈(2018)은 지적합니다(p. 35). 면담이 심문처럼 느껴지게 해서는 안 됩니다.

자살 위험 평가를 제대로 수행하기 위해 여러 가지 질문이 필요하긴 하지만, 그에 앞서 학생이 자신의 이야기를 들려줄 수 있도록 시간을 주는 것이 중요합니다. 미셸과 발라흐(Michel & Valach, 2011)가 제안한 이야기 중심 접근(narrative approach)을 활용하면 좋습니다. 이들은 자살 생각이 있는 사람이 자신의 이야기를 들려줄 수 있도록 유도하는 질문 예시는 다음과 같습니다.

- "어떻게 그런 죽고 싶은 마음에 이르게 되었는지 이야기해 줄 수 있을까?"
- "그 자살 위기 상황에 이르기까지 어떤 일이 있었는지 이야기해 주면 좋겠어. 내가 그저 들어 볼게."
- "자해하게 된 과정이 어떻게 되었는지 너의 이야기로 직접 말해 주면 좋겠어"(pp. 71-72).

이 접근법은 어린 아동에게는 효과가 떨어질 수 있지만, 말하기 능력이 뛰어나고 자기 이야기를 할 준비가 된 청소년에게는 매우 유익한 방법이 될 수 있습니다. 학생이 자기 이야기를 하도록 유도하면, 학생에게 어느 정도의 통제권을 주는 동시에, 면담자가 그 학생을 그 자체로 이해하려 한다는 메시지를 전달하게 됩니다. 만약 학생이 어디서부터 말을 시작해야 할지 몰라 어려워하거나 혼란스러워한다면, 면담자는 따뜻하고 격려하는 태도로 이렇게 말할 수 있습니다. "편하게 아무 데서든 시작해도 괜찮아. 정해진 방식은 없고, 어떤 이야기든 괜찮아"(Freedenthal, 2018, p. 35).

학생이 이야기하는 동안에는 중간에 끼어들지 않도록 합니다. 다만 꼭 필요한 경우, 예를 들어, 설명이 모호해서 명확히 하거나, 좀 더 구체적인 내용을 듣고 싶을 때에는 예외가 될 수 있습니다. 하지만 이런 경우에도 대부분은 학생이 이야기를 다 마칠 때까지 기다리는 것이 좋습니다. 자주 말을 끊게 되면, 학생이 존중받지 못한다고 느낄 수 있기 때문입니다. 그리고 짧고 열린 질문을 통해 이야기의 빈틈을 자연스럽게 채워 갈 수 있습니다. 예를 들면, "그 부분에 대해서 조금만 더 이야기해 줄 수 있을까?" "내가 좀 더 잘 이해할 수 있게 도와줄래?" "그다음엔 어떤 일이 있었니?"와 같은 질문이 도움이 됩니다. 학생이 자신의 말을 직접 선택해서 이야기하도록 하는 건, 학생에 대해 관심과 존중을 갖고 있다는 메시지를 전달하는 효과가 있습니다. 또한 이런 방식은 자살 생각을 가진 학생의 경험을 그 학생의 관점에서 더 구체적으로 이해할 수 있게 도와줍니다. 교사와 학생 사이에 더 깊은 신뢰와 연결감을 만들어 주며, 면담의 나머지 과정을 위한 기반을 다지는 데 중요한 역할을 합니다(Freedenthal, 2018).

## 학생이 말하지 못할 때는 장애요인이 있다는 걸 염두에 두세요

학생이 자기 이야기를 솔직하게 이야기하지 못할 수도 있습니다. 자기를 드러내는 것은 두려운 일이기도 합니다. 어떤 학생들은 현재 또는 과거에 자살 생각을 했다는 사실을 인정하거나 이야기하는 것 자체를 꺼릴 수 있습니다. 이유는 다양합니다. 누군가는 자살 생각을 털어놓는 걸 부끄럽거나 창피하게 느낄 수 있고, 어떤 학생은 자살 생각을 했다는 사실 자체가 약한 사람처럼 보일까 봐 두려워합니다. 또 어떤 학생은 학교에서 소문이 퍼져 친구들에게 망신당할까 봐 걱정하고, 어떤 학생은 부모님이 화를 내거나 너무 과하게 반응할까 봐 걱정하기도 합니다(Erbacher et al., 2015). 학생들 중에는 자살에 대해 이야기하면 곧바로 병원에 입원할 거라고 생각하는 경우도 있습니다. 그리고 그 입원에 대해 잘못된 정보나 오해를 가지고 있는 경우도 많습니다. 예를 들어, '자신이 미친 사람'으로 보일까 걱정하거나, '병원에 강제수용되서 못 나올 수도 있다.'라는 잘못된 생각을 가지고 있을 때도 있습니다.

학생이 "자살 생각이 없다."라고 말한다면 어느 정도의 "건전한 의심"을 유지해야 합니다(Freedenthal, 2018. p. 40). 학생이 단호하게 부정하더라도, 후속 질문을 통해 정보를 조금 더 파악하려고 노력합니다. 예를 들어, "자살에 대한 생각이 있니?"라고 물었을 때 학생이 "없어요."라고 답하면, "가끔 그냥 잠들고 다시는 깨지 않았으면 좋겠다는 생각은 해 본 적 있어?"라고 이어서 물을 수 있습니다. 쉬아(Shea, 2009)는 이런 질문을 제

안하기도 합니다. "잠깐이라도, 아주 짧은 순간이라도 자살에 대한 생각이 스쳐 간 적은 있니?"

현재 자살 생각에 대해 말하기를 꺼리는 학생에게 접근하는 또 다른 방법은, 미래에 그런 생각이 생겼을 때 말할 수 있을지에 대해 이야기해 보는 겁니다. 프리덴탈(2018)은 두 가지 질문 예시를 제시합니다. 그것은, (1) "앞으로 네가 자살 생각을 하게 된다면, 나한테 그 이야기를 해 줄 수 있을까?", (2) "네가 그런 이야기를 나한테 하지 못하게 만드는 게 뭐라고 생각하니? 어떤 점이 두렵니?"(p. 40)입니다.

## 설득하거나 조언하고 싶은 충동을 참으세요

학생이 자신의 자살 행동에 대해 이야기하도록 듣는 건 매우 중요하지만, 동시에 힘들고 불편하며 감정적으로 부담이 큰 일입니다. 특히 자살을 생각하는 사람이 어린 학생이라면 더더욱 그렇습니다. 프리덴탈(2018)은 누군가 자살에 대해 이야기할 때, 선생님뿐만 아니라 전문가도 "이해는 되지만, 충고를 하거나 위로의 말을 건네고 싶어지거나, 그 사람이 잘못된 생각을 하고 있다고 설득하고 싶어질 수 있다."라고 말합니다(p. 49). 하지만 이런 반응을 피해야 합니다. 아무리 선한 의도에서 나온 말이라 하더라도, 이런 표현은 학생에게 자신이 이해받지 못하고 있다는 느낌을 줄 수 있으며, 오히려 더 큰 절망감과 소외감을 느끼게 만들 수 있습니다(Freedenthal, 2018).[3]

설득하거나 조언하려 하기보다는, 면담자는 학생이 "듣고 있다, 이해받고 있다, 혼자가 아니다."라는 감정을 느낄 수 있도록 공감하는 데 집중해야 합니다(Freedenthal, 2018, p. 49). 이 말은 간단해 보일 수 있지만 실제로 실천하기는 쉽지 않습니다. 우리는 누군가의 이야기를 듣고 있을 때, 종종 속으로는 '내가 다음에 무슨 말을 할까?'를 생각하느라 진짜로 듣고 있지 않을 때가 많습니다. 공감적으로 듣는다는 것은, 말하는 사람의 입장에서 세상을 바라보려고 노력하는 것이며, 동시에 자신이 그 사람은 아니라는 점을 항상 인식하고 있어야 한다는 뜻입니다. 그렇게 듣는 태도는 그 사람이 겪고

3 역자 주: 특히 선생님들은 학생을 보면 옳은 답을 제시하려는 강박적 충동과 무엇이든 그 이유를 설명해 주고 싶어 하는 강력한 욕구가 선천적, 후천적으로 있는 것 같습니다.

있는 고통의 깊이를 더 잘 이해하게 해 줄 뿐 아니라, 왜 그 학생이 자살을 하나의 현실적인 혹은 바람직한 선택으로 여기게 되었는지를 이해하는 데에도 도움이 됩니다(Freedenthal, 2018). 간단히 말해서 자살을 생각하는 사람에게 공감적으로 귀 기울인다는 건, 그 사람을 설득하려 하지 않는 것, "괜찮아질 거야."와 같은 피상적인 위로를 하지 않는 것(어떻게 우리가 그걸 확신할 수 있을까요?), 자살이 다른 사람에게 미칠 영향을 경고하지 않는 것, 그리고 너무 성급하게 문제를 해결하려 들지 않는 것이라고 프리덴탈(Freedenthal, 2018)은 강조합니다(pp. 49-50).

## 초등학생을 면담할 때 발달 수준을 고려하세요

학생을 면담할 때 발달 수준을 고려해야 하지만, 특히 초등학교에 재학 중인 사춘기 이전 아동을 다룰 때는 이런 고려가 더욱 중요합니다(Haas, 2018; McConaughy, 2013). 아동의 자살은 드물긴 하지만, 제1장에서 다룬 것처럼 실제로 발생하기도 하며, 어린 아동의 자살 사고도 그리 드문 일은 아닙니다(Westefeld et al., 2010). 실제 한 연구에서는, 학교에서 상담교사가 필요시 자살 평가를 시행한 빈도를 비교했는데, 초등학교(K~6학년, 31.2%), 중학교(7~8학년, 31.2%), 고등학교(9~12학년, 36.4%) 간에 비슷하게 나타났습니다(Ribeiro, Bodell, Hames, Hagan, & Joiner, 2013). 자살을 처음 시도한 평균 연령은 13세로 나타났으며(Kilmes-Dougan, Free, Ronsaville, Stillwell, Welsch, & Radke-Yarrow, 1999), 한 연구에 따르면, 자살을 시도한 고등학생 중 거의 40%가 초등학교나 중학교 시절에 처음 시도한 것으로 보고되었습니다(Mazza, Catalano, Abbott, & Haggerty, 2011). 초등학생의 경우, 남학생과 여학생 모두 자살 시도율과 자살로 인한 사망률이 약 10세까지는 비슷하게 매우 낮게 나타납니다. 하지만 이 시점을 지나면 나이가 더 많은 집단에서와 마찬가지로 자살의 성별 역설(gender paradox of suicide)이 나타나기 시작합니다. 즉, 여학생의 자살 시도율은 더 높지만, 남학생의 자살 사망률은 더 높아지는 경향이 생깁니다(Canetto & Sakinofsky, 1998).

아동의 자살을 평가할 때 중요한 발달적 이슈 중 하나는 아이가 '죽음'이라는 개념과 그것의 영속성을 얼마나 이해하고 있는가입니다. 예를 들어, 미샤라(Mishara, 1999)의 연구에서는 1~2학년 아동의 약 30%가 죽음이 영원하다는 사실을 이해하지 못하고

있는 것으로 나타났습니다. 가족이나 반려동물의 죽음처럼 아이가 과거에 어떤 죽음을 경험했는지는 죽음에 대한 이해 수준과 의미 인식에 영향을 줄 수 있습니다(Pfeffer, 1986). 아동은 죽음을 인지적으로 미성숙하게 바라보며, 사고 또한 구체적이기 때문에 평가가 더 어려워집니다. 특히 12세 미만 아동은 자살 의도를 말로 표현하거나 설명하는 데 어려움을 겪을 수 있어서, 주변 어른들(예: 부모나 교사)의 관찰과 진술이 평가에 매우 중요합니다(Pfeffer, 2003). 또한 8세 미만 아동이나 인지적 어려움이 있는 아이들은 자기 경험을 반성하고 표현하는 능력 자체가 부족할 수 있습니다. 따라서 면담자는 자살 위험 평가를 진행할 때 학생의 나이뿐 아니라 인지 수준까지 함께 고려해야 합니다.

바리오(Barrio, 2007)는 자살 행동 가능성과 관련하여 사춘기 이전 아동을 면담할 때 발달적으로 적절한 몇 가지 방법을 제안했습니다. (1) 아이와의 관계 형성과 긍정적인 신뢰 관계 구축, (2) 필요할 경우 아이에게 평가 목적에 대해 안심시켜 주기, (3) 이야기 중간중간 아이가 내용을 잘 이해하고 있는지 점검하기, (4) 청소년보다 느린 속도로 면담을 진행하기 등이 그것입니다. 페퍼(Pfeffer, 1986)는 중요한 질문은 한 번만 묻는 것이 아니라, 다양한 방식으로 여러 번 물어 아이가 질문을 정확히 이해했는지 확인할 필요가 있다고 권합니다. 만약 아동이 말로 대답하기 어려워한다면, 정신건강 전문가는 언어 대신 그림 그리기를 활용해 아이가 자신의 생각이나 감정을 표현할 수 있도록 도울 수 있습니다(Barrio, 2007; Ridge Anderson et al., 2016).

## 구체적이고 직접적인 질문을 하세요

자살 위험 평가를 진행할 때는, 면담자가 사용하는 언어나 접근 방식이 매우 구체적이고 직접적이어야 합니다(D. N. Miller, 2013a; Rudd, 2006). 사람마다 다르게 해석될 수 있는 완곡하거나 모호한 표현은 피하는 것이 좋습니다. 그 대신 '스스로 목숨을 끊다.' '자기 생명을 끊다.' '자살'처럼 명확하고 직설적인 단어와 표현을 사용해 자살 행동의 가능성을 평가해야 합니다.

자살과 관련된 질문을 어떻게 시작해야 하는지에 대해서는 전문가들 사이에서도 다양한 의견이 있습니다. 예를 들어, 어떤 면담자는 자살을 직접적으로 묻기 전에 학생이 겪고 있는 어려움이나 절망감 같은 더 넓은 범위의 문제를 먼저 물어보는 방식이 좋다고 생각합니다. 반면, 어떤 면담자는 처음부터 자살에 대해 직접적으로 묻고, 그다음에 더 넓은 문제들을 질문하는 것이 낫다고 봅니다(Freedenthal, 2018). 조이너와 동료들(Joiner et al., 2009)은 자살에 대한 질문을 먼저 하고, 그 이후에 죽음에 대한 일반적인 바람이나 생각을 묻는 접근을 추천합니다. 프리덴탈(Freedenthal, 2018)은 다음과 같은 질문 예시를 제시합니다.

- "자신의 목숨을 끊고 싶다는 생각을 한 적이 있니?"
- "죽었으면 좋겠다고 생각해 본 적이 있니?"
- "그냥 잠들고 다시는 깨어나지 않았으면 좋겠다고 생각한 적이 있니?" (p. 28)

반대로, 브라이언과 러드(Bryan & Rudd, 2006)는 학생이 느낄 수 있는 불안을 줄이고 면담자와의 신뢰감을 높이기 위해, 처음에는 자살보다는 더 일반적인 걱정이나 정서 상태에 대한 질문부터 시작하라고 권합니다. 예를 들면 다음과 같은 질문이 있습니다.

- "요즘 어떻게 지내고 있어? 특별히 스트레스를 많이 받은 일이 있다면 이야기해 줄 수 있을까?"
- "최근에 불안하거나 초조하거나 심장이 두근거리는 느낌을 자주 느낀 적이 있니?"
- "우울할 때는 아무것도 나아질 것 같지 않고, 상황이 전혀 바뀌지 않을 것 같은 기분이 들기도 해. 그런 생각을 해 본 적 있니?"
- "우울하고 절망적인 기분이 들면 사람들은 종종 죽음이나 삶의 끝에 대해 생각하게 돼. 그런 생각을 해 본 적 있니?"
- "자살을 생각한 적 있니?" (p. 188)

저는 학생에게 자살에 대해 질문할 때, 먼저 또래 집단에서 자살 사고가 생각보다 흔하다는 점을 알려 주고, 그다음에 학생 본인의 경험을 직접적으로 묻는 방식이 도움이 된다고 느낀 적이 많았습니다. 예를 들어, 이렇게 말할 수 있습니다. "너 또래 중에도 스스로 목숨을 끊고 싶다는 생각을 하는 친구들이 사실 꽤 많아. 너도 그런 생각을 해

본 적 있어? 네 생명을 끊고 싶다고 생각한 적 있니?"

자살에 대한 질문 접근 방식이 무엇이든 간에, 중요한 건 잘못된 두려움 때문에 자살이라는 주제를 피하지 않는 것입니다. 예를 들어, "자살 이야기를 꺼내면 오히려 학생에게 그런 생각을 심어 줄 수 있다."라는 우려는 근거가 없습니다. 앞서 언급한 바와 같이, 이런 두려움을 뒷받침하는 연구는 없고, 대부분의 학생들은 진심으로 자신을 걱정해 주고 자살에 대해서도 솔직하게 이야기하려는 어른의 태도에 긍정적으로 반응합니다. 반대로, 면담자가 자살에 대해 질문하면서 불편해하거나 주저하는 모습을 보이면, 학생 역시 그 주제에 대해 마음을 열기 어렵습니다.

학교에서 자살 위험 평가를 할 때 다음과 같은 다양한 영역을 반드시 살펴봅니다.

- 현재 학생의 기분 상태
- 과거와 현재의 우울 수준
- 과거와 현재의 절망감 수준
- 과거와 현재의 자살 사고
- 자신이 다른 사람에게 짐이 된다는 느낌
- 소속감에 대한 인식
- 약물 사용 이력
- 불면이나 과다수면의 정도
- 가정에서의 현재 고민이나 스트레스 요인
- 학교에서의 현재 고민이나 스트레스 요인
- 자살 시도 이력
- 과거 자살 시도에서 사용한 방법
- 자살 계획의 유무
- 계획된 방법의 구체성 및 치명성
- 치명적인 수단의 접근 가능성
- 구조 가능성
- 현재의 지지 체계
- 삶을 계속 살아야 하는 이유

이 장의 마지막에 수록된 부록 6-1은 에르바허와 동료들(Erbacher et al., 2015)과 밀러(D. N. Miller, 2021)의 자료를 수정한 것으로, 학생의 자살 위험을 평가할 수 있는 면담 질문 예시를 포함하고 있습니다.

## 말과 행동을 구분하세요

러드(Rudd, 2006)는 자살 위험 평가에서 '학생이 하는 말'과 '학생이 실제로 하는 행동'에 주목하라고 합니다. 즉, 말과 행동 사이의 차이점과 유사점을 살펴봐야 한다는 뜻입니다. 자살 위험 평가에서 학생이 말로 표현한 것은 '주관적 의도' 또는 '표현된 의도'라고 부르며, 면담 중에 관찰된 구체적인 행동은 '객관적 의도' 또는 '관찰된 의도'라고 합니다(Rudd, 2006). 면담 중 관찰된 행동은 단순하고 직접적인 언어로 기록하는 것이 좋습니다. 러드(2006)는 다음과 같은 예시를 제시합니다.

- 학생이 자살을 준비한 흔적이 있는가? (예: 부모님이나 친구, 혹은 중요한 사람에게 편지를 썼는가?)
- 학생이 다른 사람이 발견하거나 구조하지 못하게 하려고 시도했는가?
- 자살 시도가 외딴 곳이나 사람 없는 장소에서 이루어졌는가?
- 자살 시도를 아무도 없을 시간을 골라서 했는가? (예: 아무도 몇 시간 또는 며칠 동안 집에 없을 걸 알고 있었는가?)
- 구조나 개입이 우연히 이루어질 수밖에 없는 상황이었는가?

객관적 의도를 나타내는 행동의 지표는 다음 세 가지 요소를 포함할 수 있습니다. 그것은, (1) 죽고자 하는 명확한 의지, (2) 죽음을 준비하는 행동(예: 가족에게 남긴 편지), (3) 다른 사람의 발견이나 구조를 피하려는 시도(Rudd, 2006)입니다.

러드(2006)는 일반적으로 자살을 생각하는 사람의 말과 행동 사이에는 높은 일치성이 있다고 설명합니다. 하지만 어떤 경우에는 말로는 하나도 자살 생각이 없다고 부인하면서도, 실제 행동은 그 반대일 수 있습니다. 예를 들어, 어떤 학생은 자살 생각이 없다고 말하지만, 과거에 여러 번 자살 시도를 했거나, 매우 구체적이고 치명적인 자살

계획을 세운 사실이 알려져 있고, 구조될 가능성도 거의 없는 경우가 있을 수 있습니다. 이런 불일치를 파악하고 풀어 가는 일은 자살 위험 평가에서 가장 중요한 과정 중 하나입니다. 특히 이런 상황에서는 학생을 부드럽지만 분명하게 질문하고, 그 모순을 함께 풀어 가야 합니다(Rudd, 2006).

러드(2006)는 한 고등학교 여학생의 자살 위험 평가 상황을 가정해 다음과 같은 예시를 제시합니다.

> "너는 죽고 싶지 않다고 말했지만, 지난 몇 주 동안의 행동은 그렇지 않은 것처럼 보여. 네가 술을 심하게 마시기도 했고, 남자친구한테 죽고 싶다고 쓴 문자도 있었고, 몇 주 전에는 아무도 집에 없을 때 약을 과다 복용했지. 그리고 그 일에 대해서는 3일이 지나서야 나한테 얘기했잖아. 나는 지금 이 상황이 어떻게 된 건지 네가 나한테 설명해 줬으면 해. 네 말과 행동이 서로 다른 방향을 가리키는 것 같거든. 솔직히 말해서, 나는 네 말보다 네 행동을 더 중요하게 보고 있어. 네 안전과 건강이 지금 정말 걱정되기 때문이야." (p. 10)

## 위험 요인보다 경고 신호를 우선 보세요

자살 위험 평가에서 가능한 위험 요인을 파악하는 것은 중요합니다. 이를 통해 학생의 과거 및 현재의 자살 행동에 대해 좀 더 깊이 질문할 수 있습니다. 하지만 프리덴탈(Freedenthal, 2018)은 대부분의 학생(그리고 일반 사람)조차도, 자살 시도 이력이나 입원 경험 같은 중대한 자살 위험 요인을 가지고 있음에도 실제로 자살로 생을 마감하는 경우는 드물다고 지적합니다. 실제로 최근의 여러 연구는, 위험 요인이 자살을 예측하는 데 있어서 그 효과가 예전보다 훨씬 제한적일 수 있다는 점을 보여 주고 있습니다(Tucker, Crowley, Davidson, & Gutierrez, 2015). 예를 들어, 한 개인이 가지고 있는 위험 요인의 수와 그 사람이 자살로 사망할 실제 위험 수준 사이에는 뚜렷한 상관관계가 없다는 연구 결과도 있습니다(Tucker et al., 2015).

제1장에서 다룬 것처럼, 과거에는 자살의 위험 요인으로 여겨졌던 변수들이 실제로는 '자살 사고'의 위험 요인일 뿐, 자살 시도 같은 더 심각한 자살 행동을 직접적으로 예

측하지는 못한다는 연구도 늘어나고 있습니다(Klonsky & May, 2015; Klonsky, Qiu, & Saffer, 2017). 자살에 대한 생각이 생기는 과정과 그 생각이 실제로 치명적인 자살 행동으로 이어지는 과정은 서로 다른, 분리된 두 가지 과정이라는 것이지요. 즉, 자살에 대한 욕망이 생긴다고 해도, 그것이 행동으로 이어지려면 개인이 실제로 자살을 감행할 수 있는 능력까지 함께 갖추고 있어야 한다는 것입니다(Anestis, Law, Hyejin, Houtsma, Khazern, & Assavedo, 2017).

이와 달리 위험 요인은 일반적으로 오랜 시간에 걸쳐 형성된 고정적 특성인 반면, 경고 신호는 보다 즉각적이고 현재 또는 가까운 미래의 자살 위험이 급격히 높아졌다는 것을 보여 주는 '동적인' 지표입니다. 그래서 경고 신호는 현재 자살 위험을 평가할 때 훨씬 더 중요한 의미를 가지며, 자살 위험 평가할 때 이를 위험 요인보다 우선적으로 고려해야 합니다(Freedenthal, 2018). 물론 위험 요인과 마찬가지로, 경고 신호에도 '몇 가지 이상이면 고위험'이라는 마법 같은 숫자는 없습니다. 어떤 경고 신호든 하나만으로는 큰 의미를 가지기 어렵지만, 경고 신호가 많아질수록 그만큼 더 주의 깊게 살펴봐야 합니다.

다만 프리덴탈(Freedenthal, 2018)은 중요한 점을 한 가지 덧붙입니다. "아무리 많은 경고 신호가 있어도, 그중 가장 핵심적인 요소인 자살 의도가 없다면 실제 위험으로 이어지지 않을 수도 있습니다. 경고 신호는 '이 사람이 지금 생을 끝내려는 직전 단계에 있는 것은 아닌지'를 정밀하게 평가해야 한다는 경고를 주는 역할을 합니다"(p. 70).

## 습득한 행동 능력을 평가하세요

제1장에서 설명했듯이, 최근의 자살 행동 이론은 '생각(자살 사고)'과 '행동(자살 시도)'을 구분하며, 이를 '생각에서 행동으로(ideation-to-action)' 넘어가는 모델로 설명합니다. 이 모델에서 중요한 핵심 개념 중 하나가 바로 자살에 대한 습득된 능력(acquired capability)입니다. 점점 더 많은 연구들이 자살에 대한 습득된 능력이 자살 사고가 실제 행동으로 이어질 가능성을 높이는 핵심 변수라는 사실을 보여 주고 있습니다. 따라서 자살 위험을 평가할 때는 이 부분을 반드시 고려합니다.

예를 들어, 학생이 죽음에 대해 두려움을 느끼지 않는지, 고통이나 괴로움을 오래 견

디는 경향이 있는지, 치명적인 수단에 대한 지식이나 접근성이 있는지, 자해를 반복한 경험이 있는지를 평가하는 것이 모두 자살에 대한 습득된 능력을 파악하는 데 중요한 부분입니다(Klonsky et al., 2017).

조이너와 동료들(Joiner et al., 2009)은 자살에 대한 습득된 능력을 가늠할 수 있는 가장 강력한 지표 중 하나로, 다회 자살 시도 이력을 들고 있습니다. 여러 연구에 따르면, 자살 시도를 여러 번 한 사람들은 단 한 번만 시도했거나, 자살 생각은 있지만 시도한 적은 없는 사람들보다 훨씬 더 심각한 심리적 어려움을 겪고 있고, 실제 자살 행동으로 이어질 위험도 더 높은 것으로 나타났습니다.

물론 다회 자살 시도를 하지 않았더라도, 다음 다섯 가지 증상 중 세 가지 이상을 보이면 자살에 대한 습득된 능력이 형성되었다고 간주할 수 있습니다(Joiner et al., 2009). 그것은, (1) 한 번이라도 자살 시도를 한 적이 있는 경우, (2) 실행 직전까지 갔다가 중단한 자살 시도가 있었던 경우, (3) 자가 주사 방식으로 약물을 투약한 경험이 있는 경우, (4) 자살 목적이 아닌 자해를 반복한 적이 있는 경우, (5) 신체적 폭력에 자주 노출되었거나 직접 가담한 경험이 있는 경우입니다.

## 수단 안전(총기)을 확인하세요

제5장에서 다룬 것처럼 집 안에 총기가 있다는 사실만으로도 자살 위험은 높아지며, 실제로 자살로 사망하는 사람들이 가장 많이 사용하는 수단도 바로 총기입니다. 5세에서 11세 사이의 아동은 자살로 사망할 때 대부분 목을 매거나 질식이라는 방법을 선택하지만, 청소년의 경우는 총기를 사용하는 비율이 훨씬 높습니다(Bridge et al., 2015). 청소년 자살률이 아동보다 훨씬 높다는 점을 고려하면, 자살 위험 평가를 할 때 반드시 총기 접근 가능성에 대한 질문을 포함해야 합니다. 프리덴탈(Freedenthal, 2018)은 모든 자살 위험 평가에 다음과 같은 질문을 포함하라고 권합니다. “집에 총기(총)가 몇 정이나 있나요?” 만약 학생이 총기를 소유하고 있지 않다고 대답하더라도, 다음과 같은 후속 질문을 통해 추가 정보를 확인할 수 있습니다. “총이나 소총, 다른 종류의 총기를 구할 계획이 있나요?” “본인 소유는 아니지만, 총기를 사용할 수 있는 환경에 있나요?” (p. 72)

자살 관련 질문과 마찬가지로, 총기 접근 가능성에 대한 질문도 반드시 직접적이고 분명하게 해야 합니다. 학생이 총기를 가지고 있지 않을 거라고 추측하거나, 질문하지 않아도 학생이 알아서 말해 줄 거라고 가정해서는 안 됩니다(Freedenthal, 2018). 총기 접근에 대한 질문이 너무 당연하게 느껴질 수 있지만, 실제 연구에 따르면, 정신건강 전문가 중 단 6%만이 정신과 환자에게 총기 소유 여부를 물어본 것으로 나타났습니다(Carney, Allen, & Doebbeling, 2002). "자살 위험이 있는 사람이 총기를 가지고 있는지 여부는, 절대 묻지 않고 넘어가서는 안 되는 중요한 질문입니다"(Freedenthal, 2018. p. 72).

## 인터넷 및 소셜미디어 사용을 확인하세요

모든 연령대의 학생들은 인터넷과 다양한 형태의 소셜미디어를 사용하고 있습니다. 이 두 가지는 현대 사회에서 너무나도 당연하고 일상적인 요소이며, 앞으로도 사라지지 않을 것입니다. 인터넷에는 자살 예방을 돕는 훌륭한 사이트들도 많지만, 한편으로는 자살을 조장하는 '프로자살(prosuicide)' 사이트들도 존재합니다. 이런 사이트들은 자살을 가장 '효율적으로' 실행하는 방법, 구조를 피하는 전략, 자살은 정당한 선택이며 막아서는 안 된다는 주장 등을 담고 있습니다(Freedenthal, 2018). 이런 웹사이트는 자살을 정당화하고, 조장하며, 어떤 경우에는 미화하기도 합니다. 자살 위험 평가를 진행할 때, 학생에게 온라인에서 자살에 대해 검색해 본 적이 있는지, 있다면 어떤 종류의 정보를 얻었는지를 꼭 확인합니다(Freedenthal, 2018).

## 보호 요인 평가

위험 요인이 자살 위험을 높이는 반면, 보호 요인은 자살 위험을 낮출 수 있습니다. 위험 요인이 없다는 것 자체도 하나의 보호 요인이 될 수 있지만, 프리덴탈(Freedenthal, 2018)은 자살 위험 평가에서 학생이 지닌 보호 요인을 구체적으로 확인하는 것을 권장합니다. 다만 앞서 언급한 것처럼, 보호 요인에 대한 연구는 위험 요인에 비해 아직 부족한 편입니다. 가능한 보호 요인의 예로는 다음과 같은 것들이 있습니다: (1) 미래에 대한 희망과 낙관적인 태도, (2) 적절한 스트레스 대처 능력과 감정 조절 능력, (3) 긍정

적인 자존감, (4) 자신이 쓸모 있고 유능하다고 느끼는 감각(Freedenthal, 2018). 이 외에도 사회적 연결감과 사회적 지지는 학생들에게 특히 중요한 보호 요인이 될 수 있습니다. 가족이나 친구(학교 안팎 모두 포함)와 관련된 관계 속에서 학생이 느끼는 정서적 지지와 소속감을 구체적으로 질문해볼 수 있습니다. 이런 접근은 자살 위험 평가를 단순히 부족한 점이나 문제 중심에서만 보지 않고, 학생이 가진 강점과 자원을 함께 조명하는 방식으로 전환해 줍니다(Freedenthal, 2018).

하지만 보호 요인을 평가할 때는 조심해야 할 점도 있습니다. 보호 요인의 영향을 과대평가해서는 안 됩니다. 보호 요인을 확인하는 건 분명 중요하지만, 학생에게 심각한 위험 요인이 함께 있는 경우에는 보호 요인이 있다고 해서 자살 행동이 반드시 예방되는 것은 아닙니다(Berman & Silverman, 2014). 그러나 자살 위험이 높다고 판단되지 않는 상황에서는, 보호 요인의 존재가 학생이 안전 계획을 지키고, 사회적 지지를 요청하고, 자살 사고를 행동으로 옮기지 않도록 버틸 수 있게 해 주는 중요한 힘이 될 수 있습니다(Freedenthal, 2018, p. 84).

## 꼭 문서로 기록하세요

학생의 자살 위험 평가 면담을 진행할 때마다 그 내용을 꼼꼼하게 기록해야 합니다. 명확하고 구체적인 기록은 학생과 면담자 모두에게 도움이 되는 여러 가지 이점이 있으며, 더 나은 의사결정과 책임 있는 대응으로 이어질 수 있습니다. 예를 들어, 기록은 전문가가 임상적 판단을 되짚어 보고, 빠뜨린 부분이 있었는지 확인하며, 개선이 필요한 영역을 식별하게 해 줍니다(Freedenthal, 2018, p. 102). 또한 면담 기록은 교사뿐만 아니라 학교 전체 시스템에도 중요한 보호 장치가 됩니다. 평가 당시의 내용을 신속하게 기록해 두면, 나중에 누군가가 문제 제기나 법적 조치를 취했을 경우 중요한 근거 자료가 될 수 있기 때문입니다(Freedenthal, 2018). 면담자는 질문에 대한 학생의 반응을 빠짐없이 기록하는 것이 좋습니다. 가능하다면, 학생이 한 말을 그대로 인용하는 것이 가장 바람직하며, 실제로 그렇게 하는 것이 권장됩니다(Rudd, 2006).

## 교직원 면담

자살 위험 평가를 진행할 때는 보통 학생과의 면담이 가장 핵심적인 정보를 제공하지만, 가능하다면 다른 교사와 직원들과의 면담도 함께 진행하는 것이 바람직합니다. 왜냐하면 학생은 다양한 환경에서 여러 어른과 상호작용하고 있기 때문에 그들로부터 얻을 수 있는 정보 역시 매우 중요하고 유용할 수 있습니다. 학생 주변의 어른들과 면담하면, 치료 계획을 세우거나 이후의 개입 방향을 결정하는 데 도움이 되는 통합적인 정보를 수집할 수 있습니다. 이 장의 마지막에 수록된 부록 6-2에는 교사와 다른 학교 직원들에게 사용할 수 있는 면담 질문 예시들이 제시됩니다.

## 학부모 면담

앞서 설명했듯이 자살 행동이 겉으로 드러나지 않고 은밀할 때(예: 자살 사고), 부모나 보호자는 자녀가 보이는 자살 관련 행동의 정도를 인지하지 못하는 경우가 많습니다. 반면, 자살 시도처럼 눈에 띄는 행동은 부모가 더 쉽게 알아차릴 수 있습니다. 그럼에도 불구하고 부모나 보호자와의 면담은 결정적으로 중요한 정보를 제공할 수 있습니다. 예를 들어, 가족 내 자살 또는 우울증 병력 같은 정보는 다른 방법으로는 얻기 어려운 경우가 많습니다. 또한 학생의 자살 위험에 영향을 미치는 중요한 요인 중 하나는 부모나 보호자와의 관계입니다. 가족 간 갈등이 심하거나, 정서적 지지가 부족하거나, 부모가 학생을 과도하게 비판하는 가정환경일 경우, 학생의 자살 위험이 더 높아질 수 있습니다(Borowski et al., 2001). 이런 부분에 대해서는 학생과 부모 모두에게 질문할 수 있으며, 양쪽을 면담하면 서로 다른 시각을 통해 문제를 더 입체적으로 이해하는 데 도움이 됩니다.

부모 면담에서는 부모가 자녀를 위해 기본적으로 수행해야 할 기능과 양육자로서의 기능을 함께 평가해야 합니다. 기본 기능(essential functions)은 자녀의 건강과 안전을 위한 필수적 역할을 말하며, 예를 들어, 적절한 음식과 주거 제공, 안전하고 학대 없는 가정환경을 유지하는 것 등이 포함됩니다. 양육 기능(parenting functions)은 보다 관계

중심적인 행동으로, 긍정적인 역할 모델이 되어 주기, 정서적으로 따뜻한 환경을 조성하고 유지하기, 적절한 규칙과 한계를 설정하기, 효과적인 의사소통 등을 포함합니다(Erbacher et al., 2015; Rudd et al., 2001). 또한 부모 면담은 가족 내에 우울증, 약물 남용, 자살, 기타 정신건강 문제의 병력이 있는지를 확인하는 데에도 중요합니다. 이 장의 마지막에 수록된 부록 6-2에는 부모나 보호자에게 활용할 수 있는 면담 질문 예시가 포함되어 있습니다.

## 피해야 할 평가 방법

투사적 기법(projective techniques)의 사용은 최근 수십 년 동안 현저히 감소했으며, 미국의 많은 학교 기반 정신건강 전문가들(예: 학교심리학자)은 이를 거의 사용하지 않거나 아예 사용하지 않습니다(Benson et al., 2019; Hojnoski, Morrison, Brown, & Matthews, 2006). 그럼에도 불구하고 일부 실무자들은 로르샤흐(Rorschach) 검사, 인물화 검사, 이야기완성 검사(apperception tests)와 같은 투사적 기법을 자살 위험이 있는 청소년을 평가할 때 선택하기도 합니다. 이런 기법에 매력을 느끼는 전문가들은 자살 행동을 포함한 인간의 행동이 무의식적인 정신 과정에 큰 영향을 받는다고 믿고, 투사적 기법이 이런 과정을 신뢰성 있고 타당하게 평가할 수 있다고 생각할 수 있습니다. 또한 어떤 실무자들은, 자살 행동에 대해 쉽게 말하지 않으려는 학생들에게는 이런 기법이 오히려 유용할 수 있다고 기대합니다.

하지만 문제는 이러한 투사적 기법들이 자살 위험이 있는 아동과 청소년을 식별하는 데 필요한 신뢰도와 타당도를 충분히 입증하지 못했다는 점입니다(D. N. Miller, 2013a). 설령 어떤 평가 방법이 자살 위험이 있는 학생을 잘 식별할 수 있을 만큼 높은 신뢰도와 타당도를 갖고 있더라도, 그것만으로 해당 도구의 사용을 정당화할 수는 없습니다. 예를 들어, '이 평가 방법이 이미 알고 있는 것 이상의 정보를 제공하는가?' 또는 '더 간단한 다른 방법으로는 얻을 수 없는 정보를 주는가?'와 같은 질문을 던져야 합니다. 이런 추가 정보를 제공하는 능력을 '점진적 타당도(incremental validity)'라고 하는데, 투사적 기법은 이 점에서도 부족한 경우가 많습니다(D. N. Miller & Nickerson, 2006). 또한 평가 결과를 실제 개입으로 연결하는 데 실질적인 도움이 되지 않는다는 점도 투사적 기법의 문제로 지적됩니다(Merrell et al., 2012). 이런 여러 이유로 인해, 투사적 기법은 자살 위험 평가를 위해 사용하는 것이 권장되지 않으며, 더 넓게는 아동과 청소년이 보이는 사회적 · 정서적 · 행동적 문제 전반을 평가하는 데에도 적절하지 않습니다(D. N. Miller, 2013a; Merrell et al., 2012).

## 자살 위험 평가의 특별 주제

학교에서 자살 위험성 평가를 실시할 때는, 상황에 따라 비자살적 자해(nonsuicidal self-injury), 괴롭힘(bullying), 그리고 타살(homicide)을 함께 고려합니다.

### 자살 및 비자살적 자해

비자살적 자해(Nonsuicidal Self-Injury: NSSI)는 "죽을 의도 없이, 사회적으로 용납되지 않는 방식으로, 스스로에게 의도적으로 가하는 낮은 위험 수준의 신체적 손상"을 의미합니다. 이 행동은 보통 심리적인 고통을 줄이거나, 그 고통을 다른 사람에게 표현하려는 목적에서 나타납니다(Walsh, 2012, p. 4). 비자살적 자해(NSSI)는 경계선 인격장애 같은 정신질환에서 하나의 증상으로 나타날 수 있지만, 아직 독립적인 정신질환으로는 분류되지 않았습니다. 다만 『정신질환 진단 및 통계 편람 제5판(DSM-5)』에서는 '추가 연구가 필요한 상태'로 분류되어 있습니다(American Psychiatric Association, 2013). 정의 방식에는 차이가 있지만, 연구자들은 모두 비자살적 자해(NSSI)와 자살 행동은 구별된다고 봅니다. 자살 행동은 생명을 끝내려는 분명하고 의도적인 목적이 있지만, 비자살적 자해(NSSI)는 그러한 목적이 없다는 점에서 다릅니다(Hamza & Heath, 2018).

그렇다고 해도 자살과 비자살적 자해(NSSI)의 관계는 매우 복잡하고 미묘합니다(Jacobson & Gould, 2007; Klonsky & Muehlenkamp, 2007). 예를 들어, 외래 환자나 지역사회 청소년을 대상으로 한 연구에서는 자살이 비자살적 자해(NSSI)와 가장 밀접하게 관련된 정신건강 문제로 나타났으며, 입원 환자 집단에서는 우울증 다음으로 높은

관련성을 보였습니다(Lofthouse, Muehlenkamp, & Adler, 2009). 또한 자해를 경험한 사람들 중 상당수(지역사회 표본의 50%, 입원 환자 표본의 70%)가 한 번 이상 자살을 시도한 적이 있다고 보고하였습니다(Muehlenkamp & Gutierrez, 2007; Nock, Joiner, Gordon, Lloyd-Richardson, & Prinstein, 2006). 실제로 자해를 하는 학생들은 자살 위험이 높아질 수 있습니다(Laye-Gindhu & Schonert-Reichl, 2005; Lloyd-Richardson, Perrine, Dierker, & Kelley, 2007). 하지만 모든 자해 학생이 자살 생각을 가지고 있는 것은 아니며, 비자살적 자해(NSSI)와 자살은 기능적으로도 서로 다른 경우가 많습니다(D. N. Miller, 2013c). 자살은 모든 감정을 끝내고자 하는 욕구에서 비롯되는 반면, 비자살적 자해(NSSI)는 오히려 감정을 조절하고 스스로를 진정시키고자 하는 의도에서 시작되는 경우가 많습니다(D'Onofrio, 2007). 결론적으로 많은 학생들이 비자살적 자해(NSSI)를 어둡지만 효과적인 대처 방식이나 자기 위로의 방법으로 사용하고 있는 것으로 보입니다(D. N. Miller & Brock, 2010).

그럼에도 불구하고 비자살적 자해(NSSI)가 자살 사고나 자살 시도와 같은 다양한 자살 행동의 위험을 높인다는 증거가 점점 더 많이 나타나고 있습니다(Jacobson & Gould, 2007; Klonsky, May, & Glenn, 2013; Whitlock et al., 2013). 대부분의 비자살적 자해(NSSI) 학생들이 실제 자살 시도를 하지는 않지만, 자해를 하지 않는 학생들에 비해 자살 사고나 자살 시도를 경험할 가능성이 2배에서 4배까지 높습니다(Hamza & Willoughby, 2016; Klonsky et al., 2013). 자해를 하는 사람들 중에서 삶에 대해 혐오감을 느끼거나, 무기력함과 자기비난이 심하거나, 가족과의 관계가 약하거나, 자살에 대한 두려움이 적은 경우 자살 시도를 할 가능성이 더 높다는 연구 결과도 있습니다(Muehlenkamp & Gutierrez, 2004, 2007). 또한 우울 증상과 음주 문제가 함께 있는 청소년의 경우 비자살적 자해(NSSI)를 하면서 자살 시도 위험도 함께 높아질 수 있습니다(Jenkins, Singer, Conner, Calhoun, & Diamond, 2014).

조이너(Joiner, 2005, 2009)는 비자살적 자해(NSSI)가 자살과 같은 치명적인 행동을 실행하기 위한 일종의 '연습'이 될 수 있다고 보았습니다. 자해를 반복하면서 고통에 무뎌지고, 스스로에게 해를 가하는 데 익숙해지기 때문입니다. 비자살적 자해(NSSI)를 반복하는 사람들은 점점 고립되고, 절망하며, 희망을 잃게 되며, 이러한 정서 상태가 자살 위험으로 이어질 수 있습니다(Gratz, 2003). 또한 일부 연구에서는 비자살적 자해(NSSI)

와 자살 시도를 모두 경험한 청소년이 이 중 하나만 경험한 청소년보다 정신적으로 더 심각한 어려움을 겪는다고 보고하였으며, 이런 경우에는 보다 집중적이고 전문적인 치료가 필요할 수 있습니다(Jacobson & Gould, 2007). 자해를 반복적으로 하는 사람의 경우, 더 이상 자해가 감정 조절 수단으로 효과가 없다고 느끼게 되면 결국 자살로 이어질 위험도 있습니다(Walsh, 2012).

이처럼 비자살적 자해(NSSI)와 자살 행동은 겹치는 부분이 많지만, 두 문제 행동은 서로 다르게 이해하고 다르게 접근해야 합니다. 다음은 월시(Walsh, 2012)가 제시한, 자기파괴적 행동이 자해인지 자살 행동인지 평가할 때 고려해야 할 주요 영역입니다.

## 의도

자살 행동과 비자살적 자해(NSSI)를 구별하려면, 먼저 그 행동의 의도를 파악하는 것이 기본적인 출발점입니다(Walsh, 2012). 학생이 자기파괴적 행동을 통해 무엇을 이루고자 하는지, 다시 말해 행동의 목적이 무엇인지를 평가해야 합니다. 예를 들어, 어떤 여학생이 면담 중에 "기분이 나아지려고 자해를 해요."라고 말하고 자살 의도는 없다고 부인한다면, 이는 자살 위험이 아닌 비자살적 자해(NSSI)로 볼 수 있습니다. 반대로 "아무도 나를 신경 쓰지 않아요. 앞으로도 그럴 거예요. 이제는 삶이 아무 의미가 없어요." 라고 말한다면, 일정 수준의 자살 위험이 있다고 판단할 수 있습니다. 하지만 실제로 면담을 하다 보면, 학생들로부터 명확한 의도를 끌어내는 것이 쉽지 않습니다. 자기 위해 행동을 하는 학생들은 대체로 감정적으로 압도되어 있고, 자신의 행동에 대해 혼란스러워하기 때문입니다(Walsh, 2012). 그래서 의도를 묻는 질문에 "그땐 그게 맞는 행동 같았어요."처럼 모호하게 대답하거나, "잘 모르겠어요."처럼 도움이 되지 않는 반응을 보이는 경우도 많습니다.

의도를 평가하는 일은 간단해 보이지만, 실제로는 복잡하며 공감적인 접근과 끈기 있는 탐색이 함께 필요합니다(Walsh, 2012). 자살 행동과 비자살적 자해(NSSI) 모두 심각한 심리적·정서적 고통을 수반합니다. 하지만 자살 행동은 이 고통을 영원히 끝내기 위한 시도이고, 비자살적 자해(NSSI)는 의식을 끝내려는 것이 아니라 의식을 바꾸려는 시도입니다(Walsh, 2012, p. 8). 대부분의 경우, 비자살적 자해(NSSI)는 죽고 싶어서

가 아니라 감정적인 고통을 완화하려는 목적에서 발생합니다. 자해를 통해 분노, 수치심, 슬픔, 좌절, 혐오감, 불안, 긴장, 공황 같은 감정을 줄이려는 것입니다. 소수의 경우에는 감정을 거의 느끼지 못하는 무감각 상태나 해리 상태를 벗어나기 위해 자해하는 경우도 있습니다(Walsh, 2012).

## 신체 손상의 정도와 생명 위협 가능성

자해를 가하는 방식은 그 행동의 의도를 이해하는 데 중요한 단서를 제공합니다. 청소년의 비자살적 자해(NSSI) 중 가장 흔한 형태는 피부 긋는 행동(Cutting, 커터칼이나 미용칼로 긋기-역자 주)입니다. 반면, 자살로 사망한 청소년 중 자해(Cutting)로 인해 실제로 사망에 이른 비율은 1%도 되지 않습니다. 따라서 학생의 행동이 자살 의도에 의한 것인지, 아니면 비자살적 자해(NSSI)인지 평가할 때, 자해 방법이 중요한 정보를 제공할 수 있습니다. 실제로 생명을 위협할 수 있는 자해는 목 부위의 경동맥이나 경정맥을 절단하는 경우이며, 이는 매우 치명적입니다. 그러나 비자살적 자해(NSSI)를 하는 대부분의 청소년은 팔이나 다리 같은 신체 부위를 자해하며, 이러한 방식은 일반적으로 생명을 위협하지 않습니다(Walsh, 2012).

## 행동의 빈도

일반적으로 청소년의 비자살적 자해(NSSI)는 자살 시도보다 훨씬 더 자주 나타납니다. 대부분의 청소년은 자살 시도를 한두 번 정도로 그치지만, 비자살적 자해(NSSI)를 하는 청소년은 자해 행동을 반복적으로 하는 경우가 많습니다. 물론 일부 청소년은 자살 시도를 비교적 정기적으로 하기도 하지만, 이들은 주로 치명성이 낮은 방법(예: 약물 복용)을 선택하는 경향이 있습니다. 또한 이러한 자살 시도를 주변에 알리는 경우가 많아, 그에 따라 예방 조치가 이루어지는 경우가 많습니다(Walsh, 2012).

## 다양한 자해 방법

이 주제에 대해서는 더 많은 연구가 필요하지만, 현재까지의 자료에 따르면, 자살 시도를 하는 청소년보다 비자살적 자해(NSSI)를 하는 청소년이 여러 가지 자해 방법을 함께 사용하는 경향이 더 높다고 보고되고 있습니다(Walsh, 2012). 이러한 선택의 이유는 아직 명확하지 않지만, 개인의 선호나 상황과 관련이 있을 수 있습니다. 예를 들어, 많은 청소년이 한 가지 방법이 아닌 여러 가지 방법을 사용하기를 선호한다고 말합니다. 또한 병원이나 그룹홈처럼 제한된 환경에 있는 청소년의 경우, 면도날이나 불에 데이는 도구처럼 특정 자해 도구를 구하기 어려운 상황일 수 있습니다. 이런 경우 원하는 효과를 얻기 위해, 팔이나 다리를 때리는 등의 다른 방식으로 자해를 하게 되는 경우도 있습니다(Walsh, 2012).

## 심리적 고통의 정도

일부 청소년은 자신이 겪는 심리적·정서적 고통이 너무 커서 도저히 견딜 수 없다고 느끼며, 자살만이 유일한 탈출구라고 생각하기도 합니다. 반면, 비자살적 자해(NSSI)를 하는 청소년도 강한 감정적 고통을 겪지만, 그 고통은 일반적으로 자살 위기 상황까지는 이르지 않는 경우가 많습니다(Walsh, 2012).

## 사고의 제한

슈나이드만(Shneidman, 1985, 1996)은 자살 성향이 있는 사람들에게서 흔히 나타나는 사고의 제한(cognitive constriction), 즉 '터널 시야(tunnel vision)'에 대해 자주 언급했습니다. 이들은 상황을 흑백논리처럼 '양자택일'로만 받아들이는 경향이 강합니다. 예를 들어, 어떤 청소년이 "여자친구가 나를 떠나면 나는 더 이상 살 수 없어."라고 생각하는 식입니다. 이러한 전부 아니면 전무(all or nothing) 식의 사고는 자살로 이어질 수 있는 심각한 왜곡된 인지 방식입니다. 반면, 비자살적 자해(NSSI)를 하는 사람들에게는 이런 제한된 사고보다는 혼란스러운 사고(disorganized thinking)가 더 두드러지게 나타납

니다(Walsh, 2012). 자살 위험이 높은 사람들은 선택지가 없다고 느끼는 경우가 많지만, 비자살적 자해(NSSI)를 하는 사람들은 선택지를 좁게 인식하지는 않습니다. 다만 감정을 해소하기 위해 자해 같은 부적절하고 사회적으로 수용되지 않는 방식을 선택하는 등 잘못된 선택을 할 뿐입니다.

## 절망과 무력감

절망감(Beck et al., 1979)과 무력감(Seligman, 1992)은 모두 자살 행동과 밀접한 관련이 있습니다. 하지만 자해(NSSI)를 하는 사람들에게서는 이러한 인지적 왜곡이 자주 나타나지 않습니다(Walsh, 2012). 자살을 생각하는 사람은 자신의 심리적 고통을 통제할 수 없다고 느끼는 경우가 많지만, 자해(NSSI)를 하는 사람은 오히려 자해를 통해 통제감을 얻는다고 느끼는 경우가 많습니다. 자해(NSSI)를 하는 학생들은 필요할 때 언제든 자해(예: 베기, 태우기 등)가 가능하다는 사실에서 일종의 안도감을 느끼기도 합니다(Walsh, 2012).

## 자해 이후의 심리적 반응

자해(NSSI)를 한 사람은 자해 이후를 비교적 긍정적으로 느끼는 경우가 많습니다. 자해가 감정적 고통을 빠르게 줄여 주는 효과가 있기 때문입니다. 실제로 많은 경우, 자해(NSSI)는 불편한 감정을 즉각적으로 완화해 주는 역할을 합니다(Walsh, 2012). 반면, 자살 시도에서 살아남은 대부분의 사람은 시도 이후에도 기분이 나아지지 않았다고 말하며, 오히려 더 악화되었다고 느끼는 경우도 많습니다. 만약 어떤 학생이 "이제는 자해가 예전처럼 효과가 없다."라고 말한다면, 긴장 완화 같은 원래의 목적을 더 이상 달성하지 못하고 있다는 뜻이므로, 자살 행동의 위험이 높아질 수 있습니다. 이럴 때 해당 학생의 상태를 더욱 면밀히 관찰하고 개입해야 합니다(Walsh, 2012).

## 자살과 비자살적 자해(NSSI)의 또 다른 차이점

앞서 살펴본 차이점 외에도 자살과 자해(NSSI) 사이에는 세 가지 중요한 차이가 더 있습니다.

첫째, 유병률(발생 빈도)과 관련된 차이입니다. 미국에서는 자살로 인한 사망률에 대해 국가 차원의 역학조사를 통해 잘 알려져 있지만, 자해(NSSI)에 대해서는 이런 조사가 부족하여 정확한 유병률을 파악하기 어렵습니다. 그럼에도 지역사회 표본을 기반으로 한 최소 추정치만 보더라도, 매년 자살로 사망하는 사람보다 자해(NSSI)를 하는 사람이 훨씬 많다는 사실을 보여 줍니다(Walsh, 2012). 둘째, 수단 안전(means safety)의 효과입니다. 자살 예방에서는 위험한 수단을 차단하는 것이 효과적인 전략으로 작용할 수 있지만, 자해(NSSI)에서는 이러한 접근이 잘 통하지 않습니다. 자해와 관련된 모든 도구에 접근하지 못하게 막는 것은 현실적으로 어렵고, 오히려 자해 행동을 하는 사람을 자극하거나 위협으로 느껴지게 할 수 있습니다(Walsh, 2012). 셋째, 월시(Walsh, 2012)는 많은 자해(NSSI) 행동의 핵심 문제가 왜곡된 신체 이미지(body image distortion)라고 설명합니다. 이는 자살 행동과는 뚜렷하게 다른 특징입니다.

비자살적 자해(NSSI)는 학교 현장에서 매우 중요한 문제이며, 학교 기반 정신건강 전문가들은 자해(NSSI)에 대한 이해를 넓히고, 평가 및 개입 역량을 강화할 필요가 있습니다. 비자살적 자해(NSSI)의 평가와 치료에 대해 포괄적으로 다루고 있는 자료로는 녹(Nock, 2014)과 월시(Walsh, 2012)의 책를 참고하면 좋습니다. 청소년 자해(NSSI) 문제에 대한 평가와 치료 전반을 잘 정리한 개요는 닉슨과 히스(Nixon & Heath, 2009)의 연구에 잘 나와 있습니다. 특히 학교 현장에서 청소년의 자해(NSSI)를 평가하고 개입하는 방법에 관심이 있다면, 함자와 히스(Hamza & Heath, 2018), 리버만, 토스테, 히스(Lieberman, Toste, & Heath, 2009), 밀러와 브록(D. N. Miller & Brock, 2010)의 연구를 참고하는 것이 좋습니다. 이 자료들은 학교라는 맥락 안에서의 구체적인 개입 전략을 다루고 있습니다. 또한 자녀의 자해(NSSI)를 이해하고 돕고자 하는 부모를 위한 훌륭한 안내서는 홀랜더(Hollander, 2017)의 저서에 잘 정리되어 있습니다.

## 자살과 학교 괴롭힘

최근 몇 년 동안 신체적 · 언어적 괴롭힘뿐 아니라 SNS를 통한 사이버 괴롭힘 등 다양한 형태의 괴롭힘과 관련된 청소년 자살 사례가 언론을 통해 많이 보도되고 있습니다. 특히 언론 보도는 성소수자(LGBTQ) 청소년들의 자살 사례를 집중적으로 다루어 왔습니다. 이들은 또래 이성애자들보다 괴롭힘을 당할 위험이 훨씬 높고, 자살로 이어질 가능성도 더 큰 것으로 나타났습니다. 뿐만 아니라, 언론은 초등학생부터 고등학생, 더 나아가 대학생에 이르기까지 전 연령대의 청소년 자살 사건을 괴롭힘과 연결시키는 경우가 많았습니다.

학교 괴롭힘은 안타깝게도 매우 흔하며, 학교 폭력 중 가장 자주 발생하는 유형입니다(Swearer, Fluke, Gonzalez, & Myers, 2017). 미국 질병통제예방센터(CDC, 2018)에 따르면, 2017년 고등학생 5명 중 1명이 학교 내에서 괴롭힘을 당했으며, 15%는 사이버 괴롭힘을 경험했다고 보고했습니다. 괴롭힘이라는 단어가 때로는 단순한 공격적 행동 전반을 의미하는 것으로 오해되기도 하지만, 실제로는 다음과 같이 정의됩니다. 괴롭힘은 또래나 또래 집단이 반복적이거나 반복될 가능성이 있는 방식으로 특정 학생에게 의도적으로 공격적인 행동을 하는 것이며, 힘의 불균형(신체적 · 언어적 · 사회적 · 심리적 우위)이 포함되어야 합니다(Bradshaw & Waasdorp, 2019). 즉, 괴롭힘은 한 명 이상의 학생이 피해 학생보다 더 강한 권력을 가지고 있다고 인식되는 상황에서 의도적으로 부정적인 행동을 반복적으로 하는 경우를 의미합니다(Swearer et al., 2017, p. 155). 괴롭힘에는 신체적 폭력이나 언어적 모욕, 소문 퍼뜨리기, 고의적인 배제 등이 포함되며, 이러한 행동은 대면 상황뿐 아니라 SNS와 같은 기술을 통한 사이버 괴롭힘 형태로도 나타날 수 있습니다(Bradshaw & Waasdorp, 2019).

괴롭힘은 단순히 피해 학생뿐 아니라 가해자, 목격자에게까지 심리적 영향을 미칩니다(Swearer, Espelage, & Napolitano, 2009). 일부 학생은 가해자이면서 동시에 피해자이기도 합니다. 예를 들어, 어떤 학생은 누군가를 괴롭히면서 동시에 다른 누군가에게 괴롭힘을 당할 수도 있습니다. 이처럼 괴롭힘에 어떤 형태로든 관여한 학생은 심각하고 장기적인 정신건강 문제를 경험할 위험이 높습니다. 예를 들어, 괴롭힘의 피해자와 가해자 모두 우울, 불안, 성적 또는 대인 폭력, 약물 남용, 사회적 기능 저하, 학업 성과 및 출석 저하 등의 문제를 겪을 수 있습니다. 심지어 직접 참여하지 않고 지켜보기만 한 학생(방관자)도, 괴롭힘을 목격하지 않은 학생에 비해 무력감을 더 많이 느끼고, 성인들로부터 정서적 지지나 연결감을 덜 느끼는 것으로 나타났습니다(CDC, 2018).

연구에 따르면, 괴롭힘의 피해자와 가해자 모두 자살 관련 행동의 위험이 더 높으며, 그중에서도 가해자이자 피해자인 학생이 자살 위험이 가장 높은 것으로 나타났습니다(Holt et al., 2015). 실제로 괴롭힘과 관련된 어떤 역할(피해자, 가해자, 가해자이자 피해자, 방관자)이든 경험한 학생은, 괴롭힘에 전혀 관여하지 않은 학생보다 자살 행동을 보일 가능성이 더 높습니다. 괴롭힘은 학생에게 심리적 스트레스를 유발하는 주요 요인이며, 이로 인해 무기력감이나 절망감이 생길 수 있습니다. 이러한 감정은 자살 행동의 위험을 높일 수 있습니다.

괴롭힘과 자살은 감정 조절의 어려움, 사회적 지지 부족, 소속감 결여 등 공통적인 위험 요인과 보호 요인을 공유합니다(Duong & Bradshaw, 2015). 이 두 문제는 종종 겹쳐서 발생하고, 언론의 관심도 많이 받기 때문에 괴롭힘과 자살 사이의 관계가 과장되게 인식되는 경우도 있습니다. 예를 들어, 'bullycide(괴롭힘 자살)'라는 용어는 마치 자살이 괴롭힘 때문에 직접 발생한 것처럼 잘못된 인식을 줄 수 있습니다. 괴롭힘에 관여한 학생은 자살 위험이 높아질 수 있지만, 대부분은 자살 행동으로 이어지지 않습니다. 그리고 현재까지 이루어진 많은 연구는 괴롭힘과 자살 사이의 인과 관계를 명확히 밝히기에 충분하지 않습니다(Duong & Bradshaw, 2015).

언론과 미디어에서 괴롭힘과 자살을 다루는 방식 역시 두 문제의 관계에 대한 오해를 키울 수 있습니다. 대표적인 예가 넷플릭스 시리즈 〈13가지 이유〉입니다. 이 드라마는 제이 애셔(Jay Asher, 2007)의 청소년 소설을 원작으로 하며, 2017년 5월 31일 첫 시즌이 공개되었습니다. 주인공인 고등학생 한나 베이커는 자살 직전, 자신이 죽음을 선택한 13가지 이유를 설명한 카세트 테이프를 남기며, 이를 주변 사람들에게 전달합니다. 시리즈는 각 인물이 한나의 자살과 어떤 방식으로든 관련이 있다는 메시지를 전달하며, 괴롭힘이 자살의 주요 원인인 것처럼 표현합니다.

이 시리즈는 10대들에게 빠르게 인기를 끌었지만, 자살을 비현실적이고 선정적으로 다룬다는 이유로 많은 비판을 받았습니다. 특히 괴롭힘이 자살의 직접적인 원인처럼 묘사되면서, 여러 전문 기관이 이에 대해 우려를 표했습니다. 예를 들어, 미국 자

살학회(American Association of Suicidology), 미국 자살예방재단(American Foundation for Suicide Prevention), 미국학교상담사협회(ASCA), JED 재단, 전국학교심리학자협회(NASP), 자살예방목소리단체(SAVE), 자살예방자원센터(SPRC) 등은 이 드라마의 내용에 반대하며, 학부모와 교사, 학생들을 위한 가이드 및 교육 자료를 제작했습니다. 이 자료들은 무료로 온라인에서 제공되며, 자살예방자원센터(SPRC) 웹사이트(www.sprc.org/13-reasons-why)에서 쉽게 찾아볼 수 있습니다.

괴롭힘은 자살 행동의 위험을 높이는 여러 요인 중 하나로 이해하는 것이 가장 적절합니다. 또한 괴롭힘과 자살 행동 사이의 관계는 다른 문제들이 매개 요인으로 작용할 수 있습니다. 예를 들어, 괴롭힘에 관여한 경험이 자살 행동으로 이어지는 과정에는 정신건강 문제가 중요한 역할을 할 수 있습니다(Copeland, Wolke, Angold, & Costello, 2013; Klomek, Kleinman, Altschuler, Marrocco, Amkawa, & Gould, 2013). 리트빌러와 브라우쉬(Litwiller & Brausch, 2013)는 신체적 괴롭힘이나 사이버 괴롭힘을 당한 경험이 자살 행동을 증가시킨다고 보고했지만, 이 관계는 약물 남용이나 폭력적인 행동에 의해 매개되는 것으로 나타났습니다.

사이버 괴롭힘은 최근 들어 학교에서 점점 더 심각한 문제로 떠오르고 있습니다. 기존의 전통적인 괴롭힘보다 발생 빈도는 낮지만, 피해자가 피하기 어렵고 가해자가 익명으로 행동할 수 있으며, 다른 형태의 괴롭힘과 함께 발생할 가능성이 높다는 점에서 더 위협적입니다(Bauman, 2015; Li, 2005). 사이버 괴롭힘 피해자는 전통적인 괴롭힘 피해자보다 우울 증상, 자해, 자살 사고 및 자살 시도를 더 많이 보고하는 것으로 나타났습니다(Schneider, O'Donnell, Stueve, & Coulter, 2012). 특히 사이버 괴롭힘과 전통적 괴롭힘을 모두 경험한 학생은 우울 증상을 겪을 가능성이 4배, 자살을 시도할 가능성이 5배 더 높았습니다(Schneider et al., 2012). 이 중에서도 여학생과 성소수자(LGBTQ) 청소년이 사이버 괴롭힘의 피해자가 될 가능성이 더 높습니다(Lieberman, Poland, & Kornfield, 2014).

또한 학교 괴롭힘 예방 프로그램은 널리 운영되고 있지만, 효과에 대한 평가는 부족하며 무관용 방식은 비효율적인 것으로 나타났습니다. 따라서 실태 평가, 정책 수립, 교직원 연수, 근거 기반 프로그램 도입, 리더십 확보, 효과적인 징계 절차 등 체계적인 접근이 필요합니다. 브래드쇼(Bradshaw, 2015)는 학교에서 괴롭힘을 효과적으로 예방하기 위해 MTSS, 다중 요소 프로그램, 전교 차원의 정책 등을 포함한 체계적인 접근을 제안합니다. 예방 효과를 높이기 위해서는 학교 분위기 개선, 가족과 지역사회 참여, 학생의 사회·정서적 역량 강화가 필요합니다.

괴롭힘에 관여한 학생은 자살 행동의 잠재적 위험군일 수 있으므로, 학교는 이에 대해 인식하고 있어야 합니다. 이러한 학생에게는 자살 선별 검사나 필요시 자살 위험성 평가가 도움이 될 수 있습니다. 괴롭힘은 자살 행동을 유발하는 여러 요인 중 하나이므로, 자살 위험 평가 시 반드시 함께 고려해야 할 중요한 변수입니다.

학교 내 괴롭힘을 이해하고 예방하며, 효과적으로 대응하는 방법에 대해 더 알고 싶다면 브래드쇼 등의 연구[Bradshaw(2015), Bradshaw & Waasdorp(2019), Nickerson et al., (2013), Hymel & Swearer, 2015; Swearer et al., 2009, 2017; Swearer & Hymel, 2015]를 참조하면 좋습니다. 또한 괴롭힘과 자살 사이의 관계를 더 깊이 이해하고자 한다면 골드블럼, 에스펠라지, 추 및 봉거(Goldblum, Espelage, Chu, & Bongar, 2015)의 연구나 미국 질병통제예방센터(CDC)가 발간한 《The Relationship between Bullying and Suicide: What We Know and What It Means for Schools》라는 자료를 참고할 수 있습니다. 해당 문서는 CDC 웹사이트(www.cdc.gov)에서 무료로 열람할 수 있습니다.

## 자살과 타살: 자살-살인 사건과 학교 총기 난사

학교 총기 난사는 미국에서 훨씬 더 자주 발생하는 것으로 보고됩니다(D. N. Miller & Sawka-Miller, 2015). 최근 들어 미국 내 학교 총기 사건이 급증하고 있지만, 이러한 사건이 처음 발생한 것은 오래전입니다. 최초의 학교 총기 사건은 1764년에 발생했으며(미국 독립선언 12년 전, 헌법 제정 24년 전), 1850년대 이후로는 거의 모든 10년마다 학교 총기 사건이 발생해 왔습니다(D. N. Miller & Sawka-Miller, 2015). 최근 몇 년 사이 학교 총기 난사 사건이 크게 증가하고 사망자 수도 많아지면서, 공공의 불안이 심화되고 학교에 대한 안전 불신이 확산되었습니다(Borum, Cornell, Modzeleski, & Jimerson, 2010).

이 문제를 다룰 때 가장 먼저 이해해야 할 점은, 학교 총기 난사는 발생 빈도가 증가하고 있음에도 불구하고 여전히 매우 드문 사건이라는 것입니다. 실제로 학생들은 대

부분의 다른 장소보다 학교에서 더 안전한 환경에 있으며, 총기 사건으로 인해 다치거나 사망할 확률은 수백만 분의 1 수준입니다. 하지만 1990년대 후반, 특히 1999년 콜로라도주 콜럼바인 고등학교에서 발생한 다수 피해자 총기 난사 사건 이후, 미국 내 학교 안전에 대한 대중의 인식이 크게 바뀌었습니다(Van Dyke & Schroeder, 2006). 이후 샌디 훅 초등학교(2012, 코네티컷주), 마조리 스톤맨 더글러스 고등학교(2018, 플로리다주) 등에서 발생한 총기 사건은 대중의 불안과 공포를 더욱 심화시켰습니다.

자살과 폭력 예방은 그동안 서로 독립적으로 다루어져 왔지만, 학교 총기 사건을 비롯한 비극적인 사례들을 통해 자살 행동과 타인을 향한 폭력 행동 간의 연결이 반복적으로 드러났습니다(Lubell & Vetter, 2006; Nickerson & Slater, 2009). 미국 비밀경호국과 교육부가 실시한 학교 총기 사건 연구에 따르면, 가해자의 78%가 자살 사고를 경험한 것으로 나타났습니다(Vossekuil, Fein, Reddy, Borum, & Modzeleski, 2002). 총기 사건 가해자들은 자살 사고뿐 아니라 실제로 자살로 생을 마감하는 비율도 높습니다. 전 세계에서 가장 치명적인 학교 총기 사건 25건을 분석한 결과, 그중 절반 이상(13건)은 가해자의 자살로 끝났습니다. 특히 치명적인 학교 총기 사건들에는 타인을 살해한 후 가해자가 자살하는 경우가 많지만, 많은 교직원이 이 사실을 잘 알지 못하는 경우도 있습니다(D. N. Miller & Miller, 2020).

현재까지 미국 역사상 가장 치명적인 학교 총기 및 폭력 사건 6건은 다음과 같습니다. 1927년 미시간주 배스 타운십에서 발생한 폭탄 테러(45명 사망), 2007년 버지니아텍 총기 사건(33명 사망), 2012년 코네티컷주 샌디 훅 초등학교 총기 사건(28명 사망), 1966년 텍사스대 오스틴 캠퍼스 총기 사건(18명 사망), 2018년 플로리다주 마조리 스톤맨 더글러스 고등학교 총기 사건(17명 사망), 1999년 콜로라도주 콜럼바인 고등학교 총기 사건(15명 사망)입니다.

이 여섯 사건의 가해자 7명 중 5명이 자살했고, 텍사스대 사건의 성인 가해자 찰스 휘트먼은 경찰의 총격에 의해 사망했습니다. 이 경우는 '자살을 유도하는 행동(suicide by cop)', 즉 경찰의 치명적 대응을 의도적으로 유도한 경우로 간주됩니다. 이와 유사한 경향은 다른 국가에서도 나타납니다. 전 세계 학교 총기 사건(1925~2011년) 분석에서는 전체 사건의 약 26.6%에서 가해자가 자살한 것으로 보고되었습니다(Bockler, Seeter, Sitzer, & Heitmeyer, 2013). 최근 연구에 따르면, 자기 자신에게 향하는 폭력(자살)과 타인에게 향하는 폭력(타살)이 서로 겹치는 경우가 많다는 증거가 늘어나고 있습니다(Joiner, 2014; D. N. Miller, 2012b). 두 유형의 폭력 모두 흔하지 않은 행동이지만, 그 사이의 연관성은 분명합니다. 인간은 생물학적으로 같은 종을 해치지 않으려는 본능적인 장벽을 가지고 있으며, 이 장벽은 타인을 해치는 것뿐 아니라 스스로를 해치는 경우에도 적용됩니다(Grossman, 1995; Joiner, 2014). 하지만 이 장벽을 넘어서게 만드는 요인 중 하나는 반복적인 폭력 노출과 그에 따른 무감각화입니다. 이는 자살과 살인 모두에서 핵심적인 역할을 할 수 있습니다(Joiner, 2005, 2014). 실제로 조이너(Joiner, 2014)는 자살-살인 사건의 가해자들에게서 살인이 아닌 자살이 최초이자 근본적인 동기였다는 강력한 증거를 제시합니다. 이는 중동의 자살폭탄 테러범을 연구한 결과에서도 유사하게 나타났습니다(Lankford, 2013; Lankford & Hakim, 2011).

가장 잘 알려진 학교 내 자살-살인 사건은 1999년 4월 20일, 콜로라도주 콜럼바인 고등학교에서 발생했습니다. 이 사건에서 고3 학생인 에릭 해리스(Eric Harris)와 딜런 클리볼드(Dylan Klebold)는 학생 12명과 교사 1명을 살해하고, 21명에게 중상을 입힌 뒤 자살했습니다. 이후 밝혀진 바에 따르면, 두 사람 모두 사건 이전부터 자살 사고를 반복적으로 경험해 왔습니다. 특히 딜런은 자살 사고가 뚜렷했고, 사건 2년 전부터 자신을 죽이고 싶다는 생각을 일기장에 꾸준히 기록해왔습니다(Joiner, 2014). 그는 비극이 벌어지기 몇 달 전부터 곧 자신이 자살할 것이라는 예감을 여러 차례 글로 남겼습니다. 딜런의 부모는 아들의 자살 사고에 대해 전혀 알지 못했으며, 그의 죽음 이후에야 이를 알게 되었습니다(Klebold, 2016).

조이너(Joiner, 2014)는 자살-살인 사건의 가해자들이 '정의, 자비, 의무, 영웅적 영광'이라는 네 가지 인간적 가치 중 하나 이상을 왜곡한다고 설명합니다. 이 중에서도 많은 사례는 정의와 자비의 왜곡으로 나타납니다. 예를 들어, 가해자가 '자신뿐 아니라 타인을 죽여야 정의가 실현된다.'라고 믿거나, '상대방에게 고통을 주지 않기 위해 죽이는 것이 자비로운 선택'이라고 생각하는 경우입니다. 학교 총기 사건에서는 이러한 왜곡이 특히 정의와 영웅적 영광의 왜곡으로 드러납니다. 자신의 죽음과 살인을 통해 유명해지고 싶어 하는 욕구가 동반되는 경우가 많습니다.

실제로 콜럼바인 사건에서도 영광에 대한 욕망이 에릭과 딜런 모두에게 중요한 동기로 작용했습니다(Joiner, 2014). 작가 앤드루 솔로몬(2016, p. xv)은 "에릭은 죽이고 싶어

했고, 딜런은 죽고 싶어 했다. 둘 다 그들이 벌인 학살을 통해 신적인 존재가 될 것이라 믿었다."라고 서술했습니다. 랜포드(Lankford, 2013)는 대규모 총기 난사범의 공통적인 특징으로 자살을 원할 만큼 심각한 정신건강 문제, 피해를 당했다는 깊은 피해의식, 살인을 통해 명성과 영광을 얻고자 하는 욕망을 제시합니다. 이 세 가지 특성은 콜럼바인 사건의 두 가해자에게 모두 어느 정도 해당되었습니다.

총기 사건 가해자들을 사전에 식별하기 위한 '프로파일링' 시도도 있었지만, FBI는 이러한 접근에 대해 주의를 촉구했습니다(Cornell & Williams, 2006; O'Toole, 2000). 대신, FBI는 위협 평가(threat assessment) 방식을 학교에 권장했으며, 이는 미국 비밀경호국과 교육부의 권고와도 일치합니다(Fein et al., 2002; National Institute of Justice, 2002). 지금까지 밝혀진 학교 총기 가해자의 공통된 특성은 다음과 같습니다. 그것은 남학생, 또래로부터 괴롭힘이나 따돌림을 당한 경험, 폭력적 게임이나 환상에 대한 집착, 우울감 및 자살 사고입니다(Fein et al., 2002; National Institute of Justice, 2002).

학교 총격 사건 가해자의 특성을 나열하는 방식은 실제 현장에서 활용하기에는 구체성이 부족하다는 비판을 받고 있습니다. 너무 많은 학생이 잠재적 위험군으로 잘못 분류될 가능성이 있기 때문입니다(Sewell & Mendelsohn, 2000). 예를 들어, 과거 몇몇 가해자가 검은색 트렌치코트를 입고 무기를 숨긴 사례가 알려지자, 일부 학교에서는 트렌치코트를 착용한 학생 전반을 의심하거나 심지어 착용을 금지하기까지 했습니다. 이러한 반응에 대해 FBI 폭력범죄 분석센터는 이를 '검은 트렌치코트 문제(black trench coat problem)'라고 명명하며, 선의로 시작된 잘못된 프로파일링 시도로 경고했습니다(Cornell & Williams, 2006). 자살 위험 학생을 특정 인지 특성만으로 예측할 수 없는 것처럼(Pokorny, 1992), 학교 폭력 가해자도 단순한 위험 요인만으로 정확하게 예측하는 데에는 본질적인 한계가 있습니다(Mulvey & Cauffman, 2001). 이는 자살과 살인 모두 발생률이 매우 낮은 행동이라는 특성 때문입니다. 그렇다고 해서 학생의 자살 또는 폭력 위험을 완전히 예측할 수 없다는 의미는 아닙니다. 완벽한 예측은 어렵지만, 위험이 높아지는 시기를 포착하는 것은 가능합니다. 예를 들어, FBI의 학교 총기 사건 연구에서 가장 유의미했던 발견은 대부분의 가해자가 사건 전에 위협적인 언행이나 계획을 타인에게 드러냈다는 점입니다(Cornell & Williams, 2006). 실제로 많은 사건이 학생의 위협 발언을 조사하고 대응한 덕분에 예방되었습니다. 이런 결과들은 학교가 특정 위험 요인보다는 학생의 위협 행동 탐지와 조사에 집중해야 함을 보여 주며, 이러한 위협 평가(threat assessment) 접근법은 시간이 지나며 높은 효과성을 입증해 왔습니다. 학생의 자살과 타살 문제를 논의할 때는 적절한 균형 있는 시각이 필요합니다. 자살 행동을 하는 대부분의 청소년은 학교든 학교 밖이든 타인을 해치는 행동을 하지 않습니다. 성인도 마찬가지입니다. 실제로 미국에서 자살-살인 사건은 전체 자살 사건의 약 2%에 불과합니다(Joiner, 2014). 또한 자살의 근저에 있는 정신건강 문제를 가진 사람은 가해자보다는 피해자가 될 가능성이 훨씬 높습니다. 그리고 많은 학교 총기 사건의 가해자는 해당 학교의 재학생이 아닌 경우도 많으며, 성인인 경우도 적지 않습니다. 그럼에도 불구하고 자살 행동과 자살-살인 사건 사이에는 통계적 유사성이 존재합니다. 자살로 사망한 사람들과 자살-살인 사건을 저지른 사람은 인구학적 · 심리적 특성이 유사하지만, 단순 살인 가해자들과는 그렇지 않습니다(Joiner, 2014). 따라서 어떤 학생이 자살 위험성과 동시에 타인에게 해를 끼칠 가능성이 있다고 판단될 경우, 자살 위험 평가와 함께 위협 평가를 병행하는 것이 바람직합니다.

학교에서 학생 위협 평가를 실시하는 방법에 대해 더 알고 싶다면 코넬 등의 연구[Cornell & Nekvasil (2012), Cornell & Williams (2006), Delizonna, Alan, & Steiner (2006), Van Dyke & Schroeder (2006)]를 살펴보세요. 또한 미국 비밀경호국이 발표한 학교 총기 사건 보고서(National Institute of Justice, 2002)를 참고하면 좋습니다. 학교 총기 사건과 그 예방 방법은 보럼 등의 연구[Borum et al., (2010). D. N. Miller & Sawka-Miller (2015)]를 보세요. 학교 내 자살-살인 사건을 다룬 자료로는 밀러와 밀러(D. N. Miller & Miller, 2020)의 저작이 있으며, 딜런 클리볼드의 어머니 수 클리볼드(Sue Klebold)가 쓴 『A Mother's Reckoning: Living in the Aftermath of Tragedy』(2016) 또한 자살-살인의 비극을 부모의 시선에서 깊이 있게 다룬 책으로 알려져 있습니다. 그녀는 다음과 같이 말했습니다. "자살에 대해 말하기도 어렵지만, 자살-살인은 차마 생각조차 할 수 없는 일이다"(Klebold, 2016, p. 249).

## 자살 위험 평가의 전문성 향상

자살 위험성을 평가하는 정신건강 전문가들의 임상적 판단력과 의사결정 능력을 향상시켜 주는 우수한 자료들이 많이 있습니다. 관심 있는 독자들은 다음 자료들을 참고하면 좋습니다. 대표적인 세 가지 가이드는 다음과 같습니다.

- 자살 사건의 연대기적 평가(Chronological Assessment of Suicide Events: CASE) (Shea, 2002)
- 자살 위험성 평가 의사결정 트리(Suicide Risk Assessment Decision Tree) (Joiner, Walker, Rudd, & Jobes, 1999; Joiner et al., 2009)
- 자살 협력 평가 및 관리 모델(Collaborative Assessment and Management of Suicidality: CAMS) (Jobes, 2016)

이 모델들은 청소년을 위한 평가 도구로 개발된 것은 아니지만, 청소년에게도 효과적으로 적용 가능합니다. 예를 들어, 리즈-앤더슨과 동료들(Ridge-Anderson et al., 2016)은 CAMS 모델을 아동에게 적용하는 방법에 대한 유용한 정보를 제공합니다. 바리오(Barrio, 2007)는 아동의 발달 단계에 적합한 자살 행동 평가 지침을 제시하고 있으며, 킹과 동료들(King et al., 2013)은 청소년 대상 자살 선별 및 위험성 평가 가이드를 제공하고 있습니다. 프리덴탈(Freedenthal, 2018)의 자료는 자살 위험성을 평가할 때 실용적일 뿐 아니라, 자살 위험에 처한 사람들을 돕는 데에도 매우 유용한 자료입니다.

## 맺음말

학생의 자살 위험성을 평가하는 일은 학교 기반 심리상담 전문가와 전문상담교사 모두에게 매우 중요하지만, 동시에 심리적으로 부담이 큰 작업입니다. 자살 위험성 평가의 핵심 목적은 학생의 자살 위험 수준을 파악하고, 그에 따라 학생의 필요에 맞는 개입을 제공하는 것입니다. 이 장에서는 자살 위험이 있는 학생을 식별하는 다양한 접근 방법을 살펴보았습니다. 예를 들어, 대규모 선별 검사, 특정 위험 요인을 기반으로 한 학생 선별, 추천된 학생을 대상으로 한 개별 위험성 평가 등이 있습니다. 평가 결과에 따라, 일부 학생은 2단계(Tier 2) 개입을 받고, 다른 학생은 보다 집중적인 3단계(Tier 3) 개입을 받게 됩니다. 이러한 두 수준의 지원에서 효과적인 개입을 제공하는 방법은 제 7장에서 다룰 주제입니다.

**현장 피드백** **정혜수(고등학교 담임교사)**

정서적 어려움을 겪는 아이들이 점점 늘어 가는 교실 안에서, 담임교사는 누구보다 먼저 그 신호를 마주합니다. 그러나 현실은 교과 수업에 쫓기고, 상담의 시간은 늘 부족합니다. 자해 흔적을 발견할 때마다 가슴이 덜컥 내려앉고, 그 아이와 눈을 마주치는 일이 두렵고 아프기도 합니다. 이 책은 그런 교사에게 방향을 제시합니다. 무겁고 조심스러운 질문도, 라포를 쌓기 위한 대화도 담겨 있어 실제 상담 현장에서 바로 쓸 수 있는 도구가 됩니다. 아무도 놓치지 않기 위해, 이 매뉴얼이 모든 교사에게 '실제'가 되길 바랍니다. 그래야 아이들이 침묵 속에서 무너지지 않을 수 있습니다.

# 부록 6-1
# 자살 위험을 평가하기 위한 면담 질문 예시*

- “지금 기분이 어때?”
- “많은 아이들이 가끔 우울함을 느끼기도 해. 우울하다고 느낀 적 있니? 그 이야기를 들려줄 수 있니?”
- “예전에 우울했던 적이 있었니? 그때 이야기를 해 줄 수 있어?”
- “미래에 대해 낙관적인가, 비관적인가? 그 생각에 대해 이야기해 줄 수 있나?”
- “과거에 희망이 없다고 느낀 적이 있었나? 어떤 상황이었는지 말해 줄 수 있나?”
- “죽고 싶다고 생각해 본 적 있니?”
- “내가 죽으면 친구나 가족이 더 나을 거라고 생각한 적이 있니?”
- “내가 다른 사람들에게 짐이 된다고 느낀 적 있니? 지금도 그러니?”
- “가족이나 친구들과의 관계는 어떠니? 가까이 느껴지고, 나를 도와주는 사람이 있나?”
- “요즘 집에서 겪고 있는 문제나 스트레스가 있나? 어떤 건가?”
- “학교에서 겪고 있는 문제나 스트레스가 있나? 어떤 건가?”
- “잠은 잘 자고 있니? 자주 피곤함을 느끼니?”
- “또래 친구들 중에도 자살을 생각해 보는 경우가 있어. 그런 생각을 해 본 적 있니?” (예, 라고 하면 다음 질문으로 진행)
- “자살 생각을 하게 된 계기를 이야기해 줄 수 있니? 그냥 네 이야기를 듣고 싶어.”
- “자살 생각은 얼마나 자주 하니?”
- “자살 계획을 세운 적 있나요? 어떻게 계획했는지 말해 줄래?”

---

* “이 책을 구매한 분에 한해 개인용 또는 학생 지도용으로 이 유인물을 복사해 사용할 수 있습니다.”

- “자살을 시도한 적 있니? 그때 이야기를 해 줄 수 있나?”
- “자살을 시도한 게 몇 번 있었니?”
- “어떻게 자살을 시도했니?”
- “현재 복용 중인 약이 있나? 어떤 약이니?”
- “집에 총기류가 있거나 접근할 수 있는 총이 있니?”
- “자살에 관한 인터넷 사이트를 찾아본 적 있니? 어떤 사이트였니?”
- “자살하고 싶은 마음에 대해 이야기한 사람이 있니? 누구였어?”
- “자살하지 않으려면 어떤 변화가 필요할까? 무엇이 자살을 막아 줄 수 있을까?”
- “살고 싶은 이유는 무엇이 있을까?”

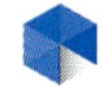

# 부록 6-2
# 교사, 학부모 · 보호자를 위한 질문 예시**

### 교사를 위한 질문 예시

- "최근 학생의 학업 수행이나 행동에서 큰 변화가 있었나요? 어떤 변화였나요?"
- "학생의 정서나 사회적 행동에서 달라진 점을 느끼셨나요?"
- "최근 학교생활에서 어려움을 겪은 적이 있었나요? 어떤 문제였나요?"
- "학생이 우울해 보인 적이 있나요? 그렇게 생각하게 된 말이나 행동이 있었나요?"
- "학생이 약물이나 알코올을 사용하는 문제를 알고 계신가요?"
- "학생이 자해 행동을 보인 적이 있나요?"
- "학생이 자살에 대한 생각이나 위협을 말로 하거나 행동, 또는 글쓰기나 그림 등 상징적으로 표현한 적이 있었나요? 자해나 죽음과 관련된 말이나 행동을 한 적이 있었나요?"

### 학부모 또는 보호자를 위한 질문 예시

- "최근 가정이나 아이의 삶에서 큰 변화가 있었나요?"
- "변화가 있었다면, 아이는 그 변화에 어떻게 반응했나요?"
- "가족 중에 자살 행동, 우울증, 약물 남용, 혹은 기타 정신건강 문제의 병력이 있나요?"
- "아이가 최근에 상실을 경험한 일이 있었나요? 어떤 상실이었나요?"
- "최근 아이의 행동에 변화가 있었나요?"
- "아이가 우울해 보이거나, 약물 문제 또는 행동 문제를 보인 적이 있나요? 구체적으로 어떤 문제였나요?"
- "아이는 미래에 대해 낙관적인가요, 비관적인가요? 희망을 가지고 있나요, 아니면

절망적인가요?"

- "아이의 수면 습관은 어떤가요? 너무 많이 자거나, 너무 적게 자는 편인가요?"
- "아이가 죽고 싶다고 말한 적이 있거나, 자살을 시도한 적이 있나요? 그렇다면 어떤 방법을 사용했나요?"
- "집에 총기류가 있나요? 있다면 잠금장치가 있는 보관함에 안전하게 보관되고 있나요? 아이가 그 보관함이나 열쇠에 접근할 수 있나요?"

# 3단계 위험군 학생을 위한 개입

"우리는 살면서 크고 작은 재난을 종종 겪게 됩니다. 이러한 불행에 마음이 휘둘리지 않도록 대비하는 것은 우리 삶에서 매우 중요한 노력 중 하나입니다."

_토머스 제퍼슨(Thomas Jefferson)

"사회 속에서 소속감을 느끼고 기여하려는 욕구는 인간 존재의 본질적인 부분으로 보입니다."

_토머스 조너(Thomas Joiner)

"학교는 언젠가는 반드시 위기 상황에 대응해야 할 순간을 맞이하게 됩니다."

_스티븐 E. 브록(Stephen E. Brock)

자살 위험 평가 결과에 따라 학생은 선별적 개입(2단계)이나 고강도 개입(3단계)을 받을 수 있습니다. 선별적 자살 개입 프로그램은 감정 문제, 정신건강 문제, 또는 기타 위험 요인으로 인해 자살 행동 위험이 있는 하위 집단 학생을 대상으로 합니다(Miller & Mazza, 2018). 예를 들어, 명확한 자살 행동을 보이진 않지만 우울증이나 자해 같은 정신건강 문제와 함께 원주민 청소년, 약물 사용, 가정 내 자살 또는 정신질환 이력이 있는 가족을 둔 학생 등이 해당될 수 있습니다.

3단계 개입은 현재 자살 행동을 보이는 고위험 학생을 대상으로 합니다. 예를 들어, 죽고 싶다는 의사를 말이나 글로 표현했거나, 자살 시도를 한 학생들이 이에 포함됩니다. 이 개입의 목적은 현재의 위기나 갈등을 줄이고, 자살 행동이 더 심화되는 것을 막는 것입니다. 학교에서는 이런 개입이 주로 위기 상황에서 제공되며, 학생이 당장의 감정 조절 능력을 회복할 수 있도록 돕는 것이 핵심입니다(Brock, 2002).

이 장에서는 자살 위험 수준이 낮거나 중간 정도인 학생에게 적합한 2단계 개입과, 고위험 학생을 위한 3단계 개입을 함께 다루고 있습니다. 먼저, 자살 위험 평가에서 낮거나 중간 위험으로 판단된 학생에게 필요한 개입부터 살펴보겠습니다. 이어서 2단계에서 사용할 수 있는 학교 기반 자살 예방 교육 프로그램 두 가지를 소개하고, 그 외 자살 위험 학생을 위한 다양한 개입 방법을 제시합니다. 마지막으로, 고위험 학생을 위한 학교 기반 권장 절차와 구체적 개입 방법(예: 지속적 연락 유지, 변증법적 행동치료, 입원, 약물치료 등)의 효과를 검토합니다.

## Low Risk 낮은 위험도 학생을 위한 개입

자살 위험이 낮은 학생(Low Risk)은 일반적으로 일시적인 자살 생각을 보고하지만, 자살 의도나 구체적인 계획은 없는 경우입니다(Erbacher et al., 2015). 이런 학생들은 자기 자신에게 심각한 위해를 가할 가능성이 낮으며, 학교에 계속 다니고 학업이나 학교 활동에 참여할 수 있습니다. 또한 학교나 지역사회에서 받고 있는 정신건강 서비스를 계속 이용할 수 있습니다(Erbacher et al., 2015).

그러나 '자살 위험이 낮다.'라는 것이 '위험이 전혀 없다.'라는 의미는 아닙니다. 실제로 많은 청소년이 자살을 생각하더라도 시도까지 이어지지는 않지만, 생각(자살 사고) 자체가 더 심각한 행동으로 발전할 수 있는 위험 요인이 될 수 있습니다. 연구에 따르

면, 자살 시도를 한 청소년의 경우 처음 생각(자살 사고)을 한 시점부터 첫 시도까지 평균적으로 1년이 채 되지 않습니다(Nock et al., 2013). 따라서 학교에서는 현재 수준의 자살 위험이 더 심화되지 않도록 적극적으로 관리해야 합니다. 학생이 자살 사고를 보인 경우, 학부모의 인식과 학생에 대한 지속적인 관찰, 심리 치료 서비스 연계는 자살 사고가 자살 시도로 이어지는 것을 예방하는 데 효과적입니다(Erbacher et al., 2015).

자살 위험이 낮다고 평가된 학생에게는 학교, 학부모, 학생이 함께 참여하는 안전 계획을 세워야 합니다. 부모에게는 자살 위험 평가 결과를 자세히 설명하고, 학교에서는 해당 학생을 꾸준히 관찰하며 정기적으로 재평가하여 위험 수준 변화를 점검해야 합니다. 아직 심리 치료 전문가와 연결되어 있지 않다면, 지역사회 기반의 전문가에게 심리 상담을 받을 것을 권유해야 합니다(Erbacher et al., 2015). 이때 자살 고위험 청소년의 심리치료 경험이 있고, 근거 기반의 개입(예: 인지행동치료, 변증법적 행동치료)에 능숙한 전문가를 추천하는 것이 바람직합니다.

학교가 절대로 해서는 안 되는 조치는, 지역사회 전문가가 자살 위험이 없다고 판단할 때까지 학생을 정학시키는 것(혹은 한국의 경우, 숙려제 사용을 권하는 것-역자 주)입니다(Erbacher et al., 2015). 일부 교육청에서는 이러한 정학 방침을 취하고 있지만, 이는 여러 이유로 권장되지 않습니다. 요약하자면 다음과 같습니다(Erbacher et al., 2015, p. 122).

> 일부 학생에게는 학교가 유일하게 또래나 성인과 긍정적 관계를 맺을 수 있는 공간입니다. 자살 위험이 높지 않고, 자극 요인이 학교에 있는 것이 아니라면, 정학은 자살 위험을 솔직히 털어놓은 학생을 오히려 벌주는 셈이 됩니다. 자녀를 모니터링하는 책임이 훈련받지 않은 부모에게 전가되며, 이는 비전문가에게 과도한 부담입니다. 학교와 지역사회는 훈련된 정신건강 전문가를 보유하고 있지만, 가정은 그렇지 않습니다. 자살 위험 평가를 담당하는 기관이나 전문가의 연결이 없다면, 가정이나 사회복지 체계에 불필요한 부담을 줄 수 있습니다.

## Moderate Risk 중간 위험도 학생을 위한 개입

일반적으로 자살 중간 위험도 학생은 자살 사고가 자주 나타나지만, 강도나 지속 기간은 제한적이며, 자살 계획은 일부 존재하나 실행 의도는 없음을 보고합니다. 이들은 어느 정도 자기 통제력을 보이며, 여러 위험 요인을 안고 있지만 동시에 삶의 이유나 보호 요인도 일부 가지고 있는 경우입니다(Erbacher et al., 2015, p. 123). 중간 위험도 학생에 대한 개입은 학교 입장에서 가장 어려운 판단을 요구합니다. 낮은 위험도 학생은 보통 수업에 복귀시키고 학부모에게 알린 후 좀 더 면밀히 모니터링을 시작합니다. 반면, 고위험도 학생은 병원으로 이송되거나, 전문기관에 의뢰되어 추가 평가를 받게 됩니다. 하지만 중간 위험도 학생은 이 두 사이에 위치해 있어 대응이 더욱 복잡합니다(Erbacher et al., 2015).

학교 내 심리 상담 전문가인 전문상담교사가 실시한 자살 위험 평가 결과, 학생이 중간 위험도로 판단되면 학생을 면밀히 관찰하고 정기적으로 재평가하여 자살 위험이 증가하거나 감소하는지를 확인합니다. 학부모 또는 보호자에게 즉시 연락하여 학교와 가정 모두에서 사용할 수 있는 안전 계획을 수립합니다. 학생이 현재 지역사회에서 정신건강 서비스(정신과 진료나 전문기관 심리 치료)를 받고 있지 않다면, 가능한 한 빠르게 치료를 시작하도록 안내하고, 근거 기반 개입이 가능한 전문가와 연결하는 것이 중요합니다. 또한 정신과적 평가를 받아 항우울제 등 약물 치료가 가능한지 여부를 판단받도록 권장해야 합니다. 학교 내 상담자는 학생, 부모, 지역사회 서비스 제공자 간의 긴밀한 소통을 유지하며, 가능하다면 이들 서비스를 조율하는 코디네이터 역할을 합니다.

## 중 · 저 위험군 학생을 위한 학교 기반 개입 프로그램

앞서 5장에서 1단계 보편적 수준의 자살 예방 프로그램 몇 가지를 다루었습니다. 이 장에서는 2단계 수준에서 활용할 수 있는 두 가지 자살 예방 프로그램을 간단히 소개하겠습니다. 바로 아메리칸 인디언 생활 기술 프로그램(American Indian Life Skills Development: AILS, 이전 명칭: Zuni Life Skills Development)과 Reconnecting Youth 프

로그램입니다. 이 두 가지는 1단계에서도 활용할 수 있지만, 특정 위험군 학생을 대상으로 하기 때문에 2단계 개입으로 분류합니다.

## 아메리칸 인디언 생활 기술 개발 프로그램

아메리칸 인디언 생활 기술 프로그램(American Indian Life Skills Development: AILS, 이전 명칭: Zuni Life Skills Development)은 자살 위험이 높은 미국 원주민 청소년을 대상으로 한 자살 예방 커리큘럼입니다. 처음에는 뉴멕시코의 주니 족 문화에 맞춰 개발되었지만, 이후 다른 원주민 청소년에게 맞게 문화적 수정이 가능하도록 확장되었습니다 (LaFromboise, 1996). 현재 이 프로그램은 14~19세 고등학생을 대상으로 합니다.

커리큘럼은 13~56개의 수업안으로 구성되며, 30주 동안 주 3회 실시됩니다. 수업은 역할극과 원주민 청소년의 삶과 관련된 활동을 포함한 참여 중심의 수업으로 이루어집니다. 주요 주제는 다음 일곱 가지로, (1) 자존감 형성, (2) 감정과 스트레스 인식, (3) 의사소통 및 문제 해결 능력 향상, (4) 자기파괴적 행동 인식 및 중단, (5) 자살에 대한 정보 제공, (6) 자살 개입 훈련 제공, (7) 개인 및 공동체 목표 설정입니다. 이 프로그램은 학교 관계자와 지역사회 리더, 부족 대표자가 협력하여 진행하며, 부족 전통과 가치가 반영된 자료를 번역하거나 보완합니다. 현장 코디네이터는 보통 학생들과 문화적 배경이 유사한 정신건강 전문가가 맡습니다.

라프롬보이즈와 호워드-피트니(LaFromboise & Howard-Pitney, 1995)의 연구에 따르면, 이 커리큘럼을 이수한 학생들은 대조집단보다 절망감이 낮았고, 자살 개입 기술이 더 뛰어났습니다. 이 프로그램은 SAMHSA의 National Registry of Evidence-Based Programs and Practices에 등재되어 있으며, 자살 예방 효과가 입증된 프로그램으로 인정받았습니다. 자살 위험이 있는 원주민(다문화-역자 주) 학생을 지도하는 교사들은 이 커리큘럼을 고려할 수 있습니다.

## RY(Reconnecting Youth) 프로그램

RY(Reconnecting Youth: A Peer Group Approach to Building Life Skills)는 고등학생을

위한 자살 예방 커리큘럼으로, 자살 행동뿐 아니라 자살 관련 위험 요인과 정신건강 문제를 줄이는 데 목적을 둡니다. 대상은 학업 중도 탈락 가능성이 있는 학생, 학업 성취가 낮은 학생, 공격성이나 약물 남용, 우울증, 자살 행동 등으로 어려움을 겪는 학생들입니다.

RY(Reconnecting Youth) 커리큘럼은 다음 네 가지 모듈로 구성됩니다. (1) 자존감 향상, (2) 의사결정 기술, (3) 자기 통제력, (4) 대인관계 의사소통입니다. 각 수업은 55~60분이며, 교사용 매뉴얼과 실제 예시가 포함되어 있습니다. 또래 및 교사와의 관계 강화, 학부모 참여 촉진, 위기 대응 계획도 함께 포함되어 학교 자살 예방 프로그램과 연계될 수 있도록 설계되어 있습니다. RY 프로그램은 고위험 청소년과의 경험이 있는 지도자가 교육을 받고 진행합니다.

연구에 따르면, 이 커리큘럼을 받은 학생들은 우울감, 스트레스, 분노, 결석이 줄고, 성적이 향상되는 긍정적 변화를 보였습니다(Eggert, Thompson, Herting, Nicholas, & Dicker, 1994). 추가 연구가 필요하긴 하지만, 자살 예방을 위한 RY의 효과도 긍정적으로 보고되고 있습니다(Eggert et al., 1995; Thompson, Eggert, & Herting, 2000). 자세한 정보는 www.reconnectingyouth.com에서 확인할 수 있습니다.

## 자살 위험 학생을 위한 기타 2단계 개입 프로그램

학교는 자살 위험이 있는 학생들에게 다양한 예방 및 개입 서비스를 제공할 수 있습니다. 일반적으로 이 수준의 개입은 학교 기반 정신건강 전문가가 중심이 되며, 경우에 따라 다른 학교 구성원과 협력하여 집단 형식으로도 제공할 수 있습니다. 즉, 비슷한 위험 요인을 가진 여러 학생을 함께 대상으로 하는 개입도 가능합니다. 예를 들어, 학교에서는 우울감 및 절망감, 행동 문제, 약물 남용, 관계 단절과 같은 문제를 보이는 학생에게 선별적(2단계) 개입을 제공할 수 있습니다. 이러한 요인은 모두 자살 행동의 위험을 높일 수 있기 때문에, 다음 절에서는 각각의 문제 영역에 따른 2단계 개입 방안을 간략하게 소개합니다. 지면상 상세한 설명은 어렵지만, 각 항목에 인용된 참고문헌을 통해 더 깊이 있는 정보를 얻을 수 있습니다.

## 우울, 불안, 절망에 대한 개입

우울감이나 불안을 보이는 학생은 자살 욕구를 가질 위험이 높습니다. 이런 문제는 외현적 문제(예: ADHD, 품행장애)와 달리 내면화된 문제로, 겉으로 드러나지 않으며 개인에게 큰 심리적 고통을 줍니다(D. N. Miller, 2010). 이런 문제는 학교에서 관찰이 어렵기 때문에 '숨겨진 질병'으로 불리기도 합니다(Reynolds, 1992).

특히 우울증은 자살 행동과 밀접하게 연결되어 있습니다. 근거 기반의 우울증 개입은 인지 재구성, 비합리적 사고 반박, 귀인 재훈련, 자기 관찰 및 통제, 즐거운 활동 계획과 같은 인지행동 전략을 포함합니다(Merrell, 2008b). 인지행동치료(CBT)의 핵심은, 사건 자체보다 그 사건에 대한 개인의 인지가 정서에 더 큰 영향을 미친다는 점을 학생에게 가르치는 것입니다. 즉, 학생이 자기 생각의 오류나 비현실적인 믿음을 인식하고 이를 더 긍정적이고 현실적인 사고로 전환하도록 돕는 것이 중요합니다.

머렐(Merrell, 2008b)은 아동 · 청소년 우울증 치료를 위한 감정 변화 인식, 자동적 사고 및 믿음 탐색, 사고 평가 및 재구성, 부정적 사고 변경이라는 네 단계 전략도 제시합니다. 또한 활동 계획(activity scheduling)도 효과적인 행동 개입 방법입니다. 이는 학생이 하루 일과를 계획하여 즐겁고 의미 있는 활동에 더 많이 참여하도록 유도하는 방식입니다. 이런 활동은 특히 사람들과 함께하는 활동일 때 효과가 큽니다. 우울한 학생은 혼자 있으려 하거나 부정적인 생각에 사로잡히기 쉽기 때문에, 활동 계획은 이런 부정적 순환을 끊는 데 효과적입니다.

스토몬트와 동료들(Stormont et al., 2012)은 내면화 문제에 대한 증상에 맞춘 일일 리포트 카드, 정신건강 교육(psychoeducation), 자기 모니터링, 긍정적 사고 훈련, 사회적 기술 향상, SEL(사회 · 정서 학습) 개입 권장합니다.

우울감과 불안이 동시에 존재하는 경우가 많기 때문에, 냉글과 동료들(Nangle et al., 2016)은 노출 과제, 인지 전략, 문제 해결 훈련, 모델링, 이완 훈련, 정신건강 교육, 사회 기술 훈련, 칭찬과 보상, 활동 계획, 자기 관찰, 목표 설정이라는 11가지 CBT 전략을 활용할 것을 제안합니다. 또한 치료 효과를 유지하고 재발을 예방하기 위해 치료 중 배운 기술을 실생활에 적용하는 연습(예: 숙제 과제)이 필요합니다.

우울감에 절망감이 더해질 경우 자살 위험은 더욱 커집니다. 단순히 현재 상황이 힘든 것이 아니라 미래도 나아지지 않을 거라는 인식(절망감)이 자살 행동과 더 깊이 연결되어 있기 때문입니다. 조이너와 동료들(Joiner et al., 2009)은 "자살은 극단적인 절망의 표현이며, 다양한 증상과 관계 요인이 자살 취약성을 악화시킨다."라고 설명합니다. 이처럼 희망감 회복은 자살 개입에서 가장 중요한 요소 중 하나입니다. 조이너와 동료들(Joiner et al., 2009)이 말했듯 "자살 위험 학생을 돕는 데 가장 핵심적인 것은 절망감을 줄이는 것입니다. 다시 말해, 자살 위험 학생을 돕는 일은 희망을 회복시키는 일입니다"(pp. 192-193).

이를 위해 활용할 수 있는 인지행동 전략 중 하나는 펜 회복탄력성 프로그램(Penn Resiliency Program: PRP)입니다. 이 프로그램은 12회기 구성으로, 인지 왜곡 바로잡기, 미루기 극복, 사회적 기술 향상, 이완 및 스트레스 대처 훈련 등을 포함합니다(Gillham et al., 2008). 인지 행동 접근법은 학생들에게, (1) 목표를 명확하게 개념화하는 방법을 체계적으로 가르침으로써 어린이와 청소년의 희망을 증진하는 데도 유용하고, (2) 이러한 목표를 달성하기 위한 구체적인 전략을 개발하고, (3) 이러한 전략을 사용하기 위한 동기 부여를 시작하고 유지합니다(Lopez, Rose, Robinson, Marques, & Pais-Ribeiro, 2009).

## 행동 문제에 대한 개입

반사회적 행동이나 공격적인 행동을 보이는 학생에게는 전통적으로 상담이나 처벌 중심의 개입이 가장 많이 사용되어 왔습니다(Maag, 2001; Stage & Quiroz, 1997). 하지만 연구에 따르면, 이 두 가지 방법 모두 학생의 문제 행동을 근본적으로 개선하는 데는 효과가 제한적입니다. 일부 학생에게는 인지행동치료(CBT)가 도움이 될 수 있지만(Polsgrove & Smith, 2004), 학교 현장에서 가장 효과적인 개입은 교실이나 학교 환경 자체를 조정하는 것입니다(Furlong, Morrison, & Jimerson, 2004). 특히 정학이나 퇴학과 같은 처벌 중심 접근은 오히려 문제 행동을 악화시킬 수 있습니다(Maag, 2001).

따라서 학교에서는 문제 행동이 나타나지 않도록 선제적 환경 조성, 명확한 행동 기대치를 수립하고 교육 및 강화, 학생의 수준에 맞는 효과적인 수업 전략 활용, 긍정적 교실 분위기 조성, 특히 사회적 행동에 대한 구체적 칭찬과 강화, 행동의 모양(겉모습)

이 아니라, 기능(이유나 목적)에 따른 개입 설계, 행동 데이터를 수집·분석하여 결정에 활용, 다음과 같은 행동관리 전략을 통해 품행 문제를 개선하는 것이 바람직 할 수 있습니다(Kern et al., 2016).

이러한 행동관리 전략 외에 가정과의 협력을 통한 개입 방법도 효과적입니다. 그 대표적인 예가 부모관리 훈련(Parent Management Training: PMT)입니다. PMT는 부모와 자녀 간의 긍정적인 상호작용을 강화함으로써, 사회적 행동을 촉진하고, 문제 행동의 발생과 악화를 예방합니다(Kazdin, 2005). 이 프로그램은 부모의 명령에 잘 따르지 않는 아동의 행동을 변화시키기 위한 기술을 부모에게 교육하는 데 초점을 둡니다. 부모는 자녀의 공격적이고 부적응적인 행동을 유발하는 강압적이고 비효율적인 상호작용 패턴을 긍정적인 양육 방식으로 전환하도록 훈련받습니다(Hyatt-Burkhart, Kolbert, & Crothers, 2017). 이러한 방법은 학교 환경에서도 효과적으로 적용될 수 있습니다.

학교에서 품행 문제 학생을 효과적으로 지원하기 위한 보다 구체적인 방법은 컨과 동료들(Kern et al., 2016)의 자료를 참고하시기 바랍니다. PMT에 대한 자세한 정보는 카즈딘(Kazdin, 2005)을, 저소득 도시 학교에서의 적용 사례는 사카-밀러와 맥커디(Sawka-Miller & McCurdy, 2009)를 참고하시면 좋습니다.

## 약물 남용 문제에 대한 개입

알코올, 담배, 불법 약물 등의 약물 오남용은 청소년 사이에서 여전히 심각하고 흔한 문제입니다(Fonagy et al., 2015). 특히 약물 사용 장애(SUDs)가 있는 청소년은 유전적 요인, 정신병리, 가정 및 사회 환경 등 다양한 영역에서 취약성을 보입니다. 여러 연구에 따르면, 약물 남용 위험을 높이는 요인으로는 가족의 약물 남용 이력, 아동기의 품행 문제, 충동성과 같은 기질 또는 성격 특성, 약물을 사용하는 또래와의 관계, 초기 역경 경험 → 자기조절 능력 저하 → 약물 사용 증가 등이 있습니다(Chassin, Bountress, Haller, & Warg, 2014).

청소년 약물 남용은 여전히 매우 심각한 사회 문제이며, 학교 기반 예방 프로그램에 막대한 예산이 투입되고 있습니다(Brown, 2001). 대표적인 예로 미국에서는 마약 저항 교육(D.A.R.E.) 프로그램이 가장 널리 시행되었지만, 연구 결과 학생의 약물 관련 지식이나 태도는 개선되더라도 실제 사용 감소 효과는 거의 없었음이 밝혀졌습니다(Weiss, Murphy-Graham, & Birkeland, 2005). 또한 근거 기반 프로그램이 있음에도 불구하고 학교에서의 채택률이나 실행 충실도가 낮은 문제도 지속되고 있습니다(St. Pierre & Kaltreider, 2004).

그럼에도 불구하고, 학교 기반 개입은 효과적일 수 있습니다(Das, Salam, Arshad, Finkelstein, & Bhutta, 2016). 특히 약물 사용 수준이 낮은 청소년일수록 개입 효과가 크며, 심각한 약물 중독 경험이 있는 청소년은 재발 위험이 더 큽니다. 또한 약물 문제는 다른 정신건강 문제와 함께 나타나는 경우가 많기 때문에, 효과적인 개입을 위해서는 동반된 문제도 함께 다루어야 합니다.

효과적인 약물 개입 프로그램은 개인의 내적 요인(예: 동기, 신념, 지식)과 외부 환경 요인(예: 가족 구조, 사회적 관계, 규칙, 보상 체계)을 동시에 다루어야 합니다. 특히 치료 참여도가 낮거나 비협조적인 청소년에게는 적극적으로 참여를 유도할 수 있는 기술이 필수입니다(Fonagy et al., 2015).

버로우-산체스와 화켄(Burrow-Sanchez & Hawken, 2007)은 청소년 약물 남용을 돕기 위하여, 약물 문제의 원인과 유지 요인, 스크리닝 및 예방 프로그램, 개별 개입 및 집단 개입 방법 등의 가이드를 제시합니다. 이 중 집단 개입은 2단계 개입으로 특히 적절합니다.

자살 행동과 약물 남용은 서로 밀접한 연관성이 있으며, 위험 요인과 보호 요인이 중첩되는 경우가 많습니다. 따라서 자살 예방 프로그램과 약물 예방 프로그램을 통합 운영하는 것도 고려할 수 있습니다(Forman & Kalafat, 1998). 특히 최근 청소년의 오피오이드(마약성 진통제) 사용 증가와 사망률 상승으로 인해, 약물 관련 프로그램은 자살 예방보다 학교 행정 측의 저항이 적을 수도 있습니다.

## 유대감을 높이기 위한 개입

학교나 사람들과 정서적으로 연결되어 있지 못한 학생은 자살을 포함한 다양한 정신건강 문제에 취약하며, 심할 경우 학교 자체를 그만둘 위험도 높습니다. 반면, 학교와의 유대감은 자살 행동을 예방하는 보호 요인이 될 수 있습니다(Marraccini & Brier,

2017). 예를 들어, 빈곤 지역에 거주하는 흑인 청소년의 경우, 학교 유대감이 자살 사고 및 자살 시도의 확률을 낮추는 것으로 나타났습니다(Tomek, Burton, Hooper, Bolland, & Bolland, 2018).

뿐만 아니라, 학교 유대감은 학생의 행동과 학업 성취를 개선하고 무단결석이나 중도탈락을 줄이는 회복탄력성 요인으로 작용합니다(Kern et al., 2016). 미국 청소년 건강에 관한 국가 종단 연구에서는 전국 7~12학년 학생 3만 6천 명 이상을 조사했으며, 학교 유대감이 약물 사용, 이른 성행위, 잦은 결석, 폭력 노출로부터 학생을 보호하는 가장 강력한 요인으로 나타났습니다(Resnick et al., 1997).

미국 질병통제예방센터(CDC, 2009)는 학생의 유대감을 증진시키는 핵심 주제로, (1) 성인으로부터 받는 정서적 지지, (2) 긍정적인 또래 집단 소속감, (3) 교육에 대한 개인적 책임감과 헌신, (4) 긍정적인 학교 환경 조성을 제시했습니다. 각 요소를 자세히 살펴보고, 멘토와 구조화된 방과 후 활동이라는 두 가지 개입 예시도 함께 소개하겠습니다.

## 성인의 지지

학생은 학교의 교직원이 헌신적이고, 지지적이며, 자신에게 관심을 가지고 있다고 느낄 때 학교와의 유대감을 더 강하게 느낍니다(CDC, 2009). 실제로 교사와의 정서적 연결감은 학교 전체와의 관계성 인식에도 영향을 미칩니다(Conner, 2011). 컨과 동료들(Kern et al., 2016)은 "모든 교육자는 자신이 만나는 모든 학생과 긍정적인 관계를 만들기 위해 노력해야 합니다. 학생에게 주말에 뭐 했는지 물어보기, 웃어 주기, 잘 지내길 바란다고 말하기 같은 아주 사소한 행동도 학생의 학교 몰입과 소속감 향상에 큰 영향을 줄 수 있습니다."라고 조언합니다(p. 226).

## 긍정적인 또래 집단 소속감

사회적 기술이 뛰어난 또래와의 관계는 학교 유대감을 강화시킵니다(CDC, 2009). 예를 들어, 학교가 중요하다고 생각하는 또래와 연결된 라틴계 학생은 학업 참여도가 높고 중도탈락 가능성도 낮았습니다(Ream & Rumberger, 2008). 또 봉사활동이나 학교 동아리 활동에 참여한 학생은 더 강한 학교 유대감을 느낍니다(Kern et al., 2016).

## 교육에 대한 학교의 헌신

CDC(2009)는 "학교 교육이 자신의 인생 목표에 중요하다고 믿고 개인적으로 투자하는 학생일수록 학업 활동과 학교 생활에 적극적으로 참여하며, 학교에 더 강한 유대감을 느낍니다."라고 언급합니다(p. 22). 학생의 학교 참여는 교사의 행동과도 밀접한 관련이 있습니다. 예를 들어, 학생 간 상호존중을 장려하거나, 학생의 개인적 필요를 고려한 전략을 사용하면 학교에 대한 소속감을 높일 수 있습니다(Kern et al., 2016, p. 227).

## 긍정적인 학교 환경

학생 유대감을 높이는 환경적 요인은 다음과 같습니다(CDC, 2009). 학생과 교사 간의 긍정적 관계, 깨끗하고 쾌적한 물리적 환경, 일관된 교실 규칙과 긍정적 행동 관리, 의사결정 참여 기회, '눈 마주치고 인사하기' 같은 공통 사회적 규범이 있습니다. 일부 보편적 개입(예: 칭찬 사용 확대)은 제5장에서 소개되었지만, 위험군 학생은 관계 형성과 유대감을 위한 보다 강도 높은 개입이 필요합니다. 따뜻하고 지지적인 학교 분위기 조성은 중도탈락 예방과 학교 소속감 향상의 핵심입니다(Jimerson, Reschly, & Hess, 2008; Kern et al., 2016).

## 멘토

2단계 중재 전략 중 하나로 학생과 학교 간의 긍정적이고 강한 유대감을 형성하는 데 효과적으로 사용된 프로그램이 Check and Connect입니다(Anderson, Christenson, Sinclair, & Lehr, 2004; Sinclair, Christenson, Hurley, & Evelo, 1998). 이 프로그램은 학생마다 학교 직원 중에서 멘토를 지정합니다. 멘토는 정기적으로 학생과 만나 상태를 확인하고, 문제가 생기면 함께 해결 방법을 모색합니다. 멘토는 학생과 상호 신뢰와 열린 소통을 바탕으로 관계를 형성합니다. 또한 최소 2년간 지속적으로 지원할 것을 약속함

으로써 자신의 성장에 대해 멘토가 진심으로 헌신하고 있다는 인식을 학생에게 심어줍니다. 멘토는 학생이 문제 해결 중심의 사고방식을 기를 수 있도록 돕고, 갈등 해결 기술도 지도합니다. 필요한 경우에는 보다 집중적인 지원도 제공합니다. 예를 들어, 학업 중재를 강화하거나 학생이 다양한 비교과 활동에 적극적으로 참여할 수 있도록 유도합니다. 자세한 정보는 www.checkandconnect.umn.edu에서 확인할 수 있습니다.

## 구조화된 방과 후 활동

확인 및 연결과 구조화된 과외 활동은 학생들이 학교에 더 많이 연결되도록 하고 자살 행동을 포함한 다른 문제를 잠재적으로 줄이는 데 유용한 개입의 두 가지 예입니다.

또 다른 중재 전략으로 '구조화된 방과 후 활동(Structured Extracurricular Activities: SEAs)'은 학생의 학교 소속감과 참여도를 높이는 데 효과가 있습니다. 대부분의 학생은 수업 외 시간에 성인 감독이 거의 없는 비구조적인 활동에 많은 여가 시간을 보냅니다. 그러나 이러한 활동에 과도하게 의존하면 자살 행동 증가와 같은 여러 가지 부정적인 결과를 초래할 수 있습니다(Mazza & Eggert, 2001). 특히 TV 시청, 비디오 게임, 컴퓨터나 스마트폰 과다 사용 등의 여가 활동은 아동의 비만과 신체활동 부족과도 관련이 깊습니다. 이런 문제들로 인해 최근에는 학생들이 수업 외 시간에도 더 능동적이고, 성인의 감독 아래 활동할 수 있는 방안에 대한 관심이 커지고 있습니다.

일반적으로 구조화된 방과 후 활동은 한 명 이상의 성인 지도자가 운영하며, 명확한 수행 기준이나 노력 기준이 존재하고, 자발적이며 지속적인 참여를 요구하며, 기술 습득과 성장의 기회를 제공합니다(D. N. Miller et al., 2008). 이 활동들은 집중력을 요하고, 성인 지도자로부터 학생의 수행 수준에 대한 명확하고 지속적인 피드백을 받을 수 있도록 설계되어 있습니다. SEAs는 흔히 학교 스포츠 활동과 관련되어 있지만, 연극, 밴드, 동아리 활동 등 다양한 방식으로 참여할 수 있습니다.

연구에 따르면, 구조화된 방과 후 활동은 심리적 · 신체적 건강에 긍정적인 효과를 줄 수 있습니다. 또한 타인과의 의미 있는 관계를 형성하고 강화하는 데도 도움이 됩니다(Baumeister & Leary, 1995). 구조화된 방과 후 활동에 대한 보다 자세한 정보는 길만, 메이어스, 및 페레즈(Gilman, Meyers, & Perez, 2004),[1] 그리고 밀러와 동료들(D. N. Miller et al., 2008)[2]의 논문을 참고하시기 바랍니다. 학생의 학교 유대감을 전반적으로 증진하는 방법에 대해서는 컨과 동료들(Kern et al., 2016)[3]의 연구를 참고할 수 있습니다.

## High Risk 고위험군 학생을 위한 개입

> 학생이 자살 충동을 보이는 경우 교직원이 할 수 있는 가장 중요한 일 중 하나는 어떤 경우에도 학생을 혼자 두지 않고 학생의 안전을 확인하는 것입니다.

포괄적인 자살 위험 평가를 통해 자살 고위험군으로 확인된 학생에게는 즉각적이고 개별화된 3차 개입이 필요합니다. 이처럼 위기 상황에서는 학생의 안전을 최우선으로 확보하고, 가능한 한 빠르게 필요한 지원 자원을 연결하는 것이 핵심 목표입니다.

### 수단 안전 확보(치명적 수단 제거하기)

자살 위험이 의심되는 학생이 있을 경우, 가장 먼저 해야 할 일은 신체적 위해를 가하거나 생명을 위협할 수 있는 도구나 무기를 소지하고 있는지 확인하는 것입니다. 총기나 칼처럼 위험한 물건을 가지고 있다면 반드시 자발적으로 내려놓도록 요청해야 합니다. 다행히도 실제 학교 내에서 이러한 상황은 드물며, 대부분의 학생은 자살을 실행할 수단을 학교에 가지고 있지 않습니다.

---

1 Gilman, R., Meyers, J., & Perez, L. (2004). Structured extracurricular activities among adolescents: Findings and implications for school psychologists. *Psychology in the Schools, 41*(1), 31-41.

2 Miller, D. N., Nickerson, A. B., Chafouleas, S. M., & Tomchin, E. M. (2008). Children's and teachers' perceptions of playground activities: A comparison across grade levels. *School Psychology Review, 37*(1), 62-75.

3 Kern, L., Harrison, J. R., Fowler, L., Fischer, R., Phillips, M., & Christenson, S. L. (2016). Enhancing connectedness through school-based intervention. *Journal of School Psychology, 55*, 27-38.

## 학생의 안전 확보

학생이 자살 고위험군으로 판단되면, 학교 구성원이 해야 할 가장 중요한 일은 학생을 지속적으로 관찰하고 절대 혼자 두지 않는 것입니다. 예를 들어, 학생이 화장실에 가고 싶다고 하더라도 절대로 혼자 보내서는 안 됩니다. 학교 내에서는 항상 최소 한 명 이상의 성인이 학생을 곁에서 지켜보아야 합니다.

## 비밀 유지 예외 설명

자살 위험 평가 중이거나 이후에 일부 학생은 자신이 한 말이나 상황을 부모나 보호자에게 비밀로 해 달라고 요청할 수 있습니다. 이럴 경우, 학생에게 자살 관련 정보는 보호자에게 반드시 전달해야 한다는 사실을 명확하게 설명해야 합니다. 다만 이 설명은 학생을 비난하거나 위협하는 방식이 아니라, 주변 사람들이 학생을 얼마나 아끼고 도우려 하는지를 강조하는 방식으로 이루어져야 합니다. 예를 들어, "네가 지금 느끼는 감정을 부모님께 말하지 않길 바란다는 걸 알아. 하지만 부모님은 너를 정말 아끼고 사랑하셔. 그리고 너를 도우려고 할 수 있는 모든 걸 해 주고 싶어 하셔. 네가 지금 힘든 생각을 하고 있다는 걸 모르면 도와줄 수 없어. 우리 모두는 너를 정말 소중하게 생각하고, 네가 안전하길 진심으로 바라고 있어."라고 말할 수 있습니다.[4]

## 자살 금지 서약보다 안전 계획 활용

'자살 금지 서약(no-suicide contract)' 또는 '안전 계약(safety contract)'은 자살 위험이 있는 사람과 구두나 서면으로 약속을 맺어 중재 순응도를 높이고 자살 행동의 재발 가능성을 줄이기 위한 목적으로 오랫동안 사용되어 왔습니다(Brent, 1997). 특히 외래 환경에서 정신건강 전문가들이 치료의 주요 요소로 자주 활용해 왔습니다(Berman et al.,

4 역자 주: 현장에서 학생들 가운데 부모님께 알리는 것을 극도로 공포스러워하는 경우도 있습니다. 혹은 실제 방임, 학대를 당하는 학생 혹은, 가정 내 성폭행을 당하는 경우, 가족 관계에 극심한 공격성과 적대감이 문제인 경우 등 드러내기 어려운 환경이 자살 행동의 배경인 경우도 있습니다. 따라서 원문에서 "하지만 부모님은 너를 정말 사랑하셔."보다는 "우리는" 정도의 보편적 대상으로 말해 주는 것이 좋을 때가 있습니다.

2006). 하지만 최근에는 이러한 방식이 실제 안전을 보장하지 못할 뿐만 아니라 전문가에게 잘못된 안도감을 주고 개입의 적극성을 약화시킬 수 있다는 점에서 사용을 지양해야 한다는 의견이 널리 퍼지고 있습니다(Freedenthal, 2018; Goin, 2003; Lewis, 2007). 잡스(Jobes, 2003)는 "자살 금지 서약은 계약서로서의 효력도 없으며, 실질적인 안전도 보장하지 않는다. 이 계약은 학생이 '하지 않을 것'에만 초점을 맞추기 때문"이라고 지적했습니다(p. 3). 실제로 문헌 고찰에서도 자살 금지 서약의 효과를 입증한 경험적 근거는 발견되지 않았습니다(Rudd et al., 2006).

이에 따라, 학교 내 정신건강 전문가가 학생과 협력하여 '안전 계획(safety plan)'을 함께 수립하는 것이 권장됩니다(Freedenthal, 2018). 이 계획은 자살 생각이 들 때 학생이 스스로 대처할 수 있도록 돕기 위한 도구입니다. 안전 계획의 형식은 다양할 수 있습니다. 예를 들어, "이 감정은 곧 지나간다."라고 스스로에게 상기시키는 문구나, 자살 생각이 들 때 할 수 있는 활동 목록과 연락 가능한 사람들의 이름과 전화번호를 포함한 간단한 리스트도 될 수 있습니다(Freedenthal, 2018, p. 118). 스탠리와 브라운(Stanley & Brown, 2012)은 다음과 같은 다섯 단계의 구조화된 안전 계획을 제시하였으며, 이는 현장에서 템플릿처럼 활용할 수 있습니다.

- 1단계: 경고 신호 확인
  자살 사고가 시작되거나 심화될 때 나타나는 개인적인 경고 신호(예: 불안함, 과도한 수면 등)를 찾아 함께 써 봅니다.
- 2단계: 내부 대처 전략
  다른 사람에게 연락하지 않고도 스스로 기분을 전환할 수 있는 방법(예: 활기찬 음악 듣기, 반려견 산책시키기 등)을 함께 찾아 써 봅니다.
- 3단계: 주의를 돌릴 수 있는 사람 및 장소
  충동으로부터 주의를 돌리는 데 도움을 줄 사람이나 장소(이름, 연락처 포함)를 정리합니다.
- 4단계: 도움을 요청할 수 있는 사람
  정서적 지지를 줄 수 있는 사람들(이름, 전화번호 포함)을 정리합니다.
- 5단계: 위기 상황 시 연락할 수 있는 전문가나 기관

전문기관 또는 지역사회 지원기관(이름, 전화번호 포함)의 연락처를 포함시킵니다.

무료 안전 계획 양식과 매뉴얼은 www.suicidesafetyplan.com에서 다운로드할 수 있습니다. 고위험군 학생과 그 보호자에게는 지역 위기 대응 기관의 연락처뿐 아니라 미국 자살 예방 생명전화[1-800-273-TALK(8255)]도 함께 안내해야 합니다. 온라인으로 도움을 받고 싶은 학생은 suicidepreventionlifeline.org/chat에서 채팅 상담을 받을 수 있고, 24시간 이용 가능한 문자 상담 서비스는 741741로 메시지를 보내면 됩니다.

학생이 안전 계획에 실제로 참여하고 따르겠다는 의지를 보이는지도 위험 수준을 평가하는 하나의 지표가 될 수 있습니다. 계획을 함께 수립할 때, 학생에게 계획을 얼마나 이행할 수 있을지 직접 묻고, 어떤 부분이 실행을 어렵게 만드는지도 확인하는 것이 좋습니다. 프리덴탈(Freedenthal, 2018)은 다음과 같은 질문을 제안합니다(p. 120).

- "0에서 10점 척도로 볼 때, 다음에 자살 생각이 들었을 때 이 단계를 실천할 가능성은 몇 점인가요? 0은 전혀 안 할 것 같음, 10은 반드시 할 것 같음을 의미해요."
- "이 단계를 실천하는 데 있어 가장 어려운 점은 무엇일까요?"

## 학부모의 반응 유형에 따른 소통

자살 위험 평가가 이루어진 경우, 그 위험 수준과 상관없이 특히 고위험으로 판단된 경우에는 반드시 학부모나 보호자에게 결과를 알리고 설명합니다. 학교 정신건강 전문가들은 평가가 끝난 직후, 가능한 빠르게 학부모나 보호자에게 연락하여 평가 결과를 명확하게 설명하고, 가정 내 치명적인 수단(예: 총기 등- 한국의 경우 4층 이상 아파트는 안전 창살 설치, 방에 있는 전선이나 랜선 등)의 제거 여부를 확인한 뒤, 그것을 학생이 접근하지 못하도록 안전하게 보관하거나 완전히 제거하겠다는 동의를 받는 것이 중요합니다. 또한 자녀를 보호자에게 인계하거나, 지역사회 전문 센터이나 병원에 데려가는 등 이후 조치에 대해서도 가족과 함께 계획을 세워야 합니다. 이러한 소통 자체가 자살 예방의 일환으로 간주되어야 하며, 학교 외부에서 자녀가 받게 될 치료나 서비스의 책임은 결국 보호자에게 있기 때문입니다.

학부모나 보호자의 반응은 다양할 수 있지만, 자녀의 자살 고위험 가능성을 처음 듣게 된 보호자는 보통 충격, 부정, 그리고 좌절 또는 분노라는 세 가지 반응을 보입니다(Erbacher et al., 2015). 각각의 반응에 맞는 적절한 대응이 필요하며, 기본적인 상담 기술을 활용해 보호자의 감정을 공감하고 안정시켜야 합니다.

예를 들어, 보호자가 자녀가 자살 고위험군이라는 사실에 충격을 받은 경우, 이 사실을 받아들이는 데 시간이 필요할 수 있습니다. 어떤 보호자는 자녀가 어려움을 겪고 있다는 점은 인지하고 있었지만, 자살 생각까지 하고 있다는 것은 몰랐을 수 있고, 어떤 경우에는 자녀가 고통받고 있다는 사실 자체를 처음 듣는 경우도 있습니다. 일부 보호자는 죄책감을 느끼거나 자신이 부모로서 잘못한 것이 아닌지 자책하기도 합니다.

**① 충격받은 보호자에게**

- 감정에 이름 붙이기
  "많이 놀라신 것 같아요." "이런 이야기가 너무 갑작스럽게 느껴지실 수 있어요."
- 혼란 인정해 주기
  "분명 사랑과 관심을 쏟고 계신 부모님 입장에서 이 상황이 얼마나 혼란스러울지 충분히 이해돼요."
- 자책 완화시키기
  "아이가 부모님께 얼마나 소중한 존재인지 알기 때문에 저희가 이렇게 함께 이야기 나누고 있는 거예요." (p. 128)

**② 부정하는 보호자에게**

일부 보호자는 자녀가 어려움을 겪고 있다는 사실은 인정하지만, 자살 위험성에 대해서는 부정할 수 있습니다. 이럴 경우 핵심은 부정에서 수용으로 이동하도록 돕는 것입니다(Erbacher et al., 2018).

- 공감할 수 있는 지점 강조하기
  "아이들이 진심을 말하지 않을 때가 있다는 데에는 저도 전적으로 동의해요."
- 칭찬하기

"무언가 잘못되었다는 걸 인정하려는 부모님 같은 분이 계셔서, 자녀분은 정말 다행이에요."

- 우회적인 접근하기
  "만약 아이가 관심을 끌기 위해 이런 행동을 했다 해도, 그만큼 마음속에 정말 힘든 게 있다는 뜻일 거예요."
- 감정에 호소하기
  "며칠 전엔 마지막 인사조차 못 하고 아이를 떠나보낸 부모님을 뵈었어요. 그분 마음이 아직도 잊히지 않아요." (p. 128)

③ **분노하거나 좌절한 보호자에게**

일부 보호자는 학교의 평가 결과에 강하게 반발하거나 불신을 보이면서 분노하거나 좌절감을 표출할 수 있습니다. 이럴 때는 진심을 담은 공감과 동시에 명확하고 단호한 조치가 필요할 수 있습니다(Erbacher et al., 2015).

- 보호자의 의지와 강점에 기대기
  "이 상황이 얼마나 답답하신지 이해돼요. 지금 이걸 끝내고 싶다는 마음, 제가 잘못 이해한 건 아니겠죠?"
- 공감하기
  "같은 일이 반복되는 것만으로도 지치실 거예요. 저도 이번엔 달라질 거라고 확신 있게 말해 드릴 수 있으면 좋겠어요. 다만 지금 아이를 평가받게 하시는 선택은 정말 옳은 결정이세요."
- 결정 부담 줄여 주기
  "이 결정이 얼마나 어려운 일인지 잘 알아요. 원하신다면 제가 대신 진행할게요. 아이가 화를 낸다면 모든 책임은 제가 질게요."
- 필요할 경우 단호한 조치 취하기
  "결론부터 말씀드리면, 보호자님의 동의가 있든 없든 아이는 병원 평가를 받을 예정입니다. 저는 충분한 평가를 마친 전문가로서, 자녀분이 앞으로 24시간 내에 극단적인 선택을 할 수도 있다고 판단하고 있습니다. 지금 응급실에 연락해서 아이가 도착할 것이라고 알릴 겁니다. 보호자님이 동의하셔서 직접 데려가 주시면 감사하겠지만, 거부하신다면 경찰에 연락해서 아이를 데려갈 수 있도록 요청하겠습니다." (p. 129)

## 지역사회 전문 센터, 기관과 협업하기

앞서 언급한 사례처럼, 자살 위험 수준이 심각하거나 이동 및 추가 지원이 필요한 상황에서는 경찰이나 지역사회 지원 기관에 연락해야 할 수 있습니다. 이때 해당 기관에는 상황의 심각성과 자살 위험이 있는 학생이 관련되어 있다는 점을 명확히 전달해야 합니다.

## 문서화

자살 위험이 있는 학생에 대해 학교에서 수행한 모든 평가 및 중재 조치는 반드시 문서로 남겨야 합니다. 가능하다면, 학생과 면담에 참여한 사람들의 반응을 가능한 한 정확하게, 말한 그대로 기록하는 것이 좋습니다. 기록은 사건 발생 직후 최대한 빠르게 작성하여 정확성을 높여야 하며, 완성된 문서는 안전하고 보안이 유지되는 장소에 보관해야 합니다.

## 학생의 학교 복귀 준비하기

자살 고위험군으로 평가받은 학생이 병원에 입원했다면, 빠르면 1~2일 안에 다시 학교로 복귀할 가능성이 높습니다(입원에 대한 자세한 내용은 이후 장에서 다룸). 입원하지 않고 보호자와 함께 귀가한 경우에는 그다음 날 바로 등교할 수도 있습니다. 어떤 경우든 학생의 복귀에 맞춰 학교 차원의 준비가 신속하게 이루어져야 하며, 가능하다면 복귀 전 보호자 및 지역사회 정신건강 서비스 제공자와 협력하여 현재 학생의 상태와 학교에서 제공할 수 있는 지원을 미리 논의하는 것이 좋습니다.

학교에 복귀한 이후에는 학생이 병원에 입원했는지, 혹은 대체 교육환경에 일시적

으로 배치되었는지와 관계없이, 문제행동이 있는 학생에게 주로 사용되는 '랩어라운드(wraparound)' 접근을 활용할 수 있습니다(Quinn & Lee, 2007). 랩어라운드는 학생이 속한 다양한 환경(가정, 학교, 지역사회)을 포괄하는 다중 체계적 개입을 의미하며, 보건의료, 소년사법, 복지 등 다양한 분야의 전문가들과 협력하는 다학제적 접근 방식입니다. 이 방법은 청소년의 적응 행동을 향상시키고, 정서적 · 행동적 문제를 줄이며, 학교 및 지역사회에서의 기능 향상을 돕는 데 효과가 있는 것으로 알려져 있습니다(Quinn & Lee, 2007). 자살 위험 학생을 위한 적용에 대한 연구는 부족하지만, 다양한 아동 · 청소년 정신건강 문제 치료에 효과적인 접근과 일치하는 방식입니다.

복귀 전에 참석 관련자가 모두 참여하는 복귀 회의(reentry meeting)를 열고, 학생이 학교에서 필요로 하는 다양한 지원 논의, 보호자나 학교 구성원이 갖는 우려 사항 및 질문 공유, 학교와 지역사회 서비스 간 협력 방안 등을 논의합니다. 에르바허와 동료들(Erbacher et al., 2015)은 복귀 회의에서 다뤄야 할 주요 항목으로 다음을 제안합니다.

- 교사에게 관련 절차 및 경고 신호 모니터링 방법을 안내하되, 학생의 개인정보는 철저히 보호합니다.
- 학생이 지역사회 병원이나 심리 상담 서비스 이용 중인지 확인하고, 해당 기관과 정보 교환이 필요한지 검토합니다.
- 학교와 지역사회 기관 간 정보 공유를 위해 보호자가 정보 제공 동의서에 서명하도록 안내합니다.
- 학생은 복귀 직후 감정적으로 무감각해 보일 수도 있고, 반대로 심각한 불안이나 고통을 보일 수도 있습니다. 다양한 감정 반응을 예상해야 합니다.
- 교실에서 감정이 격해질 경우를 대비해 대처 방안을 학생과 함께 계획합니다(예: 심호흡, 잠시 교실을 나가 휴식하기 등).
- 학생, 교직원, 보호자, 지역사회 기관이 각각 어떤 역할과 책임을 맡을 것인지 구체적으로 정합니다.
- 친구들이 불쾌하거나 곤란한 말을 했을 때 학생이 대응할 수 있도록 미리 알려 줍니다. (예: "며칠 동안 어디 갔었어?" "너 정신병원에 갔다며?" 등, 학생이 사용할 수 있는 예시 문장: "스트레스를 너무 많이 받아서 잠시 쉬었어." "몸이 너무 안 좋아서 치료받았어.")

학생의 학교 복귀를 원활하게 지원하기 위해, 선생님 중 한 명이 복귀 조정 역할을 맡는 것이 매우 효과적일 수 있습니다(보통 담임교사 혹은 전문상담교사-역자 주). 이 담당자는 학생이 학교에 복귀한 후 정기적으로 만나며, 다음과 같은 다양한 역할을 수행할 수 있습니다. 아래 내용은 『Preventing Suicide: A Toolkit for High Schools』(Substance Abuse and Mental Health Services Administration, 2012, pp. 80-81)의 권장사항을 기반으로 정리되었습니다:

**① 사안에 대한 기본 정보 파악**

- 자살 위험이 어떻게 발견되었는지 확인
- 학생이 고위험군으로 분류되거나 자살 시도를 하게 된 계기 파악
- 현재 복용 중인 약물 정보 확인

**② 가족과의 연결 담당(가족 동의하에)**

- 보호자와 정기적인 전화 및 대면 소통
- 필요시 가족상담 기관 연계
- 학생, 보호자, 관련 교직원(예: 학교 심리사, 사회복지사)과의 회의 주관
- 학생의 학교 내 필요 서비스 논의

**③ 교사 및 학교 직원과의 소통 담당(가족 동의하에)**

- 학생의 학업 관련 고민 확인 및 해결 방안 논의
- 자살 위기 경고 신호에 대한 대상자 교육
- 복귀 전 개별 복귀 지원 계획 수립 및 필요 서비스 조정
- 필요시 시간표 조정 및 수업 부담 완화
- 또래나 교사와의 보충 수업 또는 학습 멘토링 제공
- 지각이나 과제 지연 시 불이익 없이 보완할 수 있도록 교사와 조율
- 학업 및 정서 상태 지속적인 모니터링
- 복용 중인 약물의 부작용 및 그에 대한 대응 절차를 교직원에게 안내

(의료 정보 공유 시 FERPA와 HIPAA 준수[5] 필요)

④ **행동 및 출결 문제에 대한 후속 관리**

- 교사들과 회의하여 행동 문제에 대한 적절한 한계와 결과 설정
- 학생과 우려 사항 및 대안 논의
- 학교 징계 담당자와 협의
- 학생의 정신건강 전문가와 상담하여 문제행동이 약물 부작용과 관련 있는지 확인
- 출결 모니터링을 위해 일일 출석 체크제(sign-in/sign-out sheet) 운영
- 보호자와의 정기 면담 또는 가정 방문을 통해 출결 · 생활기록 점검
- 학교 내 해당 문제와 관련한 개별 상담 연계

⑤ **입원한 경우 병원과의 협력(보호자 동의하에)**

- 병원 또는 가정에서 수행 가능한 학습 과제 전달
- 보호자 허락하에 병원 또는 가정 방문
- 치료 계획 회의 및 퇴원 회의에 참석

⑥ **학생이 학교에 없는 기간 중 지속적인 연락 유지**

- 정기적인 연락 계획 수립
- 장기 결석 시 학업 이수 방안 마련

## 자살 고위험군을 위한 기타 3단계 개입

자살 위험이 높은 학생은 일반적인 저위험 또는 중등도 위험 학생보다 더 광범위하고 집중적인 개입이 필요합니다. 이와 관련된 여러 중재 방안은 다음 절에서 다루며,

5 역자 주: FERPA(Family Educational Rights and Privacy Act) 교육기록 보호법, HIPAA(Health Insurance Portability and Accountability Act) 의료 정보 보호법. 학생의 건강 정보나 의료 정보가 공유될 때, 이 정보를 보호하기 위한 관련 법적 요구사항을 모두 따라야 합니다. 즉, 개인정보 보호와 관련된 법적 책임을 다해야 합니다.

각각의 효과는 상황에 따라 다를 수 있습니다. 주요 중재 방법은 다음과 같습니다.

## 친구, 선생님과의 지속적 연결

지금까지 무작위 대조 연구(RCT)를 통해 자살 사망을 효과적으로 예방한 중재는 극히 드뭅니다. 그중 일부는 사회적 연결감이나 소속감을 높이는 심리사회적 개입으로, 이는 자살과 매우 밀접한 변수로 알려져 있습니다(Joiner, 2005, 2009). 비록 아래 연구들이 아동이나 청소년을 대상으로 하진 않았지만, 학교 기반 자살 예방 활동에 유의미한 시사점을 제공합니다.

모토와 보스트롬(Motto & Bostrom, 2001)은 자살 시도 후 정신과 병원에 입원했던 843명의 성인을 대상으로 대규모 연구를 진행했습니다. 이들은 모두 지속적인 치료를 거부한 환자들이었으며, 연구팀은 이들을 무작위로 두 집단으로 나누었습니다. 한 집단은 병원으로부터 짧고 정기적인 편지를 받았고, 다른 집단은 아무런 연락도 받지 않았다. 편지에는 환자의 안부를 묻거나 병원이 언제든 열려 있다는 간단한 내용이 담겼으며, 매번 문구가 달랐고 가능한 한 개인에게 맞춰 작성되었습니다. 편지는 처음 4개월 동안 매달, 이후 8개월간은 두 달에 한 번, 그리고 이후 4년간은 세 달에 한 번씩 발송되었으며, 총 5년에 걸쳐 모두 24통의 편지가 발송되었습니다. 이 연구는 매우 짧고 단순한 내용의 편지라도 진심 어린 관심과 지속적인 접촉이 자살 예방에 긍정적인 영향을 미칠 수 있다는 사실을 보여 주는 대표적인 사례입니다.

연구 결과에 따르면, 병원 퇴원 후 짧은 편지를 받은 집단은 중재 시작 후 2년 이내 자살로 사망할 가능성이 대조 집단보다 유의미하게 낮은 것으로 나타났습니다. 연구자들은 이러한 중재가 효과적이었던 이유로, 지속적인 자살 위험이 있는 사람들과의 체계적인 접촉 유지가 그들에게 여전히 병원이라는 더 큰 기관과 연결되어 있다는 느낌을 제공했기 때문일 것이라고 보았습니다.

플라이슈만과 동료들(Fleischmann et al., 2008)도 자살 시도를 했던 사람들과의 접촉을 늘리는 방식의 연구를 진행했습니다. 연구팀은 자살 시도로 응급실에 입원한 1,000명 이상의 개인을 무작위로 두 집단에 배정했습니다. 한 집단은 일반적인 치료만 받았고, 다른 집단은 일반적인 치료에 더해 짧은 개입과 후속 접촉(Brief Intervention and

Contact: BIC)을 추가로 받았습니다. 이 추가 개입에는 자살 위험에 대한 교육과 정기적인 후속 연락이 포함되었습니다. 이 연구는 다섯 개 국가의 문화적으로 다양한 8개 병원에서 수행되었고, 연구 대상자들의 자살 사망률은 18개월 후 추적 조사를 통해 측정되었습니다. 그 결과, BIC 집단의 자살 사망률이 대조집단보다 유의미하게 낮게 나타났습니다.

조이너(Joiner, 2009)는 이 두 연구에서 공통적으로 강조된 '대인 접촉(interpersonal contact)' (특히, 치료 접근 가능성 포함)이 자살 예방에서 핵심 요소가 될 수 있으며, 무엇보다 자살이라는 가장 중요한 결과 변수에 직접적인 영향을 미친다는 점에서 학교 기반 예방 개입에 중요한 함의를 가진다고 설명합니다(p. 246). 모토와 보스트롬(Motto & Bostrom, 2001)의 연구는 이후 많은 후속 연구에 영향을 주었습니다. 예를 들어, 정신과 병동이나 응급실에서 퇴원한 자살 위험 환자들에게 후속 연락을 제공하는 개입의 효과를 검토한 여러 연구에서도 지속적인 접촉이 자살 행동을 줄이는 데 효과가 있는 것으로 나타났습니다(Luxton, June, & Comtois, 2013). 이러한 일련의 연구들은 짧고 제한된 접촉조차도 자살 위험을 줄이고 개인의 안녕에 상당한 영향을 미칠 수 있다는 점을 보여 준다는 데 의의가 있습니다. 특히 학교 기반 자살 예방 노력에서는 위험군 및 고위험군 학생들이 보호자, 또래, 교사 등과 계속 연결감을 유지하도록 지원하는 것이 핵심임을 뒷받침하는 결과로 해석할 수 있습니다.

## 변증법적 행동 치료

DBT(Dialectical Behavior Therapy: DBT)는 복잡하고 치료가 어려운 정신건강 문제를 다루기 위해 개발된 인지행동치료 기반의 접근법입니다. 디메프와 린네한(Dimeff & Linehan, 2001)은 DBT를 다음과 같이 설명합니다.

> "DBT는 행동치료의 기본 전략과 동양의 마음챙김 수행을 결합하며, 상반되는 개념을 통합하려는 변증법적 세계관을 바탕에 둡니다. '변증법적'이라는 용어는 자살 위험이 있는 내담자와의 치료 과정에서 동시에 발생하는 다양한 긴장 상태를 반영하며, 이 치료가 경직된 이분법적 사고를 유연하고 통합적인 사고로 바꾸는 데 초점을 둔다는

> 점도 나타냅니다. DBT의 핵심은 '수용과 변화의 균형'입니다. 즉, 내담자의 현재 상태를 있는 그대로 수용하고 인정하면서도, 동시에 긍정적인 변화를 도모하려는 접근입니다. 수용 전략에는 현재 순간에 주의를 기울이는 마음챙김, 판단하지 않는 태도, 효과성 중심의 사고방식 등이 포함됩니다. 또한 다양한 스타일의 수인 및 수용 기술도 사용합니다. 변화 전략에는 문제 행동에 대한 행동 체인 분석, 문제 해결 기술, 기술 훈련, 강화 및 소거의 활용, 인지 수정, 노출 기반 전략 등이 포함됩니다." (Dimeff & Linehan, 2001, p. 10)

리네한(Linehan, 1993)은 DBT를 만성적인 자살 위험과 경계선 성격장애가 동시에 나타나는 성인 내담자에게 기존의 표준 CBT가 잘 적용되지 않았던 경험에서 출발해 개발하였습니다(Dimeff & Linehan, 2001; Linehan, 2015). 이후 감정 조절의 어려움을 중심으로 나타나는 다양한 문제(예: 약물 남용, 폭식 등)에 DBT가 확장 적용되었으며(Dimeff & Linehan, 2001), 비자살적 자해행동(NSSI)에 대해서도 효과적인 치료법으로 주목받고 있습니다(Klonsky & Muehlenkamp, 2007). 또한 최근에는 청소년을 대상으로 한 DBT 적용도 활발하게 이루어지고 있으며, 자살 행동을 보이는 청소년에게 효과가 있음이 보고되고 있습니다(Callahan, 2008; McCauley et al., 2018; A. L. Miller et al., 2007; Woodbury, Roy, & Indik, 2008). DBT의 궁극적인 목표는 삶이 살 가치가 있다고 느끼게 만드는 데 필요한 기술을 학생이 스스로 익히도록 돕는 것입니다(Linehan, 2020, p. 335).

DBT는 기존의 행동주의 치료(1세대)가 임상 문제에 행동 원리를 적용하는 데 중점을 두었고, 인지행동치료(2세대)가 비합리적인 사고를 수정하거나 제거하는 데 초점을 맞추었던 것과는 다릅니다(O'Brien, Larson, & Murrell, 2008). DBT는 수용전념치료(ACT; Hayes, Strosahl, & Wilson, 1999), 기능분석치료(FAP; Kohlenberg & Tsai, 1991), 마음챙김 기반 인지치료(MBCT; Segal, Williams, & Teasdale, 2002) 등과 함께 3세대 행동치료로 분류되며, 공통적으로 '수용'과 '마음챙김'이라는 두 가지 핵심 개념을 강조합니다(Greco & Hayes, 2008; Hayes, Follette, & Linehan, 2004).

## 수용

DBT는 문제를 수용(Acceptance)하는 것과 동시에 변화시키는 것에 중점을 둡니다. 처음에는 이 두 가지가 상충되는 개념처럼 보일 수 있지만, 실제로는 서로를 보완하며 작용합니다. 오브라이언과 동료들(O'Brien et al., 2008)은 이러한 수용의 개념을 다음과 같이 설명합니다.

> "DBT에서 사용하는 수용 기법의 목적은 문제적인 생각이나 감정을 바꾸는 것이 아니라, 그것들을 있는 그대로 받아들이는 것입니다. 즉, 생각과 감정을 실제 진실로 받아들이는 것이 아니라, 개인적인 내면 경험일 뿐이라고 인식하는 것입니다. 이러한 관점에서 수용은 단순히 체념이 아니라 행동의 변화를 가능하게 하는 시작점입니다. 전통적인 인지행동치료처럼 생각의 내용을 바꾸는 것이 아니라, 그 생각과 맺는 관계를 바꾸는 것에 중점을 둡니다. DBT의 핵심인 '수용과 변화의 균형'은 3세대 행동치료의 공통적인 특징이기도 합니다. 내담자가 자신의 생각을 단지 생각으로 받아들이고, 그 생각에 끌려가지 않도록 관계를 재정립할 수 있을 때, 보다 유연하게 자신이 진정으로 중요하게 여기는 방향으로 나아갈 수 있게 됩니다." (O'Brien et al., 2008, p. 16).

이처럼 DBT는 생각이나 감정, 신체 감각과 같은 개인의 내면 경험을 다루는 방식에서 전통적인 인지행동치료와 차이를 보입니다. 그레코와 헤이즈(Greco & Hayes, 2008)는 다음과 같이 설명합니다. "수용 기반 접근은 생각이나 감정의 내용, 빈도, 형식을 직접적으로 바꾸는 데 초점을 두기보다는, 이러한 내면 현상이 행동에 미치는 영향을 줄이기 위해 그 기능 자체를 바꾸는 데 목적이 있습니다"(p. 3). 따라서 전통적인 인지재구성, 비합리적 사고 반박 등 인지를 직접 다루는 기법에 익숙한 전문가에게는 DBT와 같은 3세대 접근의 '심리적 관점 전환'이 처음에는 다소 낯설게 느껴질 수 있습니다(Merrell, 2008b). 요약하자면, 전통적인 인지행동치료가 내담자의 생각 내용 자체를 바꾸는 데 초점을 두는 반면, DBT는 그 생각에 대한 인식 방식과 관계를 변화시키는 것에 중점을 둡니다(O'Brien et al., 2008).

## 마음챙김

DBT를 포함한 3세대 행동치료에서 수용(acceptance)과 함께 핵심 요소로 강조되는 개념이 바로 마음챙김(mindfulness)입니다. 카밧진(Kabat-Zinn, 1994)은 마음챙김을 다음과 같이 정의합니다. "특정한 방식으로 주의를 기울이는 것, 의도적으로 현재 순간에 판단하지 않으며 집중하는 것"(p. 4), 즉, 마음챙김이란 가장 불편하고 고통스러운 순간조차도 있는 그대로 바라보는 것을 의미합니다(O'Brien et al., 2008). 마음챙김을 실천하기 위해서는 세 가지 요소가 필요합니다. 바로 관찰하기(observing), 기술하기(describing), 참여하기(participating)입니다. 오브라이언과 동료들(O'Brien et al., 2008)은 이를 다음과 같이 설명합니다. 관찰하기란 자신의 생각, 감정, 행동을 바꾸려 하지 않고 지켜보는 것입니다. 기술하기는 생각, 감정, 행동에 판단을 붙이지 않고 이름을 붙이는 것입니다. 참여하기는 지금 이 순간에 완전히 집중하면서, 자기 의식을 내려놓는 것입니다(p. 21). 마음챙김이 정신건강 문제에 적용된 역사는 비교적 짧지만(Greco & Hayes, 2008), 그 뿌리는 깊습니다. 불교에서는 2,500년 전부터 마음챙김을 수행의 핵심으로 실천해 왔습니다(Kabat-Zinn, 2003).

DBT에서는 수용과 변화 사이의 균형에 어려움을 겪는 사람들에게 가장 먼저 가르치는 기술 중 하나가 마음챙김입니다. 최근에는 학교에서도 마음챙김 기반 프로그램이 점점 더 많이 도입되고 있습니다(Rawana, Diplock, & Chan, 2018). 마음챙김은 DBT에서 가르치는 유일한 기술은 아니지만, 이 기술을 바탕으로 고통 감내, 감정 조절, 대인관계 능력과 같은 다른 주요 기술들이 효과적으로 훈련될 수 있습니다(Linehan, 2015; Wagner, Rathus, & Miller, 2006). 오브라이언과 동료들(O'Brien et al., 2008)은 다음과 같이 설명합니다.

> "현재 순간에 대해 비판 없이 알아차리는 능력을 기르면, 사람들은 충동적으로 행동하지 않고 자신의 감정을 관찰하고 표현할 수 있습니다. 그 결과, 감정적 고통을 견디는 힘이 커지고 감정을 조절하는 능력이 향상되며, 다른 사람의 감정도 더 잘 알아차리고 효과적으로 관계를 맺을 수 있게 됩니다." (p. 20)

## DBT 치료자의 역할과 기능

DBT 치료자는 단순히 내담자를 돕는 역할에 그치지 않고, 행동이 개인에게 어떤 기능을 수행하는지를 분석하는 역할도 함께 수행합니다. 녹, 데퍼 그리고 홀랜더(Nock, Teper, & Hollander, 2007)는 자해 행동을 보이는 청소년을 대상으로 한 DBT 치료자의 역할을 다음과 같이 요약합니다.

- 치료자는 정신건강 상태, 문제 행동, 전반적인 기능을 포괄적으로 평가하여 치료 대상이 되는 행동을 명확하게 정의하고 구체화합니다. 치료 기간 동안 이 행동들을 지속적으로 측정합니다(DBT에서는 Diary Card를 매주 작성합니다. -역자 주).
- 내담자가 자신의 자해 행동 및 다른 문제 행동의 선행 요인과 결과를 파악하도록 도와주며, 이를 통해 행동을 이해하고 변화시킬 수 있도록 합니다.
- 자해 행동이 수행하는 기능을 함께 이해한 후, 그 행동을 대체할 수 있는 긍정적인 행동을 개발하고 적용할 수 있도록 협력합니다.
- 일반적인 행동치료와 마찬가지로, 환경 조정을 통해 행동 변화를 유도합니다. 청소년의 경우에는 가족과의 협력이 치료 전 과정에서 매우 중요합니다.
- 치료자는 가족에게 치료 철학과 계획을 공유하고, 필요시 부모 훈련(parent management skills)을 통해 청소년과의 상호작용 방식을 조정할 수 있도록 돕습니다. (Nock et al., 2007, p. 1084)

자살 위험이 있는 청소년을 대상으로 DBT를 진행할 때는, 먼저 치료에 대한 동의를 이끌어 내고 이후 생명 위협 행동 감소, 치료 방해 행동 감소, 삶의 질을 해치는 행동 감소, 행동 기술 향상과 같은 핵심 목표에 집중합니다. DBT 세션에서는 다음과 같은 주요 기술들을 학생에게 가르칩니다. 그것은 마음챙김(mindfulness), 감정 조절(emotion regulation), 대인관계 기술(interpersonal effectiveness), 고통 감내 능력(distress tolerance), 중도의 길(Walking the Middle Path)입니다. 이 중 '중도의 길' 기술은 청소년 DBT에만 포함된 고유한 모듈로, 자기 자신과 타인을 인정하는 방법, 행동 원리의 활용, 청소년과 가족 간 갈등을 다루는 기술 등을 포함합니다(Nock et al., 2007). 성인을 위한 DBT는 1년 동안 진행되는 것이 일반적이지만, 밀러와 동료들(Miller et al., 2007)이 개발한 청소년 대상 외래 DBT 프로그램은 16주 만에 완료할 수 있도록 단축되어 있습니다.

DBT에 대한 보다 자세한 설명은 이 책의 범위를 벗어나지만, 대부분의 학교 기반 정신건강 전문가들은 DBT와 그 기본 원리를 알고 있어야 하며, 자살 위험이 있는 학생에게 DBT가 유용한 개입이 될 수 있다는 점을 인식할 필요가 있습니다. 학교에서 직접 DBT 개입을 실시하지 않더라도, 지역사회에 있는 DBT 전문가의 명단을 알고 있고, 필요시 적절히 연계할 수 있어야 합니다. DBT에 대한 추가 연구는 여전히 필요하지만, 최근 연구들은 DBT가 자살 위험이 높은 청소년에게 효과적인 심리사회적 개입이 될 수 있음을 보여 주고 있습니다. 예를 들어, 맥커리와 동료들(McCauley et al., 2018)의 연구에서는 자살 위험이 높은 12~18세 청소년에게 DBT가 반복적인 자살 시도를 감소시키는 데 효과적이었다는 결과를 보고하였습니다. DBT에 대해 더 깊이 알고자 하는 학교 기반 전문가라면, 리네한 등의 자료들을(Callahan, 2008; Linehan, 1993, 2015; Miller et al., 2007) 참고할 것을 권장합니다.

## 입원

자살 위험이 높다고 판단되는 학생들은 병원에 입원하는 경우가 많습니다. 현재 자살 위험이 급박한 사람들, 특히 아동과 청소년의 경우에는 정신과 병동 입원이 표준 치료로 여겨지고 있습니다(American Psychiatric Association, 2003). 입원의 목적은 24시간 모니터링, 약물 치료, 위기 개입 등 집중적인 치료를 제공하는 데 있습니다(Ward-Ciesielski & Rizvi, 2020).

정신과 병동에서 제공하는 서비스는 병원마다 다를 수 있지만, 전반적인 목표는 '가능한 한 제한을 적게 두고, 최대한 짧은 시간 안에 급성 자살 위험을 해소하는 것'입니다(Ward-Ciesielski & Rizvi, 2020, p. 2). 자살 행동으로 입원한 환자에 대한 일반적인 치료 절차는 먼저 자살 위험도를 평가하고, 이후 안전하고 지지적인 환경을 조성하여 자살 위험을 최소화하는 데 초점을 맞춥니다. 또한 정신약물치료나 단기 심리치료를 통해 자살 행동에 영향을 미치는 조절 가능한 위험 요인을 치료하려는 시도도 포함됩니

다(Galardy & Lineberry, 2013).

입원 기간 동안 병원 직원들은 청소년 환자의 안전을 확보하려고 노력합니다. 입원 당일 퇴원하지 않는 경우, 식사를 제공하고, 침대를 배정하며, 가능한 한 편안하게 지낼 수 있도록 도와줍니다. 개인 또는 집단 치료를 통해 자살 행동의 원인이 된 문제를 정신건강 전문가와 상담할 기회도 주어집니다(Erbacher et al., 2015). 그러나 자살로 입원한 환자의 평균 입원 기간이 매우 짧기 때문에, 실제로 제공되는 심리치료는 제한적일 수밖에 없습니다. 병원은 의료기관이기 때문에 약물 치료에 대한 평가(또는 재평가)가 이루어지고, 필요할 경우 우울증 치료를 위한 항우울제 등 약물이 처방됩니다.

미국에서는 자살 행동으로 병원에 입원하는 대부분의 아동과 청소년이 12일 정도만 머무는 경우가 많습니다. 이처럼 짧은 입원 기간은 다양한 이유에서 비롯됩니다. 주정부 지원 정신과 병상 수의 지속적인 감소, 입원 치료에 대한 보험 보상의 축소, 환자가 더 이상 급성 자살 위험 상태가 아니라고 판단되는 경우 병상이 다시 필요해지는 점, 부모나 보호자가 자녀를 빨리 데려가려는 경향, 입원 치료 비용의 상승, 정신과적 강제 입원 기간이 대개 4,872시간에 불과하다는 점 등이 원인입니다(D. N. Miller & Mazza, 2017). 또한 의료 예산이 지속적으로 삭감되고 비용 절감 정책이 강화되면서, 병원 치료는 점점 더 짧아지고, 약물 처방 외의 치료를 제대로 제공할 수 있는 인력도 줄어들고 있는 실정입니다(Ward-Ciesielski & Rizvi, 2020, p. 2). 이런 제약들로 인해 자살 위험 청소년의 입원은 본격적인 치료보다는 '위험 통제와 상태 안정화'에 초점을 둔 임시적인 대응으로 보는 것이 타당합니다(D. N. Miller & Mazza, 2017).

무엇보다 중요한 점은, 병원에 입원하면 자살 위험으로부터 안전할 것이라는 일반적인 믿음이 항상 사실은 아니라는 점입니다. 조이너(Joiner, 2010)는 "미국에서는 매년 수천 명이 정신과 치료로 입원 중이거나 퇴원 직후 자살로 사망한다."라고 지적합니다(p. 181). 이 말은 입원이 자살을 유발한다는 뜻이 아니라, 자살과 입원 사이에 강한 상관관계가 있다는 의미입니다. 이는 자살과 입원이 모두 심각한 정신질환으로 인해 발생하기 때문에 두 현상이 함께 나타날 가능성이 높기 때문입니다.

정신과 입원 치료 후 실제 자살 외에도 자살 시도와 같은 자살 관련 행동의 위험이 더 높아질 수 있습니다(Ward-Ciesielski & Rizvi, 2020). 예를 들어, 자살 행동으로 정신과 병원에 입원한 180명의 청소년을 5년 동안 추적 조사한 결과, 약 25%가 자살을 시도했고,

그중 절반 이상은 입원 후 1년 이내에 시도한 것으로 나타났습니다(Goldston et al., 1999). 또한 다른 연구에서는 자살 행동으로 입원한 119명의 청소년 중 18%가 입원 후 6개월 이내에 자살을 시도한 것으로 나타났습니다(Yen, Weinstock, Andover, Sheets, Selby, & Spinto, 2013). 이런 연구 결과들은 병원에 입원할 정도로 자살 위험이 높았던 청소년들이 퇴원 후에도 여전히 높은 자살 위험 상태에 머물러 있다는 점을 시사합니다.

이와 더불어 정신과 입원 치료는 자살 행동 외에도 다양한 부작용을 초래할 수 있습니다. 여러 연구에서는 입원 경험이 긍정적이거나 증상 개선, 만족감으로 이어졌다고 보고했지만, 반대로 부정적인 결과를 나타낸 연구도 존재합니다(Ward-Ciesielski & Rizvi, 2020). 예를 들어, 자해 위험으로 인해 강제로 입원한 경우, 결과가 오히려 좋지 않다는 결과가 있습니다. 입원 치료는 병동 내 다른 환자나 의료진의 혼란스럽거나 불안하거나 폭력적인 행동을 목격하게 되는 등 스트레스와 심리적 고통을 악화시킬 수 있습니다. 일부에게는 입원 경험 자체가 매우 부정적이거나 심지어 외상 경험으로 작용해 도움이 되기보다는 해가 될 수 있습니다(Priebe et al., 2011).

입원 치료는 일상적인 생활 패턴을 방해할 뿐만 아니라 이후의 치료 과정에도 부정적인 영향을 줄 수 있습니다. 예를 들어, 병원 입원이 치료적 신뢰관계를 훼손시켰다는 의료진의 경험 보고가 종종 있으며, 어떤 경우에는 회복이 어려울 정도로 신뢰가 깨지기도 합니다(Ward-Ciesielski & Rizvi, 2020, p. 7). 위기 개입의 일환으로 입원을 선택할 경우, 환자가 본인의 환경에서 고통스러운 감정이나 생각, 행동을 스스로 조절하고 다루는 핵심적인 대처 기술을 익힐 기회를 잃게 되는 위험도 있습니다.

결론적으로 현재까지 입원 치료가 자살 빈도나 자살 위험을 줄인다는 근거는 없습니다(Galardy & Lineberry, 2013; Ward-Ciesielski & Rizvi, 2020). 입원의 기간이나 자발적 입원 여부와 상관없이 마찬가지입니다(Joiner, 2010). 경우에 따라, 입원이 일부 청소년에게는 도움이 되기보다는 오히려 해가 될 수도 있습니다. 따라서 입원 치료의 효과를 판단할 때에는 '단기적으로 자살 위험이 줄어들 것'이라는 근거 없는 믿음에 의존하지 말고, 다양한 요인을 신중하게 고려해야 합니다(Ward-Ciesielski & Rizvi, 2020, p. 11). 학교 현장에서는 입원을 학생 자살 문제 해결의 만능 열쇠로 여기거나, 학생이 입원했다고 해서 안심해서는 안 됩니다. 특히 강제 입원의 경우에는 신중하고 조심스럽게 접근해야 합니다.

## 정신약물치료

자살 자체에 대한 약물 치료는 존재하지 않지만, 자살 행동과 연관된 감정 및 행동 문제에 중점을 둔 정신약물치료가 이루어지고 있습니다. 여기에는 양극성 장애, 외상 후 스트레스 장애, 기타 불안장애, 품행장애, 약물 남용, 특히 우울증 등이 포함됩니다(D. N. Miller & Mazza, 2017). 앞서 논의했듯이, 자살로 사망한 아동과 청소년들에게서 이러한 정신질환이 공통적으로 발견되며(Fleischmann et al., 2005), 이는 자살의 직접적인 원인이라기보다 자살 위험을 증가시키는 요인으로 작용합니다(Kaut, 2013).

정신약물치료(Psychopharmacological Interventions)의 효과에 대한 연구는 세로토닌이라는 신경전달물질이 우울증 및 자살 시도와 밀접하게 연관되어 있다는 점을 밝혀냈습니다. 항우울제는 기분을 상승시키고 자살률을 감소시키는 데 효과적인 것으로 나타났습니다(Kaut, 2013). 노르에피네프린과 도파민도 우울증과 관련이 있으며, 이들 역시 항우울제의 영향을 받습니다. 이로 인해 자살 행동에도 영향을 줄 수 있다고 보고되고 있습니다(Kaut, 2013). 이에 따라, 세로토닌-노르에피네프린 재흡수 억제제(SNRI)는 청소년에게 효과적인 항우울제로 주목받고 있으며, 이에 대한 추가 연구가 계속되고 있습니다.

그러나 청소년을 대상으로 한 항우울제 사용은 자살 행동과의 관계에서 큰 논란을 불러일으켰습니다. 파록세틴(SSRI 계열 항우울제)이 주요우울장애를 가진 아동과 청소년에서 자살 사고 및 행동을 약간 증가시킨다는 연구 결과가 발표되면서, 미국 식품의약국(FDA)과 다른 규제기관들은 우려를 표명했습니다(Kratochvil et al., 2006). 2004년에는 아동 약 4,400명을 대상으로 한 24개의 임상시험 결과가 발표되었는데, 실험군(항우울제 복용군)의 자살 사고 비율은 4%, 위약군은 2%였습니다(Hammad, Laughren, & Racoosin, 2006). 하지만 자살 시도나 사망 등 다른 형태의 자살 행동이 항우울제로 인해 증가한 증거는 없었으며, 오히려 성인의 경우 자살 행동이 감소한 것으로 나타났습니다(Joiner, 2010).

항우울제를 복용한 아동·청소년에게 자살 사고가 증가한 정확한 원인은 밝혀지지 않았습니다. 이에 대해 조이너(Joiner, 2010)는 다음과 같은 설명을 덧붙였습니다. "많

> 은 사람이 항우울제를 복용하면 에너지가 회복되고 무기력한 기분이 나아지는 등 '활성화' 효과를 경험합니다. 대부분의 경우 이는 피로, 집중력 저하, 우울한 기분으로부터 벗어나는 긍정적인 결과입니다. 하지만 일부에서는 지나친 활성화로 인해 불안, 초조, 불면 등의 부작용이 나타날 수 있으며, 이들은 심각한 자살 경고 신호로 간주됩니다. 따라서 항우울제가 우울증 완화에 도움이 되지만, 극히 일부에게는 자살 위험을 증가시킬 수 있습니다." (p. 250)

이와 관련하여, 심한 우울증 상태에서는 자살 계획은 세우더라도 실행할 에너지가 부족한 경우가 있습니다. 그런데 항우울제를 복용하면서 기분이 나아지고 에너지가 생기면, 오히려 자살 계획을 실행할 수 있는 힘을 얻게 되어 위험이 높아질 수 있습니다. 물론 이런 상황은 극소수의 아동 · 청소년에게만 해당됩니다(D. N. Miller & Mazza, 2017).

2004년 10월, 미국 식품의약국(FDA)은 여러 공중보건 및 정신약리학 단체들의 권고와 공청회 결과를 바탕으로 모든 항우울제에 대해 '블랙박스 경고'를 발령했습니다. 이 경고는 특정 약물에 대한 승인을 철회하지 않는 한 FDA가 취할 수 있는 가장 강력한 조치로, 항우울제가 아동 · 청소년에게 사용될 경우 자살 충동 위험이 증가할 수 있다는 점을 명시했습니다(Hammad et al., 2006; Joiner, 2010). 경고 이후 소아 · 청소년 대상 항우울제 처방 건수는 눈에 띄게 감소했습니다(Bhatia, Razac, Vitello, Sitorius, Buehler, & Kratochvill, 2008).

아이러니하게도 항우울제 복용이 자살과 관련 있다는 우려로 인해 복용을 피하게 되면서, 오히려 청소년 자살이 증가하는 결과를 낳았을 수 있다는 주장도 제기되었습니다(Gibbons et al., 2007). 실제로 미국에서는 SSRI 처방이 줄어들수록 청소년 자살률은 증가하는 경향을 보였습니다(Joiner, 2010). 항우울제에 대한 공포로 인해, 의사들이 소아 · 청소년의 우울증을 예측보다 적게 진단하고 있는 것으로 보입니다(Libby, Brent, Morrato, Orton, Allen, & Valuck, 2007).

광범위한 문헌 검토에서는 항우울제와 청소년 자살 간의 명확한 연관성이 부족하다는 평가가 나왔습니다(Bostwick, 2006). 만약 약물 사용으로 인한 자살 취약성이 존재한다면, 이는 약물 복용 초반 몇 주 내에 나타날 가능성이 높으며, 시간이 지날수록 자살

행동 가능성은 낮아지는 경향이 있습니다. 피어슨(Pierson, 2009)은 항우울제가 자살 사고를 증가시킬 수 있다는 가능성은 인정했지만, 실제 자살 시도나 사망 같은 심각한 자살 행동까지 증가했다는 증거는 없다고 밝혔습니다. 조이너(Joiner, 2010, p. 245)는 "이 약물들이 완벽하진 않지만, 인간의 고통을 예방하고 완화했으며 자살을 오히려 줄이는 데 기여했다."라는 점을 강조합니다.

그러나 이 문제는 여전히 논란이 많습니다. 일부 연구는 FDA의 블랙박스 경고를 지지하며, 일부 연구자들은 청소년 자살 행동에 대한 정신약물치료의 효과가 일관되지 않다고 판단하고, 이 치료를 실험적 수준으로 간주하기도 합니다(Nock et al., 2019). 따라서 항우울제 사용은 개별 사례에 따라 신중하게 결정하고, 반드시 철저한 모니터링을 병행해야 합니다.

학교에서는 특히 학교 기반 정신건강 전문가들이 청소년의 항우울제 복용을 모니터링하는 데 중요한 역할을 할 수 있습니다. 예를 들어, 해당 약물을 복용할 청소년에게 레이놀즈(Reynolds) 청소년 우울 척도(RADS-2)나 자살 사고 질문지(SIQ) 같은 자가 보고형 척도를 복용 전·중·후에 활용해 심리 상태를 점검할 수 있습니다. 약물 모니터링은 보건 교사뿐 아니라, 학교 심리사나 상담 교사 같은 정신건강 전문가에게도 적합하며, 실제 연구에서도 이들이 해당 역할을 충분히 수행할 수 있는 역량과 의지를 가지고 있음이 밝혀졌습니다(Gureasko-Moore, DuPaul, & Power, 2005).

학교에서 약물 모니터링을 가장 효과적으로 운영하려면 유연한 접근이 필요하며, 약물 모니터링의 수용 가능성과 실행 가능성에 대한 사전 평가가 권장됩니다(Volpe, Heick, & Gureasko-Moore, 2005). 교직원이 본격적으로 모니터링에 참여하기 위해서는 다음의 세 가지 요소를 갖춰야 합니다. 첫째, 약물에 관련된 법적·윤리적·교육적 쟁점에 대한 인식, 둘째, 정신작용 약물 치료에 대한 지식, 셋째, 행동 평가 기법에 대한 이해(Carlson, 2008). 이와 관련해 더 자세한 내용은 앤더슨 등의 연구(Anderson et al., 2009; Carlson & Barterjian, 2019; Carlson & Shahidullah,2014; DuPaul & Carlson, 2005; Volpe et al., 2005)에 있습니다. 이 장 마지막에 수록된 부록 7-1에는 자살 위험 수준(낮음, 중간, 높음)에 따라 적용할 수 있는 개입 전략이 요약되어 있습니다.

## 맺음말

이번 장에서는 자살 위험이 낮거나 중간 수준인 학생들을 위한 선택적 개입 전략과, 고위험 학생을 위한 3차 개입 전략에 대해 전반적인 개요를 소개했습니다. 특히, 자살 위기를 겪고 있는 학생에게 학교 교직원이 어떻게 효과적으로 대응할 수 있을지에 대한 이해가 중요합니다. 자살 위기 학생을 위한 학교 기반 심리사회적 개입, 입원 치료에 대한 쟁점, 항우울제 사용에 대한 논란 등 핵심 주제를 다루었습니다. 이러한 내용을 충분히 이해한 학교 기반 정신건강 전문가는 학생 자살 행동을 예방하고, 실제 발생 시 더 효과적으로 대응할 수 있습니다.

**현장 피드백** **김웅겸(경찰청 정신응급출동팀장)**

정신응급 현장에서 청소년 자해 · 자살 시도를 마주할 때마다 가슴이 무너집니다. 이 책이 제시하는 개입 방법이 학교 현장에서 제대로 실행된다면, 지금 이 순간에도 절망의 끝에 서 있는 많은 청소년이 다시 살아갈 희망을 찾을 수 있을 것입니다. 실제 현장에서도 이러한 체계적인 개입이 절실히 필요합니다.

# 부록 7-1
# 자살 위험 수준별 개입 전략

### 낮은 위험군(Low Risk)

- 학교 교직원, 학부모(또는 보호자), 학생과 함께 안전 계획을 수립합니다.
- 학생이 낮은 위험군으로 평가된 사유와 평가 결과를 가족에게 설명합니다.
- 지속적인 관찰과 자살 위험 재평가를 주기적으로 실시합니다.
- 아직 지역사회 정신건강 전문가와 연결되어 있지 않다면, 전문가 상담 예약을 보호자에게 권유합니다.
- 추천하는 지역사회 전문가가 자살 고위험 청소년을 대상으로 한 치료 경험이 있고, 인지행동치료(CBT) 또는 변증법적 행동치료(DBT) 같은 근거 기반 개입법에 숙련되어 있으면 이상적입니다.

### 중간 위험군(Moderate Risk)

- 학생 자살 위험의 변화 여부를 면밀히 관찰하고 정기적으로 평가합니다.
- 보호자에게 연락해 학교 및 가정용 안전 계획을 함께 수립합니다.
- 지역사회 치료를 받고 있지 않다면, 즉시 개입할 수 있도록 보호자에게 권고합니다.
- 치료 제공자가 자살 학생 개입에 필요한 지식과 기술을 갖춘 근거 기반 전문가인 것을 권장합니다.
- 정신과 평가를 통해 우울증 약물치료 필요성을 확인하도록 합니다.
- 학교 정신건강 전문가는 학생, 보호자, 지역사회 서비스 제공자와 지속적으로 소통하며, 가능하면 이들 간의 서비스를 조정합니다.
- 우울감, 절망감, 품행 문제, 약물 남용, 사회적 고립 등 학생이 겪는 문제를 중심으로 2단계(Tier 2) 개입 전략을 검토하고 필요한 경우 시행합니다.

### 높은 위험군(High Risk)

- 자살 수단이 될 수 있는 치명적 도구를 제거합니다.
- 학생의 안전을 즉각적으로 확보합니다.
- 안전 계획을 적극 활용합니다.
- 보호자와의 긴밀한 협력을 유지합니다.
- 지역사회 자원과도 연계 및 협업을 강화합니다.
- 모든 조치 사항을 문서화합니다.
- 복교 준비를 체계적으로 진행합니다.
- 상황에 따라 아래와 같은 3단계(Tier 3) 개입 전략을 추가로 시행합니다.
  - 학생과의 접촉 빈도 증가
  - 변증법적 행동치료(DBT) 적용
  - 병원 입원 조치
  - 약물 치료 모니터링

# 자살 사후 대응

"아마도 가장 훈련이 부족하고, 동시에 가장 걱정하는 문제는 학생 자살 이후에 학교가 무엇을 해야 하는가 하는 것입니다."

_스콧 폴란드(Scott Poland)

"자살이 남기는 혼란과 충격의 정도는 대부분의 경우 말로 표현하기 어려울 만큼 큽니다."

_케이 레드필드 제이미슨(Kay Redfield Jamison)

"자살로 인해 사랑하는 사람을 잃은 유가족에게 혼란, 죄책감, 후회 그리고 자기비난은 끊임없이 따라다니는 동반자와 같습니다."

_수 클리볼드(sue KleBold)

안타깝게도 학교에서 포괄적인 자살 예방 프로그램을 시행하더라도 일부 학생들이 여전히 스스로 생명을 끊는 일이 발생할 수 있습니다. 드문 일이지만 이런 비극적인 상황이 발생할 경우, 학교와 교육청은 종종 학생들, 교직원, 유가족 그리고 언론으로부터 주목과 감시의 대상이 됩니다[American Foundation for Suicide Prevention 및 Suicide Prevention Resource Center(AFSP & SPRC), 2018; Poland, 198)]. 상황을 더욱 어렵게 만드는 점은, 학생이 자살로 사망했을 때 학교가 이에 대한 준비가 제대로 되어 있지 않은 경우가 많다는 것입니다. 이러한 준비 부족은 학교 정신건강 전문가인 전문상담교사에게도 나타납니다. 예를 들어, 한 연구에서는 미국의 111명의 학교 심리학자 중 절반 이상이 자살 사건 이후의 대응(postvention)에 대해 제한된 준비와 지식, 그리고 낮은 자신감을 보고하였으며, 자신이 가진 역량을 더욱 낮게 평가하였습니다(O'Neill et al., 2020). 학생 자살 직후, 학교 공동체에는 충격과 믿기 어려운 감정이 공존하며, 무엇을 해야 하는지, 누가 어떤 역할을 해야 하는지, 그리고 상실을 겪고 있는 학생들과 교직원들(그리고 불안해하는 학부모들에게-역자 주)에게 어떻게 가장 효과적으로 대응할 수 있을지에 대한 혼란이 자주 나타납니다.

사후 대응(postvention)이라는 용어는 자살이 발생한 이후에 시행되는 일련의 사전 계획된 활동들을 의미합니다.

'자살 사후 대응(suicide postvention)'이라는 용어는 슈나이드만(Shneidman, 1975)에 의해 처음으로 제안된 개념입니다. 자살이 발생한 이후 그로 인한 여파를 완화하기 위해 사전에 계획되고 능동적으로 수행되는 일련의 활동들을 의미합니다. 학교에서의 자살 사후 대응의 주요 목표는 다음과 같습니다. (1) 학생 자살로 영향을 받은 사람들에게 필요한 자원을 제공하는 것, (2) 적절한 학교 대처 전략을 촉진하는 것, (3) 자살 모방 행동이나 '전염 효과(contagion)'를 예방하는 것, (4) 학교 공동체 구성원들의 지속적인 필요를 파악하는 것, (5) 궁극적으로 학교의 초점을 다시 학업 중심의 교육으로 돌리는 것입니다(Hart, 2012).

이러한 목표들 각각이 모두 중요하지만, 그중에서도 두 가지 목표가 강조됩니다. 첫 번째는 학생의 자살로 인해 종종 동반되는 충격, 슬픔, 비탄, 혼란, 분노 등 복합적인 감정을 다른 학생들과 교직원들이 효과적으로 대처할 수 있도록 돕는 것입니다(Brock, 2002; Hart, 2012; Lieberman et al., 2008). 두 번째는 자살 전염 현상(suicide contagion)

으로 알려진 현상을 예방하고, 자살 위험이 높은 학생들을 면밀히 관찰하는 등 추가적인 자살이나 자살 행동을 방지하기 위한 적절한 조치를 취하는 것입니다(Brock, 2002; Hart, 2012). 자살 전염 현상에 관한 문제는 이 장 후반부에서 자세히 다루겠지만, 효과적인 자살 사후 대응이 곧 효과적인 자살 예방이라는 점을 인식해야 합니다. 즉, 한 학생의 자살이 다른 취약한 학생들의 자살 행동 가능성을 높일 수 있다는 점을 고려할 때, 학교 기반의 자살 사후 대응에서 가장 핵심적인 요소 중 하나는 추가적인 자살 사건을 예방하는 것입니다.

학교 관리자인 교장, 교감 선생님들이 아무리 선의의 의도를 가지고 있다 하더라도, 학생 자살 이후에 필요한 리더십을 제공하지 못하는 경우가 종종 발생합니다. 이는 대부분의 관리자들이 자살 사후 대응에 대한 체계적인 훈련을 받지 않았기 때문입니다. 그 결과, 흔히 나타나는 전략은 "자살이 일어나지 않은 것처럼 행동하고, 다른 자살 사건이 더 이상 발생하지 않기를 바라는 것"입니다(Poland, 1989, p. 135). 이러한 상황을 고려할 때, 핵심 자살 예방팀(Core Suicide Prevention Team: CSPT)인 학교위기관리위원회(역자 주)는 효과적인 사후 대응 절차를 미리 준비하고, 만약의 사태에 대비하여 전 교직원이 이를 실행할 수 있도록 훈련시킬 필요가 있습니다. 이 장에서는 이러한 과정을 어떻게 가장 효과적으로 수행할 수 있을지에 대해 다룹니다.

하지만 학교에서 이루어지는 다른 형태의 위기 대응과 마찬가지로(Brock et al., 2016), 자살 사후 대응에 대한 연구를 수행하는 데에는 여러 가지 어려움이 존재합니다. 이로 인해 이 분야의 연구 기반은 제한적입니다. 따라서 자살 사후 대응에 대한 많은 권장 실천 방안들은 광범위한 연구보다는, 임상 현장의 집단적 경험과 실제적인 사례를 바탕으로 한 것들입니다.

## 준비의 중요성

제3장에서 논의된 바와 같이, 모든 학교는 학생 자살 행동 문제를 어떻게 다룰 것인지에 대한 정책과 절차를 구체적으로 명시한 문서를 갖추고 있어야 합니다. 이 문서에는 자살 사후 대응(postvention) 절차에 대한 상세하고 구체적인 설명도 포함하여, 사후

> 준비 태세는 효과적인 자살 사후 대응의 핵심 요소이며, 적절한 절차는 자살이 발생하기 전에 미리 개발되어 시행되어야 합니다.

대응 팀의 구성원은 누구인지, 각 구성원의 역할과 책임이 무엇인지 명확히 규정합니다. 준비태세는 효과적인 자살 사후 대응의 핵심 요소이며, 관련 절차는 자살 사건이 발생하기 전에 미리 개발되어 마련되어 있어야 합니다.

> 사후 대응을 포함한 모든 위기 개입의 주요 목표는 개인이 즉각적인 대처 능력을 회복할 수 있도록 돕는 것입니다.

사후 대응을 포함한 모든 위기 개입 대응의 주요 목표는 개인이 즉각적으로 대처할 수 있는 능력을 다시 회복하도록 돕는 것입니다(Brock, 2002). 학생 자살 이후 가장 먼저 검토되어야 할 핵심 질문은, 해당 학생의 사망이 다른 학생들에게 대처의 어려움을 어느 정도 야기할 것인가입니다. 예를 들어, 자살한 학생이 잘 알려진 인물(예: 인기 있는 학생)이었거나 자살이 공개적으로 이루어진 경우(예: 학교 내에서 발생한 경우), 사후 대응 절차는 분명히 필요하게 됩니다.

그러나 사망이 발생했지만 학생들이 그것이 자살로 인한 것이라는 사실을 모르고, 앞으로도 알게 될 가능성이 없다면, 자살에 대한 사후 대응(postvention)은 필요하지 않습니다. 다만 일반적인 학생 사망과 관련된 사후 대응 절차(예: 애도 상담 등)는 여전히 필요할 수 있습니다. 러프와 해리스(Ruof & Harris, 1988)는 다음과 같이 말합니다. "자살 행동은 다른 사람들이 그 사실을 알 때에만 전염성이 있습니다. 만약 자살 시도에 대한 정보를 학교 내에서 차단할 수 있다면, 그렇게 하는 것이 아마도 현명할 것입니다"(p. 8). 이와 같은 권고의 근거는, 사후 대응이 실제로 필요하지 않은 상황에서 이루어질 경우 오히려 자살에 불필요한 관심을 불러일으킬 수 있으며, 자살이 자신에게 관심을 끌 수 있는 수단이라는 메시지를 취약한 학생들에게 전달할 우려가 있습니다(Brock, 2002).

> 학생 자살 이후 즉시 검토되어야 할 핵심 질문은, 해당 사망 사건이 다른 학생들에게 대처의 어려움을 어느 정도 야기할 것인가 하는 점입니다.

> 학생들이 자살 사건이 발생했다는 사실을 알고 있을 때, 학교가 취할 수 있는 최악의 대응은 교직원들이 마치 그런 일이 없었던 것처럼 행동하는 것입니다.

그러나 많은 경우 자살이 발생하면 학생들은 어떤 방식으로든 그 사실을 알게 될 가능성이 높습니다. 자살이 일어났다는 사실을 학생들이 알고 있을 때, 학교가 하는 최악의 대응은 다들 아무 일도 없었던 것처럼 행동하는 것입니다

(Brock, 2002). 안타깝게도, 이러한 대응은 드물지 않게 나타나는 실제 관행입니다. 예를 들어, 한 중소 도시에서 5개월 동안 4건의 학생 자살이 발생한 사례가 있었습니다. 자살로 사망한 학생들은 모두 고등학생이었으며, 2건은 같은 주 안에 발생했습니다. 해당 교육청은 세 번째 자살 사건이 발생할 때까지 사후 대응 절차를 전혀 마련해 두지 않았던 것으로 보입니다. 왜 이 교육청은 사후 대응 절차를 시행하지 않았을까요? 언론 보도에 따르면, 교육청의 교육감은 '자살을 미화하게 될까 봐 논의하지 않는 것이 교육청의 일반적인 방침'이라고 밝혔습니다. 이 말이 내포하는 모순된 태도를 결코 간과되어서는 안 됩니다.

## 학교의 자살 예방 원칙 안내

학교 기반의 자살 사후 대응 절차에 대한 매우 유용한 자료로는『After a Suicide: A Toolkit for Schools』제2판(AFSP & SPRC, 2018)이 있습니다. 이 매뉴얼은 온라인에서 무료로 제공되며, 학생의 자살 이후에 학교가 어떻게 대응해야 하는지를 중심으로 원칙들을 제시합니다.

- 학교는 모든 학생의 죽음을 동일하게 다루어야 합니다. 예를 들어, 암으로 사망한 학생과 자살로 사망한 학생에 대해 서로 다른 방식으로 대응할 경우, 자살에 대한 부정적인 낙인을 강화할 수 있으며, 이는 유가족과 가까운 친구들에게 깊은 상처가 될 수 있습니다.
- 청소년은 자살 전염(suicide contagion)의 위험에 취약합니다. 즉, 어려움을 겪고 있는 학생이 또래의 자살을 경험할 경우, 자살 위험이 증가할 수 있습니다. 그러므로 사망을 무심코 단순화하거나 미화하거나 낭만적으로 표현해서는 안 됩니다.
- 학생들은 회복 탄력성이 있습니다. 학교의 적절한 정보 제공, 안내, 지원을 통해 학생들은 또래의 자살을 대처하고, 슬픔을 처리하며, 건강한 기능으로 회복해 나갈 수 있습니다.
- 자살은 다양한 원인에 의해 발생합니다. 자살로 생을 마감한 학생은 흔히 정신건

강상의 문제 등 심각한 고민을 겪고 있었을 가능성이 있습니다. 이러한 심리적 고통은 외부에서 명확히 드러나지 않을 수도 있지만, 반드시 존재했을 수 있습니다. 그러나 정신건강 문제를 가지고 있는 모든 사람이 자살을 시도하는 것은 아니라는 점도 이해하는 것이 중요합니다.

- 정신건강 문제나 자살 생각으로 어려움을 겪고 있는 모든 학생이 도움을 받을 수 있는 지원을 제공합니다.
- 사후 대응은 자살로 영향을 받은 사람들의 문화적 다양성을 고려해야 합니다(p. 2).

## 자살 예방 다층지원체계(MTSS)

이 책 전반에서 자살 예방과 관련하여 제시된 다층지원체계(MTSS) 모형은 자살 사후개입(postvention)에도 동일하게 적용됩니다. 예를 들어, 한 고등학교에서 학생이 자살한 경우, 해당 학교의 모든 학생은 그 학생의 사망 소식을 공식적으로 전달받고, 이에 대해 질문할 수 있는 기회도 제공받아야 합니다. 1단계는 루머나 왜곡된 정보가 퍼지지 않도록 바로잡고, 학생들에게 필요한 경우 어떤 방식으로, 언제, 어디에서 도움을 받을 수 있는지 명확히 안내하는 것이 중요합니다. 2단계는 보다 선택적인 개입이 이루어지며, 심리적으로 영향을 받았을 가능성이 있는 학생들에게 개별 또는 소그룹 형태로 추가적인 정서적 지원을 제공 합니다. 3단계는 자살 사건에 가장 큰 영향을 받은 학생들을 대상으로 보다 지속적이고 개별화된 지원이 필요하며, 경우에 따라 인지행동치료(CBT)와 같은 심리치료 개입이 포함될 수 있습니다(Erbacher et al., 2015; D. N. Miller & Mazza, 2018).

## 학생 자살 대응 프로토콜 개발

『Preventing Suicide: A Toolkit for High Schools』(SAMHSA, 2012)은 자살에 대응하기 위한 절차(protocols)를 개발할 때 다음의 일곱 가지 단계를 따를 것을 권장합니다.

(1) 절차 수립 팀 구성, (2) 지역사회 협력자 파악, (3) 학교 차원의 즉각적인 대응 절차 수립, (4) 즉각 대응 절차를 학교의 위기 대응 계획에 포함시키기, (5) 장기 대응 절차 수립, (6) 교직원이 절차를 이해하도록 돕기, (7) 절차를 정기적으로 검토 및 갱신하기입니다. 이 일곱 가지 단계는 자료집의 88~91쪽에서 보다 자세히 설명되어 있습니다.

## 절차 수립 팀 구성하기

절차 수립 팀에는 다음과 같은 인원들이 포함되어야 합니다.

- 자살에 대응하는 데 관여하게 될 학교 교직원들의 역할, 기술, 성격과 지역사회 협력자들을 잘 아는 교직원
- 관리자 1명
- 전문상담교사, 사회복지사 등 정신건강 전문가
- 학교 위기관리위원회의 구성원 1명[1]

## 도움을 줄 수 있는 지역사회 협력자 파악하기

학교는 학생의 자살에 대응할 때 지역사회의 개인, 기관, 단체의 도움이 필요할 수 있습니다. 예를 들어, 학생들과 교직원의 정서적 지원을 위해 지역 정신건강기관이나 심리상담센터의 도움이 필요할 수 있으며, 사망에 대한 정보를 얻거나 학교 내 보안을 위해 지역 경찰서의 지원이 필요할 수 있습니다. 이 절차를 준비할 때 학생들이 속한 문화적 · 종교적 공동체를 대표하는 대변인들을 참여시키는 것도 중요합니다. 이들은 해당 공동체의 애도 전통에 대한 핵심적인 통찰을 제공할 수 있습니다. 이들은 계획 수립 과정에 협력자로 참여하여 절차에 정보를 제공하고, 비극적인 사건이 발생할 경우

1 역자 주: 기본 절차는 가급적 교육청 혹은 교육지원청 차원에서 만들고, 개별 학교는 이 절차를 위기관리위원회에서 수시로 학교에 맞춰 업데이트하는 방식이 있습니다. 수많은 관계 법령에 따른 행정 행위를 해야 하는 한국의 학교 환경에서는 잘 만든 매뉴얼을 위기관리위원회 혹은 운영위원회에서 함께 읽으면서 학교에 맞추는 것만으로도 예방과 사후 대응에 도움이 될 수 있습니다.

즉시 참여할 수 있도록 준비합니다.

## 사후 대응 절차 수립 전 확인 사항

학교에 적합한 자살 대응 절차를 수립하기 전에, 먼저 현재 이미 마련되어 있는 사항들을 확인합니다.

- 우리 학교의 절차와 활동이 반드시 따라야 하는 지방자치단체(state), 교육청(district), 소수자나 이주민의 관련 상위 절차나 지침이 존재하는가?
- 존재한다면, 그것들이 권고사항인가 아니면 의무사항인가? 또한 우리 학교 상황에 얼마나 적합한가?
- 학교에 위기 대응 계획이 있는가? 있다면, 그 계획 안에 자살 사후 대응 절차가 포함되어 있는가?

## 자살 발생 시 즉각 대응 절차 수립하기

기존 절차를 수정하거나 새로운 절차를 수립해야 한다고 판단되는 경우, 다음 사항들을 포함합니다.

- 대응 담당교사를 지정합니다.
- 사건의 성격에 따라 절차의 어떤 부분을 적용할지 판단하는 기준이 필요합니다. 이 결정은 보통 교장이 자살 대응 교사와 협의하여 내리게 됩니다.
- 자살 직후 학교가 즉각적으로 취해야 할 조치와 각 조치에 대해 책임자를 명확히 합니다. 교장 등 한 사람이 여러 업무를 담당할 수는 있지만, 과도한 업무가 집중되지 않도록 주의합니다. 또한 정서적으로 매우 어려운 상황에서 효과적으로 업무를 수행할 수 없는 인물에게 과업을 맡기지 않습니다.
- 예를 들어, 경찰, 애도 상담사(grief counselor) 등에게 연락해야 할 수 있습니다. 사전에 확인하여, 이들이 실제로 연락 대상자로 적절한지, 그리고 자살 대응 절차에

연락처 및 책임 주체로 명시되는 것에 동의하는지 확인해야 합니다.

- 학부모에게 보내는 안내문, 언론 대응을 위한 가이드라인 등 절차를 실행하는 데 필요한 자료를 확인합니다.

## 학교위기 대응 계획에 사후 대응 절차를 포함하기

많은 교육청 및 학교에는 자연 재해, 의료 응급 상황, 심각한 폭력 사태에 대응하기 위한 절차가 포함된 위기 대응 계획이 마련되어 있습니다. 자살 예방 및 사후 대응 절차 또한 학교의 위기 대응 계획에 반드시 포함되도록 합니다.[2]

## 자살에 대한 장기 대응 절차를 마련하기

학교 공동체의 구성원, 특히 학생이 자살한 경우 그 영향은 사건 발생 이후에도 오랜 기간 지속됩니다. 따라서 자살 발생 후 수주, 수개월, 수년에 걸쳐 수행해야 할 조치를 설명하는 절차를 마련해야 합니다. 이러한 조치에는 다음이 포함됩니다.

- 졸업앨범 및 졸업식에서 고인을 적절하게 추모하는 방법
- 사망일 또는 생일과 같은 기념일을 준비할 때 자살 모방 행동의 가능성을 높이지 않도록 주의하는 방식

## 사후 대응 절차에 대한 이해를 돕기

사후 대응 절차를 맡은 담당교사가 자신에게 부여된 구체적인 역할에 대해 이해하도록 돕습니다. 일부 교직원은 개인적인 경험으로 인해 특정 업무를 감정적으로 수행하기 어려울 수도 있습니다. 이들에게 해당 업무를 수행할 준비가 되어 있는지 확인합니다. 각 교직원에게 사후 대응 절차 문서와 필요한 자료를 제공하고, 사전 설명을 실시

2 역자 주: 한국의 경우, 특히 사후 대응 절차 부분은 교육청과 학교의 지침이 부재한 실정입니다.

합니다.

## 학교 기반 자살 사후 대응 절차

이제 학생 자살이 발생했을 때 학교에서 시행할 절차들을 담은 사후 대응 매뉴얼을 다루겠습니다(이 장 마지막의 부록 8-1에 요약 정리). 해당 절차들은 대체로 시간 순서대로 나열되어 있지만, 실제 상황에서는 위기관리위원회는 여러 조치를 동시에 시행할 가능성이 큽니다. 학생 자살에 대해 신속하게 대응해야 하는 만큼 학교에서는 사망 사실이 확인된 직후 가급적 24시간 이내에 주요 절차들을 마무리할 수 있도록 사전 계획을 세워야 합니다.

### 사망 사실 확인

학생 사망 소식을 접하면, 즉시 사실 여부를 확인하고 사인이 자살인지 파악합니다(Brock, 2002; Hart, 2012). 자살 여부는 법적으로 복잡하게 분류되며, 공식적인 판단은 검시관만 내릴 수 있습니다. 다만 경찰이나 관련 전문 인력이 대신 전달할 수 있습니다(Hart, 2012). 자살로 인한 사망으로 간주하려면, 피해자의 가족, 검시관 사무소, 병원 관계자, 경찰 또는 보안관 등 믿을 만한 다수의 출처를 통해 확인이 이루어져야 합니다. 학생, 교사, 기타 학교 관계자의 진술만으로는 사실을 확정하지 않습니다(Brock, 2002).

### 위기관리위원회(CSPT: 핵심 자살 예방팀) 가동

제3장에서 설명한 것처럼, 위기관리위원회(CSPT)는 자살 사후 대응의 주요 책임을 맡습니다. 자살 사실이 확인되면 위기관리위원회의 담당교사[3]는 즉시 소집해야 합니

3 역자 주: 사후 대응 절차의 경우 전문상담교사 혹은 심리상담을 배운 교사나 5년차 이상 침착한 베테랑교사가 좋습니다.

다. 담당교사는, (1) 사태 전반에 대한 총괄, (2) 주요 연락 창구 역할, (3) 학교 전체 사후 대응 활동 모니터링, (4) 학교 내 다양한 집단(행정, 교직원, 학생, 학부모)과의 소통을 담당합니다(AFSP & SPRC, 2018).

## 언론 대변인 지정

학생 자살 사건이 발생하면, 특히 지역사회에서 잘 알려진 학생일 경우 언론사들의 문의가 이어질 수 있습니다(Erbacher et al., 2015). 따라서 하나의 통일된 목소리로 대응할 수 있도록, 자살과 그 예방에 대해 충분히 이해하고, 필요한 자료를 갖추고 있으며, 책임 있는 보도 방식에 대해 잘 아는 사람을 언론 대변인으로 정해야 합니다. 보통은 교장이 적절한 인물로 평가되지만, 주목도가 높은 사건에서는 교육청의 공보담당자나 교육감이 대응하는 것이 더 나을 수 있습니다. 다만 이들이 자살 보도 관련 지식이 부족할 수 있고, 해당 학교의 사정에 따라 구체적인 상황, 정보이해가 부족할 수 있으므로, 위기관리위원회의 담당교사가 언론 대변인으로 나서는 것이 논리적이며 적절한 선택일 수 있습니다.

## 소셜미디어 활용 및 모니터링

요즘은 연령과 관계없이 많은 사람이 페이스북, 트위터, 인스타그램, 스냅챗 등 다양한 소셜미디어 플랫폼을 활용합니다. 이에 따라 많은 교육청도 자체 Facebook 페이지나 Twitter 계정을 운영하며 학교 행사나 활동을 홍보하고 있습니다. 이미 소셜미디어 채널을 갖춘 학교일수록 자살 사건 발생 시 지역 사회 내 더 많은 사람에게 빠르고 효과적으로 소식을 전달할 수 있습니다(Flitsch, Magnesi, & Brock, 2012). 또한 전자 알림 시스템을 활용하면 교직원, 학생, 학부모, 지역 사회 구성원에게 신속하게 메시지를 보낼 수 있습니다. 자살 사후 대응에서는 소셜미디어를 통해 루머를 차단하고, 장례 일정, 정신건강, 애도, 자살 징후, 도움을 받을 수 있는 방법 등에 대한 정보를 전달할 수 있습니다(Erbacher et al., 2015). 이와 함께 학생들의 게시글, 댓글, 메시지 등을 모니터링하면 추가 지원이 필요한 또래 친구를 파악하는 데 도움이 될 수 있습니다.

## 유가족에게 애도와 지원 의사 전달

자살로 사망한 학생의 가족에게 연락하는 일은 위기관리위원회(CSPT)가 사망 사실을 확인하는 과정과 함께 해야 할 첫 번째 사후 대응 조치 중 하나입니다. 가능한 한 사망 후 24시간 이내에 적절한 학교 관계자가 직접 만나 연락하는 것을 권장합니다(Brock, 2002). 이런 상황에서 가족을 방문하는 일은 당연히 무겁고 어색할 수 있지만, 학교 관계자의 불편함보다 가족이 겪는 충격과 슬픔이 훨씬 크다는 점을 잊지 말아야 합니다. 가족과 만날 때는 진심 어린 위로와 함께 구체적인 도움을 제안해야 합니다. 예를 들어, 부모의 눈을 바라보며 "델가도 씨 부부, 제이슨의 일로 정말 마음이 아픕니다. 학교와 교육청을 대표하여 깊은 애도의 마음을 전합니다. 두 분과 가족분들을 항상 생각하고 있습니다. 혹시 도움이 필요하시거나 저희가 도울 수 있는 일이 있다면 언제든지 말씀해 주세요."와 같이 말할 수 있습니다.

## 유가족 위로 시 주의할 표현

부모에게 애도와 지지를 전할 때, 의도는 좋더라도 다음과 같은 표현은 삼가야 합니다. 예를 들어, '하느님의 뜻이었다.' '이젠 더 좋은 곳에 있을 거예요.' '시간이 지나면 괜찮아지실 거예요.' '언젠가는 마음의 정리가 될 거예요.' 등의 표현은 지양해야 합니다. 이런 말들은 오히려 부모의 분노와 거부감을 일으킬 수 있습니다. 정신과 의사이자, 큰아들을 자살로, 막내아들을 백혈병으로 잃은 고든 리빙스턴은 'closure(마음의 정리)'라는 단어에 대해 "슬픔이란 시간이 지나면 끝나는 감정이라는 듯한 의미를 가진 그 단어가 나는 정말 싫었다. 내 아이들이 그리워지지 않을 날이 온다는 생각 자체가 말도 안 되는 소리였다."라고 말합니다(Livingston, 2004, p. 116). 또한 그는 배우 그레고리 펙에 관한 일화를 소개합니다. 자살로 아들을 잃은 후 한 인터뷰에서 펙은 "매일 생각하시나요?"라는 질문에 이렇게 답했습니다. "아니요. 매일 생각하는 게 아닙니다. 매시간 생각합니다" (Livingston, 2004, p. 116). 조이너(Joiner, 2010)도 한 아버지가 자살한 아들을 "신의 뜻이었다."라는 위로를 들은 후, 이렇게 분노한 사례를 소개합니다. "내 소중한 아들이 스스로 머리에 총을 쏜 게 신의 뜻이었다고요? 절대 아닙니다!" 짧은 사례이

지만, 자살 후 유족에게 어떤 말을 해서는 안 되는지를 명확히 보여 주는 교훈적 예시들입니다.

## 유가족과 학교 대응 절차 논의

유가족이 장례 절차를 준비했다면, 해당 장례식이 공개 행사인지, 학생과 교직원이 참석 가능한지 여부도 확인합니다. 유가족(부모 또는 보호자)과 만나는 자리에서 위기관리위원회(CSPT)는 학생의 사망과 관련된 정보를 어느 범위까지 교직원 및 학생과 공유할 수 있을지 가족과 함께 논의합니다. 학교는 자살의 구체적인 원인이나 배경에 대해서는 추측하거나 논의하지 않을 것임을 분명하게 전달합니다(Brock, 2002). 가족은 또한 사망한 학생의 친구들 중 추가적인 지원이 필요한 사람을 파악하는 데 도움을 줄 수 있습니다. 사후 대응 계획이 구체적으로 정리되어 있다면 학교의 대응 방안에 대해 설명할 수 있지만, 절차가 아직 미정이라면 그 설명은 나중에 해도 됩니다(Brock, 2002).

## 사망 원인에 대한 불확실성이나 소문에 대응

학생의 사망 사실은 확인되었지만, 자살이 원인인지 아직 확정되지 않은 경우가 많습니다. 이 경우 공식적으로 자살로 판단되기 전까지는 사망 사실을 단순히 '원인이 확인되지 않은 사망'으로 알려야 합니다. 학교는 학생들에게 현재 사망 원인을 조사 중이며, 추가 정보가 확인되면 전달하겠다고 정직하게 설명합니다. 정보가 확보됨에 따라 학생들에게 어떤 내용을, 어떻게 전달할지 신중하게 판단합니다. 모든 공지는 사실에 기반하고, 추측을 피하며, 교직원과 학생에게도 같은 태도를 요청해야 합니다. 이처럼 원인이 불분명한 상황에서도 일반적인 애도 및 슬픔 대응 중심의 사후 대응 조치는 실시할 수 있습니다.

사망 원인이 아직 밝혀지지 않았을 때 소문은 빠르게 퍼질 수 있습니다. 학생들에게 이런 소문은 사실과 다를 수 있으며, 유가족과 친구들에게 상처가 될 수 있다는 점을 분명히 알려야 합니다(SAMHSA, 2012). 특히 SNS 등을 통해 소문이 빠르게 확산되는 상황에서, 학교는 사실 여부가 명확하지 않은 상태에서 성급히 정보를 제공해서는 안

됩니다. 공식적인 정보가 확보되기 전까지는 자살이라고 단정하여 발표해서는 안 됩니다.

자살 여부를 포함한 사망 원인은 반드시 부모나 보호자와 논의한 후에 공개해야 합니다(AFSP & SPRC, 2018). 학교가 학생들과 교직원에게 신속하게 정보를 제공할 필요가 있지만, 유가족의 의견을 우선 고려해 공개 범위를 결정합니다. 유가족이 원하지 않는다면, 이름을 밝히지 않고 사망 사실만 간단히 공지할 수 있습니다. 예를 들어, "안타까운 소식을 전합니다. 9학년 학생 한 명이 지난 주말에 사망했다는 소식을 접했습니다."라고 전할 수 있습니다(AFSP & SPRC, 2018).

학생의 자살이 확인되었더라도, 가족이 그 사실을 공개하고 싶어 하지 않는 경우도 있습니다. 프라이버시 보호나 사망 원인에 대한 인식 차이 등 여러 이유가 있을 수 있습니다. 이럴 경우, 유가족과 신뢰 관계가 있는 교직원(예: 학교 관리자, 정신건강 전문가 등)이 대표로 나서야 합니다. 이 대표자는 다음과 같은 취지로 설명해야 합니다. (1) 학생들 사이에서는 이미 해당 사망에 대해 이야기가 오가고 있고, (2) 교직원과 학생이 자살에 대해 열린 대화를 나누는 것이 추가 자살 시도를 예방하는 데 도움이 될 수 있다는 점을 전달합니다(AFSP & SPRC, 2018).

이처럼 학교는 공동체에 사실을 알리는 의무와 동시에 유가족의 입장을 존중해야 하는 상황에 놓이게 됩니다. 유가족이 자살 사실의 공개를 원치 않을 경우, "유가족의 요청에 따라 사망 원인에 대한 정보는 현재 공유하지 않습니다"라고 말할 수 있습니다(AFSP & SPRC, 2018, p. 7). 이와 동시에 학교는 소문이 퍼지고 있는 상황을 계기로 자살 예방 교육을 실시할 수 있습니다. 다음은 학생들에게 전달할 수 있는 예시 문장입니다. "이번 사건이 자살인지에 대해 많은 얘기가 오가는 것을 알고 있습니다. 이 기회를 빌어 자살에 대한 정확한 정보를 전달하고, 자살을 예방할 수 있는 방법과 도움이 필요한 사람을 위한 지원 방안에 대해 알려 드리려고 합니다"(AFSP & SPRC, 2018, p. 7).

## 문화적 다양성 고려

자살 사후 대응에서는 영향을 받는 사람들의 문화적 다양성을 고려합니다. 여기에는 교직원과 학생뿐 아니라 사망한 학생의 가족과 지역사회도 포함됩니다. 다양성은 인

종, 민족, 언어, 종교적 신념, 사회경제적 배경, 성적 지향, 장애 여부 등 여러 요소를 포함합니다. 집단의 문화는 자살과 죽음에 대한 인식과 반응 방식에 큰 영향을 줄 수 있습니다. 이에 따라 다음과 같은 점들을 유의해야 합니다(AFSP & SPRC, 2018).

- 자살에 대해 이야기할 수 있는 범위나 방식은 문화에 따라 매우 다르며, 일부 문화에서는 여전히 자살을 도덕적 실패로 여기는 경우도 있습니다.
- 가족이나 공동체의 장례, 의례, 연락 대상 등에 관련된 신념과 관습을 존중합니다.
- 외부에서 지원을 제공하기에 앞서, 가족이나 공동체가 먼저 사망에 어떻게 대응하려 하는지를 고려합니다.
- 학교 구성원이 사망한 학생과 인종, 민족, 종교가 다를 경우, 가족과 학교 사이의 문화적 소통을 돕기 위해 '문화 중개자(cultural broker)'를 참여시킵니다.
- 언어 차이가 있을 경우, 통역사나 번역가를 배치하고, 가능한 경우 학부모용 안내 자료를 다양한 언어로 준비합니다.

## 교직원에게 알리고 대응 계획 수립

위기관리위원회(CSPT)가 가동되면, 보통 담당교사가 전화나 문자 연락망을 활용해 교직원들에게 학생 사망 사실을 알립니다. 다음 등교일이 시작되기 전에 초기 회의를 열어 대응 계획을 마련합니다(Hart, 2012). 이 회의의 목적은 학생의 사망 사실을 공유하고, 교직원의 애도 감정을 인정하며, 학생들의 필요에 어떻게 대응할지 준비하는 것입니다(SAMHSA, 2012).

초기 전달 이후에는 구체적인 계획 회의를 진행합니다. 회의 목표는 다음과 같습니다. (1) 학생 자살 징후에 대한 검토, (2) 지금까지 학교가 취한 조치 설명, (3) 앞으로의 대응 계획 확인, (4) 학생, 학부모, 언론 등에 대한 응대 방식 준비를 위함입니다.

또한 언론 대응을 전담할 학교 측 대변인의 이름을 교직원에게 알리고, 언론의 질문은 해당 인물에게 전달하도록 안내합니다. 사망 사실과 이후 관련 소식은 교육지원청뿐 아니라 관할 다른 학교와 공유합니다. 이는 걱정하는 학부모들의 문의가 교육청으로 집중될 수 있기 때문입니다.

이 회의는 교직원이 자살에 대한 개인적인 감정을 표현할 수 있는 기회이기도 합니다. 학생들과 자살 문제에 대해 이야기하는 데 불편함을 느끼는 교사는 그 감정을 솔직하게 표현할 수 있어야 하며, 그런 교사에게는 다른 방식으로 사후 대응에 기여할 수 있는 기회를 제공합니다(Brock, 2002). 자살로 인해 감정적으로 큰 충격을 받은 교직원에게는 개별적인 애도 과정을 지원하고, 감당이 어렵다고 느껴지는 대응 업무는 맡기지 않아야 합니다(Hart, 2012).

## 학교에 미칠 영향과 필요 대응 수준 평가

위기관리위원회(CSPT)는 학생의 사망이 학교 공동체에 어떤 영향을 미칠지 정보를 수집하고, 그에 따라 사후 대응의 필요 수준을 평가합니다(Brock, 2002; Hart, 2012). 모든 학생에게 지원이 제공되어야 하지만, 자살의 영향을 더 크게 받는 학생들도 있기 때문에 적절한 대응 수준을 정확히 파악하는 것이 중요합니다. 필요 수준을 과소평가하면, 지원이 필요한 학생과 교직원에게 충분한 도움을 주지 못할 수 있고, 반대로 과대평가하면 자살을 지나치게 부각시켜 모방 자살로 이어질 가능성이 있습니다(Brock, 2002).

## 영향을 받는 학생 규모와 대상자 파악

자살이 학교에 미치는 영향을 평가하려면, 어떤 학생들이 가장 큰 영향을 받을 가능성이 있는지 규모를 예측하고, 가능한 경우 이름까지 파악하는 작업이 필요합니다(Brock, 2002; Hart, 2012). 이때 두 가지 핵심 요인 즉, 개인 취약성(personal vulnerabilities)과 근접성(proximity)을 고려해야 합니다(Hart, 2012). (1) 개인 취약성은 우울증, 약물 사용 같은 자살 위험 요인을 이미 갖고 있는 경우를 의미합니다. 이런 학생은 또래의 자살로 인해 더 쉽게 영향을 받을 수 있습니다. (2) 근접성에는 다음과 같이 세 가지 유형이 있습니다.

- **물리적 근접성**: 자살 장면을 직접 목격했거나, 자살 직전의 행동을 보았거나, 같은 교실에서 함께 수업을 듣는 등 물리적으로 가까운 위치에 있었던 경우입니다. 예

를 들어, 매우 드문 일이지만 학교에서 자살이 발생한 경우, 현장을 목격한 학생은 그렇지 않은 학생보다 훨씬 더 큰 영향을 받을 수 있습니다. 실제로 한 학생이 학교 급식실에서 스스로에게 총격을 가한 사건에서는, 주변에 있던 학생 중 한 명이 피를 뒤집어쓰기도 했습니다. 이런 상황에서는 외상, 외상 후 스트레스, 장기적인 애도 반응에 대한 개입이 필요합니다(Brock, 2002; Erbacher et al., 2015).

- **시간적 근접성**: 자살 시점이 개인에게 영향을 미칠 수 있는 정도입니다. 예를 들어, 가족 구성원이 자살한 직후 또래 학생이 자살했다면, 해당 학생은 두 사건이 시기적으로 겹치면서 영향을 더 크게 받을 수 있습니다. 반대로 여름방학처럼 장기간 학교가 쉬는 동안 발생한 자살은 수업 중 발생한 경우보다 다른 학생들에게 미치는 영향이 적을 수 있습니다.
- **정서적 근접성**: 사망한 학생과 친구, 운동팀 동료처럼 관계를 맺고 있었던 학생, 또는 문화적 공통점이나 괴롭힘 경험 등을 통해 자살한 학생에게 자신을 동일시하는 학생을 포함합니다. 특히 사망한 학생의 가까운 친구들은 우울증, 자살 생각 및 시도 가능성이 높아질 수 있기 때문에 면밀한 평가가 권장됩니다(Feigelman & Gorman, 2008). 흥미로운 점은 자살한 학생과 친하지만 매우 가까운 친구는 아닌 학생들이 후속 자살 행동의 위험이 더 높다는 연구 결과도 있습니다(Brent et al., 1989; Gould, Lake, Kleinman, Galfalvy, Chowdhury, & Madnick, 2018). 따라서 친구들에 대한 관찰은 필수이며, 이들에 대해 개별 자살 위험성 평가를 실시하는 것이 강력히 권장됩니다.

자살로 인해 가장 큰 영향을 받은 학생들을 우선적으로 파악하고, 직접 접촉을 시작합니다. 이 학생들에게는 개별 자살 위험성 평가를 실시하고, 필요한 서비스를 제공하며, 사망 이후 수일, 수주, 수개월 동안 지속적으로 상태를 관찰합니다(Brock, 2002; Hart, 2012).

## 학생에게 사망 사실 알리기

자살한 학생과 가까웠던 친구들에게는 개별적으로 사망 사실을 알리는 것이 좋습니다. 이 과정에서 선생님은 감정을 잘 조절하고 침착하게 전달해야 하며, 이는 위기 상황에서 학생의 반응과 이해에 큰 영향을 줄 수 있습니다(Brock, 2012). 학부모와 소통할 때처럼, 의도는 좋더라도 '이제 더 좋은 곳에 있어요.' '하느님 곁에 갔어요.' '힘내야지.' '네 기분 이해해.'와 같은 표현은 오히려 상처를 줄 수 있으므로 피해야 합니다(Erbacher et al., 2015).

학생에게 자살 사실을 알리는 방식 자체도 중요합니다. 많은 학생을 한꺼번에 모아 방송하거나 전교 방송으로 알리는 것은 권장하지 않습니다. 각 반의 담임교사나 소규모 그룹 담당자가 수업 전 개별적으로 알려 주는 것이 바람직합니다. 모든 교사에게 사전에 스크립트를 전달하여, 발표 내용이 일관되고 모든 학생에게 동일한 정보가 전달되도록 해야 합니다. 스크립트 전달 후에는 교사와 직원이 학생들의 반응을 관찰하고, 필요한 경우 지원을 제공하며, 추가 지원이 필요한 학생을 식별합니다(SAMHSA, 2012).

학생에게 처음 자살 사실을 알릴 때는 공식적으로 확인된 정보만 전달해야 하며, 과장되거나 추측성 내용은 포함하지 않아야 합니다. 자살 방법 등 구체적인 세부사항은 언급을 피하되, 이미 널리 알려진 경우 간략하게만 언급합니다. 정보 은폐처럼 보이면 소문이 퍼지기 쉬우며, 오히려 학생의 불안을 증폭시킬 수 있습니다. 따라서 사실 기반의 간단한 공지가 중요합니다. 다음은 학생 공지 시 유의해야 할 사항입니다.

- 자살로 인한 사망이 확인된 경우, 사망 원인이 자살이라는 점을 명확히 전달합니다. 자살 방법은 되도록 언급하지 않으며, 부득이하게 언급할 경우 과도한 설명은 피합니다.
- 이 상황이 매우 슬프고 힘든 일이라는 점을 강조하고, 학생과 교직원이 그 슬픔을 느끼는 것이 자연스럽다는 것을 인정합니다.
- 상담사 및 전문가의 지원을 받을 수 있음을 알리고, 언제, 어디서 도움을 받을 수 있는지 안내합니다. 필요시 수업 중에도 상담 서비스를 자유롭게 이용할 수 있도록 허용합니다.
- 자살한 학생에 대한 지나친 미화나 비난은 피합니다.
- 자살은 예방 가능하고 치료 가능한 문제라는 점을 강조하며, 경고 신호를 검토하고 도움을 받을 수 있는 방법과 장소를 안내합니다.

- 장례식이 수업 시간 중 열릴 경우, 공개 장례이고, 학부모의 허락을 받은 경우에만 학생이 참석할 수 있다고 안내합니다. 단, 학교에서 단체로 장례식 참석을 조직하거나 버스를 제공해서는 안 됩니다.

다음은 자살이 확정된 경우에 사용할 수 있는 예시 공지문입니다(SAMHSA, 2012).

> "오늘 아침, 우리 모두에게 매우 슬픈 소식을 접했습니다. 어젯밤, (학생 이름)이 스스로 생을 마감했다는 사실을 알게 되었습니다. 우리는 그의 죽음을 깊이 애도하며, 가족과 친구들에게 진심 어린 위로를 전합니다. 오늘 하루 동안 학교 내 여러 장소에 상담 부스를 운영하며, 대화를 원하시는 분은 누구든지 도움을 받을 수 있습니다. 장례식 일정은 확인되는 대로 안내할 예정이며, 학부모의 허락이 있는 학생은 참석할 수 있습니다." (p. 101)

다음은 자살이 아직 확정되지 않은 의심스러운 사망일 경우의 공지 예시입니다.

> "오늘 아침, 매우 안타까운 소식을 전하게 되었습니다. 어젯밤, (학생 이름)이 총상을 입고 사망했다는 소식을 공식적으로 접했습니다. 현재로서는 이것이 우리가 확인한 유일한 정보입니다. 우리 모두 그의 죽음을 슬퍼하며, 가족과 친구들에게 애도를 표합니다. 오늘 하루 동안 학교 내에 상담 공간이 마련되어 있으니, 대화를 원하시면 자유롭게 방문하기 바랍니다. 장례식 정보는 추후 안내하겠습니다. 학부모의 동의가 있다면 참석할 수 있습니다." (p. 101)

하교 전 전교생을 대상으로 하루를 마무리하는 공지를 간단하게 진행하는 것도 도움이 됩니다. 이 경우에는 교장 또는 관리자 명의로 간단한 방송을 할 수 있습니다. 다음은 그 예시입니다(SAMHSA, 2012).

> "오늘은 우리 모두에게 슬픈 날이었습니다. 친구, 가족, 또는 여러분이 의지할 수 있는 분들과 (학생 이름)의 죽음에 대해 이야기해 보세요. 내일은 여러분의 감정을 도와

> 줄 수 있는 특별한 상담 선생님이 학교에 상주할 예정입니다. 오늘 하루를 마무리하며 (학생 이름)을 위한 묵념의 시간을 갖겠습니다." (p. 101)

학생들은 자살 소식을 접한 뒤 여러 가지 질문을 할 수 있습니다. 위기관리위원회는 이런 질문에 대비해 담임교사와 교직원이 적절한 답변을 할 수 있도록 준비시키거나, 학생들이 정신건강 전문가에게 연결될 수 있도록 안내해야 합니다. 학생들이 자주 묻는 질문 예시는 다음과 같습니다.

- 왜 그런 선택을 했을까요?
- 어떤 방법으로 자살했나요?
- 왜 아무도(혹은 신이) 막지 못했나요?
- 누구 책임인가요?
- 잘못된 선택을 한 거라면, 그 친구에게 화내도 되는 건가요?

이러한 질문에 적절히 대응하고, 건강한 방식으로 슬픔을 표현할 수 있도록 돕는 것이 사후 대응의 중요한 목표입니다.

## 적절한 수업 재개

학생들에게 공지문을 읽어 주고, 훈련받은 교사나 심리상담 전문가, 전문상담교사가 학생들의 질문에 답한 뒤, 학생들이 자신의 생각이나 감정을 표현할 기회를 주고, 언제든 상담 교사와 상담할 수 있다는 정보를 안내합니다. 이후에는 평소처럼 수업을 시작합니다. 수업으로 전환할 때는 갑작스럽게 넘어가지 말고, 학생들이 소식을 받아들이는 데 충분한 시간을 줍니다. 물론 학생 필요에 따라 '합리적인 시간'의 기준은 달라질 수 있지만, 학교는 가능한 한 정상적인 수업을 일정 기간 내에 재개하는 것이 바람직합니다. 학생 자살 소식 후 곧바로 학업에 집중하는 것은 무감각하게 느껴질 수 있지만, 학생마다 반응과 지원 요구가 다르다는 점을 고려해야 합니다.

예를 들어, 일부 학생은 고인과 별다른 관계가 없어서 소식에 큰 영향을 받지 않을

수 있습니다. 이런 학생들은 큰 어려움 없이 학업에 집중할 수 있습니다. 반면, 어떤 학생은 추가 지원이 필요합니다. 누군가는 짧은 상담 한 번이면 충분하지만, 또 다른 학생은 며칠 동안 지속적인 상담을 받을 수 있습니다. 모두가 언제든 원하는 만큼 도움을 받을 수 있다는 점을 명확히 알려야 하며, 동시에 학교가 정상적인 수업도 계속할 것임을 안내해야 합니다. 이렇게 하면 교사가 필요 이상의 상담 역할을 하거나, 원하지 않는 학생에게 상담을 강요하는 상황을 막을 수 있습니다.

## 학생들의 감정 조절 돕기

학생 중 일부는 자살 소식에 심리적으로 큰 충격을 받을 수 있습니다. 이럴 때는 소규모 모임에 참여하여, 또래와 함께 자신의 감정을 표현하고 지원을 받을 수 있도록 학교에 준비합니다(AFSP & SPRC, 2018). 이 모임은 학생 정신건강 전문가인 전문상담교사가 주도하는 것이 이상적이지만, 사전 준비가 가능하다면 자살 후 개입 경험이 있는 전문가가 진행합니다. 만약 어렵다면, 학생이 슬픔을 자유롭게 표현할 수 있도록 도와주고, 학교의 위기 대응 절차와 필요한 경우 학생을 적절한 도움으로 연계하는 방법을 잘 아는 교사가 맡아야 합니다. 소모임은 교사가 추가 지원이 필요한 학생을 파악할 기회도 됩니다(AFSP & SPRC, 2018).

소모임은 구조화된 방식일 수도, 자유로운 방식일 수도 있습니다. 학생 필요에 따라 일부 모임은 구체적인 주제와 시간 제한을 두기도 하고, 다른 모임은 자유롭게 진행하며 학생 요구에 집중하기도 합니다(AFSP & SPRC, 2018). 각 학생이 자신의 이야기를 할 기회를 갖도록 하고, (1) 감정을 인식하고 표현하는 방법, (2) 현실적으로 감정을 다루는 전략, (3) 적절한 추모 방식을 논의해 일상으로 복귀하도록 돕습니다(AFSP & SPRC, 2018).

학생마다 감정 표현 방식이 다릅니다. 누군가는 감정을 겉으로 드러내지만, 다른 학생은 말하기를 꺼릴 수 있습니다. 또 누군가는 유머로 감정을 이겨 내려 할 수 있습니다. 감정 표현 방식은 문화적 배경의 영향을 받을 수도 있습니다. 전문가들은 모임에서 이러한 다양성을 인정하고, 학생마다 자살에 대한 반응이 다름을 존중하며, 서로를 배려하는 태도의 중요성을 강조합니다(AFSP & SPRC, 2018).

일부 학생은 단순히 슬프거나 화나는 감정을 넘어서 다양한 감정을 인식하는 데 어려움을 겪을 수 있습니다. 이때 다양한 감정과 경험이 정상이라는 점을 이해시키고 안심시켜 주세요. 감정이 신체적 증상(예: 속이 울렁거림, 숨 가쁨, 불면, 피로, 예민함)으로 나타날 수 있다는 점도 알려 줍니다. 정신건강 전문가는 학생과 신뢰를 쌓고 대화를 시작하기 위해 '고인과의 가장 좋은 추억이 무엇인지' 물어볼 수 있습니다(AFPS & SPRC, 2018). 다음 두 가지 질문도 학생 대화와 자기 성찰을 돕는 데 효과적입니다(AFPS & SPRC, 2018, p. 15).

- "당장 가장 걱정되는 게 무엇인가요?"
- "지금 무엇이 있으면 더 안전하다고 느낄까요?"

학생이 감정을 인식하고 표현하도록 돕는 것 외에도, 전문가들은 학생이 불안이나 슬픔 같은 강한 감정이 올라올 때마다 쓸 수 있는 쉽고 구체적인 전략을 생각해 보도록 격려할 수 있습니다(AFPS & SPRC, 2018). 예시로는 다음과 같습니다.

- 심호흡 세 번 천천히 하기, 10까지 세기, 마음속으로 평온한 장소 떠올리기 등 간단한 이완 · 집중력 분산 방법 사용
- 음악 듣기, 친구와 대화, 책 읽기, 영화 보기 등 좋아하는 활동에 참여
- 운동하기
- 과거 힘든 상황을 이겨 냈던 방법 떠올리기, 이번에도 그 방법을 쓸 수 있다고 자기 자신을 격려하기
- 도움을 청할 수 있는 사람 명단 만들기
- 기대되는 일 목록 적기
- 함께 수업 듣기, 친구와 시간 보내기 등 개인적 목표에 집중하기(pp. 15-16)

이러한 전략을 안내할 때, 일부 학생은 즐거운 활동을 하는 데 죄책감을 느끼기도 합니다. 학생이 '이런 활동을 해도 괜찮은지 허락이 필요하다.'라고 느낀다면, 전문가들은 죄책감은 흔한 감정이지만, 학생에게 죄책감을 느낄 만한 행동을 한 것이 아니라고

반드시 안심시켜야 합니다(AFPS & SPRC, 2018, p. 16). 또한 학생들이 고인을 어떻게 기억하고 싶은지 고민할 수 있도록 도와야 합니다. 실천 방법 예시는 다음과 같습니다(AFPS & SPRC, 2018).

- 유가족에게 개인적으로 쪽지 쓰기
- 추모 행사 참석하기
- 추억책 만들기
- 고인을 기리며 다른 사람에게 친절 베풀기(p. 16)

추모를 원하는 학생에게는 학교의 추모 정책을 안내합니다(자세한 내용은 뒷부분 참조). "학생의 감정 표현 욕구를 인정하면서도, 적절한 방법을 찾도록 안내하는 과정이 학생이 일상과 학업에 집중하는 데 도움이 될 수 있습니다"(AFSP & SPRC, 2018, p. 16). 학교는 추가 지원 방안도 고민할 수 있습니다. 예를 들어, 지역 정신건강센터와 연계해 방과 후 학생들이 자유롭게 방문할 수 있는 '드롭인 센터'를 운영하면, 학생들이 안전하게 모이고 상담 및 정신건강 서비스를 받을 수 있습니다. 이 센터는 도움이 더 필요한 학생을 파악해 연계하는 데도 쓸 수 있고, 졸업식이나 기일처럼 감정이 커질 수 있는 시기에도 활용할 수 있습니다(AFPS & SPRC, 2018).

## 심리상담 전문가의 교실 방문

소모임 지원과 더불어, 심리상담 전문가가 직접 교실을 방문해 지원하는 것도 효과적입니다. 담임교사가 학생들에게 준비된 공지문을 읽고, 일부 질문에 답할 수 있지만, 모든 질문이나 전문적 심리상담 서비스를 제공하는 데 어려움을 겪을 수 있습니다. 전문가는 수업 시간 중 교실을 방문해 다음과 같은 역할을 할 수 있습니다(AFPS & SPRC, 2018).

- 자살에 대한 정확한 정보를 안내
- 또래의 자살 소식을 들은 뒤 학생에게 나타날 수 있는 반응을 설명
- 앞으로 며칠에서 몇 주 동안 쓸 수 있는 안전한 대처 전략을 소개

• 학생의 질문에 답하고 소문을 바로잡음(p. 15)

## 위기 개입 서비스 시작

사망 발생 후 24시간 이내에 서비스를 받아야 합니다(Brock, 2002, 2012). 위기관리위원회(CSPT)는 담임교사와 (1) 고인의 시간표를 확인하고, (2) 물리적으로, 시간적으로, 또는 정서적으로 가까웠던 학생을 개별적으로 확인합니다. 개입의 1단계 목표는 치료가 아니라 대처 능력의 회복이며, 학생에 따라 지원 수준을 조정하고, 학교가 충분한 지원 자원을 갖추도록 합니다.

## 일일 회의 진행

사후 개입 절차가 시작된 후에는 위기관리위원회는 매일, 일반적으로 수업이 끝난 뒤, 필요 기간 동안 모임을 가져야 합니다. 이 회의는 당일의 상황을 점검하고 추가 계획을 세우기 위한 자리입니다(Brock, 2002).

## 교직원 대상 브리핑

사후 개입 첫날이 끝난 뒤, 필요시 교직원을 대상으로 브리핑을 진행합니다. 이 모임에서는 위기 개입 활동을 점검하고, 사용한 전략을 평가하며, 추가로 필요한 조치를 논의합니다. 또한 서로 자신의 감정과 경험을 나누고 정서적으로 환기할 수 있는 시간이 됩니다(Brock, 2002). 이 회의에서 다음을 수행할 수 있습니다(Erbacher et al., 2015).

• 교직원에게 감사 인사 전하기
• 당일의 어려움과 성과 공유, 경험 나누기, 질의응답
• 사망 및 장례 절차 등 최신 정보 전달
• 다음 날 지원 일정 및 추가 지원 필요 논의
• 심리적 어려움을 겪는 교직원이 있는지 확인 후 연계

- 교직원 자기 돌봄(self-care)의 중요성 상기
- 위기 대응 기록을 남겨 향후 계획과 평가에 활용하도록 안내(pp. 161-162)

## 사후 개입 평가 및 장기 계획

학교에서 자살 사후 개입을 주도한 위기관리위원회(CSPT)는 전체 대응 과정을 평가합니다. 하트(Hart, 2012)는 사후 개입 평가가 두 가지 측면에서 필요하다고 설명합니다.

- 대응 과정에서 그 적절성을 반복적으로 점검(예: 대응 수준 조정, 위기 대응 종료 시점 결정)
- 전체 대응이 끝난 뒤, 과정 자체를 평가하고, 어떤 추가 조치가 필요한지, 보완할 점이 무엇인지 파악해 위기대응계획을 개선하고 향후 준비에 반영

사후 개입이 마무리된 뒤에는 전체 대응 과정을 신속히 평가합니다. 현장의 경험과 기억이 생생할 때 평가를 진행해야, 어떤 대응이 효과적이었는지, 부족했던 점은 무엇인지, 향후 자살 사태에 더 나은 대응을 위한 개선안을 도출할 수 있습니다.

## 슬픔을 겪는 학생을 위한 지속적인 지원

일부 학생은 자살 사건 이후 수주 또는 수개월이 지나도 감정적 영향을 받을 수 있습니다. 이런 학생은 애도와 슬픔을 장기적으로 관리할 수 있도록 더 긴 지원이 필요합니다. '애도(bereavement)'는 소중한 사람을 잃은 경험 자체를, '슬픔(grief)'은 애도에 대한 개인의 내적 인지, 정서, 신체, 행동 반응 전체를 말합니다(Heath & Cole, 2012, p. 651).

슬픔의 양상은 개인별로 다르고, 나이와 다양한 요인에 따라 달라집니다. 그럼에도 슬픔의 일반적 반응은 정서적(예: 슬픔, 불안, 부정, 두려움, 죄책감, 분노), 행동적(예: 울음, 충격, 위축, 무감각, 무기력), 인지적(예: 집중 곤란, 회상, 의사결정 어려움), 신체적(예: 두통, 복통, 근육 긴장, 식사/수면 문제) 반응 등으로 나타납니다(Erbacher et al., 2015). 큰 상실 후 슬픔은 매우 자연스러운 반응이며, 대부분의 사람은 특별한 지원 없이도 시간이 지

나며 슬픔이 점차 줄어듭니다. 하지만 일부 학생은 '복잡한 슬픔(complicated grief)'을 겪을 수 있습니다. 이는 일반적이고 적응적인 슬픔 반응을 넘어 일상 기능과 삶의 즐거움에 심각한 영향을 주는 경우입니다. 자살로 인해 복잡한 슬픔을 겪는 학생은 장기적인 심리상담 전문가의 애도 상담 지원이 꼭 필요합니다(Heath & Cole, 2012, p. 652).

18세 이전에 가까운 사람의 죽음을 경험하는 학생은 많지만(Hagan, Ingram, & Wolchik, 2017), 자살로 인한 상실을 경험한 학생은 많지 않습니다. 특히 자살은 갑작스럽고 예측하기 어려워 학생이 준비하거나 내적으로 조정할 시간이 거의 없다는 점에서, 슬픔의 과정이 더욱 복잡해집니다(Jimerson, Brown, & Stewart, 2012). 또 자살은 본인의 행동이 직접적인 원인이라는 점, 그리고 자살이 예방 가능한 죽음이라는 점 때문에, 학생이 죽음을 이해하고 받아들이는 과정이 더 힘들어질 수 있습니다(Erbacher et al., 2015, p. 183).

워든(Worden, 2008)은 아동이 중요한 타인의 죽음을 겪었을 때, 건강하게 적응하기 위해 4가지 과업이 필요하다고 했습니다. (1) 상실의 현실을 받아들이기, (2) 상실로 인한 부정적 감정을 직접적으로 다루기, (3) 고인 없이 새로운 환경에 적응하기, (4) 고인과 의미 있는 연결을 새롭게 정의하며 새로운 삶을 시작하기입니다.

담임교사와 전문상담교사는 친구의 자살 등 다양한 이유로 슬픔을 겪는 학생을 지도할 때, 학생이 안전하고, 차분하며, 안정감을 느낄 수 있도록 돕고, 또래, 교직원, 가족과의 연결감을 높이고, 효과적인 대처 전략을 알려 주고, 희망을 심어 주기에 집중해야 합니다. 애도와 슬픔을 겪는 아동·청소년 지원에 대한 더 많은 정보는 브라운 등의 연구(Brown & Jimerson,2017; Erbacher et al., 2015; Hagan et al., 2017; Heath & Cole, 2012; Jimerson et al., 2012; Worden, 2008)에서 확인할 수 있습니다.

## 기념일 대응 계획

학생의 사망일, 생일, 졸업식 등 의미 있는 날짜는 학생들에게 감정을 다시 불러일으킬 수 있고, 일부 학생에게 힘든 시간이 될 수 있습니다. 학교는 이런 반응을 미리 예상하고, 특히 고인과 가까웠던 학생들이 기념일을 인식하고 슬픔을 표현할 수 있는 기회를 마련합니다. 이런 학생들은 장기간에 걸쳐 슬픔을 겪을 수 있으므로, 기념일에 다시

슬픔이나 트라우마가 재발할 수 있습니다. 따라서 추가적인 지원이 필요할 수 있습니다(AFPS & SPRC, 2018, p. 16).

## 유가족에게 지속적으로 연락하기

자살이나 그 외의 사망이 발생하면, 지역사회는 즉각적으로 애도와 위로, 지원을 제공합니다. 사망 직후 가족에게는 주변의 따뜻한 관심과 지원이 큰 위로가 되지만, 보통 장례식이 끝나면 이런 지원이 갑자기 줄어듭니다. 그래서 학교는 사망 직후에만 가족에게 연락을 하고 끝내지 말고, 몇 주, 몇 달이 지난 후에도 부모와 형제자매에게 꾸준히 연락해 애도와 지원을 표현해야 합니다. 가족 중에 아직 학교에 재학 중인 자녀가 있다면 더욱 적극적으로 연락을 지속해야 하지만, 그렇지 않더라도 꾸준한 관심이 필요합니다.

자녀를 자살로 잃은 부모가 겪는 슬픔과 복합적인 감정은, 같은 경험을 해보지 않고서는 완전히 이해하기 어렵습니다. 정신과 의사 고든 리빙스턴(Gordon Livingston)은 두 아들을 잃고 자신이 느낀 슬픔을 이렇게 표현했습니다(Livingston, 1999).

> "아이를 잃은 부모들은 '제로 포인트'를 말합니다. 우리의 인생은 아이가 죽기 전과 그 후로 나뉩니다. 졸업, 결혼, 다른 어떤 죽음도 이만큼 우리를 규정하지 않습니다. 어느 순간 나는 한 사람이었고, 갑자기 나는 완전히 다른 사람이 되었습니다. 이제 우리는 새로운 나로, 우리의 고통을 조금이라도 치유할 수 있는 무언가를 만들어야 합니다. 우리는 정원을 가꾸고, 추모 공간을 세우고, 아이의 기억을 소중히 여기며, 절망 속에서 고통받는 이들을 돕습니다. 다른 부모의 이야기를 읽고, 때로는 우리 경험을 나누기도 합니다." (p. 232)

여러 회고록은 자살로 자녀를 잃은 부모가 겪는 슬픔, 고통, 인내, 회복의 여정을 보여 줍니다. 이런 회고록은 유가족에 대한 공감과 이해를 더 깊이 키울 수 있습니다. 다음은 대표적인 도서 예시입니다.

- 『My Son ... My Son ... A Guide to Healing After Death, Loss, or Suicide』(Iris

Bolton with Curtis Mitchell, 1983)

- 『Prayers for Bobby: A Mother's Coming to Terms with the Suicide of Her Gay Son』(Leroy Aarons, 1995)
- 『When Suicide Comes Home: A Father's Diary and Comments』(Paul Cox, 2002)
- 『Touched by Suicide: Hope and Healing after Loss』(Michael F. Myers and Carla Fine, 2006)
- 『Note to Adam: One Mother's Struggle to Cope with Suicide, and Her Personal Journey to Find the Light』(Becky Kruse, 2011)
- 『The Girl Behind the Door: A Father's Quest to Understand His Daughter's Suicide』(John Brooks, 2016)
- 『A Mother's Reckoning: Living in the Aftermath of Tragedy』(Sue Klebold, 2016)

## 자살 전염과 자살 군집

'자살 전염(suicide contagion)'은 한 번의 자살이 또 다른 자살로 이어지는 현상을 의미합니다(AFPS & SPRC, 2018). 사후 개입(postvention)의 핵심 목적 중 하나는 이런 전염 효과로 인한 추가 자살 시도를 예방하는 것입니다. 여러 연구는 자살 행동에 노출되면 취약한 학생이 이를 모방할 위험이 높아진다는 점을 보여 줍니다. 자살 행동에의 노출은 또래의 자살(학교 친구 등)이나 유명인 자살에 대한 미디어 보도를 통해 발생할 수 있습니다.

자살 전염은 실제로 존재하는 현상이지만, 청소년 자살 중 1~5% 정도에서만 발생할 만큼 드문 현상입니다(AFPS & SPRC, 2018). 하지만 청소년은 또래와 자신의 경험을 더 쉽게 동일시하기 때문에, 아동이나 성인보다 전염에 훨씬 더 취약합니다(Gould et al., 2003). 따라서 사후 개입을 실시하는 학교는 자살 전염을 경계해야 합니다.

학교에서 자살 사후 개입을 할 때, 담임교사와 전문상담교사는 정신질환 이력이나 이전 자살 시도 경험이 있는 학생, 직접·간접적으로 자살에 노출된 학생(직접: 현장 목격, 고인과의 친밀한 관계 / 간접: 미디어 보도 등) 등을 주의 깊게 살펴야 합니다(AFPS & SPRC, 2018). 특히 다음과 같은 학생은 전염에 더욱 취약할 수 있습니다.

- 과거 자살 시도 경험이 있는 학생
- 우울증, 트라우마, 상실 경험이 있는 학생
- 가족 내 사망, 이혼 등 스트레스 상황을 겪는 학생
- 자살을 직접 목격한 학생
- 고인의 가족, 친한 친구, 형제자매, 동급생, 동아리/운동부 친구 등
- 고인에게서 자살 암시 연락을 받고 경고 신호를 놓쳤다고 죄책감을 느끼는 학생
- 마지막으로 고인과 나쁜 관계였던 학생
- 고인을 괴롭혔거나 다툰 적이 있는 학생(p. 38)

이와 더불어 '자살 군집(suicide cluster)' 현상도 유의해야 합니다. 집단 자살은 짧은 시간 내, 예측되는 것보다 높은 빈도로 여러 명의 자살이 일어나는 현상입니다. 자살 전염과 마찬가지로 청소년에게 더 흔하게 나타납니다.

자살 군집은 크게 두 가지로 구분합니다(Joiner, 1999, 2010).

- 지역 군집(point cluster, 지역 집단): 동일 학교 등, 시간 · 장소적으로 가까운 곳에서 단기간에 여러 명의 자살이 연달아 발생(예: 한 고등학교에서 5년마다 한 명 정도 자살 사건이 있었는데, 13개월 내 4명의 학생이 연속적으로 자살 발생)
- 미디어 군집(media/mass cluster): 장소는 다르지만, 미디어 노출로 인해 전 세계적으로 비슷한 시기에 자살이 집중적으로 발생(예: 유명인의 자살 소식 이후, 세계 여러 지역에서 수일 내로 비슷한 방식의 자살 발생)

연구 결과 두 가지 모두 실제 사례가 있지만, 지역 군집(point cluster)에 대한 근거가 더 강합니다(Joiner, 1999, 2010). 학생 자살이 발생한 직후, 학교는 추가적인 자살 시도나 지역 군집 발생 가능성을 특히 주의해야 합니다. 다음 예시는 지역 군집의 작동 방식을 설명합니다.

"예를 들어, 소외감과 약물 사용 문제로 서로 끈끈한 소녀 그룹이 있다고 가정해 봅

> 시다. 그중 한 명이 자살을 시도하면, 남은 친구들은 이미 여러 위험 요인을 갖고 있고, 이제 친구의 자살로 인한 급성 위험이 추가됩니다. 게다가 '내 친구도 했으니 나도 할 수 있다.'라는 생각이 암묵적으로 학습됩니다. 즉, 친구의 행동을 통해 자살이라는 선택지에 대해 간접적으로 익숙해지는 것입니다." (Joiner, 2010. pp. 142-143)

이처럼 학교는 학생 자살 이후, 전염 및 자살 군집 가능성을 항상 경계하고, 취약 학생에 대한 주의와 지원을 강화해야 합니다.

## 미디어 자살 모방

미디어 보도가 자살 전염을 촉진할 수 있다는 점이 큰 문제로 지적되고 있습니다. 100건 이상의 연구가 이른바 '모방 자살(copycat suicide)', 즉 미디어 보도와 직접적으로 관련된 것으로 보이는 자살을 조사했습니다(WHO, 2017). 연구 결과, 자살 관련 미디어 보도는 취약한 개인의 자살 행동 증가로 이어질 수 있음이 밝혀졌습니다.

특히 사회적 영향력이 크거나 유명인의 자살이 반복적으로, 또는 비중 있게 다루어질수록 모방 행동과의 연관성이 높아집니다. 구체적으로는, (1) 청중이 자살한 인물과 나이, 성별, 국적 등에서 동일시할 수 있을 때, (2) 자살 방법이 상세히 보도될 때, (3) 사건이 자극적이고 두드러지게 보도될 때, (4) 유명인의 자살이 보도될 때 모방 위험이 커집니다(Hawton & Williams, 2001; Pirkis & Blood, 2001; Pirkis et al., 2007; Stack, 2003). 특정 음악이나 뮤직비디오 역시 취약한 일부 학생에게 자살 생각을 증가시킬 수 있습니다(Rustad, Small, Jobes, Safer, & Peterson, 2003).

아동과 청소년은 미디어의 영향에 특히 취약할 수 있으므로(Hawton & Williams, 2001), 자살 보도에 대한 미디어 지침을 제공하는 것이 매우 중요합니다. 하지만 미디어 지침이 실제 미디어 보도에 미치는 영향이나 자살률에 대한 효과는 아직 명확하지 않습니다(Pirkis, Blood, Beautrais, Burgess, & Skehan, 2007).

그럼에도 최근에는 유명인 자살 사례(로빈 윌리엄스, 크리스 코넬, 케이트 스페이드, 앤서니 보르댕 등) 이후, 미디어의 보도 방식이 자살에 미칠 영향을 더 신중하게 고려하는 경

향이 강해졌습니다. 미디어 가이드라인을 준수한 자살 보도는 자살 예방에 도움이 되며, 모방 자살을 유발하지 않는 것으로 나타났습니다(WHO, 2017).

# 미디어 대응 지침

학생 자살이 발생하면, 특히 여러 명이 자살했을 경우 미디어 보도가 집중될 수 있습니다. 교육청과 학교는 미디어와의 정보 공유 방식을 신중하게 선택해야 하며, 이를 위해 반드시 미디어 담당 대변인을 지정해 일관되고 신중하게 정보를 공개해야 합니다(AFPS & SPRC, 2018). 대변인의 중요한 역할은 미디어에 안전한 메시지 전달을 강조하여 자살 전염 위험을 줄이는 것입니다. 전염 위험은 미디어 보도의 양, 기간, 노출도, 내용과 밀접하게 연관되므로, 교육청과 학교는 미디어에 안전 보도를 강력히 요청해야 합니다(AFPS & SPRC, 2018, p. 24).

여러 전문가 단체가 자살 관련 미디어 보도 지침을 발표했습니다. 대표적으로 WHO의 『Preventing Suicide: A Resource for Media Professionals』(2017),[4] reportingonsuicide.org, AFSP & SPRC의 『After a Suicide: A Toolkit for Schools』(2018)에 실린 가이드라인이 있습니다. 이들 지침은 서로 중복되는 부분이 많지만, 각각 고유하고 유용한 정보를 포함하고 있으므로 모두 참고할 필요가 있습니다.

## WHO 미디어 보도 가이드

『Preventing Suicide: A Resource for Media Professionals』(WHO, 2017)는 자살 보도 시 미디어가 지켜야 할 행동 수칙과 피해야 할 행동을 명확히 제시합니다.

미디어가 반드시 해야 할 것(WHO, 2017)

- 도움을 받을 수 있는 기관 · 연락처를 정확히 안내

4 WHO 공식 웹사이트에서 한국어 pdf 제공 중입니다("자살 예방: 언론인을 위한 자료").

- 자살과 자살 예방에 대한 올바른 정보를 제공(잘못된 미신이나 오해 확산 금지)
- 스트레스나 자살 생각에 대처하는 방법, 지원받을 수 있는 방법에 대한 보도
- 유명인 자살 보도 시 특별히 신중하게 접근
- 유가족 · 친구를 인터뷰할 때 신중을 기함
- 보도 과정에서 언론인 스스로가 영향을 받을 수 있음을 인식(p. viii)

미디어가 반드시 피해야 할 것(WHO, 2017)

- 자살 관련 기사를 눈에 띄게 반복적으로 배치하지 않음
- 자살을 미화 · 정상화하거나, 문제 해결책처럼 보이게 묘사하지 않음
- 자살 방법을 구체적으로 설명하지 않음
- 장소, 현장 등 구체적 세부 정보 제공 금지
- 선정적이고 자극적인 제목 사용 금지
- 현장 사진, 영상, SNS 링크 사용 금지(p. viii)

## reportingonsuicide.org 미디어 가이드라인

세계 여러 자살 예방 전문가와 언론인, 보건기구, 미디어 단체 등이 협업하여 만든 미디어 권고안입니다.

- 자극적이고 과도하게 강조한 헤드라인(예: '커트 코베인, 산탄총으로 자살') 대신, 간결하고 중립적인 정보 제공(예: '커트 코베인, 27세에 사망')
- 사망 장소 · 방법, 애도 장면, 장례식 사진 · 영상 대신, 학교 · 가족 · 일상 사진, 자살 예방 상담 번호 등 활용
- 자살을 '유행' '폭증' 등 극단적인 용어로 표현하지 않고, CDC 통계에 기반한 신중한 표현 사용(예: '증가', '상승')
- 자살을 '이해할 수 없는' '예고 없는' 죽음으로 묘사하지 않고, 대부분 경고 신호가 있었음을 언급
- '유서에 이렇게 남겼다' 대신, '의료진이 유서를 검토 중이다' 등으로 보도

- 범죄 보도 방식이 아닌, 공중보건 이슈로 자살 보도
- 경찰 · 구조요원 대신, 자살 예방 전문가 의견 인용
- '자살 성공' '자살 실패' 대신, '자살로 사망' '스스로 생을 마감함' 등 중립적 표현 사용

### 『After a Suicide: A Toolkit for Schools』(AFSP & SPRC, 2018)

이 가이드라인은 학생 집단 내 전염 효과 예방에 특히 초점을 둡니다.

- 자살이나 고인을 미화하거나 낭만적으로 묘사하지 않음
- 자살 원인을 단순화하지 않음
- 자살 방법의 구체적 설명 금지
- 충격적 현장, 오열하는 유가족 · 친구 사진 사용 금지(취약 학생의 모방 행동 방지)
- '자살로 사망' '스스로 생을 마감함' 등 선호 표현 사용
- 희망과 회복 가능성을 함께 전달
- 자살 예방 전문가와 상의
- 자살의 경고 신호 안내(대부분의 자살에는 경고 신호가 있음)
- 국가 자살 예방 핫라인(800-273-8255), 지역 정신건강 자원 정보를 기사에 포함
- 최신 지역 · 전국 자원 안내(p. 24)

이 장 마지막의 부록 8-2에는 주요 미디어 보도 수칙이 정리되어 있습니다. 학교는 학생 자살 발생 시, 미디어에 이 정보를 적극적으로 공유해야 합니다.

## 미디어 보도의 긍정적 측면

학생 자살 이후 미디어 보도가 학교 입장에서는 불편하게 느껴질 수 있지만, 이는 공공교육과 지역사회 홍보의 기회가 될 수 있습니다. 미디어는 자살의 경고 신호, 자살에 대한 낙인 줄이기, 자살 위험에 처한 사람이 어떻게 도움을 받을 수 있는지 등 중요한 정

보를 널리 알리는 역할을 할 수 있습니다. 학교는 미디어에 올바르고 유익한 정보를 전달하고, 함께 협력하여 정확한 메시지가 지역사회에 퍼질 수 있도록 해야 합니다. 자살 보도 자체가 문제라기보다, 자살을 어떤 방식으로 보도하는지가 더 중요한 문제입니다.

## 학교에서 학생 자살 발생 시 대처

아동 · 청소년의 자살은 대부분 집이나 집 근처에서 발생하지만, 드물게 학교 내에서 일어나는 경우도 있습니다. 만약 학교에서 자살 사건이 발생한다면, 이 장에서 안내한 사후 개입 절차를 반드시 적용해야 합니다.

단, 그 전에 다음과 같은 즉각적인 조치를 취해야 합니다(Erbacher et al., 2015).

- 119(또는 911) 신고
- 보건교사에게 즉시 알림
- 학교 락다운(출입 통제) 실시
- 자살 발생 장소 격리
- 학생과 교직원이 시신을 보지 않도록 조치
- 경찰 도착 전까지 현장 보존(아무것도 건드리지 않음)

## 교직원 자살 발생시 대처

이 장에서는 학생 자살에 중점을 두었지만, 교직원의 자살 상황에도 학교는 대비해야 합니다. 실제로 성인 자살률이 학생보다 더 높기 때문에, 학교에서 교직원 자살이 발생할 가능성도 있습니다. 주요 사후 개입 절차는 학생 사망 때와 비슷하게 적용할 수 있습니다.

예를 들어, 자살한 교직원이 교사라면, 그 교사의 수업을 들었던 학생들에게 추가적인 정서 지원을 제공하는 것이 필요합니다. 또한 사망한 교직원의 동료들에게도 상담

서비스나 교육청의 지원 프로그램(Employee Assistance Program) 등을 안내하여 정서적 회복을 도울 수 있습니다(Erbacher et al., 2015).

## 추모와 학교의 대처

학생이 사망하면 또래 학생들은 자연스럽게 고인을 추모하고 싶어 합니다. 하지만 자살로 인한 학생 사망의 추모 방식은, 애도하는 학생들의 필요를 공감하면서도, 다른 학생의 자살 전염 위험을 최소화하는 균형을 고려해야 합니다(AFPS & SPRC, 2018, p. 26). 학교는 자살 발생 전부터 추모에 관한 정책을 마련하고, 이를 문서화해 전 교직원에게 명확히 안내합니다.

앞서 언급했듯이 학교는 모든 사망 사건을 동일하게 다루는 것이 바람직합니다. 교통사고나 암 등 다른 원인에 의한 학생 사망과 자살 사망을 다르게 추모하면, 자살에 대한 낙인이 심화될 수 있고, 유가족과 친구에게 깊은 상처가 될 수 있습니다(AFPS & SPRC, 2018, p. 26). 동시에 청소년은 자살 전염에 취약하기 때문에, 학생이나 자살 자체를 미화하거나 낭만적으로 그리지 않는 추모 방식이 반드시 필요합니다.

추모의 초점은 '어떻게 살았는지'에 맞추고, 자살로 사망한 학생의 경우 대부분 정신건강 문제(예: 우울증)와의 연관성을 설명할 기회를 찾는 것이 좋습니다. 고인의 친구와 가족과 사전 협의를 통해, 의미 있고 안전한 추모 방식에 합의하는 과정도 필요합니다(AFPS & SPRC, 2018).

학교에서 활용할 수 있는 추모 방식에는, (1) 장례식 및 추모식, (2) 자발적 추모 공간, (3) 온라인 추모, (4) 학교 신문, (5) 특별 행사, (6) 졸업 앨범, (7) 졸업식, (8) 영구 추모물 및 장학금 등이 있습니다. 각 방식에 대한 권장 사항을 소개합니다.

### 장례식 및 추모식

장례식과 추모식에 대한 학교의 가장 중요한 원칙은 다음과 같습니다(AFPS & SPRC, 2018).

- 학교 내에서 장례식이나 추모식을 열지 않는 것을 강력히 권장합니다. 학교는 일상적인 수업과 구조, 규칙 유지에 집중해야 합니다. 학교 공간에서 장례식이 열리면, 해당 공간이 사망 사건과 연결되어 학생이 평상시 활동으로 복귀하는 데 어려움을 겪을 수 있습니다.
- 추모식은 반드시 학교 외부, 수업 외 시간에 개최하는 것이 바람직합니다. 가족이 수업 시간에 추모식을 연다면, 학교는 정상 운영을 유지하고, 통학버스를 행사 참석에 사용하지 않아야 합니다. 학생이 장례식에 참석하려면 보호자 동의가 필요하며, 성인 학생은 기존의 외출 허가 절차를 따릅니다.
- 가능한 경우, 학교는 가족과 장례식장과 협의하여 정신건강 전문가가 현장에 참석할 수 있도록 조정합니다. 학교장 또는 고위 관리자가 반드시 참석하는 것도 권장됩니다.
- 자녀가 장례식 참석을 원한다면, 학부모도 동행하도록 적극 권장하세요. 이는 자녀에게 정서적 지지뿐 아니라, 반응을 관찰하고 자살 예방 대화 기회를 갖는 데도 도움이 됩니다. (p. 26)

## 자발적 추모 공간

예기치 않은 학생의 사망, 특히 자살처럼 충격적인 사건 직후 학생들은 다양한 형태의 자발적 추모 공간(Spontaneous Memorials)을 만들 수 있습니다. 예를 들어, 학생은 고인과 연관된 사물함, 자리, 혹은 현장에 꽃, 편지, 시, 사진, 인형 등을 둘 수 있습니다(AFPS & SPRC, 2018). 구체적 권고 사항은 다음과 같습니다.

- 학교의 목표는 학생의 애도를 공감하면서도 자살이 미화 · 낭만화되는 위험을 최소화하는 데 두어야 합니다. 교내 자발적 추모 공간이 만들어질 경우, 교직원은 그곳의 메시지(적대적 · 선동적 내용, 고위험 학생 여부 등)를 주기적으로 점검해야 합니다.
- 시간 제한과 명확한 소통을 병행하면, 학생들의 애도와 학교의 균형을 맞출 수 있습니다. 경우에 따라 제한이 필요할 수 있으나, 학생들에게 창의적인 대안을 제시하며 공감적으로 접근하세요. 예를 들어, 학생이 메시지를 쓸 수 있는 포스터와 펜

을 제공하고, 이를 모두가 참여할 필요가 없는 교내 특정 공간(예: 식당 · 정문 등 주요 공간이 아님)에 설치하며 교직원이 관리하는 방식이 있습니다.

- 추모 공간은 장례식 후(또는 약 5일 후)까지 둘 수 있으며, 이후 물품은 가족에게 전달하세요. 추모물이 철거될 때, 공동체가 오해하지 않도록 미리 안내문을 붙이는 것이 좋습니다.
- 고인의 사진을 티셔츠, 배지 등으로 제작 · 배포하는 것은 삼가도록 안내해야 합니다. 일부 학생에게는 위로가 될 수 있지만, 다른 학생에게는 불안감을 주거나 자살을 미화하는 부작용이 있습니다. 착용하고 온 학생은 그날만 착용을 허용하고, 정책의 취지를 충분히 설명하세요. 예외적으로 긍정적 메시지(예: 믿음, 희망, 사랑)가 적힌 팔찌 등은 대안으로 고려할 수 있습니다.
- 고인이 사용하던 책상 등이 빈 채로 남아 있으면, 약 5일 후(또는 장례 후) 좌석 배치를 변경해 새로운 환경을 만드세요. 학생에게 미리 변화 이유를 설명하고, 존중과 추모의 의미를 담은 활동(예: 친구에 대한 사랑과 자살 예방 의지를 밝히는 성명문 낭독 등)에 참여하게 할 수 있습니다.
- 교내가 아닌 장소에서 추모 공간이 조성된 경우, 학교의 영향력은 제한적이지만, 학생에게 추모 공간도 시간 제한(약 5일 또는 장례 후까지)이 필요하다고 안내하세요. 물품은 해체 후 가족에게 전달하고, 감독하에 학생이 일부를 가져가고, 음악을 틀며 해체식을 진행할 수도 있습니다.
- 대규모 · 비감독 모임은 권장하지 않습니다. 필요한 경우, 지역 경찰 등과 협조해 안전을 확보하고, 상담교사가 동행하여 지도 · 지원을 제공하세요.
- 조기 하강(half-staff) 조치는 원칙적으로 권장하지 않습니다(이는 학교가 아닌 지방정부의 권한입니다)(pp. 27-28).

## 온라인 추모

자발적 추모와 마찬가지로, 온라인 추모 페이지나 메시지 게시판도 사망 이후 점점 흔해지고 있습니다. 학교가 고인의 가족 동의를 얻은 경우, 학교 웹사이트나 SNS에 추모 페이지를 개설할 수 있습니다. 이때 온라인 추모 공간은 기간을 정해 운영하고, 학교 직원이 모니터링하며, 추가 정보 및 지원 자원을 안내하는 내용이 포함되어야 합니다(AFPS & SPRC, 2018).

『After a Suicide: A Toolkit for Schools』(AFSP & SPRC, 2018)에서는 다음과 같이 권고합니다.

- 온라인 추모 페이지는 사망 후 30~60일 이내까지만 운영하는 것이 바람직합니다. 운영 기간이 끝나면, 따뜻한 메시지와 학생들의 추모에 감사하는 안내문으로 대체하며, 더 의미 있는 추모 방안을 안내하세요.
- 페이지를 삭제한 후에도, 학교는 해당 페이지의 복사본(프린트, 스크린샷 등)을 보관하세요. 이후 학생 안전과 관련한 필요시 참고할 수 있습니다.
- 학생이 자체적으로 추모 페이지를 만들면, 교직원은 안전한 메시지와 정확한 정보가 포함되어 있는지 확인하고, 필요시 페이지에 가입해 모니터링하세요.(pp. 28-29).

## 학교 신문

학생의 사망은 지역 신문뿐 아니라 학교 신문에도 보도될 수 있습니다. 학교 신문에 관련 기사가 실릴 때에는 교직원이 내용 적절성을 반드시 점검합니다. 이런 기사에는 자살의 경고 신호, 추가 지원을 받을 수 있는 자원, 건강한 대처와 회복에 대한 메시지를 포함해 긍정적 메시지를 전달하는 것이 좋습니다(AFPS & SPRC, 2018).

## 추모 행사

자살로 사망한 학생의 친구들은 스포츠 경기, 시 낭송, 댄스 공연 등 행사를 통해 고인을 기리고 싶어 할 수 있습니다. 또는 사망 학생에게 명예 졸업장을 수여하거나 졸업식에서 영상 헌정 등 다양한 요청이 있을 수 있습니다(AFPS & SPRC, 2018).

이런 요청은 이해할 수 있지만, 학교는 모든 사망을 동등하게 대우한다는 원칙을 지켜야 합니다. 대신, 학생이 자살 예방 모금 행사 등 공동체에 긍정적인 영향이 되는 방

식으로 추모할 수 있도록 안내하는 것이 바람직합니다(AFPS & SPRC, 2018).

고인의 가족이 학교에서 교육 목적이나 자살 예방을 위해 행사를 요청할 수도 있습니다(AFPS & SPRC, 2018). 하지만 학교는 학생 대상 대규모 행사가 자살 예방에 효과적이지 않으며, 오히려 위험할 수 있음을 분명히 설명해야 합니다. 우울감이나 정신적 어려움을 겪는 학생은 의도와 다르게 메시지를 받아들일 수 있고, 실제로 자살 위험이 높아질 수 있습니다. 학생은 대규모 집회보다 소규모 그룹이나 교실에서 더 쉽게 마음을 열기도 합니다. 학교와 학부모가 협력해 적절한 교육 프로그램을 도입하는 것이 더 효과적입니다(p. 30).

## 졸업 앨범

다른 추모와 마찬가지로, 자살로 사망한 학생도 앨범에서 별도로 다르지 않게 대우해야 합니다. 기존에 졸업앨범(또는 그 일부)을 사망 학생에게 헌정해 온 관행이 있다면, 자살로 사망한 학생에게도 동일하게 적용해야 합니다(AFPS & SPRC, 2018, p. 30).

앨범 담당교사는 정신건강 전문가, 관리자와 협의하여 정신건강과 자살 예방에 대한 메시지가 전달되도록 해야 합니다. 예를 들어, 학생 사진 아래에 '당신의 추억을 기억하며, 우리는 정신건강과 자살에 대한 편견을 지우기 위해 노력하겠습니다.'와 같은 메시지를 실을 수 있습니다(AFPS & SPRC, 2018, p. 30).

## 졸업식

모든 사망을 동등하게 대우한다는 원칙은 졸업식에서도 적용해야 합니다. 기존에 졸업식에서 사망한 동급생을 추모하는 전통이 있다면, 자살로 사망한 학생도 반드시 포함해야 합니다. 학생 이름을 언급하는 짧은 추모 메시지를 포함할 수 있으며, 구체적인 내용 결정은 교장과 관련 교직원이 논의해 정합니다(AFPS & SPRC, 2018, p. 30).

## 영구 추모물과 장학금

일부 학생은 고인을 기리는 영구적 추모물(예: 교정에 나무 심기, 벤치 · 기념판 설치 등)이나 장학금 신설을 제안할 수 있습니다(AFPS & SPRC, 2018).

영구 추모물이 자살 전염 위험을 높인다는 근거는 없지만, 애도 중인 학생에게 불편한 기억이 될 수 있습니다. 가능하다면 교내보다는 외부 공간에 설치하는 것이 권장됩니다. 한 번 나무를 심거나 기념물을 세우면, 향후 다른 사망 학생에 대해서도 같은 조치를 해야 하므로 장기적으로 유지가 어렵다는 점도 고려해야 합니다(AFPS & SPRC, 2018, p. 30).

## 안전한 추모를 위한 제안

추모 자체를 모두 금지하는 것은, 유가족과 친구들에게 상처가 될 수 있고, 부정적이고 강한 반응을 초래할 수 있습니다(AFPS & SPRC, 2018). 학교는 학생(그리고 지역사회)의 애도 에너지가 긍정적이고 안전한 방향으로 이어지도록, 추모의 영향과 안전을 균형 있게 고려해야 합니다(AFPS & SPRC, 2018, p. 30).

학교는 학생의 가까운 친구들과 미리 만나, 추모의 방식과 시기를 함께 논의할 것을 제안할 수 있습니다. 이는 학생의 의견을 듣고, 학교가 어떤 추모는 허용하고 어떤 추모는 허용하지 않는지 민감하게 설명할 수 있는 기회가 됩니다. 필요할 때마다 학생, 관리자, 가족으로 구성된 상설 위원회를 만들어 논의하는 것도 방법입니다(AFPS & SPRC, 2018, p. 31).

다음은 자살로 사망한 학생을 위한 대안적 추모 방법 예시입니다(AFPS & SPRC, 2018).

- 고인을 기리는 봉사활동의 날 또는 학교 기반 봉사 프로그램 운영
- 자살 예방 단체에서 주최하는 행사(예: AFSP Out of Darkness Walk) 참가, 지역 위기 핫라인 · 예방 프로그램을 위한 모금 행사
- 정신건강 인식의 날 운영

- 학교나 지역 도서관에 정신건강 관련 도서 기증
- 사회정서 역량 및 도움 요청 행동을 촉진하는 교육과정 개발 및 실행
- 지역 위기 핫라인에서 자원봉사
- 유가족의 장례비 지원을 위한 모금
- 학교 사무실에 추모 노트나 카드 비치, 학생들이 유가족에게 메시지나 추억, 애도를 남기고, 이를 학교 공동체 이름으로 유가족에게 전달(p. 31)

## 학교 자살 사후 개입에 대한 추가 정보

이 주제에 대해 더 자세히 알고 싶은 독자에게는 『Preventing Suicide: A Resource for Media Professionals』(WHO, 2017), 『After a Suicide: A Toolkit for Schools』(AFSP & SPRC, 2018), reportingonsuicide.org를 추천합니다. 이 자료들은 이 장에서 다수 인용되었지만, 온라인에서 쉽게 전체를 확인할 수 있고 반드시 한 번씩 읽어 볼 가치가 있습니다. 전문상담교사와 학교 관리자인 교장, 교감 그리고 교육청의 교육 전문직인 장학사, 장학관은 자살 사후 개입에 대한 지식과 역량을 반드시 강화해야 합니다. 학생 자살에 대한 효과적 대응이 이루어질수록, 학교는 더 포괄적인 자살 예방 정책을 실천할 수 있기 때문입니다. 실제로 학생 자살이 계기가 되어 학교 관리자들이 자살 예방을 학교 · 교육청의 우선순위로 두게 된 사례도 많습니다.

### 학생 자살 파급 효과

이 장은 학생 자살이 다른 학생, 교직원, 유가족에게 미치는 영향에 초점을 맞췄지만, 자살은 학교뿐만 아니라 학생의 확장 가족, 또래, 지역사회 전체에 파급 효과(ripple effect)를 일으킨다는 점을 반드시 인식해야 합니다(Singer et al., 2019). 학생 자살이 끼치는 영향은 생각보다 큽니다. 과거에는 한 건의 자살이 6명에게 영향을 준다고 추정했지만(Shneidman, 1973), 최근 연구에서는 약 135명에게 직접적 영향을 주고, 25명 이상이 지속적이고 심각한 고통을 경험한다고 밝혔습니다(Cerel, Mable, Van de Venne,

Moore, Flanerty, & Brown, 2016). 학생 자살로 인해 학교 내 많은 이들이 영향을 받지만, 학교 밖 지역사회에도 적지 않은 파장이 남는다는 점을 항상 기억해야 합니다. 학교는 지역사회와 긴밀하게 연결된 존재이며, 이 문제에 모두가 함께 대응해야 합니다.

## 맺음말

자살 사후 개입의 가장 핵심적인 목적은 위기 개입 서비스 제공과 추가 자살 예방입니다. 학생 사망 소식을 전달할 때는, 전염 효과를 유발하지 않는 신중함이 필요합니다. 사전 준비가 필수적이지만, 많은 학교에서 여전히 체계적인 준비가 부족한 실정입니다. 학생 자살만큼 학교에 충격적인 사건은 거의 없지만, 학교는 협력적이고 공감적이며 효과적인 대응으로 상황을 극복할 수 있습니다. 학교의 대응 방식은 학생의 대처력 향상에 큰 영향을 미치며, 추가 자살 예방에도 결정적인 역할을 합니다. 자살 발생 이전에 사후 개입 절차를 미리 마련하고, 발생 시 신속하게 실행하는 것이 매우 중요합니다. 즉, 학교 내 자살 사후 개입은 학교 자살 예방의 필수 요소로 반드시 포함되어야 합니다.

**현장 피드백** **윤평호(신문기자)**

한 생명의 끝을 전해야 하는 직업의 무게는, 때로는 질문보다 침묵이 더 길게 남습니다. 외사촌의 자살 이후 '왜'라는 물음이 머릿속을 떠나지 않았습니다. 이 책을 통해 많은 것을 새로 알았고, 취재자로서도 큰 도움을 받았습니다. 특히 자살 보도를 공중보건 이슈로 접근하라는 제언은 언론이 나아갈 방향을 분명히 짚어 줍니다. 학교가 언론과의 벽을 허물고, 더 많은 객관적 정보를 투명하게 공유할 때, 우리는 자극이 아닌 치유의 언어로 이야기할 수 있습니다. 『학생 자살 행동과 학교 중재 전략』이 학교와 언론 모두에게 실질적인 협력의 길잡이가 되길 바랍니다.

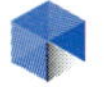

# 부록 8-1

- 학교 기반 자살 예방 절차
- 사망 사실을 정확히 확인하세요.
- 자살 예방 핵심팀을 신속히 가동하세요.
- 미디어 대변인을 지정하세요.
- 소셜미디어를 적극 활용하고 모니터링하세요.
- 학생 가족에게 애도를 전하고 지원 의사를 밝히세요.
- 학부모와 자살 및 학교 대응 방안을 논의하세요.
- 사망 원인에 대한 불확실성이나 소문을 바로잡으세요.
- 문화적 다양성을 고려하세요.
- 교직원에게 상황을 알리고 대응 계획을 논의하세요.
- 학교에 미친 영향과 필요한 대응 수준을 평가하세요.
- 자살로 크게 영향을 받은 학생을 찾아내고 상담 · 지원 연계체계를 가동하세요.
- 학생들에게 자살 소식을 알리세요.
- 상황이 허락되면 정상 수업을 재개하세요.
- 학생의 감정 대처를 도우세요.
- 정신건강 전문가가 교실을 방문하도록 하세요.
- 위기 개입 서비스를 시작하세요.
- 매일 대응 계획 회의를 가지세요.
- 교직원 대상으로 상황을 브리핑하세요.
- 사후 개입의 효과를 평가하고 장기 대응을 준비하세요.
- 슬픔을 겪는 학생에게 지속적으로 지원하세요.
- 사망 기념일 등을 미리 준비하세요.
- 자살 발생 후 몇 주, 몇 달 동안 부모와 계속 연락하세요.

# 부록 8-2

- 책임 있는 자살 보도를 위한 미디어 권고 지침
- 도움이 필요한 곳을 정확히 안내하세요.
- 자살과 자살 예방에 대한 올바른 사실을 알리고, 잘못된 미신은 퍼뜨리지 마세요.
- 스트레스나 자살 생각에 대처하는 사례, 지원 방법 등을 보도하세요.
- 유명인 자살 보도 시 신중히 접근하세요.
- 유가족이나 친구 인터뷰 시 신중을 기하세요.
- 언론인도 자살 보도에 영향을 받을 수 있음을 인식하세요.
- '자살로 사망'과 같은 중립적 표현을 사용하세요.
- 희망과 회복의 메시지를 반드시 담으세요.
- 자살 예방 전문가와 상의하세요.
- 자살의 경고 신호 목록을 포함하세요.
- 자살예방 핫라인(800-273-8255)과 지역 · 전국 정신건강 자원을 안내하세요.
- 자살을 공중보건 이슈로 다루세요.
- 피해자나 자살 자체를 미화하거나 낭만화하지 마세요.
- 자살의 원인을 단순하게 설명하지 마세요.
- 자살 방법을 구체적으로 묘사하지 마세요.
- 현장 사진이나 오열하는 사람들 사진을 사용하지 마세요.
- 자살 관련 기사를 눈에 띄게 반복해서 싣지 마세요.
- 자살을 자극적으로, 또는 문제 해결 방법처럼 묘사하지 마세요.
- 자살 장소 · 현장 정보를 구체적으로 밝히지 마세요.
- 선정적이고 자극적인 제목을 쓰지 마세요.

# 온라인 리소스

## 1) 학교 현장 실무·지침

### After a Suicide: A Toolkit for Schools, Second Edition

학교에서 자살 사건 이후 대응을 위한 실무 지침(제2판). 위기 대응, 의사소통, 추모 · 복귀 지원 절차.

https://sprc.org/sites/default/files/resource-program/AfteraSuicideToolkitforSchools.pdf

### Model School District Policy on Suicide Prevention

학교 자살 예방을 위한 모범 정책(모델 언어 · 주석 · 자료).

https://afsp.org/model-school-policy-on-suicide-prevention

### Preventing Suicide: The Role of High School Teachers

고등학교 교사를 위한 자살 예방 팩트시트.

https://sprc.org/resources/preventing-suicide-the-role-of-high-school-teachers/

## Preventing Suicide: The Role of High School Mental Health Providers

고등학교 기반 정신건강 실무자를 위한 자살 예방 팩트시트.

https://sprc.org/wp-content/uploads/2022/12/Role-of-HS-MH-Providers-9_22.pdf

## Guide for Suicide Prevention in New York Schools

뉴욕주 학교 자살 예방 가이드(정책 · 절차 · 우수사례).

https://preventsuicideny.org/wp-content/uploads/2019/08/SchoolsSuicidePreventionGuide.pdf

## American School Counselor Association (ASCA)

미국 학교상담사 협회. 상담 표준, 프로그램, 연수.

https://www.schoolcounselor.org

## National Association of School Psychologists (NASP)

미국 학교심리학회. 학교 기반 정신건강 자료와 정책.

https://nasponline.org

## School Social Work Association of America (SSWAA)

미국 학교사회복지협회. 자료와 연수.

https://sswaa.org

### SOS Signs of Suicide

학교 기반 자살 예방 프로그램(SOS).

https://mindwise.org/suicide-prevention

## 2) 위기 지원 · 핫라인(미국)

### Crisis Text Line

24시간 문자 기반 위기 지원 서비스.

https://www.crisistextline.org

### National Suicide Prevention Lifeline

미국 자살 예방 핫라인 공식 사이트.

https://suicidepreventionlifeline.org

### Samaritans USA

위기 지원과 자살 예방 교육 제공.

https://samaritansusa.org

### Trans Lifeline

트랜스젠더 커뮤니티를 위한 위기 지원.

https://translifeline.org

### The Trevor Project

LGBTQ 청소년을 위한 자살 예방 · 위기 지원.

https://thetrevorproject.org

### Didi Hirsch Mental Health Services

자살 예방 및 유가족 지원 프로그램 제공.

https://didihirsch.org

## 3) 정부 · 공중보건 · 전략

### Centers for Disease Control and Prevention (CDC)

자살 예방 통계, 가이드라인, 공중보건 전략.

https://www.cdc.gov

### Substance Abuse and Mental Health Services Administration (SAMHSA)

미국 연방 정신건강 · 중독 서비스 기관.

https://samhsa.gov

### National Institute of Mental Health (NIMH)

미국 국립정신건강연구소. 연구와 정보 자료.

https://nimh.nih.gov

### National Action Alliance for Suicide Prevention

미국 국가 자살 예방 연합.

https://theactionalliance.org

### National Strategy for Suicide Prevention

미국 자살 예방 국가전략(목표와 실행 과제).

https://hhs.gov/surgeongeneral/reports-and-publications/suicide-prevention/index.html

### Suicide Prevention Resource Center (SPRC)

자살 예방 자료 · 교육 · 연구 허브.

https://sprc.org

### Education Development Center (EDC)

SPRC 운영기관. 교육 · 보건 프로젝트 수행.

https://edc.org

## 4) 전문 학회 · 직능단체

### American Association of Suicidology (AAS)

자살 연구 · 예방 학회.

https://suicidology.org

### American Psychological Association (APA)

미국심리학회.

https://www.apa.org

### American Academy of Child and Adolescent Psychiatry (AACAP)

아동 · 청소년 정신의학 학회.

https://www.aacap.org

### National Alliance on Mental Illness (NAMI)

정신질환 당사자 · 가족 지원 단체.

https://nami.org

### National Council for Suicide Prevention (NCSP)

미국 자살 예방 협의체.

https://thencsp.org

## 5) 유가족·경험자 지원

### Alliance of Hope for Suicide Loss Survivors

자살 유가족 온라인 커뮤니티. 상담과 자료 제공.

https://allianceofhope.org

### Compassionate Friends

자녀 사망 유가족 지원 단체.

https://www.compassionatefriends.org

### Center for Loss and Bereavement

상실 · 애도 지원 센터.

https://bereavementcenter.org

### Dougy Center

아동과 가족을 위한 애도 지원 센터.

https://dougy.org

### Parents of Suicides (POS) — Friends and Families of Suicides (FFOS)

자살 유가족 온라인 커뮤니티.

https://pos-ffos.com

### Suicide Survivors

유가족 · 당사자를 위한 정보와 커뮤니티.

https://suicidesurvivor.org

### Survivors of Suicide

유가족 지원 정보와 커뮤니티.

https://survivorsofsuicide.com

### Suicide Memorial Wall

온라인 추모 공간.

https://suicidememorialwall.com

### United Suicide Survivors International

경험자 · 유가족의 목소리를 정책 · 연구에 연결하는 국제 네트워크.

https://unitesurvivors.org

## 6) 미디어 · 보도 가이드

### Reporting on Suicide

자살 보도 권고 기준과 자료.

https://reportingonsuicide.org

### Preventing Suicide: A Resource for Media Professionals (WHO)

세계보건기구의 언론인용 자살 보도 가이드.

https://who.int/mental_health/prevention/suicide/resource_media.pdf

## 7) 청소년 · 대학생 · 특화/교육

### Jason Foundation

청소년 자살 인식 제고와 교육.

https://jasonfoundation.com

### Jed Foundation

청소년 · 대학생 정신건강 · 자살 예방.

https://jedfoundation.org

### Society for the Prevention of Teen Suicide (SPTS)

십대 자살 예방 교육 · 자료.

https://sptsusa.org

### Yellow Ribbon Suicide Prevention Program

청소년 자살 예방 인식 제고와 교육 프로그램.

https://yellowribbon.org

### Speaking of Suicide

자살 예방 · 회복 관련 정보와 칼럼.

https://speakingofsuicide.com

### HelpGuide

정신건강 · 웰빙 정보 포털.

https://helpguide.org

### Depression and Bipolar Support Alliance (DBSA)

우울 · 양극성 장애 당사자 · 가족 지원.

https://www.dbsalliance.org

### Treatment Advocacy Center

정신질환 치료 접근성 향상과 정책 옹호.

https://treatmentadvocacycenter.org

## 8) 국제 · 글로벌

### International Association for Suicide Prevention (IASP)

국제 자살 예방 협회.

https://iasp.info

### World Health Organization (WHO)

세계보건기구 공식 홈페이지.

https://who.int

## 9) 기타(옹호 · 연구 · 포털)

### American Foundation for Suicide Prevention (AFSP)

자살 예방 비영리단체(연구 · 교육 · 유족 지원 · 옹호).

https://afsp.org

### Suicide Awareness Voices of Education (SAVE)

자살 예방 교육과 대중 인식 제고.

https://save.org

### American Psychological Association (APA)

심리학 연구 · 임상 · 윤리 자료.

https://www.apa.org

### Suicide Prevention Resource Center (SPRC)

국가 자살 예방 자료 허브.

https://sprc.org

# 에필로그

조직이나 개인이 추구할 수 있는 가장 숭고한 목표는 생명을 구하는 일입니다.

_진 캐시(Gene Cash)

누구든 한 생명을 구하면, 그 사람은 마치 온 세상을 구한 것과 같습니다.

_탈무드(The Talmud)

자살 예방은 우리 모두의 책임입니다.

_미국 자살학회(American Association of Suicidology) 모토

이 책의 서문에서 저는 청소년 자살을 포함한 자살을 예방하는 일에서 우리가 기대만큼 효과적이지 못했던 주된 이유 가운데 하나가 자살을 둘러싼 비밀주의와 낙인의 수준이라고 제시했습니다. 심각한 정신 질환을 겪은 사람들에 대한 처우가 그랬던 것처럼, 자살 위험이 있는 개인에 대한 사회의 반응도 우리 역사 전반에 걸쳐 두려움, 혼란 그리고 부당한 대우로 특징지어져 왔습니다. 여기에 자살 행동의 원인과 이를 어떻게 치료하는 것이 가장 좋은지에 관한 수많은 통념과 오해, 그리고 그것이 얼마나 널리 퍼져 있는지에 대한 과소평가가 더해져 우리의 반응은 더욱 악화되었습니다. 조이너와 동료들(Joiner et al., 2009, p. 168)이 지적했듯이, 이에 대해서는 '공공의 문제(자살)의 규모'와 '일반 대중의 대응' 사이에 큰 괴리가 있습니다.

이 점을 보여 주는 예로 다음 사실을 살펴봅니다. 2017년에는 미국에서 4만 7천 명 이상이 자살로 사망했습니다. 또한 1999년부터 2017년까지 자살 사망은 전국적으로 33% 증가했습니다. 같은 기간 만성 호흡기 질환, 암, 심장병, 뇌졸중 등 다른 주요 사망 원인은 모두 크게 감소했습니다. [같은 시기 한국은 자살률이 1999년 인구 10만 명당 14.9명에서 2011년 31.7명으로 정점을 찍은 뒤 2017년 24.3명(12,463명)으로 낮아졌으며, 1999년 대비 2017년은 약 63% 증가였습니다(통계청 「2017년 사망원인통계」, 보건복지부 「자살예방백서(2019)」).]

세계 최대의 생의학 연구 지원 기관인 미국 국립보건원(NIH)은 2017년에 자살 연구에 6,800만 달러를 지출했습니다. 반면, 암에는 60억 달러, 심장병에는 13억 달러를 사용했습니다. 사망 원인 9위인 신장 질환(자살은 10위)에는 5억 9,200만 달러가 배정되었습니다. 자살보다 사망률이 훨씬 낮은 건강 문제에도 훨씬 더 많은 예산이 책정됩니다. 예를 들어, 2017년에 NIH는 시각 관련 질환에 8억 8,200만 달러, 수면 연구에 3억 2,700만 달러, 장 질환에 1억 3,400만 달러를 편성했습니다.

예컨대, NIH의 자살 예방 연구 지원은 다른 주요 사망 원인에 대한 지원과 비교하면 극히 미미합니다. 그중에는 최근 몇 년 사이 사망이 크게 줄어든 건강 문제들(자살은 오히려 증가했음)과 사망률이 훨씬 낮은 질환들도 포함됩니다. 더구나 다른 출처의 연구비도 제한적이며, 청소년 자살 예방을 위한 연방정부 지원과 학교 자살 예방 프로그램 예산 역시 충분하지 않습니다. '예산은 곧 가치의 표현'이라는 말이 자주 회자됩니다. 만약 그 말이 사실이라면, 우리는 자살 예방을 얼마나 소중한 가치로 여기고 있는지 되묻지 않을 수 없습니다.

다행히 자금이 부족하다고 해서 학교가 포괄적인 자살 예방 노력에 적극적으로 나서지 못하는 것은 아닙니다. 학교는 이미 학생 자살을 보다 효과적으로 예방하기 위해 할 수 있는 일이 많습니다. 안타깝게도 미국의 많은 학교에서 이러한 노력에 적극적으로 참여하지 않고 있습니다. 낙인이 한 가지 이유이고, 자살과 효과적인 학생 자살 예방 실천에 대한 이해 부족이 또 다른 이유이며, 일부의 무관심이나 학교에서 충분한 자살 예방 프로그램 제공을 꺼리는 태도도 추가 요인일 가능성이 큽니다. 그러나 이러한 문제들은 극복할 수 있으며, 학생의 자살 행동을 정말로 예방하려면 반드시 극복해야 합니다. 그리고 이를 실천하기에 학교만큼 적합한 곳은 없습니다.

## 치료와 치유

의료인류학에서는 질병(disease, 의학적 측면)을 치료하는 것과 병의 경험(illness, 심리사회적 측면)을 치유하는 것을 구분하면 유용하다고 봅니다. 구체적으로, "disease는 생물학적 과정의 오작동을 가리키고, illness는 지각된 질병의 심리사회적 경험과 의미를 가리킵니다. 이런 관점에서 보면, illness는 disease가 행동과 경험으로 형성된 것입니다. 그것은 질병에 대한 개인적 · 사회적 · 문화적 반응에 의해 만들어집니다"(Kleinman, 1980, p. 72).

이 구분을 설명하기 위해 HIV/에이즈 맥락을 생각해 보겠습니다. HIV/에이즈라는 질병(disease, 의학적 측면)의 치료법을 개발하는 일은 분명 바람직하지만, "그 치료법이 없더라도 우리는 그 질병을 가진 사람들을 배척하지 않고, 그들의 고통에 공감하며, 그들의 고통을 존중과 사랑으로 감싸는 방식으로 병의 경험(illness, 심리사회적 측면)을 치유할 수 있습니다"(Crossan, 1994, p. 81). 이 비유는 자살, 그리고 학교에서의 자살 예방에도 분명하게 적용됩니다. HIV/에이즈 환자들과 마찬가지로, 자살을 생각하는 청소년은 자신의 '질병'(즉, 자살 행동의 바탕이 되는 우울증 등 정신 장애로부터 비롯되는 정서적 고통)뿐 아니라 '병의 경험'(즉, 자살을 생각하는 청소년이 흔히 겪는 낙인과 수치심)으로도 고통받습니다. 학교 구성원은 자살의 '질병'(의학적 측면)과 그에 상응하는 '병의 경험'(심리사회적 측면)을 모두 다루는 데 중요한 역할을 할 수 있습니다.

## 장벽 허물기

학교는 자살을 생각하는 학생의 '치료(curing)'와 '치유(healing)'를 어떻게 가장 잘 이룰 수 있을까요? 한 가지 방법은 이 책에서 제시한 정보를 실제로 적용하는 것입니다. 또 다른 방법은 장벽을 허무는 일입니다. 그것은 이해에 이르는 장벽, 공감에 이르는 장벽, 그리고 아동 및 청소년이 낙인감 없이 필요한 도움을 받을 수 있도록 가로막는 장벽입니다. 아마 우리로 하여금 자살, 특히 학생 자살을 더 적극적으로 예방하지 못하게 하는 가장 큰 장벽은 자살을 사회의 문제가 아니라 개인의 문제로 보는 흔한 인식일

것입니다. 달리 말하면, 공공보건 문제가 아니라 개인의 건강 문제로 여기는 인식입니다. 아동 및 청소년의 자살 행동이 단지 개인의 정신 건강 문제가 아니라 사회의 공공보건 문제라는 점을 우리가 함께 이해하게 되면, 청소년 자살 예방을 위한 노력에서 실질적인 진전을 이룰 수 있습니다. 우리는 해낼 수 있습니다.

## 예방 가능한 문제이자 불필요한 비극

학생 자살은 예방할 수 있습니다. 모든 학생 자살을 막을 수는 없겠지만, 지금보다 훨씬 더 많이 예방할 수 있습니다. 그리고 예방 가능한 문제이기에, 학생 자살은 불필요한 비극입니다. 이 비극을 막기 위해 우리 각자에게 맡겨진 역할이 있습니다. 다만 그 역할을 수행하려면 지식과 기술, 그리고 헌신이 필요합니다. 선택은 우리에게 달려 있습니다.

AAS의 모토는 단순하고 분명합니다. "자살 예방은 우리 모두의 책임이다."

저 역시 동의합니다. 이 책을 읽은 여러분도 같은 뜻을 모아 주시길 바랍니다. 자살 예방을 책임으로 받아들이면, 우리는 그 책임을 실천하는 주체가 됩니다. 책임은 학교에서 시작되고, 희망은 아이에게 돌아옵니다. 학교가 먼저 말하고 먼저 행동하면, 모두가 동참합니다. 언론인 데이비드 K. 시플러(Shipler, 2004)의 말처럼, "책임이 너무 넓게 퍼지고 희석되면, 그것은 존재하지 않는 것처럼 보입니다. 사실은 그 반대입니다. 아무도 책임지지 않는 것처럼 보일지 모르지만, 실제로는 모두가 책임이 있습니다"(p. 299).

## 마지막 생각

이 책을 함께 읽어 가며, 다음을 마음에 담아 주길 바랍니다. 청소년의 자살 행동은 거대하고 복합한 공공보건 문제이며, 그 밑바탕에는 정신건강 장애가 자리합니다. 많은 청소년은 죽음을 원해서가 아니라, 견딜 수 없는 고통이 멈추길 바라며 도움을 구합니다. 청소년 자살은 예방할 수 있고, 그 책임은 우리 모두에게 있습니다. 특히 학교와 교직원이 근거 기반의 다층 지원체계를 실천할 때, 우리는 더 많은 아이를 안전으로 이끌 수 있습니다. 청소년 자살 예방은 모두의 책임입니다. 여러분의 책임이기도 합니다.

한 생명을 구하는 일, 특히 불필요하고 이른 자살로부터 아동과 청소년을 지키는 일만큼 큰 성취는 드뭅니다. 매일 아이들과 마주하는 학교야말로 그 목표를 가장 잘 실현할 수 있는 자리입니다. 시급한 문제에는 시급한 대응이 필요합니다. 지금, 여기서 시작해 주십시오. 우리 학교에서 학생 자살 행동과 학교 중재 전략을 최우선 과제로 삼아 주십시오. 학교가 먼저 말하고 먼저 행동하면, 희망은 아이에게 돌아옵니다. 함께하면 분명 달라집니다.

Aarons, L. (1995). *Prayers for Bobby: A mother's coming to terms with the suicide of her gay son*. New York: HarperCollins.

Adelman, H. S., & Taylor, L. (2006). *The school leader's guide to student learning supports: New directions to addressing barriers to learning*. Thousand Oaks, CA: Corwin Press.

Albers, C. A., Glover, T. A., & Kratochwill, T. R. (2007). Where are we, and where do we go now?: Universal screening for enhanced educational and mental health outcomes. *Journal of School Psychology, 45*, 257–263.

Alvarez, A. (1971). *The savage god: A study of suicide*. New York: Norton.

Ambrose, S. E. (1990). *Eisenhower: Soldier and president*. New York: Simon & Schuster.

American Foundation for Suicide Prevention, American School Counselor Association, National Association of School Psychologists, & The Trevor Project. (2019). *Model school district policy on suicide prevention: Model language, commentary, and resources* (2nd ed.). New York: Author. Retrieved from https://afsp.org/model-school-policy-on-suicide-prevention.

American Foundation for Suicide Prevention & Suicide Prevention Resource Center. (2018). *After a suicide: A toolkit for schools* (2nd ed.). Waltham, MA: Education Development Center.

American Psychiatric Association. (2003). Practice guidelines for the assessment and treatment of patients with suicidal behaviors. *American Journal of Psychiatry, 160*(Suppl. 11), 1–60.

American Psychiatric Association. (2013). *Diagnostic and statistical manual of mental disorders* (5th ed.). Arlington, VA: Author.

American Psychological Association. (2013). Gun violence: Prediction, prevention, and policy. Retrieved from www.apa.org/pubs/info/reports/gun-violence-prevention.aspx.

American Psychological Association. (2017). Ethical principles of psychologists and code of conduct with the 2016 amendment. Retrieved from www.apa.org/ethics/code/ethics-code-2017.pdf.

Anderson, A. R., Christenson, S. L., Sinclair, M. F., & Lehr, C. A. (2004). Check & Connect: The importance of relationships for promoting engagement with school. *Journal of School Psychology, 42*, 95–113.

Anderson, L., Walcott, C. M., Reck, S. G., & Landau, S. (2009). Issues in monitoring medication effects in the classroom. *Psychology in the Schools, 46*, 820-826.

Anestis, M. D. (2018). *Guns and suicide: An American epidemic*. New York: Oxford University Press.

Anestis, M. D., & Anestis, J. C. (2015). Suicide rates and state laws regulating access and exposure to handguns. *American Journal of Public Health, 105*, 2049-2058.

Anestis, M. D., Anestis, J. C., & Butterworth, S. E. (2017). Handgun legislation and changes in statewide overall suicide rates. *American Journal of Public Health, 107*, 579-581.

Anestis, M. D., Khazem, L. R., Law, K. C., Houtsma, C., LeTard, R., Moberg, F., et al. (2015). The association between state laws regulating handgun ownership and statewide suicide rates. *American Journal of Public Health, 105*, 2059-2067.

Anestis, M. D., Law, K. C., Hyejin, J., Houtsma, C., Khazem, L. R., & Assavedo, B. L. (2017). Treating the capability for suicide: A vital and understudied frontier in suicide prevention. *Suicide and Life-Threatening Behavior, 47*, 523-537.

Anestis, M. D., Soberay, K. A., Gutierrez, P. M., Hernandez, T. D., & Joiner, T. E. (2014). Reconsidering the link between impulsivity and suicidal behavior. *Personality and Social Psychology Review, 18*, 366-386.

Armijo v. Wagon Mound Public Schools, 159 F.3d1253 (10th Cir. 1998).

Aseltine, R. H., & DeMartino, R. (2004). An outcome evaluation of the SOS suicide prevention program. *American Journal of Public Health, 94*, 446-451.

Aseltine, R. H., James, A., Schilling, E. A., & Glanovsky, J. (2007). Evaluating the SOS suicide prevention program: A replication and extension. *BMC Public Health, 7*, 161.

Asher, J. (2007). *Thirteen reasons why*. New York: Penguin.

Ashworth, S., Spirito, A., Colella, A., & Benedict-Drew, C. (1986). A pilot suicidal awareness, identification, and prevention program. *Rhode Island Medical Journal, 69*, 457-461.

Azrael, D. R., & Hemenway, D. (2000). In the safety of your own home: Results from a national survey of gun use at home. *Social Science and Medicine, 50*, 285-291.

Bageant, J. (2007). *Deer hunting with Jesus: Dispatches from America's class war.* New York: Three Rivers Press.

Baker, J. A., Dilly, L., Aupperlee, J., & Patil, S. (2003). The developmental context of school satisfaction: Schools as psychologically healthy environments. *School Psychology Quarterly, 18*, 206-222.

Baker, J. A., & Maupin, A. M. (2009). School satisfaction and children's positive school adjustment. In R. Gilman, E. S. Huebner, & M. J. Furlong (Eds.), *Handbook of positive psychology* (pp. 189-196). New York: Routledge.

Baker, J., Terry, T., Bridger, R., & Winsor, A. (1997). Schools as caring communities. *School*

*Psychology Review, 26*, 586-602.

Ballantine, H. T. (1979). The crisis in ethics, annodomini 1979. *New England Journal of Medicine, 301*, 634-638.

Barrett, T. (1985). *Youth in crisis: Seeking solutions to self-destructive behavior*. Longmont, CO: Sopris West.

Barrio, C. A. (2007). Assessing suicide risk in children: Guidelines for developmentally appropriate interviewing. *Journal of Mental Health Counseling, 29*, 50-66.

Bauman, S. (2015). Cyber-bullying and suicide: Is there a link?: What are the roles of traditional bullying and the media? In P. Goldblum, D. L. Espelage, J. Chu, & B. Bongar (Eds.), *Youth suicide and bullying: Challenges and strategies for prevention and intervention* (pp. 77-89). New York: Oxford University Press.

Baumeister, R. F. (1990). Suicide as escape from self. *Psychological Review, 97*, 90-113.

Baumeister, R. F., & Leary, M. R. (1995). The need to belong: Desire for interpersonal attachments as a fundamental human motivator. *Psychological Bulletin, 117*, 497-529.

Beauchamp, D. E. (1976). Public health as social justice. *Inquiry, 13*, 1-14.

Beautrais, A. (2007). Suicide by jumping: A review of research and prevention strategies. *Crisis: Journal of Crisis Intervention and Suicide Prevention, 28*(Suppl. 1), 58-63.

Beck, A. T. (1996). Beyond belief: A theory of modes, personality, and psychopathology. In P. Salkovskis (Ed.), *Frontiers of cognitive therapy: The state of the art and beyond* (pp. 1-25). New York: Guilford Press.

Beck, A. T., Brown, G., & Street, R. A. (1989). Prediction of eventual suicide in psychiatric inpatients by clinical rating of hopelessness. *Journal of Consulting and Clinical Psychology, 57*, 309-310.

Beck, A. T., Kovacs, M., & Weissman, A. (1975). Hopelessness and suicidal behavior. *Journal of the American Medical Association, 234*, 1146-1149.

Beck, A. T., Rush, A. J., Shaw, B. F., & Emery, G. (1979). *Cognitive therapy of depression*. New York: Guilford Press.

Beck, A. T., & Steer, R. A. (1991). *Beck Scale for Suicide Ideation manual*. San Antonio, TX: Harcourt Brace.

Bennewith, O., Nowers, M., & Gunnell, D. (2007). Effects of barriers on the Clifton suspension bridge, England, on local patterns of suicide: Implications for prevention. *British Journal of Psychiatry, 190*, 266-267.

Benson, N. F., Floyd, R. G., Kranzler, J. H., Eckert, T. L., Fefer, S. A., & Morgan, G. B. (2019). Test use and assessment practices of school psychologists in the United States: Findings from the 2017 National Survey. *Journal of School Psychology, 72*, 29-48.

Berman, A. L. (2009). School-based suicide prevention: Research advances and practice implications. *School Psychology Review, 38*, 233–238.

Berman, A. L., Eastgard, S., Gutierrez, P., Mazza, J., Poland, S., Roggenbaum, S., et al. (2009). *School suicide prevention accreditation resource guide* (2nd ed.). Washington, DC: American Association of Suicidology.

Berman, A. L., Jobes, D. A., & Silverman, M. M. (2006). *Adolescent suicide: Assessment and intervention*. Washington, DC: American Psychological Association.

Berman, A. L., Litman, R. E., & Diller, J. (1989). *Equivocal death casebook*. Unpublished manuscript, American University, Washington, DC.

Berman, A. L., & Silverman, M. M. (2014). Suicide risk assessment and risk formulation: Part II. Suicide risk formulation and the determination of levels of risk. *Suicide and Life-Threatening Behavior, 44*, 432–443.

Bernet, R. A., & Joiner, T. E. (2007). Sleep disturbances and suicide risk: A review of the literature. *Neuropsychiatric Disease and Treatment, 3*, 829–834.

Berninger, V. W. (2006). Research-supported ideas for implementing reauthorized IDEA with intelligent professional psychological services. *Psychology in the Schools, 43*, 781–796.

Bhatia, S. K., Rezac, A. J., Vitello, B., Sitorius, M. A., Buehler, B. A., & Kratochvil, C. J. (2008). Antidepressant prescribing practices for the treatment of children and adolescents. *Journal of Child and Adolescent Psychopharmacology, 18*, 70–80.

Blachly, P. H., & Fairley, N. (1989). Market analysis for suicide prevention: Relationship of age to suicide on holidays, day of the week and month. *Northwest Medicine, 68*, 232–238.

Blaustein, M., & Fleming, A. (2009). Suicide from the Golden Gate Bridge. *American Journal of Psychiatry, 166*, 1111–1116.

Bockler, N., Seeter, T., Sitzer, P., & Heitmeyer, W. (2013). School shootings: Conceptual framework and international empirical trends. In N. Bockler, T. Seeter, P. Sitzer, & W. Heitmeyer (Eds.), *School shootings: International research, case studies, and concepts for prevention* (pp. 1–24). New York: Springer.

Bolnik, L., & Brock, S. E. (2005). The self-reported effects of crisis intervention work on school psychologists. *California School Psychologist, 10*, 117–124.

Bolton, I., & Mitchell, C. (1983). *My son ... my son ... : A guide to healing after death, loss, or suicide*. Atlanta: Bolton Press.

Bond, L. A., & Carmola Hauf, A. (2004). Taking stock and putting stock in primary prevention: Characteristics of effective programs. *Journal of Primary Prevention, 24*, 199–221.

Borowski, I. W., Ireland, M., & Resnick, M. D. (2001). Adolescent suicide attempts: Risks and protectors. *Pediatrics, 107*, 485–493.

Borum, R., Cornell, D., Modzeleski, W., & Jimerson, S. (2010). What can be done about school shootings?: A review of the evidence. *Educational Researcher, 39*, 27–37.

Bostwick, J. M. (2006). Do SSRIs cause suicide in children?: The evidence is underwhelming. *Journal of Clinical Psychology, 62*, 235–241.

Bradshaw, C. P. (2015). Translating research to practice in bullying prevention. *American Psychologist, 70*, 322–332.

Bradshaw, C. P., & Waasdorp, T. E. (2019). *Preventing bullying in schools: A social and emotional learning approach to prevention and early intervention.* New York: Norton.

Bradvik, L., & Berglund, M. (2003). A suicide peak after weekends and holidays in patients with alcohol dependence. *Suicide and Life-Threatening Behavior, 33*, 186–191.

Brent, D. A. (1997). The aftercare of adolescents with deliberate self-harm. *Journal of Child Psychology and Psychiatry, 38*, 277–286.

Brent, D. A. (2001). Firearms and suicide. *Annals of the New York Academy of Science, 932*, 225–240.

Brent, D. A., Baugher, M., Bridge, J., Chen, T., & Chiappetta, L. (1999). Age- and sex-related risk factors for adolescent suicide. *Journal of the American Academy of Child and Adolescent Psychiatry, 38*, 1497–1505.

Brent, D. A., Johnson, S., Bartle, S., Bridge, J., Rather, C., Matta, J., et al. (1993). Personality disorder, tendency to impulsive violence, and suicidal behavior in adolescents. *Journal of the American Academy of Child and Adolescent Psychiatry, 32*, 69–75.

Brent, D. A., Kerr, M. M., Goldstein, C., Bozigar, J., Wartella, M., & Allen, M. J. (1989). An outbreak of suicide and suicidal behavior in a high school. *Journal of the American Academy of Child and Adolescent Psychiatry, 28*, 918–924.

Bridge, J. A., Asti, L., Horowitz, L. M., Greenhouse, J. B., Fontanella, C. A., Sheftal, A. H., et al. (2015). Suicide rates among elementary school-aged children in the United States from 1993 to 2012. *JAMA Pediatrics, 169*, 673–677.

Bridge, J. A., Goldstein, T. R., & Brent, D. A. (2006). Adolescent suicide and suicidal behavior. *Journal of Psychology and Psychiatry, 47*, 372–394.

Bridge, J. A., Horowitz, L. M., Fontanella, C. A., Sheftall, A. H., Greenhouse, J. B., Kelleher, K. J., et al. (2018). Age-related racial disparity in suicide rates among U.S. youth between 2001 and 2015. *JAMA Pediatrics, 172*, 697–699.

Brock, S. E. (2002). School suicide postvention. In S. E. Brock, P. J. Lazarus, & S. R. Jimerson (Eds.), *Best practices in school crisis prevention and intervention* (pp. 211–223). Bethesda, MD: National Association of School Psychologists.

Brock, S. E. (2012). Preparing for school crisis intervention. In S. E. Brock & S. R. Jimerson (Eds.), *Best practices in school crisis prevention and intervention* (2nd ed., pp. 265–283). Bethesda, MD: National Association of School Psychologists.

Brock, S. E., & Jimerson, S. R. (Eds.). (2012). *Best practices in school crisis prevention and intervention* (2nd ed.). Bethesda, MD: National Association of School Psychologists.

Brock, S. E., Nickerson, A. B., Louvar Reeves, M. A., Conolly, C. N., Jimerson, S. R., Pesce, R. C., et al. (2016). *School crisis prevention and intervention: The PREPaRE model* (2nd ed.). Bethesda, MD: National Association of School Psychologists.

Brock, S. E., Sandoval, J., & Hart, S. (2006). Suicidal ideation and behaviors. In G. G. Bear & K. M. Minke (Eds.), *Children's needs III: Development, prevention, and intervention* (pp. 225-238). Bethesda, MD: National Association of School Psychologists.

Brooks, J. (2016). *The girl behind the door: A father's quest to understand his daughter's suicide*. New York: Scribner.

Brown, J. A., Goforth, A. N., & Machek, G. (2018). School psychologists' experiences with and training in suicide assessment: Challenges in a rural state. *Contemporary School Psychology, 22*, 195-206.

Brown, J. A., & Jimerson, S. R. (Eds.). (2017). *Supporting bereaved students at school*. New York: Oxford University Press.

Brown, J. H. (2001). Youth, drugs, and resilience education. *Journal of Drug Education, 31*, 83-122.

Brunstein Klomek, A., Marrocco, F., Kleinman, M., Schonfield, I. S., & Gould, M. S. (2008). Peer victimization, depression, and suicidality in adolescents. *Suicide and Life-Threatening Behavior, 38*, 166-180.

Bryan, C. J., & Rudd, M. D. (2006). Advances in the assessment of suicide risk. *Journal of Clinical Psychology, 62*, 185-200.

Burke, M. R. (2002). School-based substance abuse prevention: Political finger-pointing does not work. *Federal Probation, 66*, 66-71.

Burrow-Sanchez, J. J., & Hawken, L. S. (2007). *Helping students overcome substance abuse: Effective practices for prevention and intervention*. New York: Guilford Press.

Calear, A. L., Christensen, H., Freeman, A., Fenton, K., Busby Grant, J., van Spijker, B., et al. (2016). A systematic review of psychosocial suicide prevention interventions for youth. *European Child and Adolescent Psychiatry, 25*, 467-482.

Callahan, C. (2008). *Dialectical behavior therapy: Children and adolescents*. Eau Claire, WI: Pesi.

Callahan, V. J., & Davis, M. S. (2009). A comparison of suicide note writers with suicides who did not leave notes. *Suicide and Life-Threatening Behavior, 39*, 558-568.

Canetto, S. S., & Sakinofsky, I. (1998). The gender paradox in suicide. *Suicide and Life-Threatening Behavior, 28*, 1-23.

Carlson, J. S., & Barterjian, J. A. (Eds.). (2019). *School psychopharmacology: Translating research to practice*. New York: Springer.

Carlson, J. S., & Shahidullah, J. D. (2014). Best practices in assessing the effects of psychotropic

medications on student performance. In A. Thomas & P. Harrison (Eds.), *Best practices in school psychology VI* (pp. 361-374). Bethesda, MD: National Association of School Psychologists.

Carlton, P. A., & Deane, F. P. (2000). Impact of attitudes and suicidal ideation on adolescents' intentions to seek professional psychological help. *Journal of Adolescence, 23*, 35-45.

Carney, C. P., Allen, J., & Doebbeling, B. N. (2002). Receipt of clinical preventive medical services among psychiatric patients. *Psychiatric Services, 53*, 1028-1030.

Caron, J., Julien, M., & Huang, J. H. (2008). Changes in suicide methods in Quebec between 1987 and 2000: The possible impact of Bill C-17 requiring safe storage of firearms. *Suicide and Life-Threatening Behavior, 38*, 195-208.

Centers for Disease Control and Prevention. (2009). *School connectedness: Strategies for increasing protective factors among youth*. Atlanta: U.S. Department of Health and Human Services.

Centers for Disease Control and Prevention. (2017). *Web-based injury statistics query and reporting systems (WISQARS)* (Fatal Injury Reports, 1999-2015, for National, Regional, and States). Washington, DC: National Center for Injury Prevention and Control.

Centers for Disease Control and Prevention. (2018). Youth risk behavior surveillance—United States, 2017. *Morbidity and Mortality Weekly Report—Surveillance Summaries, 67*(8). Retrieved from www.cdc.gov/healthyyouth/data/yrbs/pdf/2017/ss6708.pdf.

Cerel, J., Maple, M., van de Venne, J., Moore, M., Flaherty, C., & Brown, M. (2016). Exposure to suicide in the community: Prevalence and correlates in one U.S. state. *Public Health Reports, 131*, 100-107.

Cerel, J., Moore, M., Brown, M. M., van de Venne, J., & Brown, S. L. (2015). Who leaves suicide notes?: A six-year population-based study. *Suicide and Life-Threatening Behavior, 45*, 326-334.

Chassin, L., Bountress, K., Haller, M., & Wang, F. (2014). Adolescent substance use disorders. In E. J. Mash & R. A. Barkley (Eds.), *Child psychopathology* (3rd ed., pp. 180-221). New York: Guilford Press.

Ciffone, J. (1993). Suicide prevention: A classroom presentation to adolescents. *Social Work, 38*, 196-203.

Ciffone, J. (2007). Suicide prevention: An analysis and replication of a curriculum-based high school program. *Social Work, 52*, 41-49.

Cigularov, K., Chen, P. Y., Thurber, B. W., & Stallones, L. (2008). What prevents adolescents from seeking help after a suicide education program? *Suicide and Life-Threatening Behavior, 38*, 74-86.

Cohen, J., McCabe, E. M., Michelli, N. M., & Pickeral, T. (2009). School climate: Research, policy, practice, and teacher education. *Teachers College Record, 111*, 180-213.

Collaborative for Academic, Social, and Emotional Learning. (2015). *2015 CASEL guide: Effective, social and emotional learning programs: Middle and high school edition*. Chicago: Author.

Colt, G. H. (2006). *November of the soul: The enigma of suicide*. New York: Scribner.

Conner, T. (2011). Academic engagement ratings and instructional references: Comparing behavioral, cognitive, and emotional engagement among three school-age student cohorts. *Review of Higher Education and Self-Learning, 4*, 52-66.

Copeland, W. E., Wolke, D., Angold, A., & Costello, J. (2013). Adult psychiatric outcomes of bullying and being bullied by peer in childhood and adolescence. *JAMA Psychiatry, 70*, 419-426.

Cornell, D., & Nekvasil, E. (2012). Violent thoughts and behaviors. In S. E. Brock & S. R. Jimerson (Eds.), *Best practices in school crisis prevention and intervention* (2nd ed., pp. 485-502). Bethesda, MD: National Association of School Psychologists.

Cornell, D., & Williams, F. (2006). Student threat assessment as a strategy to reduce school violence. In S. R. Jimerson & M. J. Furlong (Eds.), *Handbook of school violence and school safety: From research to practice* (pp. 587-601). Mahwah, NJ: Erlbaum.

Cox, P. (2002). *When suicide comes home: A father's diary and comments*. Atlanta: Bolton Press.

Crossan, J. D. (1994). *Jesus: A revolutionary biography*. New York: HarperCollins.

Curtis, C. (2010). Youth perceptions of suicide and help-seeking: "They'd think I was weak or 'mental.'" *Journal of Youth Studies, 13*, 699-715.

Czyz, E. K., Berona, J., & King, C. A. (2015). A prospective examination of the interpersonal-psychological theory of suicidal behavior among psychiatric adolescent inpatients. *Suicide and Life-Threatening Behavior, 45*, 243-259.

Daigle, M. S. (2005). Suicide prevention through means restriction: Assessing the risk of substitution. *Accident Analysis and Prevention, 37*, 625-632.

Daniel, S. S., Walsh, A. K., Goldston, D. B., Arnold, E. M., Reboussin, B. A., & Wood, F. B. (2006). Suicidality, school dropout, and reading problems among adolescents. *Journal of Learning Disabilities, 39*, 507-514.

Das, J. K., Salam, R. A., Arshad, A., Finkelstein, Y., & Bhutta, Z. (2016). Interventions for adolescent substance abuse: An overview of systematic reviews. *Journal of Adolescent Health, 59*(4S), S61-S75.

Dazzi, T., Gribble, R. Wessely, S., & Fear, N. T. (2014). Does asking about suicide and related behaviours induce suicidal ideation?: What is the evidence? *Psychological Medicine, 44*, 3361-3363.

De Leo, D., Dwyer, J., Firman, D., & Nellinger, K. (2003). Trends in hanging and firearm suicide rates in Australia: Substitution of method? *Suicide and Life-Threatening Behavior, 33*, 151-164.

Deane, F. P., Wilson, C. J., & Ciarrochi, J. (2001). Suicidal ideation and help negation: Not just

hopelessness or prior help. *Journal of Clinical Psychology, 57*, 901-914.

Debski, J., Spadafore, C. D., Jacob, S., Poole, D. A., & Hixson, M. D. (2007). Suicide intervention: Training, roles, and knowledge of school psychologists. *Psychology in the Schools, 44*, 157-170.

Delizonna, L., Alan, I., & Steiner, H. (2006). A case example of a school shooting: Lessons learned in the wake of tragedy. In S. R. Jimerson & M. J. Furlong (Eds.), *Handbook of school violence and school safety: Research to practice* (pp. 617-629). Mahwah, NJ: Erlbaum.

DeMello, A. (1998). *Walking on water.* New York: Crossroad.

Dimeff, L., & Linehan, M. M. (2001). Dialectical behavior therapy in a nutshell. *The California Psychologist, 34*, 10-13.

Doll, B., & Cummings, J. A. (Eds.). (2008a). *Transforming school mental health services: Population-based approaches to promoting the competency and wellness of children.* Thousand Oaks, CA: Corwin Press.

Doll, B., & Cummings, J. A. (2008b). Why population-based services are essential for school mental health, and how to make them happen in your school. In B. Doll & J. A. Cummings (Eds.), *Transforming school mental health services: Population-based approaches to promoting the competency and wellness of children* (pp. 1-20). Thousand Oaks, CA: Corwin Press.

Domitrovich, C. E., Bradshaw, C. P., Greenberg, M. T., Embry, D., Poduska, J. M., & Ialongo, N. S. (2010). Integrated models of school-based prevention: Logic and theory. *Psychology in the Schools, 47*, 71-88.

D'Onofrio, A. A. (2007). *Adolescent self-injury: A comprehensive guide for counselors and health care professionals.* New York: Springer.

Drapeau, C. W., & McIntosh, J. L. (for the American Association of Suicidology). (2020, February 20). *U.S.A. suicide 2018: Official final data.* Washington, DC: American Association of Suicidology. Retrieved from www.suicidology.org.

Drapeau, C. W., & Nadorff, M. R. (2017). Suicidality in sleep disorders: Prevalence, impact and management strategies. *Nature and Science of Sleep, 9*, 213-226.

Draper, J., Murphy, G., Vega, E., Covington, D. W., & McKeon, R. (2015). Helping callers to the National Suicide Prevention Lifeline who are at imminent risk of suicide: The importance of active engagement, active rescue, and collaboration between crisis and emergency services. *Suicide and Life-Threatening Behavior, 45*, 261-278.

Duong, J., & Bradshaw, C. P. (2015). Bullying and suicide prevention: Taking a balanced approach that is scientifically informed. In P. Goldblum, D. L. Espelage, J. Chu, & B. Bongar (Eds.), *Youth suicide and bullying: Challenges and strategies for prevention and intervention* (pp. 19-27). New York: Oxford University Press.

DuPaul, G. J., & Carlson, J. S. (2005). Child psychopharmacology: How school psychologists can contribute to effective outcomes. *School Psychology Quarterly, 20*, 206–221.

Durkheim, E. (1897). *Le suicide: Etude de sociologie*. Paris: F. Alcan.

Durlak, J. A. (2009). Prevention programs. In T. B. Gutkin & C. R. Reynolds (Eds.), *The handbook of school psychology* (4th ed., pp. 905–920). New York: Wiley.

Durlak, J. A., Weissberg, R. P., Dymnicki, A. B., Taylor, R. D., & Schellinger, K. B. (2011). The impact of enhancing students' social and emotional learning: A meta-analysis of school-based universal interventions. *Child Development, 82*, 405–432.

Eckert, T. L., Miller, D. N., DuPaul, G. J., & Riley-Tillman, T. C. (2003). Adolescent suicide prevention: School psychologists' acceptability of school-based programs. *School Psychology Review, 32*, 57–76.

Eckert, T. L., Miller, D. N., Riley-Tillman, T. C., & DuPaul, G. J. (2006). Adolescent suicide prevention: Gender differences in students' perceptions of the acceptability and intrusiveness of school-based screening programs. *Journal of School Psychology, 44*, 271–285.

Egan, M. P. (1997). Contracting for safety: A concept analysis. *Crisis, 18*, 17–23.

Eggert, L. L., Thompson, E. A., Herting, J. R., & Nicholas, L. J. (1995). Reducing suicide potential among high-risk youth: Tests of school-based prevention program. *Suicide and Life-Threatening Behavior, 25*, 276–296.

Eggert, L. L., Thompson, E. A., Herting, J. R., Nicholas, L. J., & Dicker, B. G. (1994). Preventing adolescent drug use and high school dropout through an intensive school-based social network development program. *American Journal of Health Promotion, 8*, 202–215.

Eisel v. Board of Education of Montgomery County, 597 A.2d 447 (Md. 1991).

Ellis, A. (2004). *Rational emotive behavior therapy: It works for me-it can work for you*. Amherst, NY: Prometheus.

Emery, P. E. (1983). Adolescent depression and suicide. *Adolescence, 18*, 245–258.

Erbacher, T. A., Singer, J. B., & Poland, S. (2015). *Suicide in schools: A practitioner's guide to multi-level prevention, assessment, intervention, and postvention*. New York: Routledge.

Farnsworth, W. (2018). *The practicing stoic: A philosophical user's manual*. Jaffrey, NH: Godine.

Feigelman, W., & Gorman, B. S. (2008). Assessing the effects of peer suicide on youth suicide. *Suicide and Life-Threatening Behavior, 38*, 181–194.

Fein, R., Vossekuil, B., Pollack, W., Borum, R., Modzeleski, W., & Reddy, M. (2002). *Threat assessment in schools: A guide to managing threatening situations and to creating safe school climates*. Washington, DC: U.S. Secret Service and Department of Education.

Figley, C. R. (1995). *Compassion fatigue: Coping with secondary traumatic stress disorder*. New York: Brunner/Mazel.

Fleishchman, A., Bertolote, J. M., Belfer, M., & Beautrais, A. (2005). Completed suicide and

psychiatric diagnoses in young people: Examination of the evidence. *American Journal of Orthopsychiatry, 75*, 676–683.

Fleischmann, A., Bertolote, J. M., Wasserman, D., DeLeo, D., Bolhari, J., Botega, N. J., et al. (2008). Effectiveness of brief intervention and contact for suicide attempters: A randomized controlled trail in five countries. *Bulletin of the World Health Organization, 86*, 703–709.

Flitsch, E., Magnesi, J., & Brock, S. E. (2012). Social media and crisis prevention and intervention. In S. E. Brock & S. R. Jimerson (Eds.), *Best practices in school crisis prevention and intervention* (2nd ed., pp. 287–304). Bethesda, MD: National Association of School Psychologists.

Flora, S. R. (2000). Praise's magic ratio: Five to one gets the job done. *Behavior Analyst Today, 1*, 64–69.

Fonagy, P., Cottrell, D., Phillips, J., Bevington, D., Glaser, D., & Allison, E. (2015). *What works for whom?: A critical review of treatments for children and adolescents* (2nd ed.). New York: Guilford Press.

Forman, S. G., & Kalafat, J. (1998). Substance abuse and suicide: Promoting resilience against self-destructive behavior in youth. *School Psychology Review, 27*, 398–406.

Forman, S. G., & Oliveira, P. (2018). Intervention planning and implementation. In S. L. Grapin & J. H. Kranzler (Eds.), *School psychology: Professional issues and practices* (pp. 115–130). New York: Springer.

Fossey, R., & Zirkel, P. A. (2004). Liability for a student suicide in the wake of Eisel. *Texas Wesleyan Law Review, 10*, 403–439.

Fossey, R., & Zirkel, P. A. (2011). Student suicide case law in public schools. In D. N. Miller, *Child and adolescent suicidal behavior: School-based prevention, assessment, and intervention* (pp. 131–137). New York: Guilford Press.

Franklin, J. C., Ribeiro, J. D., Bentley, K. H., Huan, X., Musacchio, K. M., Chang, B. P., et al. (2017). Risk factors for suicidal thoughts and behaviors: A meta-analysis of 50 years of research. *Psychological Bulletin, 43*, 187–232.

Freedenthal, S. (2007). Racial disparities in mental health service use by adolescents who thought about or attempted suicide. *Suicide and Life-Threatening Behavior, 37*, 22–34.

Freedenthal, S. (2018). *Helping the suicidal person: Tips and techniques for professionals.* New York: Routledge.

Friend, T. (2003, October 13). Letters from California—Jumpers: The fatal grandeur of the Golden Gate Bridge. *The New Yorker*, pp. 48–59.

Fulginiti, A., Rice, E., Hsu, H. T., Rhoades, H., & Winetrobe, H. (2016). Risky integration: A social network analysis of network position, exposure, and suicidal ideation among homeless youth. *Journal of Crisis Intervention and Suicide Prevention, 37*, 184–193.

Fur, S. R., Westefeld, J. S., McConnell, G. N., & Jenkins, M. S. (2001). Suicide and depression among college students. *Professional Psychological Research and Practice, 32*, 97–100.

Furlong, M. J., Gilman, R., & Huebner, E. S. (Eds.). (2014). *Handbook of positive psychology in schools* (2nd ed.). New York: Routledge.

Furlong, M. J., Morrison, G. M., & Jimerson, S. R. (2004). Externalizing behaviors of aggression and violence and the school context. In R. B. Rutherford, Jr., M. M. Quinn, & S. R. Mathur (Eds.), *Handbook of research in emotional and behavioral disorders* (pp. 243–261). New York: Guilford Press.

Galardy, C. A., & Lineberry, T. W. (2013). Hospitalization as suicide prevention. In D. Lester & J. R. Rogers (Eds.), *Suicide: A global issue: Vol. 2. Prevention* (pp. 91–108). Santa Barbara, CA: Praeger.

Garfinkel, B. D., Froese, A., & Hood, J. (1982). Suicide attempts in children and adolescents. *American Journal of Psychiatry, 139*, 1257–1261.

Garland, A. F., Shaffer, D., & Whittle, B. A. (1989). A national survey of school-based adolescent suicide prevention programs. *Journal of the American Academy of Child and Adolescent Psychiatry, 28*, 931–934.

Garland, A. F., & Zigler, E. (1993). Adolescent suicide prevention: Current research and social policy implications. *American Psychologist, 48*, 169–182.

Garrett Lee Smith Memorial Act, S. 2634, 108th Cong. (2004).

Gibbons, R. D., Brown, C. H., Hur, K., Marcus, S. M., Bhaumik, D. K., Erkens, J. A., et al. (2007). Early evidence on the effects of regulators' suicidality warnings on SSRI prescriptions and suicide in children and adolescents. *American Journal of Psychiatry, 164*, 1356–1363.

Gillham, J. E., Brunwasser, S. M., & Freres, D. R. (2008). Preventing depression in early adolescence: The Penn Resiliency Program. In J. R. Z. Abela & B. L. Hankin (Eds.), *Handbook of depression in children and adolescents* (pp. 309–332). New York: Guilford Press.

Gilman, R., Meyers, J., & Perez, L. (2004). Structured extracurricular activities among adolescents: Findings and implications for school psychologists. *Psychology in the Schools, 41*, 31–41.

Godoy Garraza, L., Walrath, C., Goldston, D. B., & McKeon, R. (2015). Effect of the Garrett Lee Smith memorial suicide prevention program among suicide attempts among youths. *JAMA Psychiatry, 72*, 1143–1149.

Goin, M. (2003). The "suicide prevention contract": Dangerous myth. *Psychiatric News, 18*, 3.

Goldblum, P., Espelage, D. L., Chu, J., & Bongar, B. (Eds.). (2015). *Youth suicide and bullying: Challenges and strategies for prevention and intervention*. New York: Oxford University Press.

Goldney, R. D., & Fisher, L. J. (2008). Have broadbased community and professional education programs influenced mental health literacy and treatment seeking for those with major depression and suicidal ideation? *Suicide and Life-Threatening Behavior, 38*, 129–139.

Goldsmith, S. K., Pellmar, T. C., Kleinman, A. M., & Bunney, W. E. (2002). *Reducing suicide: A national imperative*. Washington, DC: National Academy Press.

Goldston, D. B. (2003). *Measuring suicidal behavior and risk in children and adolescents*. Washington, DC: National Academy Press.

Goldston, D. B., Daniel, S. S., Reboussin, D. M., Reboussin, B. A., Frazier, P. H., & Kelley, A. E. (1999). Suicide attempts among formerly hospitalized adolescents: A prospective naturalistic study of risk during the first 5 years after discharge. *Journal of the American Academy of Child and Adolescent Psychiatry, 38,* 660-671.

Goldston, D. B., Davis Molock, S., Whitbeck, L. B., Murakami, J. L., Zayas, L. H., & Nagayama Hall, G. C. (2008). Cultural considerations in adolescent suicide prevention and psychosocial treatment. *American Psychologist, 63*, 14-31.

Goldston, D. B., Walrath, C. M., McKeon, R., Puddy, R. W., Lubell, K. M., Potter, L. B., et al. (2010). The Garrett Lee Smith Memorial suicide prevention program. *Suicide and Life-Threatening Behavior, 40*, 245-256.

Goodenow, C. (1993). The psychological sense of school membership among adolescents: Scale development and educational correlates. *Psychology in the Schools, 30*, 79-90.

Gould, M. S., Cross, W., Pisani, A R., Munfakh, J. L., & Kleinman, M. (2013). Impact of the Applied Suicide Intervention Skills training on the National Suicide Prevention Lifeline. *Suicide and Life-Threatening Behavior, 43*, 676-691.

Gould, M. S., Greenberg, T., Munfakh, J. L., Kleinman, M., & Lubell, K. (2006). Teenagers' attitudes about seeking help from telephone crisis services (hotlines). *Suicide and Life-Threatening Behavior, 36*, 601-613.

Gould, M. S., Greenberg, T., Velting, D. M., & Shaffer, D. (2003). Youth suicide risk and preventative interventions: A review of the last 10 years. *Journal of the American Academy of Child and Adolescent Psychiatry, 42*, 386-405.

Gould, M. S., Kalafat, J., Munfakh, J. L., & Kleinman, M. (2007). An evaluation of crisis hotline outcomes: Part 2. Suicidal callers. *Suicide and Life-Threatening Behavior, 37*, 338-352.

Gould, M. S., & Kramer, R. A. (2001). Youth suicide prevention. *Suicide and Life-Threatening Behavior, 31*(Suppl.), 6-31.

Gould, M. S., Lake, A. M., Galfalvy, H., Kleinman, M., Munfakh, J. L., Wright, J., et al. (2018). Follow-up with callers to the National Suicide Prevention Lifeline: Evaluation of callers' perceptions of care. *Suicide and Life-Threatening Behavior, 48*, 75-86.

Gould, M. S., Lake, A. M., Kleinman, M., Galfalvy, H., Chowdhury, S., & Madnick, A. (2018). Exposure to suicide in high schools: Impact on serious suicidal ideation/behavior, depression, maladaptive coping strategies, and attitudes toward help-seeking. *International Journal of Environmental Research and Public Health, 15*, 455.

Gould, M. S., Lake, A. M., Munfakh, J. L., Galfalvy, H., Kleinman, M., Williams, C., et al. (2016). Helping callers to the National Suicide Prevention Lifeline who are at imminent risk of suicide: Evaluation of caller risk profiles and interventions implemented. *Suicide and Life-Threatening Behavior, 46*, 172-190.

Gould, M. S., Marrocco, F. A., Kleinman, M., Thomas, J. G., Mostkoff, K., Cote, J., et al. (2005). Evaluating iatrogenic risk of youth suicide screening programs: A randomized control trial. *Journal of the American Medical Association, 293*, 1635-1643.

Gould, M. S., Munfakh, J. L., Kleinman, M., & Lake, A. M. (2012). National Suicide Prevention Lifeline: Enhancing mental health care for suicidal individuals and other people in crisis. *Suicide and Life-Threatening Behavior, 42*, 22-35.

Gould, M. S., Munfakh, J. L. H., Lubell, K., Kleinman, M., & Parker, S. (2002). Seeking help from the internet during adolescence. *Journal of the American Academy of Child and Adolescent Psychiatry, 41*, 1182-1189.

Gould, M. S., Velting, D., Kleinman, M., Lucas, C., Thomas, J. G., & Chung, M. (2004). Teenagers' attitudes about coping strategies and help-seeking behavior for suicidality. *Journal of the American Academy of Child and Adolescent Psychiatry, 43*, 1124-1133.

Grapin, S. L., & Kranzler, J. H. (Eds.). (2018). *School psychology: Professional issues and practices*. New York: Springer.

Gratz, K. L. (2003). Risk factors for and functions of deliberate self-harm: An empirical and conceptual review. *Clinical Psychology: Science and Practice, 10*, 192-205.

Greco, L. A., & Hayes, S. C. (Eds.). (2008). *Acceptance and mindfulness treatments for children and adolescents: A practitioner's guide*. Oakland, CA: New Harbinger.

Greenspoon, P. J., & Saklofske, D. H. (2001). Toward an integration of subjective well-being and psychopathology. *Social Indicators Research, 54*, 81-108.

Griffiths, A. J., Sharkey, J. D., & Furlong, M. J. (2009). Student engagement and positive school adaptation. In R. Gilman, E. S. Huebner, & M. J. Furlong (Eds.), *Handbook of positive psychology in schools* (pp. 197-211). New York: Routledge.

Groholt, B., & Ekeberg, O. (2009). Prognosis after adolescent suicide attempt: Mental health, psychiatric treatment, and suicide attempts in a nine-year follow-up study. *Suicide and Life-Threatening Behavior, 39*, 125-136.

Grollman, E. A. (1988). *Suicide: Prevention, intervention, postvention*. Boston, MA: Beacon Press.

Grossman, A. H., & D'Augelli, A. R. (2007). Trans-gender youth and life-threatening behaviors. *Suicide and Life-Threatening Behavior, 37*, 527-537.

Grossman, D. (1995). *On killing: The psychological cost of learning to kill in war and society*. Boston: Back Bay Books.

Gureasko-Moore, D. P., DuPaul, G. J., & Power, T. J. (2005). Stimulant treatment for attention-

deficit/hyperactivity disorder: Medication monitoring practices of school psychologists. *School Psychology Review, 34*, 232–245.

Gutierrez, P. M., & Osman, A. (2008). *Adolescent suicide: An integrated approach to the assessment of risk and protective factors*. DeKalb: Northern Illinois University Press.

Gutierrez, P. M., & Osman, A. (2009). Getting the best return on your screening investment: Maximizing sensitivity and specificity of the Suicidal Ideation Questionnaire and Reynolds Adolescent Depression Scale. *School Psychology Review, 38*, 200–217.

Gutierrez, P. M., Watkins, R., & Collura, D. (2004). Suicide risk screening in an urban high school. *Suicide and Life-Threatening Behavior, 34*, 421–428.

Haas, A. P., Eliason, M., Mays, V. M., Mathy, R. M., & Cochrane, S. D. (2010). Suicide and suicide risk in lesbian, gay, bisexual and transgender population. *Journal of Homosexuality, 58*, 10–51.

Haas, M. (2018). *Interviewing for assessment: A practical guide for school psychologists and school counselors*. Hoboken, NJ: Wiley.

Hagan, M. J., Ingram, A. M., & Wolchik, S. A. (2017). Evidence-based interventions for childhood grief in children and adolescents. In L. Theodore (Ed.), *Handbook of evidence-based interventions for children and adolescents* (pp. 67–82). New York: Springer.

Hammad, T. A., Laughren, T., & Racoosin, J. (2006). Suicidality in pediatric patients treated with antidepressant drugs. *Archives of General Psychology, 63*, 332–339.

Hamza, C. A., & Heath, N. L. (2018). Nonsuicidal self-injury: What schools can do. In A. W. Leschied, D. H. Saklofske, & G. L. Flett (Eds.), *Handbook of school-based mental health promotion: An evidence-informed framework for implementation* (pp. 237–260). New York: Springer.

Hamza, C. A., & Willoughby, T. (2016). Nonsuicidal self-injury and suicidal risk among emerging adults. *Journal of Adolescent Health, 59*, 411–415.

Harris, K. M., & Goh, M. T. (2017). Is suicide assessment harmful to participants?: Findings from a randomized control trial. *International Journal of Mental Health Nursing, 26*, 181–190.

Hart, S. R. (2012). Student suicide: Suicide postvention. In S. E. Brock & S. R. Jimerson (Eds.), *Best practices in school crisis prevention and intervention* (2nd ed., pp. 203–222). Bethesda, MD: National Association of School Psychologists.

Haw, C., Hawton, K., Gunnell, D., & Platt, S. (2014). Economic recession and suicidal behavior: Possible mechanisms and ameliorating factors. *International Journal of Social Psychiatry, 61*, 73–81.

Hawton, K. (2002). United Kingdom legislation on pack sizes of analgesics: Background, rationale, and effects on suicide and deliberate self-harm. *Suicide and Life-Threatening Behavior, 32*, 223–229.

Hawton, K., & Williams, K. (2001). The connection between media and suicidal behavior warrants serious attention. *Crisis: Journal of Crisis Intervention and Suicide Prevention, 22*, 137-140.

Hayes, S. C., Follette, V. M., & Linehan, M. M. (Eds.). (2004). *Mindfulness and acceptance: Expanding the cognitive-behavioral tradition*. New York: Guilford Press.

Hayes, S. C., Strosahl, K. D., & Wilson, K. G. (1999). *Acceptance and commitment therapy: An experiential approach to behavior change*. New York: Guilford Press.

Heath, M. A., & Cole, B. V. (2012). Identifying complicated grief reactions in children. In S. E. Brock & S. R. Jimerson (Eds.), *Best practices in school crisis prevention and intervention* (pp. 649-670). Bethesda, MD: National Association of School Psychologists.

Heath, M. A., & Sheen, D. (2005). *School-based crisis intervention: Preparing all personnel to assist*. New York: Guilford Press.

Hecht, J. M. (2013). *Stay: A history of suicide and the arguments against it*. New Haven, CT: Yale University Press.

Hedegaard, H., Curtin, S. C., & Warner, M. (2018). *Suicide mortality in the United States, 1999-2017* (NCHS Data Brief, No. 330). Hyattsville, MD: National Center for Health Statistics.

Hemenway, D., & Miller, M. (2004). Gun threats against and self-defense gun use by California adolescents. *Archives of Pediatrics and Adolescent Medicine, 158*, 395-400.

Hemenway, D., & Solnick, S. J. (2015). The epidemiology of self-defense gun use: Evidence from the National Crime Victimization Surveys 2007-2011. *Preventive Medicine, 79*, 22-27.

Hendin, H. (1987). Youth suicide: A psychosocial perspective. *Suicide and Life-Threatening Behavior, 17*, 151-165.

Hendin, H. (1991). Psychodynamics of suicide, with particular reference to the young. *American Journal of Psychiatry, 148*, 1150-1158.

Hendin, H., Brent, D. A., Cornelius, J. R., Coyne-Beasley, T., Greenberg, T., Gould, M,. et al. (2005). Youth suicide. In D. I. Evans, E. B. Foa, R. E. Gur, H. Hendin, C. P. O'Brien, M. E. P. Selig-man, et al. (Eds.), *Treating and preventing adolescent mental health disorders: What we know and what we don't know* (pp. 430-493). New York: Oxford University Press.

Hess, R. S., Short, R. J., & Hazel, C. E. (2012). *Comprehensive children's mental health services in schools and communities: A public health problem-solving model*. New York: Routledge Press.

Higgins, E. T. (2004). Making a theory useful: Lessons handed down. *Personality and Social Psychology Review, 8*, 138-145.

Hoagwood, K., & Johnson, J. (2003). School psychology: A public health framework: I. From evidence-based practices to evidence-based policies. *Journal of School Psychology, 41*, 3-21.

Hoberman, H. M., & Garfinkel, B. D. (1988). Completed suicide in youth. *Canadian Journal of Psychiatry, 33*, 494-502.

Hojnoski, R., Morrison, R., Brown, M., & Matthews, W. (2006). Projective test use among school psychologists: A survey and critique. *Journal of Psychoeducational Assessment, 24*, 145-159.

Hollander, M. (2017). *Helping teens who cut: Using DBT skills to end self-injury* (2nd ed.). New York: Guilford Press.

Holt, M. K., Vivolo-Kantor, A. M., Polanin, J. R., Holland, K. M., DeGue, S., Matiasko, J. L., et al. (2015). Bullying and suicidal ideation and behaviors: A meta-analysis. *Pediatrics, 135*, 496-509.

Horn, W. F., & Tynan, D. (2001). Time to make special education "special" again. In C. E. Finn, A. Rotherham, & C. R. Hokanson (Eds.), *Rethinking special education for a new century*. Washington, DC: Thomas B. Fordham Foundation and the Progressive Policy Institute.

Hunt, T. (2006). *Cliffs of despair: A journey to the edge*. New York: Random House.

Hyatt-Burkhart, D., Kolbert, J. B., & Crothers, L. M. (2017). Evidence-based interventions for conduct disorder in children and adolescents. In L. Theodore (Ed.), *Handbook of evidence-based interventions for children and adolescents* (pp. 193-203). New York: Springer.

Hymel, S., & Swearer, S. M. (2015). Four decades of research on school bullying: An introduction. *American Psychologist, 70*, 293-299.

Institute of Public Health. (1988). *The future of public health*. Washington, DC: National Academy Press.

Jacob, S. (2009). Putting it all together: Implications for school psychology. *School Psychology Review, 38*, 239-243.

Jacob, S. (2013). Creating safe and welcoming schools for LGBT students: Ethical and legal issues. *Journal of School Violence, 12*, 98-115.

Jacob, S., Decker, D. M., & Timmerman Lugg, E. (2016). *Ethics and law for school psychologists* (2nd ed.). Hoboken, NJ: Wiley.

Jacobson, C., Batejan, K., Kleinman, M., & Gould, M. (2013). Reasons for attempting suicide among a community sample of adolescents. *Suicide and Life-Threatening Behavior, 43*, 646-662.

Jacobson, C. M., & Gould, M. (2007). The epidemiology and phenomenology of non-suicidal self-injurious behavior among adolescents: A critical review of the literature. *Archives of Suicide Research, 11*, 129-147.

Jamison, K. R. (1999). *Night falls fast: Understanding suicide*. New York: Knopf.

Jenkins, A. L., Singer, J. B., Conner, B. T., Calhoun, S., & Diamond, G. (2014). Risk for suicidal ideation and attempt among a primary care sample of adolescents engaging in non-suicidal self-injury. *Suicide and Life-Threatening Behavior, 44*, 616-628.

Jensen, P. (2002a). Closing the evidence-based treatment gap for children's mental health services: What we know versus what we do. *Report on Emotional and Behavioral Disorders in Youth, 2*,

43–47.

Jensen, P. (2002b). Nature versus nurture and other misleading dichotomies: Conceptualizing mental health and illness in children. *Report on Emotional and Behavioral Disorders in Youth, 2*, 81–86.

Jenson, W. R., Olympia, D., Farley, M., & Clark, E. (2004). Positive psychology and externalizing students in a sea of negativity. *Psychology in the Schools, 41*, 67–79.

Jimerson, S. R., Brown, J. A., & Stewart, K. T. (2012). Sudden and unexpected student death: Preparing for and responding to the unpredictable. In S. E. Brock & S. R. Jimerson (Eds.), *Best practices in school crisis prevention and intervention* (2nd ed., pp. 469–483). Bethesda, MD: National Association of School Psychologists.

Jimerson, S. R., Reschly, A. L., & Hess, R. S. (2008). Best practices in increasing the likelihood of high school completion. In A. Thomas & J. Grimes (Eds.), *Best practices in school psychology V* (pp. 1085–1097). Bethesda, MD: National Association of School Psychologists.

Jobes, D. A. (2003). *Manual for the collaborative assessment and management of suicidality—revised* (CAMS-R). Unpublished manuscript.

Jobes, D. A. (2016). *Managing suicidal risk: A collaborative approach* (2nd ed.). New York: Guilford Press.

Joe, S., Canetto, S. S., & Romer, D. (2008). Advancing prevention research on the role of culture in suicide prevention. *Suicide and Life-Threatening Behavior, 38*, 354–362.

Joiner, T. (1999). The clustering and contagion of suicide. *Current Directions in Psychological Science, 8*, 89–92.

Joiner, T. E. (2005). *Why people die by suicide.* Cambridge, MA: Harvard University Press.

Joiner, T. E. (2009). Suicide prevention in schools as viewed through the interpersonal-psychological theory of suicidal behavior. *School Psychology Review, 38*, 244–248.

Joiner, T. E. (2010). *Myths about suicide*. Cambridge, MA: Harvard University Press.

Joiner, T. (2014). *The perversion of virtue: Understanding murder-suicide*. New York: Oxford University Press.

Joiner, T. E., Conwell, Y., Fitzpatrick, K. K., Witte, T. K., Schmidt, N. B., Berlim, M. T., et al. (2005). Four studies on how past and current suicidality relate even when "everything but the kitchen sink" is covaried. *Journal of Abnormal Psychology, 114*, 291–303.

Joiner, T., Kalafat, J., Draper, J., Stokes, H., Knudson, M., Berman, A. L., et al. (2007). Establishing standards for the assessment of suicide risk among callers to the National Suicide Prevention Lifeline. *Suicide and Life-Threatening Behavior, 37*, 353–365.

Joiner, T., Sachs-Ericsson, N., Wingate, L., Brown, J., Anestis, M., & Selby, E. (2006). Childhood physical and sexual abuse and lifetime number of suicide attempts: A persistent and theoretically important relationship. *Behaviour Research and Therapy, 45*, 539–547.

Joiner, T. E., Van Orden, K. A., Witte, T. K., & Rudd, M. D. (2009). *The interpersonal theory of suicide: Guidance for working with suicidal clients.* Washington, DC: American Psychological Association.

Joiner, T. E., Walker, R. L., Rudd, M. D., & Jobes, D. A. (1999). Scientizing and routinizing the assessment of suicidality in outpatient practice. *Professional Psychology: Research and Practice, 30*, 447–453.

Jorm, A. F., Korten, A. E., Jacomb, P. A., Christensen, H., Rodgers, B., & Politt, P. (1997). Mental health literacy: A survey of the public's ability to recognize mental disorders and their beliefs about the effectiveness of treatment. *Medical Journal of Australia, 166*, 182–186.

Kabat-Zinn, J. (1990). *Full catastrophe living.* New York: Dell.

Kabat-Zinn, J. (1994). *Wherever you go, there you are: Mindfulness meditation in everyday life.* New York: Hyperion.

Kalafat, J. (2003). School approaches to youth suicide prevention. *American Behavioral Scientist, 46*, 1211–1223.

Kalafat, J., & Elias, M. (1994). An evaluation of a school-based suicide awareness intervention. *Suicide and Life-Threatening Behavior, 24*, 224–233.

Kalafat, J., Gould, M., Munfakh, J. L., & Kleinman, M. (2007). An evaluation of crisis hotline outcomes: Part 1. Nonsuicidal crisis callers. *Suicide and Life-Threatening Behavior, 37*, 322–337.

Kalafat, J., Madden, M., Haley, D., & O'Halloran, S. (2007). *Evaluation of lifelines classes: A component of the school-community based Maine youth suicide prevention project (Report* for the NREPP). Unpublished manuscript.

Kalesan, B., Villarreal, M. D., Keyes, K. M., & Galea, S. (2016). Gun ownership and social gun culture. *Injury Prevention, 22*, 216–220.

Kashani, J. H., Goddard, P., & Reid, J. C. (1989). Correlates of suicidal ideation in a community sample of children and adolescents. *Journal of the American Academy of Child and Adolescent Psychiatry, 28*, 912–917.

Katz, C., Bolton, S. L., Katz, L. Y., Isaak, C., Tilston-Jones, T., Sareen, J., et al. (2013). A systematic review of school-based suicide prevention programs. *Depression and Anxiety, 30*, 1030–1045.

Kaut, K. P. (2013). Neuobiology, psychopharmacology, and the prevention of suicide. In D. Lester & J. R. Rogers (Eds.), *Suicide: A global issue: Vol. 2. Prevention* (pp. 27–50). Santa Barbara, CA: Praeger.

Kazdin, A. E. (2005). *Parent management training: Treatment for oppositional, aggressive, and antisocial behavior in children and adolescents.* New York: Oxford University Press.

Kelson v. City of Springfield, 767 F. 2d 651 (9th Cir. 1985).

Kern, L., George, M. P., & Weist, M. D. (2016). *Supporting students with emotional and behavioral* problems: Prevention and intervention strategies. Baltimore: Brookes.

Kerr, N. A. (2013). Suicide prevention centers. In D. Lester & J. R. Rogers (Eds.), *Suicide, a global issue: Vol. 2. Prevention* (pp. 71–89). Santa Barbara, CA: Praeger.

Kilmes-Dougan, B., Free, K., Ronsaville, D., Stillwell, J., Welsh, C. J., & Radke-Yarrow, M. (1999). Suicidal ideation and attempts: A longitudinal investigation of children of depressed and well mothers. *Journal of the American Academy of Adolescent Psychiatry, 38*, 651–659.

King, C. A., Ewell Foster, C., & Rogalski, K. M. (2013). *Teen suicide risk: A practitioner guide to screening, assessment, and management*. New York: Guilford Press.

King, R. A., & Apter, A. (Eds.). (2003). *Suicide in children and adolescents*. New York: Cambridge University Press.

King, R., Nurcombe, R., Bickman, L., Hides, L., & Reid, W. (2003). Telephone counseling for adolescent suicide prevention: Changes in suicidality and mental state from beginning to end of a counseling session. *Suicide and Life-Threatening Behavior, 33*, 400–411.

Kingsbury, S. J. (1993). Clinical components of suicidal intent in adolescent overdoses. *Journal of the American Academy of Child and Adolescent Psychiatry, 32*, 518–520.

Klaus, N. M., Mobilio, A., & King, C. A. (2009). Parent-adolescent agreement concerning adolescents' suicidal thoughts and behaviors. *Journal of Clinical Child and Adolescent Psychology, 38*, 245–255.

Klebold, S. (2016). *A mother's reckoning: Living in the aftermath of tragedy*. New York: Crown.

Kleinman, A. (1980). *Patients and healers in the context of culture: An exploration of the borderland between anthropology, medicine, and psychiatry*. Berkeley: University of California Press.

Klimes-Dougan, B., Klingsbeil, D. A., & Meller, S. S. (2013). The impact of universal suicide prevention programs on the help-seeking attitudes and behaviors of youths. *Crisis, 34*, 82–97.

Klingman, A., & Hochdorf, Z. (1993). Coping with distress and self-harm: The impact of a primary prevention program among adolescents. *Journal of Adolescence, 16*, 121–140.

Klomek, A. B., Kleinman, M., Altschuler, E., Marrocco, F., Amkawa, L., & Gould, M. S. (2013). Suicidal adolescents' experience with bullying perpetration and victimization during high school as risk factors for later depression and suicidality. *Journal of Adolescent Health, 53*, 37–42.

Klonsky, E. D., & May, A. M. (2014). Differentiating suicide attempters from suicide ideators: A critical frontier for suicidology research. *Suicide and Life-Threatening Behavior, 44*, 1–5.

Klonsky, E. D., & May, A. M. (2015). The three-step theory (3ST): A new theory of suicide rooted in the "ideation-to-action" framework. *International Journal of Cognitive Therapy, 8*, 114–129.

Klonsky, E. D., May, A. M., & Glenn, C. R. (2013). The relationship between nonsuicidal self-injury and attempted suicide: Converging evidence from four samples. *Journal of Abnormal*

*Psychology, 122,* 231–237.

Klonsky, E. D., May, A. M., & Saffer, B. Y. (2016). Suicide, suicide attempts, and suicidal ideation. *Annual Review of Clinical Psychology, 12,* 307–330.

Klonsky, E. D., & Muehlenkamp, J. J. (2007). Self-injury: A research review for the practitioner. *Journal of Clinical Psychology: In Session, 63,* 1045–1056.

Klonsky, E. D., Qiu, T., & Saffer, D. Y. (2017). Recent advances in differentiating suicide attempters from suicide ideators. *Current Opinion in Psychiatry, 30,* 15–20.

Klonsky, E. D., Saffer, B. Y., & Bryan, C. J. (2018). Ideation-to-action theories of suicide: A conceptual and empirical update. *Current Opinion in Psychology, 22,* 30–43.

Knipfel, J. (2000). *Quitting the Nairobi trio.* New York: Penguin Putnam.

Knitzer, J., Steinberg, Z., & Fleisch, B. (1991). Schools, children's mental health, and the advocacy challenge. *Journal of Clinical Child Psychology, 20,* 102–111.

Knopov, A., Sherman, R. J., Raifman, J. P., Larson, E., & Siegel, N. B. (2019). Household gun ownership and youth suicide rates at the state level, 2005–2015. *American Journal of Preventive Medicine, 56,* 335–342.

Knox, K. L., Conwell, Y., & Caine, E. D. (2004). If suicide is a public health problem, what are we doing to prevent it? *American Journal of Public Health, 94,* 37–45.

Kohlenberg, R. J., & Tsai, M. (1991). *Functional analytic psychotherapy: Creating intense and curative therapeutic relationships.* New York: Plenum Press.

Kratochvil, C. J., Vitiello, B., Walkup, J., Emslie, G., Waslick, B., Weller, E. B., et al. (2006). Selective serotonin reuptake inhibitors in pediatric depression: Is the balance between benefits and risks favorable? *Journal of Child and Adolescent Psychopharmacology, 16,* 11–24.

Kratochwill, T. R., Albers, C. A., & Shernoff, E. (2004). School-based interventions. *Child and Adolescent Psychiatric Clinics of North America, 13,* 895–903.

Kratochwill, T. R., & Stoiber, K. C. (2002). Evidence-based interventions in school psychology: Conceptual foundations of the Procedural and Coding Manual of Division 16 and the Society for the Study of School Psychology. *School Psychology Quarterly, 17,* 341–389.

Kreitman, N., & Platt, S. (1984). Suicide, unemployment, and domestic gas detoxification in Britain. *Journal of Epidemiology and Community Health, 38,* 1–6.

Kruse, B. (2011). *Note to Adam: One mother's struggle to cope with suicide, and her personal journey to find the light.* Tulsa, OK: Yorkshire.

LaFromboise, T. D. (1996). *American Indian life skills development curriculum.* Madison: University of Wisconsin Press.

LaFromboise, T., & Howard-Pitney, B. (1995). The Zuni life skills development curriculum: Description and evaluation of a suicide prevention program. *Journal of Counseling Psychology, 45,* 479–486.

Lankford, A. (2013). *The myth of martyrdom: What really drives suicide bombers, rampage shooters, and other self-destructive killers.* New York: Palgrave Macmillan.

Lankford, A., & Hakim, N. (2011). From Columbine to Palestine: A comparative analysis of rampage shooters in the United States and volunteer suicide bombers in the Middle East. *Aggression and Violent Behavior, 16*, 98-107.

Laye-Gindhu, A., & Schonert-Reichl, K. A. (2005). Non-suicidal self-harm among community adolescents: Understanding the "whats" and "whys" of self-harm. *Journal of Youth and Adolescence, 34*, 447-456.

Leenaars, A. (2009). Gun availability and control in suicide prevention. In D. Wasserman & C. Wasserman (Eds.), *Oxford textbook of suicidology and suicide prevention* (pp. 577-581). New York: Oxford University Press.

Leenaars, A., Wenckstern, S., Appleby, M., Fiske, H., Grad, O., Kalafat, J., et al. (2001). Current issues in dealing with suicide prevention in schools: Perspectives from some countries. *Journal of Educational and Psychological Consultation, 12*, 365-384.

Leschied, A. W., Saklofske, D. H., & Flett, G. L. (Eds.). (2018). *Handbook of school-based mental health promotion: An evidence-informed framework for implementation.* New York: Springer.

Lester, D. (1979). Temporal variation in suicide and homicide. *American Journal of Epidemiology, 109*, 517-520.

Lester, D. (1988). One theory of teen-age suicide. *Journal of School Health, 58*, 193-194.

Lester, D. (2013). Preventing suicide by restricting access to methods for suicide. In D. Lester & J. R. Rogers (Eds.), *Suicide: A global issue: Vol. 2. Prevention* (pp. 149-168). Santa Barbara, CA: Praeger.

Lewin, K. (1951). *Field theory in social science: Selected theoretical papers.* New York: Harper & Row.

Lewinsohn, P. M., Rohde, P., Seeley, J. R., & Baldwin, C. L. (2001). Gender differences in suicide attempts from adolescence to young adulthood. *Journal of the American Academy of Child and Adolescent Psychiatry, 40*, 427-434.

Lewis, L. M. (2007). No-harm contracts: A review of what we know. *Suicide and Life-Threatening Behavior, 37*, 50-57.

Li, Q. (2005). New bottle but old wine: A research of cyberbullying in schools. *Computers in Human Behavior, 23*, 1777-1791.

Libby, A. M., Brent, D. A., Morrato, E. J., Orton, H. D., Allen, R., & Valuck, R. J. (2007). Decline in treatment of pediatric depression after FDA advisory on risk of suicidality with SSRIs. *American Journal of Psychiatry, 164*, 884-891.

Lieberman, R., Poland, S., & Cassel, R. (2008). Best practices in suicide intervention. In A. Thomas & J. Grimes (Eds.), *Best practices in school psychology V* (pp. 1457-1472). Bethesda, MD:

National Association of School Psychologists.

Lieberman, R., Poland, S., & Kornfeld, C. (2014). Suicide intervention in the schools. In A. Thomas & P. Harrison (Eds.), *Best practices in school psychology VI* (pp. 273-288). Bethesda, MD: National Association of School Psychologists.

Lieberman, R. A., Toste, J. R., & Heath, N. L. (2009). Nonsuicidal self-injury in the schools: Prevention and intervention. In M. K. Nixon & N. L. Heath (Eds.), *Self-injury in youth: The essential guide to assessment and intervention* (pp. 195-215). New York: Routledge.

Lillienfield, S., Ammirati, R., & David, M. (2012). Distinguishing science from pseudoscience in school psychology: Science and scientific thinking as safeguards against human error. *Journal of School Psychology, 50*, 7-36.

Lindsey, M. A., Sheftall, A. H., Xiao, Y., & Joe, S. (2019). Trends of suicidal behaviors among high school students in the United States: 1991-2017. *Pediatrics, 144,* e20191187.

Linehan, M. M. (1993). *Cognitive-behavioral treatment of borderline personality disorder.* New York: Guilford Press.

Linehan, M. M. (2015). *DBT skills training manual* (2nd ed.). New York: Guilford Press.

Linehan, M. M. (2020). *Building a life worth living.* New York: Random House.

Linn-Gust, M. (2010). *Rocky roads: The journeys of families through suicide grief.* Albuquerque, NM: Chellehead Works.

Litwiller, B. J., & Brausch, A. M. (2013). Cyber bullying and physical bullying in adolescent suicide: The role of violent behavior and substance abuse. *Journal of Youth and Adolescence, 42,* 675-684.

Livingston, G. (1999). *Only spring: On mourning the death of my son.* New York: Marlow.

Livingston, G. (2004). *Too soon old, too late smart: Thirty true things you need to know now.* New York: Marlow.

Lloyd-Richardson, E. E., Perrine, N., Dierker, L., & Kelley, M. L. (2007). Characteristics and functions of non-suicidal self-injury in a community sample of adolescents. *Psychological Medicine, 37,* 1183-1192.

Lofthouse, N., Muehlenkamp, J. J., & Adler, R. (2009). Non-suicidal self-injury and co-occurrence. In M. K. Nixon & N. L. Heath (Eds.), *Self-injury in youth: The essential guide to assessment and intervention* (pp. 59-78). New York: Routledge.

LoMurray, M. (2005). *Sources of strength facilitators guide: Suicide prevention peer gatekeeper training.* Bismarck: North Dakota Suicide Prevention Project.

Lopez, S. J., Rose, S., Robinson, C., Marques, S. C., & Pais-Ribeiro, J. (2009). Measuring and promoting hope in schoolchildren. In R. Gilman, E. S. Huebner, & M. J. Furlong (Eds.), *Handbook of positive psychology in schools* (pp. 37-50). New York: Routledge.

Lubell, K. M., & Vetter, J. B. (2006). Suicide and youth violence prevention: The promise of an integrated approach. *Aggression and Violent Behavior, 11*, 167–175.

Luoma, J. B., Martin, C. E., & Pearson, J. L. (2002). Contact with mental health and primary care providers before suicide: A review of the evidence. *American Journal of Psychiatry, 159*, 909–916.

Luxton, D. D., June, D. D., & Comtois, K. A. (2013). Can postdischarge follow-up contacts prevent suicide and suicidal behavior?: A review of the evidence. *Crisis: Journal of Crisis Intervention and Suicide Prevention, 34*, 32–41.

Maag, J. W. (2001). Rewarded by punishment: Reflections on the disuse of positive reinforcement in schools. *Exceptional Children, 67*, 173–186.

Mandrusiak, M., Rudd, M. D., Joiner, T. E., Berman, A. L., Van Orden, K. A., & Witte, T. K. (2006). Warning signs for suicide on the Internet: A descriptive study. *Suicide and Life-Threatening Behavior, 36*, 263–271.

Mann, J. J. (1998). The neurobiology of suicide. *Nature Medicine, 4*, 25–30.

Maris, R. W., Berman, A. L., & Silverman, M. M. (2000). *Comprehensive textbook of suicidology*. New York: Guilford Press.

Marraccini, M. E., & Brier, Z. M. F. (2017). School connectedness and suicidal thoughts and behaviors: A systematic meta-analysis. *School Psychology Quarterly, 32*, 5–21.

Martin, G., Richardson, A. S., Bergen, H. A., Roeger, L., & Allison, S. (2005). Perceived academic performance, self-esteem and locus of control as indicators of need for assessment of adolescent suicide risk: Implications for teachers. *Journal of Adolescence, 28*, 75–87.

Martin, N. K., & Dixon, P. N. (1986). Adolescent suicide: Myths, recognition, and evaluation. *The School Counselor, 33*, 265–271.

Martinez, R. S., & Nellis, L. M. (2008). Response to intervention: A school-wide approach for promoting academic success for all students. In B. Doll & J. A. Cummings (Eds.), *Transforming school mental health services: Population-based approaches to promoting the competency and wellness of children* (pp. 143–164). Thousand Oaks, CA: Corwin Press.

Mathias, C. W., Furr, M., Sheftall, A. H., Hill-Kapturczak, N., Crum, P., & Dougherty, D. M. (2012). What's the harm in asking about suicidal ideation? *Suicide and Life-Threatening Behavior, 42*, 341–351.

May, J. P., & Hemenway, D. (2002). Do criminals go to the hospital when they are shot? *Injury Prevention, 8*, 236–238.

Mazza, J. J. (1997). School-based suicide prevention programs: Are they effective? *School Psychology Review, 26*, 382–396.

Mazza, J. J. (2000). The relationship between posttraumatic stress symptomatology and suicidal behavior in school-based adolescents. *Suicide and Life-Threatening Behavior, 30*, 91–103.

Mazza, J. J. (2006). Youth suicidal behavior: A crisis in need of attention. In F. A. Villarruel & T.

Luster (Eds.), *Adolescent mental health* (pp. 156-177). Westport, CT: Greenwood.

Mazza, J. J., Catalano, R. F., Abbott, R. D., & Haggerty, K. D. (2011). An examination of the validity of retrospective measures in suicide attempts in youth. *Journal of Adolescent Health, 49*, 532-537.

Mazza, J. J., Dexter-Mazza, E. T., Miller, A. L., Rathus, J. H., & Murphy, H. E. (2016). *DBT skills in schools: Skills training for emotional problem solving for adolescents* (DBT STEPS-A). New York: Guilford Press.

Mazza, J. J., & Eggert, L. L. (2001). Activity involvement among suicidal and nonsuicidal highrisk and typical adolescents. *Suicide and Life-Threatening Behavior, 31*, 265-281.

Mazza, J. J., & Reynolds, W. M. (2001). An investigation of psychopathology in nonreferred suicidal and nonsuicidal adolescents. *Suicide and Life-Threatening Behavior, 31*, 282-302.

Mazza, J. J., & Reynolds, W. M. (2008). School-wide approaches to prevention of and treatment for depression and suicidal behaviors. In B. Doll & J. A. Cummings (Eds.), *Transforming school mental health services* (pp. 213-241). Thousand Oaks, CA: Corwin Press.

McCann, I. L., & Pearlman, L. A. (1990). Vicarious traumatization: A framework for understanding the psychological effects of working with victims. *Journal of Traumatic Stress, 3*, 131-149.

McCauley, E., Berk, M. S., Asarnow, J. R., Adrian, M., Cohen, J., Korslund, K., et al. (2018). Efficacy of dialectical behavior therapy for adolescents at high risk for suicide: A randomized clinical trial. *JAMA Psychiatry, 75*, 777-785.

McConaughy, S. H. (2013). *Clinical interviews for children and adolescents: Assessment to intervention* (2nd ed.). New York: Guilford Press.

McGiboney, G. W. (2016). *The psychology of school climate.* Newcastle-upon-Tyne, UK: Cambridge Scholars.

McIntosh, K., & Goodman, S. (2016). *Integrated multi-tiered systems of support: Blending RTI and PBIS.* New York: Guilford Press.

McLoughlin, A. B., Gould, M. S., & Malone, K. M. (2015). Global trends in teenage suicide: 2003-2014. *QJM: International Journal of Medicine, 108*, 765-780.

Menninger, K. (1933). Psychoanalytic aspects of suicide. *International Journal of Psychoanalysis, 14*, 376-390.

Menninger, K. (1938). *Man against himself*. New York: Harcourt Brace.

Merrell, K. W. (2008a). *Behavioral, social, and emotional assessment of children and adolescents* (3rd ed.). Mahwah, NJ: Erlbaum.

Merrell, K. W. (2008b). *Helping students overcome depression and anxiety: A practical guide* (2nd ed.). New York: Guilford Press.

Merrell, K. W., & Buchanan, R. (2006). Intervention selection in school-based practice: Using public health models to enhance systems capacity of schools. *School Psychology Review, 35*,

167–180.

Merrell, K. W., Ervin, R. A., & Gimpel Peacock, G. (2012). *School psychology for the 21st century: Foundations and practices* (2nd ed.). New York: Guilford Press.

Merrell, K. W., & Gueldner, B. A. (2010). *Social and emotional learning in the classroom: Promoting mental health and academic success*. New York: Guilford Press.

Merrell, K. W., Gueldner, B. A., & Tran, O. K. (2008). Social and emotional learning: A school-wide approach to intervention for socialization, friendship problems, and more. In B. Doll & J. A. Cummings (Eds.), *Transforming school mental health services: Populations-based approaches to promoting the competency and wellness of children* (pp. 165–185). Thousand Oaks, CA: Corwin Press.

Michel, K., & Valach, L. (2011). The narrative interview and the suicidal patient. In K. Michel & D. A. Jobes (Eds.), *Building a therapeutic alliance with the suicidal patient* (pp. 63–80). Washington, DC: American Psychological Association.

Middlebrook, D. L., LeMaster, P. L., Beals, J., Novins, D. K., & Manson, S. (2001). Suicide prevention in American Indian and Alaska Native communities: A critical review of programs. *Suicide and Life-Threatening Behavior, 31*(Suppl.), 132–149.

Miller, A. L., Rathus, J. H., & Linehan, M. M. (2007). *Dialectical behavior therapy with suicidal adolescents*. New York: Guilford Press.

Miller, D. N. (2010). Assessing internalizing problems and well-being. In G. Gimpel Peacock, R. A. Ervin, E. J. Daly, III, & K. W. Merrell (Eds.), *Practical handbook of school psychology* (pp. 175–191). New York: Guilford Press.

Miller, D. N. (2012a). Preventing student suicide. In S. E. Brock & S. R. Jimerson (Eds.), *Best practices in school crisis prevention and intervention* (2nd ed., pp. 203–222). Bethesda, MD: National Association of School Psychologists.

Miller, D. N. (2012b). Youth suicidal behavior in the context of school violence. In S. R. Jimerson, A. B. Nickerson, M. J. Mayer, & M. J. Furlong (Eds.), *Handbook of school violence and school safety: International research and practice* (2nd ed., pp. 203–214). New York: Routledge.

Miller, D. N. (2013a). Assessing risk for suicide. In S. H. McConaughy, *Clinical interviews for children and adolescents: Assessment to intervention* (2nd ed., pp. 208–227). New York: Guilford Press.

Miller, D. N. (2013b). Lessons in suicide prevention from the Golden Gate Bridge: Means restriction, public health, and the school psychologist. *Contemporary School Psychology, 17*, 71–79.

Miller, D. N. (2013c). Non-suicidal self-injury. In J. Sandoval (Ed.), *Crisis counseling, intervention and prevention in the schools* (3rd ed., pp. 362–381). New York: Taylor & Francis.

Miller, D. N. (2014). Levels of responsibility in school-based suicide prevention: Legal requirements, ethical duties, and best practices. *International Journal of Behavioral Consultation and Therapy, 19*(3), 15–18.

Miller, D. N. (2015, April). *A candle in the dark: The critical role of science in understanding and preventing suicide*. President's address presented at the annual conference of the American Association of Suicidology, Atlanta, GA.

Miller, D. N. (2016, April). *Casting a wider net: Promoting a public health approach to suicide prevention*. President's address presented at the annual conference of the American Association of Suicidology, Chicago, IL.

Miller, D. N. (2018). Understanding and preventing youth suicide: Ideation-to-action theories of suicidal behavior and their implications for school-based suicide prevention. In P. Terry & R. Price (Eds.), *Understanding suicide: Perspectives, risk factors and gender differences* (pp. 165–186). Hauppauge, NY: Nova Science.

Miller, D. N. (2019). Suicidal behavior in children: Issues and implications for elementary schools. *Contemporary School Psychology, 23*, 357–366.

Miller, D. N. (2021). Assessing risk for suicide. In S. H. McConaughy & S. A. Whitcomb. *Clinical interviews for children and adolescents: Assessment to intervention, third edition*. New York: Guilford Press.

Miller, D. N., & Brock, S. E. (2010). *Identifying, assessing, and treating self-injury at school*. New York: Springer.

Miller, D. N., & DuPaul, G. J. (1996). School-based prevention of adolescent suicide: Issues, obstacles, and recommendations for practice. *Journal of Emotional and Behavioral Disorders, 4*, 221–230.

Miller, D. N., & Eckert, T. L. (2009). Youth suicidal behavior: An introduction and overview. *School Psychology Review, 38*, 153–167.

Miller, D. N., Eckert, T. L., DuPaul, G. J., & White, G. P. (1999). Adolescent suicide prevention: Acceptability of school-based programs among secondary school principals. *Suicide and Life-Threatening Behavior, 29*, 72–85.

Miller, D. N., Eckert, T. L., & Mazza, J. J. (2009). Suicide prevention programs in the schools: A review and public health perspective. *School Psychology Review, 38*, 168–188.

Miller, D. N., George, M. P., & Fogt, J. B. (2005). Establishing and sustaining research-based practices at Centennial School: A descriptive case-study of systemic change. *Psychology in the Schools, 42*, 553–567.

Miller, D. N., Gilman, R., & Martens, M. P. (2008). Wellness promotion in the schools: Enhancing students' mental and physical health. *Psychology in the Schools, 45*, 5–15.

Miller, D. N., & Gould, K. (2013). Forgotten founder: Harry Marsh Warren and the history and legacy of the Save-A-Life League. *Suicidology Online, 4*, 12–15.

Miller, D. N., & Jome, L. M. (2008). School psychologists and the assessment of childhood internalizing disorders: Perceived knowledge, role preferences, and training needs. *School Psychology International, 29*, 500-510.

Miller, D. N., & Jome, L. M. (2010). School psychologists and the secret illness: Perceived knowledge, role preferences, and training needs in the prevention and treatment of internalizing disorders. *School Psychology International, 31*, 509-520.

Miller, D. N., & Mazza, J. J. (2013). Suicide prevention programs in schools. In D. Lester & J. R. Rogers (Eds.), *Suicide: A global issue: Vol. 2. Prevention* (pp. 109-134). Santa Barbara, CA: Praeger.

Miller, D. N., & Mazza, J. J. (2017). Evidence-based interventions for suicidal behavior in children and adolescents. In L. A. Theodore (Ed.), *Handbook of evidence-based interventions for children and adolescents* (pp. 55-66). New York: Springer.

Miller, D. N., & Mazza, J. J. (2018). School-based suicide prevention, intervention, and postvention. In A. Leschied, D. Saklofske, & G. Flett (Eds.), *The handbook of school-based mental health promotion: An evidence-informed framework for implementation* (pp. 261-277). New York: Springer.

Miller, D. N., & Miller, K. D. (2020). Homicide and suicide in schools: Understanding and preventing murder-suicide in educational settings. In D. Wattel (Ed.), *Homicide: Risk factors, trends and prevention strategies* (pp. 1-35). Hauppauge, NY: Nova Science.

Miller, D. N., & Nickerson, A. B. (2006). Projective assessment and school psychology: Contemporary validity issues and implications for practice. *The California School Psychologist, 11*, 73-84.

Miller, D. N., Nickerson, A. B., & Jimerson, S. R. (2014). Positive psychological interventions in U.S. schools: A public health approach to internalizing and externalizing problems. In R. Gilman, E. S. Huebner, & M. J. Furlong (Eds.), *Handbook of positive psychology in schools* (2nd ed., pp. 478-493). New York: Routledge.

Miller, D. N., & Sawka-Miller, K. D. (2011). Beyond unproven trends: Critically evaluating school-wide programs. In T. M. Lionetti, E. Snyder, & R. W. Christner (Eds.), *A practical guide to developing competencies in school psychology* (pp. 141-154). New York: Springer.

Miller, D. N., & Sawka-Miller, K. D. (2015). Preventing school shootings: A public health approach to gun-related homicide and murder-suicide in schools. In M. B. Morris (Ed.), *Public health and harm reduction: Principles, perceptions and programs* (1-34). Hauppauge, NY: Nova Science.

Miller, M., Azrael, D., & Hemenway, D. (2006). Belief in the inevitability of suicide: Results of a national survey. *Suicide and Life-Threatening Behavior, 36*, 1-11.

Miller, T. R., & Taylor, D. M. (2005). Adolescent suicidality: Who will ideate, who will act? *Suicide and Life-Threatening Behavior, 35*, 425-435.

Miller, W. R., & Rollnick, S. (2013). *Motivational interviewing: Helping people change* (3rd ed.). New York: Guilford Press.

Minois, G. (1999). *History of suicide: Voluntary death in western culture*. Baltimore: Johns Hopkins University Press.

Mishara, B. L. (1999). Conceptions of death and suicide in children ages 6-12 and their implications for suicide prevention. *Suicide and Life-Threatening Behavior, 29*, 105-118.

Mishara, B. L., & Daigle, M. (2001). Helplines and crisis intervention services: Challenges for the future. In D. Lester (Ed.), *Suicide prevention: Resources for the millennium* (pp. 153-177). Philadelphia: Brunner-Routledge.

Morrison, J. Q., & Harms, A. L. (2018). *Advancing evidence-based practice through program evaluation: A practical guide for schools-based professionals*. New York: Oxford University Press.

Moskos, M. A., Achilles, J., & Gray, D. (2004). Adolescent suicide myths in the United States. *Crisis, 25*, 176-182.

Moskos, M., Olson, L., Halbern, S., Keller, T., & Gray, D. (2005). Utah youth suicide study: Psychological autopsy. *Suicide and Life-Threatening Behavior, 35*, 536-546.

Motohashi, Y., Kaneko, Y., Sasaki, H., & Yamaji, M. (2007). A decrease in suicide rates in Japanese rural towns after community-based intervention by the health promotion approach. *Suicide and Life-Threatening Behavior, 37*, 593-599.

Motto, J. A., & Bostrom, A. G. (2001). A randomized controlled trial of post-crisis suicide prevention. *Psychiatric Services, 52*, 828-833.

Muehlenkamp, J. J., & Gutierrez, P. M. (2004). An investigation of differences between self-injurious behavior and suicide attempts in a sample of adolescents. *Suicide and Life-Threatening Behavior, 34*, 12-23.

Muehlenkamp, J. J., & Gutierrez, P. M. (2007). Risk for suicide attempts among adolescents who engage in non-suicidal self-injury. *Archives of Suicide Research, 11*, 69-82.

Mulvey, E. P., & Cauffman, E. (2001). The inherent limits of predicting school violence. *American Psychologist, 56*, 797-802.

Myers, M. F., & Fine, C. (2006). *Touched by suicide: Hope and healing after loss*. New York: Penguin.

Nangle, D. W., Hansen, D. J., Grover, R. L., Newman Kingery, J., Suveg, C., & Contributors. (2016). *Treating internalizing disorders in children and adolescents: Core techniques and strategies*. New York: Guilford Press.

Nastasi, B. K., Bernstein-Moore, R., & Varjas, K. M. (2004). *School-based mental health services: Creating comprehensive and culturally specific programs*. Washington, DC: American

Psychological Association.

Nation, M., Crusto, C., Wandersman, A., Kumpfer, K. L., Seybolt, D., Morrissey-Kane, E., et al. (2003). What works in prevention: Principles of effective prevention programs. *American Psychologist, 58*, 449-456.

National Association of School Psychologists. (2020). The professional standards of the National Association of School Psychologists. Retrieved from www.nasponline.org/standards-and-certification/nasp-2020-professional-standards-adopted.

National Association of School Psychologists Principles for Professional Ethics (2010). *School Psychology Review, 39*, 302-319.

National Institute of Justice. (2002). Preventing school shootings: A summary of a U.S. Secret Service safe school initiative report. *NIJ Journal, 248*, 10-15.

Nelson, C. M., Sprague, J. R., Jolivette, K., Smith, C. R., & Tobin, T. J. (2009). Positive behavior support in alternative education, community-based mental health, and juvenile justice settings. In W. Sailor, G. Dunlap, G. Sugai, & R. Horner (Eds.), *Handbook of positive behavior support* (pp. 465-496). New York: Springer.

Nelson, E. L. (1987). Evaluation of youth suicide prevention school program. *Adolescence, 22*, 813-825.

Nickerson, A. B., Cornell, D. G., Smith, J. D., & Furlong, M. J. (2013). School anti-bullying efforts: Advice for education policymakers. *Journal of School Violence, 12*, 268-282.

Nickerson, A. B., & Slater, E. D. (2009). School and community violence and victimization as predictors of adolescent suicidal behavior. *School Psychology Review, 38*, 218-232.

Nixon, M. K., & Heath, N. L. (Eds.). (2009). *Self-injury in youth: The essential guide to assessment and intervention*. New York: Routledge.

Nock, M. K. (Ed.). (2014). *The Oxford handbook of suicide and self-injury*. New York: Oxford University Press.

Nock, M. K., Boccagno, C. E., Kleiman, E. M., Ramirez, F., & Wang, S. B. (2019). Suicidal and nonsuicidal self-injury. In M. J. Prinstein, E. A. Youngstrom, E. J. Mash, & R. A. Barkley (Eds.), *Treatment of disorders in childhood and adolescence* (4th ed., pp. 258-277). New York: Guilford Press.

Nock, M. K., Borges, G., Bromet, E. J., Cha, C. B., Kessler, R. C., & Lee, S. (2008). Suicide and suicidal behavior. *Epidemiological Reviews, 30*, 133-154.

Nock, M. K., Green, J. G., Hwang, I., McLaughlin, K. A., Simpson, N. A., Zaslavsky, A. M., et al. (2013). Prevalence, correlates, and treatment of lifetime suicidal behavior among adolescents: Results from the National Comorbidity Survey Replication Adolescent Supplement. *JAMA Psychiatry, 70*, 300-310.

Nock, M. K., Joiner, T. E., Gordon, K. H., Lloyd-Richardson, E., & Prinstein, M. J. (2006). Nonsuicidal self-injury among adolescents: Diagnostic correlates and relation to suicide attempts. *Psychiatry Research, 144*, 65-72.

Nock, M. K., Teper, R., & Hollander, M. (2007). Psychological treatment of self-injury among adolescents. *Journal of Clinical Psychology: In Session, 63*, 1081-1089.

Nordentoft, M., Qin, P., Helweg-Larsen, K., & Juel, K. (2007). Restrictions in means for suicide: An effective tool in preventing suicide: The Danish experience. *Suicide and Life-Threatening Behavior, 37*, 688-697.

Nuland, S. B. (1993). *How we die: Reflections on life's final chapter*. New York: Vintage Books.

O'Brien, K. M., Larson, C. M., & Murrell, A. R. (2008). Third-wave behavior therapies for children and adolescents: Progress, challenges, and future directions. In L. A. Greco & S. C. Hayes (Eds.), *Acceptance and mindfulness treatments for children and adolescents: A practitioner's guide* (pp. 15-35). Oakland, CA: New Harbinger.

O'Carroll, P. W., & Silverman, M. M. (1994). Community suicide prevention: The effectiveness of bridge barriers. *Suicide and Life-Threatening Behavior, 24*, 89-91.

O'Connor, R. (2011). The integrated motivational-volitional model of suicidal behavior. *Crisis, 32*, 295-298.

O'Neill, J. C., Marraccini, M. E., Bledsoe, S. E., Knotek, S. E., & Tabori, A. V. (2020). Suicide postvention practices in schools: School psychologists' experiences, training, and knowledge. *School Psychology, 35*, 61-71.

Orbach, I., & Bar-Joseph, H. (1993). The impact of a suicide prevention program for adolescents on suicidal tendencies, hopelessness, ego identity, and coping. *Suicide and Life-Threatening Behavior, 23*, 120-129.

O'Toole, M. E. (2000). *The school shooter: A threat assessment perspective*. Quantico, VA: National Center for the Analysis of Violent Crime, Federal Bureau of Investigation.

Overholser, J. C., Hemstreet, A. H., Spirito, A., & Vyse, S. (1989). Suicide awareness programs in the schools: Effects of gender and personal experience. *Journal of the American Academy of Child and Adolescent Psychiatry, 28*, 25-930.

Peña, J. B., & Caine, E. D. (2006). Screening as an approach for adolescent suicide prevention. *Suicide and Life-Threatening Behavior, 36*, 614-637.

Peterson, C. M., Matthews, A., Copps-Smith, E., & Conrad, L. A. (2017). Suicidality, self-harm, and body dissatisfaction in transgender adolescents and emerging adults with gender dysphoria. *Suicide and Life-Threatening Behavior, 47*, 475-482.

Petrosky, E. Y., Harpaz, R., Fowler, K. A., & Betz, C. S. (2018). Chronic pain among suicide decedents, 2003 to 2014: Findings from the National Violent Death Reporting Systems. *Annals of Internal Medicine, 169*, 448-455.

Pfeffer, C. R. (1986). *The suicidal child*. New York: Guilford Press.

Pfeffer, C. R. (2003). Assessing suicidal behavior in children and adolescents. In R. A. King & A. Apter (Eds.), *Suicide in children and adolescents* (pp. 211-226). New York: Cambridge University Press.

Phillips, D. P., & Feldman, K. (1973). A dip in deaths before ceremonial occasions. *American Sociological Review, 38*, 678-696.

Pierson, E. E. (2009). Antidepressants and suicidal ideation in adolescence: A paradoxical effect. *Psychology in the Schools, 46*, 910-914.

Pirkis, J., & Blood, R. W. (2001). Suicide and the media: Part II. Portrayal in fictional media. *Crisis: Journal of Crisis Intervention and Suicide Prevention, 22*, 155-162.

Pirkis, J., Blood, R. W., Beautrais, A., Burgess, P., & Skehan, J. (2007). Media guidelines on the reporting of suicide. *Crisis: Journal of Crisis Intervention and Suicide Prevention, 27*, 82-87.

Pirkis, J., Spittal, M. J., Cox, G., Robinson, J., Cheung, Y. T. D., & Studdert, D. (2013). The effectiveness of structural interventions at suicide hotspots: A meta-analysis. *International Journal of Epidemiology, 42*, 541-548.

Platt, S. (2016). Inequalities and suicidal behavior. In R. C. O'Connor & J. Pirkis (Eds.), *International handbook of suicide prevention* (2nd ed., pp. 258-283). Hoboken, NJ: Wiley.

Plemmons, G., Hall, M., Doupnik, S., Gay, J., Brown, C., Browning, W., et al. (2018). Hospitalization for suicide ideation or attempt, 2008-2015. *Pediatrics, 141*(6), e20172426.

Pokorny, A. (1992). Prediction of suicide in psychiatric patients: Report of a prospective study. In R. Maris, A. Berman, J. Maltsberger, & R. Yufit (Eds.), *Assessment and prediction of suicide* (pp. 105-129). New York: Guilford Press.

Poland, S. (1989). *Suicide intervention in the schools*. New York: Guilford Press.

Polsgrove, L., & Smith, S. W. (2004). Informed practice in teaching self-control to children with emotional and behavioral disorders. In R. B. Rutherford, M. M. Quinn, & S. R. Mathur (Eds.), *Handbook of research in emotional and behavioral disorders* (pp. 399-425). New York: Guilford Press.

Power, T. J. (2003). Promoting children's mental health: Reform through interdisciplinary and community partnerships. *School Psychology Review, 32*, 3-16.

Power, T. J., DuPaul, G. J., Shapiro, E. S., & Kazak, A. E. (2003). *Promoting children's health: Integrating school, family, and community*. New York: Guilford Press.

Priebe, S., Katsakou, C., Yeeles, K., Amos, T., Morriss, R., Doulao, W., et al. (2011). Predictors of clinical and social outcomes following involuntary hospital admission: A prospective observational study. *European Archives of Psychiatry and Clinical Neuroscience, 261*, 377-386.

Qin, P., Agerbo, E., & Mortenson, P. B. (2003). Suicide risk in relation to socioeconomic, demographic, psychiatric, and familial risk factors: A national register-based study of all

suicides in Denmark, 1981-1997. *American Journal of Psychiatry, 160*, 765-772.

Quinn, K. P., & Lee, V. (2007). The wraparound approach for students with emotional and behavioral disorders: Opportunities for school psychologists. *Psychology in the Schools, 44*, 101-111.

Randall, B. P., Eggert, L. L., & Pike, K. C. (2001). Immediate post intervention effects of two brief youth suicide prevention interventions. *Suicide and Life-Threatening Behavior, 31*, 41-61.

Rathus, J. H., & Miller, A. L. (2015). *DBT skills manual for adolescents*. New York: Guilford Press.

Rawana, J. S., Diplock, B. D., & Chan, S. (2018). Mindfulness-based programs in school settings: Current state of the research. In A. W. Leschied, D. H. Saklofske, & G. L. Flett (Eds.), *Handbook of school-based mental health promotion: An evidence-informed framework for implementation* (pp. 323-355). New York: Springer.

Ream, R. K., & Rumberger, R. W. (2008). Student engagement, peer social capital, and school dropout among Mexican American and non-Latino white students. *Sociology of Education, 81*, 109-139.

Reidenberg, D., & Berman, A. L. (2017). Changing the direction of suicide prevention in the United States. *Suicide and Life-Threatening Behavior, 47*, 509-517.

Reisch, T., & Michel, K. (2005). Securing a suicide hot spot: Effects of a safety net at the Bern Muenster Terrace. *Suicide and Life-Threatening Behavior, 35*, 460-467.

Reisch, T., Schuster, U., & Michel, K. (2007). Suicide by jumping and accessibility of bridges: Results from a national survey in Switzerland. *Suicide and Life-Threatening Behavior, 37*, 681-687.

Resnick, M. D., Bearman, P. S., Blum, R. W., Bauman, K. E., Harris, K. M., Jones, J., et al. (1997). Protecting adolescents from harm: Findings from the National Longitudinal Study on Adolescent Health. *Journal of the American Medical Association, 278*, 823-832.

Reynolds, A. J., & Ou, S. R. (2010). Early childhood to young adulthood: An introduction to the special issue. *Children and Youth Services Review, 32*, 1045-1053.

Reynolds, W. M. (1988). *Suicide Ideation Questionnaire: Professional manual*. Odessa, FL: Psychological Assessment Resources.

Reynolds, W. M. (1991). A school-based procedure for the identification of students at-risk for suicidal behavior. *Family and Community Health, 14*, 64-75.

Reynolds, W. M. (Ed.). (1992). *Internalizing disorders in children and adolescents*. New York: Wiley.

Reynolds, W. M., & Mazza, J. J. (1993). *Suicidal behavior in adolescents: Suicide attempts in school-based youngsters*. Unpublished manuscript.

Reynolds, W. M., & Mazza, J. J. (1994). Suicide and suicidal behavior. In W. M. Reynolds & H. F. Johnston (Eds.), *Handbook of depression in children and adolescents* (pp. 520-580). New

York: Plenum Press.

Ribeiro, J. D., Bodell, L. P., Hames, J. L., Hagan, C. R., & Joiner, T. E. (2013). An empirically based approach to the assessment and management of suicidal behavior. *Journal of Psychotherapy Integration, 23*, 207-221.

Rich, C. L., Young, J. G., Fowler, R. C., Wagner, J., & Black, N. A. (1990). Guns and suicide: Possible effects of some specific legislation. *American Journal of Psychiatry, 147*, 342-346.

Richardson, A. S., Bergen, H. A., Martin, G., Roeger, L., & Allison, S. (2005). Perceived academic performance as an indicator of risk of attempted suicide in young adolescents. *Archives of Suicide Research, 9*, 163-176.

Richman, J. (1986). *Family therapy for suicidal people*. New York: Springer.

Ridge Anderson, A., Keyes, G. M., & Jobes, D. A. (2016). Understanding and treating suicidal risk in young children. *Practice Innovations, 1*, 3-19.

Robinson, J., Calear, A. L., & Bailey, E. (2018). Suicide prevention in educational settings: A review. *Australasian Psychiatry, 26*, 132-140.

Robinson, J., Cox, G., Malone, A., Williamson, M., Baldwin, G., Fletcher, K., & O'Brien, M. (2013). A systematic review of school-based interventions aimed at preventing, treating, and responding to suicide-related behavior in young people. *Crisis: Journal of Crisis Intervention and Suicide Prevention, 34*, 164-182.

Rodger, S., Hibbert, K., Leschied, A. W., Atkins, M., Masters, E. R., & Pandori-Chuckal, J. (2018). Mental health literacy as a fundamental part of teacher preparation: A Canadian perspective. In A. W. Leschied, D. H. Saklofske, & G. L. Flett (Eds.), *Handbook of school-based mental health promotion: An evidence-informed framework for implementation* (pp. 127-142). New York: Springer.

Rosenthal, P. A., & Rosenthal, S. (1984). Suicidal behavior by preschool children. *American Journal of Psychiatry, 141*, 520-525.

Ross, C. P. (1980). Mobilizing schools for suicide prevention. *Suicide and Life-Threatening Behavior, 10*, 239-244.

Rudd, M. D. (2006). *The assessment and management of suicidality*. Sarasota, FL: Professional Resources Press.

Rudd, M. D., Berman, A. L., Joiner, T. E., Nock, M. K., Silverman, M., Mandrusiak, M., et al. (2006). Warning signs for suicide: Theory, research, and clinical applications. *Suicide and Life-Threatening Behavior, 36*, 255-262.

Rudd, M. D., Joiner, T. E., & Rajab, M. H. (1995). Help negation after acute suicidal crisis. *Journal of Consulting and Clinical Psychology, 63*, 499-503.

Rudd, M. D., Joiner, T. E., & Rajab, M. H. (2001). *Treating suicidal behavior: An effective, time-limited approach*. New York: Guilford Press.

Rudd, M. D., Mandrusiak, M., & Joiner, T. E. (2006). The case against no-suicide contracts: The commitment to treatment statement as a practice alternative. *Journal of Clinical Psychology, 62*, 243-251.

Rueter, M. A., Holm, K. E., McGeorge, C. R., & Conger, R. D. (2008). Adolescent suicidal ideation subgroups and their association with suicidal plans and attempts in young adulthood. *Suicide and Life-Threatening Behavior, 38*, 564-575.

Rueter, M. A., & Kwon, H. K. (2005). Developmental trends in adolescent suicidal ideation. *Journal of Research on Adolescence, 15*, 205-222.

Runyon, B. (2004). *The burn journals.* New York: Vintage.

Ruof, S., & Harris, J. (1988, May). Suicide contagion: Guilt and modeling. *NASP Communique, 18*, 8.

Rustad, R. A., Small, J. E., Jobes, D. A., Safer, M. A., & Peterson, R. J. (2003). The impact of rock music videos and music with suicidal content on thoughts and attitudes about suicide. *Suicide and Life-Threatening Behavior, 33*, 120-131.

Sagan, C. (1996). *The demon-haunted world: Science as a candle in the dark.* New York: Ballantine Books.

Sandoval, J. (Ed.). (2013). *Crisis counseling, intervention, and prevention in the schools* (3rd ed.). New York: Routledge.

Santaella-Tenorio, J., Cerda, M., Villavecas, A., & Galea, S. (2016). What do we know about the association between firearm legislation and firearm-related injuries? *Epidemiological Review, 38*, 140-157.

Satcher, D. (1998). Bringing the public health approach to the problem of suicide. *Suicide and Life-Threatening Behavior, 28*, 325-327.

Sawka-Miller, K. D., & McCurdy, B. L. (2009). Preventing antisocial behavior: Parent training in low-income urban schools. In J. K. Levine (Ed.), *Low incomes: Social, health and educational outcomes* (pp. 1-30). Hauppauge, NY: Nova Science.

Sawka-Miller, K. D., McCurdy, B. L., & Mannella, M. C. (2002). Strengthening emotional support services: An empirically-based model for training teachers of students with behavior disorders. *Journal of Emotional and Behavioral Disorders, 10*, 223-232.

Sawka-Miller, K. D., & Miller, D. N. (2007). The third pillar: Linking positive psychology and school-wide positive behavior support. *School Psychology Forum, 2*, 26-38.

Scherff, A., Eckert, T. L., & Miller, D. N. (2005). Youth suicide prevention: A survey of public school superintendents' acceptability of school-based programs. *Suicide and Life-Threatening Behavior, 35*, 154-169.

Schilling, E. A., Aseltine, R. H., & James, A. (2016). The SOS suicide prevention program: Further evidence of efficacy and effectiveness. *Prevention Science, 17*, 157-166.

Schilling, E. A., Lawless, M., Buchanan, L., & Aseltine, R. H. (2014). Signs of suicide (SOS) shows promise as a middle school suicide prevention program. *Suicide and Life-Threatening Behavior, 44*, 653-667.

Schmitz, W. M., Allen, M. H., Feldman, B. N., Gutin, N. J., Jahn, D. R., Kleepsis, P. M., et al. (2012). Preventing suicide through improved training in suicide risk assessment and care: An American Association of Suicidology task force report addressing serious gaps in U.S. mental health training. *Suicide and Life-Threatening Behavior, 42*, 292-304.

Schneider, S. R., O'Donnell, L., Stueve, A., & Coulter, R. W. S. (2012). Cyberbullying, school bullying, and psychological distress: A regional census of high school students. *American Journal of Public Health, 102*, 171-177.

Segal, Z. V., Williams, J. M. G., & Teasdale, J. D. (2002). *Mindfulness-based cognitive therapy for depression: A new approach to preventing relapse.* New York: Guilford Press.

Seiden, R. H. (1978). Where are they now?: A follow-up study of suicide attempters from the Golden Gate Bridge. *Suicide and Life-Threatening Behavior, 8*, 1-13.

Seligman, M. E. P. (1992). *Helplessness: On depression, development, and death*. New York: Freeman.

Seligman, M. E. P., & Csikszentmihalyi, M. (2000). Positive psychology: An introduction. *American Psychologist, 55*, 5-14.

Sewell, K. W., & Mendelsohn, M. (2000). Profiling potentially violent youth: Statistical and conceptual problems. *Children's Services: Social Policy, Research, and Practice, 3*, 147-169.

Shaffer, D., & Craft, L. (1999). Methods of adolescent suicide prevention. *Journal of Clinical Psychiatry, 60*, 70-74.

Shaffer, D., Garland, A., Gould, M., Fisher, P., & Trautman, P. (1988). Preventing teenage suicide: A critical review. *Journal of the American Academy of Child and Adolescent Psychiatry, 27*, 675-687.

Shaffer, D., Garland, A., Vieland, V., Underwood, M. M., & Busner, C. (1991). The impact of a curriculum-based suicide prevention program for teenagers. *Journal of the American Academy of Child and Adolescent Psychiatry, 30*, 588-596.

Shaffer, D., Gould, M. S., Fisher, P., Trautman, P., Moreau, D., Kleinman, M., et al. (1996). Psychiatric diagnoses in child and adolescent suicide. *Archives of General Psychiatry, 53*, 339-348.

Shaffer, D., Vieland, V., Garland, A., Rojas, M., Underwood, M., & Busner, C. (1990). Adolescent suicide attempters: Response to suicide prevention programs. *Journal of the American Medical Association, 264*, 3151-3155.

Shafii, M., & Shafii, S. L. (1982). Self-destructive, suicidal behavior, and completed suicide. In M. Shafii & S. L. Shafii (Eds.), *Pathways of human development: Normal growth and emotional*

*disorders in infancy, childhood and adolescence* (pp. 164-180). New York: Thieme-Stratton.

Shapiro, E. S., Miller, D. N., Sawka, K., Gardill, M. C., & Handler, M. W. (1999). Facilitating the inclusion of students with emotional and behavioral disorders into general education classrooms. *Journal of Emotional and Behavioral Disorders, 7*, 83-93.

Shea, S. C. (2002). *The practical art of suicide assessment*. Hoboken, NJ: Wiley.

Shea, S. C. (2009). Suicide assessment: Part 2. Uncovering suicidal intent using the Chronological Assessment of Suicide Events (CASE approach). *Psychiatric Times, 26*. Retrieved from www.psychiatrictimes.com/view/suicide-assessment-part-2-uncovering-suicidal-intent-using-case-approach.

Sheftal, A. H., Asti, L., Horowitz, L. M., Felts, A., Fontanella, C. A., Campo, J. V., et al. (2016). Suicide in elementary school-aged children and early adolescents. *Pediatrics, 138*, 1-10.

Shinn, M. R., & Walker, H. M. (Eds.). (2010). *Interventions for achievement and behavior problems in a three-tier model including RTI*. Bethesda, MD: National Association of School Psychologists.

Shipler, D. K. (2004). *The working poor: Invisible in America*. New York: Vintage.

Shneidman, E. S. (1973). *On the nature of suicide*. San Francisco: Jossey-Bass

Shneidman, E. (1975). Postvention: The care of the bereaved. In R. Pasnau (Ed.), *Consultation in liaison psychiatry* (pp. 245-256). New York: Grune & Stratton.

Shneidman, E. S. (1985). *Definition of suicide*. New York: Wiley.

Shneidman, E. S. (1996). *The suicidal mind*. New York: Oxford University Press.

Shneidman, E. S. (2004). *Autopsy of a suicidal mind*. New York: Oxford University Press.

Shochet, I. M., Dadds, M. R., Ham, D., & Montague, R. (2006). School connectedness is an underemphasized parameter in adolescent mental health: Results of a community prediction study. *Journal of Clinical Child and Adolescent Psychology, 35*, 170-179.

Siegel, M. (1979). Privacy, ethics, and confidentiality. *Professional Psychology, 10*, 249-258.

Silenzio, V. M. B., Pena, J. B., Duberstein, P. R., Cerel, J., & Knox, K. L. (2007). Sexual orientation and risk factors for suicidal ideation and suicide attempts among adolescents and young adults. *American Journal of Public Health, 97*, 2017-2019.

Silverman, M. M., Berman, A. L., Sanddal, N. D., O'Carroll, P. W., & Joiner, T. E. (2007a). Rebuilding the tower of babel: A revised nomenclature for the study of suicide and suicidal behaviors: Part 1. Background, rationale, and methodology. *Suicide and Life-Threatening Behavior, 37*, 248-263.

Silverman, M. M., Berman, A. L., Sanddal, N. D., O'Carroll, P. W., & Joiner, T. E. (2007b). Rebuilding the tower of babel: A revised nomenclature for the study of suicide and suicidal behaviors: Part 2. Suicide-related ideations, communications, and behaviors. *Suicide and Life-Threatening Behavior, 37*, 264-277.

Simon, R. I. (2007). Gun safety management for patients at risk for suicide. *Suicide and Life-Threatening Behavior, 37*, 518-526.

Sinclair, M. F., Christenson, S. L., Hurley, C., & Evelo, D. (1998). Dropout prevention for high-risk youth with disabilities: Efficacy of a sustained school engagement procedure. *Exceptional Children, 65*, 7-21.

Singer, J. B., Erbacher, T. A., & Rosen, P. (2019). School-based suicide prevention: A framework for evidence-based practice. *School Mental Health, 11*(1), 54-71.

Smith, K., & Crawford, S. (1986). Suicidal behavior among normal high school students. *Suicide and Life-Threatening Behavior, 16*, 313-325.

Smith-Millman, M. K., & Flaspohler, P. D. (2019). School-based suicide prevention laws in action: A nationwide investigation of principals' knowledge of and adherence to state school-based suicide prevention laws. *School Mental Health, 11*, 321-334.

Snyder, C. R., & Lopez, S. J. (2007). *Positive psychology: The scientific and practical exploration of human strengths*. Thousand Oaks, CA: SAGE.

Solomon, A. (2001). *The noonday demon: An atlas of depression*. New York: Scribner.

Solomon, A. (2016). *Introduction. In S. Klebold, A mother's reckoning: Living in the aftermath of tragedy* (pp. xi-xviii). New York: Crown.

Speed, K., Drapeau, C. W., & Nadorff, M. R. (2018). Differentiating single and multiple suicide attempters: What nightmares can tell us that other predictors cannot. *Journal of Clinical Sleep Medicine, 14*, 829-834.

Spencer-Thomas, S., & Jahn, D. R. (2012). Tracking a movement: U.S. milestones in suicide prevention. *Suicide and Life-Threatening Behavior, 42*, 78-85.

Spirito, A., Overholser, J., Ashworth, S., Morgan, J., & Benedict-Drew, C. (1988). Evaluation of a suicide awareness curriculum for high school students. *Journal of the American Academy of Child and Adolescent Psychiatry, 27*, 705-711.

Srebnik, D., Cauce, A. M., & Baydar, N. (1996). Help-seeking pathways for children and adolescents. *Journal of Emotional and Behavioral Disorders, 4*, 210-220.

St. Pierre, T. L., & Kaltreider, D. L. (2004). Tales of refusal, adoption, and maintenance: Evidence-based substance abuse prevention via school-extension collaboration. *American Journal of Evaluation, 25*, 479-491.

Stack, S. (2000). Suicide: A 15-year review of the sociological literature: Part I. Cultural and economic factors. *Suicide and Life-Threatening Behavior, 30*, 145-162.

Stack, S. (2003). Media coverage as a risk factor in suicide. *Journal of Epidemiology and Community Health, 57*, 238-240.

Stage, S. A., & Quiroz, D. R. (1997). A meta-analysis of interventions to decrease disruptive classroom behavior in public education settings. *School Psychology Review, 26*, 333-368.

Stanley, B., & Brown, G. K. (2012). Safety planning intervention: A brief intervention to mitigate suicide risk. *Cognitive and Behavioral Practice, 19*, 256–264.

Stanley, I. H., Hom, M. A., Rogers, M. L., Anestis, M. D., & Joiner, T. E. (2016). Discussing firearm ownership and access as part of suicide risk assessment and prevention: "Means safety" versus "means restriction." *Archives of Suicide Research, 21*, 237–253.

Steinmetz, K. (2018, August 20). The real fake news crisis. *Time*, pp. 26–31.

Stengel, E. (1967). *Suicide and attempted suicide*. London: Penguin.

Stewart, S. M., Eaddy, M., Horton, S. E., Hughes, J., & Kennard, B. (2017). The validity of the interpersonal theory of suicide in adolescence: A review. *Journal of Child and Adolescent Psychology, 46*, 437–449.

Stoiber, K. C., & DeSmet, J. L. (2010). Guidelines for evidence-based practice in selecting interventions. In G. Gimpel Peacock, R. A. Ervin, E. J. Daly, III, & K. W. Merrell (Eds.), *Practical handbook of school psychology: Effective practices for the 21st century* (pp. 213–234). New York: Guilford Press.

Stormont, M., Reinke, W. M., & Herman, K. C. (2010). Introduction to the special issue: Using prevention science to address mental health issues in schools. *Psychology in the Schools, 47*, 1–4.

Stormont, M., Reinke, W. M., Herman, K. C., & Lembke, E. S. (2012). *Academic and behavior supports for at-risk students: Tier 2 interventions*. New York: Guilford Press.

Strein, W., Hoagwood, K., & Cohn, A. (2003). School psychology: A public health perspective: I. Prevention, populations, and systems change. *Journal of School Psychology, 41*, 23–38.

Substance Abuse and Mental Health Services Administration. (2012). *Preventing suicide: A toolkit for high schools* (HHS Publication No. SMA-12-4669). Rockville, MD: Author.

Sugai, G. (2007). Promoting behavioral competence in schools: A commentary on exemplary practices. *Psychology in the Schools, 44*, 113–118.

Sugai, G., & Horner, R. H. (2009). Defining and describing schoolwide positive behavior support. In W. Sailor, G. Dunlap, G. Sugai, & R. Horner (Eds.), *Handbook of positive behavior support* (pp. 307–326). New York: Springer.

Suldo, S. M. (2016). *Promoting student happiness: Positive psychology interventions in schools*. New York: Guilford Press.

Suldo, S. M., Bateman, L. P., & Gelley, C. D. (2014). Understanding and promoting school satisfaction in children and adolescents. In M. J. Furlong, R. Gilman, & E. S. Huebner (Eds.), *Handbook of positive psychology in schools* (2nd ed., pp. 365–380). New York: Routledge.

Suldo, S. M., & Shaffer, E. J. (2008). Looking beyond psychopathology: The dual-factor model of mental health in youth. *School Psychology Quarterly, 37*, 52–68.

Suldo, S. M., Thalji-Raitano, A., Kiefer, S. M., & Ferron, J. M. (2016). Conceptualizing high school students' mental health through a dual-factor model. *School Psychology Review, 45*, 434-457.

Swearer, S. M., Espelage, D. L., & Napolitano, S. A. (2009). *Bullying prevention and intervention: Realistic strategies for schools*. New York: Guilford Press.

Swearer, S. M., Fluke, S. M., Gonzalez, S. E., & Myers, Z. R. (2017). Evidence-based interventions for bullying among children and adolescents. In L. Theodore (Ed.), *Handbook of evidence-based interventions for children and adolescents* (pp. 155-166). New York: Springer.

Swearer, S. M., & Hymel, S. (2015). Understanding the psychology of bullying: Moving toward a social-ecological diathesis-stress model. *American Psychologist, 70*, 344-353.

Tarasoff v. Regents of University of California, 131 Cal. Rptr. 14 (1976).

Taylor, R. D., Oberle, E., Durlak, J. A., & Weissberg, R. P. (2017). Promoting positive youth development through school-based social and emotional learning interventions: A meta-analysis of follow-up effects. *Child Development, 88*, 1156-1171.

Theodore, L. A. (Ed.). (2017). *Handbook of evidence-based interventions for children and adolescents*. New York: Springer.

Thompson, E. A., Connelly, C. D., Thomas-Jones, D., & Eggert, L. L. (2013). School difficulties and co-occurring health risk factors: Substance use, aggression, depression, and suicidal behaviors. *Journal of Child and Adolescent Psychiatric Nursing, 26*, 74-84.

Thompson, E. A., Eggert, L. L., & Herting, J. R. (2000). Mediating effects of an indicated prevention program for reducing youth depression and suicide risk behaviors. *Suicide and Life-Threatening Behavior, 30*, 252-271.

Thompson, E. A., Mazza, J. J., Herting, J. R., Randell, B. P., & Eggert, L. L. (2005). The mediating roles of anxiety, depression, and hopelessness on adolescent suicidal behaviors. *Suicide and Life-Threatening Behavior, 35*, 14-34.

Tomek, S., Burton, L. M., Hooper, L. M., Bolland, A., & Bolland, J. (2018). Suicidality in Black American youth living in impoverished neighborhoods: Is school connectedness a protective factor? *School Mental Health, 10*, 1-11.

Trevor Project. (2020). *The 2020 national survey on LGBTQ youth mental health*. New York: Author.

Tucker, R. P., Crowley, K. J., Davidson, C. L., & Gutierrez, P. M. (2015). Risk factors, warning signs, and drivers of suicide: What are they, how do they differ, and why does it matter? *Suicide and Life-Threatening Behavior, 45*, 679-689.

Underwood, M., & Kalafat, J. (2009). *Lifelines: A suicide prevention program*. Center City, MN: Hazelden.

U.S. Department of Health and Human Services. (1999). *The Surgeon General's call to action to prevent suicide*. Washington, DC: Author.

U.S. Department of Health and Human Services Office of the Surgeon General & National Action

Alliance for Suicide Prevention. (2012). *2012 national strategy for suicide prevention: Goals and objectives for action.* Washington, DC: Author.

U.S. Public Health Service. (2001). *National strategy for suicide prevention: Goals and objectives for action.* Rockville, MD: U.S. Department of Health and Human Services.

Van Dyke, R. B., & Schroeder, J. L. (2006). Implementation of the Dallas threat of violence risk assessment. In S. R. Jimerson & M. J. Furlong (Eds.), *Handbook of school violence and school safety: From research to practice* (pp. 603-616). Mahwah, NJ: Erlbaum.

Van Orden, K. A., Joiner, T. E., Hollar, D., Rudd, M. D., Mandrusiak, M., & Silverman, M. M. (2006). A test of the effectiveness of suicide warning signs for the public. *Suicide and Life-Threatening Behavior, 36,* 272-287.

Van Orden, K. A., Witte, T. K., Gordon, K. H., Bender, T. W., & Joiner, T. E. (2008). Suicidal desire and the capability for suicide: Tests of the interpersonal-psychological theory of suicidal behavior among adults. *Journal of Consulting and Clinical Psychology, 76,* 72-83.

Van Orden, K. A., Witte, T. K., Selby, E. A., Bender, T. W., & Joiner, T. E. (2008). Suicidal behavior in youth. In J. R. Z. Abela & B. L. Hankin (Eds.), *Handbook of depression in children and adolescents* (pp. 441-465). New York: Guilford Press.

Vieland, V., Whittle, B., Garland, A., Hicks, R., & Shaffer, D. (1991). The impact of curriculum-based suicide prevention programs for teenagers: An 18-month follow-up. *Journal of the American Academy of Child and Adolescent Psychiatry, 30,* 811-815.

Volpe, R. J., Heick, P. F., & Gurerasko-Moore, D. (2005). An agile behavioral model for monitoring the effects of stimulant medication in school settings. *Psychology in the Schools, 42,* 509-523.

Vossekuil, B., Fein, R. A., Reddy, M., Borum, R., & Modzeleski, W. (2002). *The final report and findings of the Safe School Initiative: Implications for the prevention of school attacks in the United States.* Washington, DC: Secret Service and U.S. Department of Education.

Vrinotis, M., Barber, C., Frank, E., Demicco, R., & New Hampshire Firearm Safety Coalition. (2015). A suicide prevention campaign for firearm dealers in New Hampshire. *Suicide and Life-Threatening Behavior, 45,* 157-163.

Wagner, E. E., Rathus, J. H., & Miller, A. L. (2006). Mindfulness in dialectical behavior therapy (DBT) for adolescents. In R. A. Baer (Ed.), *Mindfulness-based treatment approaches: Clinician's guide to evidence base and applications* (pp. 167-189). San Diego, CA: Elsevier.

Walker, H. M., Horner, R. H., Sugai, G., Bullis, M., Sprague, J. R., Bricker, D., et al. (1996). Integrated approaches to preventing antisocial behavior patterns among school-age children and youth. *Journal of Emotional and Behavioral Disorders, 4,* 193-256.

Walrath, C., Godoy Garazza, L., Reid, H., Goldston, D. B., & McKeon, R. (2015). Impact of the Garrett Lee Smith youth suicide prevention program on suicide mortality. *American Journal of Public Health, 105,* 986-993.

Walsh, B. W. (2012). *Treating self-injury: A practical guide* (2nd ed.). New York: Guilford Press.

Walsh, E., Hooven, C., & Kronick, B. (2013). School-wide staff and faculty training in suicide risk awareness: Success and challenges. *Journal of Child and Adolescent Psychiatric Nursing, 26*, 53-61.

Wandersman, A., & Florin, P. (2003). Community interventions and effective prevention. *American Psychologist, 58*, 441-448.

Ward-Ciesielski, E. F., & Rizvi, S. L. (2020). The potential iatrogenic effects of psychiatric hospitalization for suicidal behavior: A critical review and recommendations for research. *Clinical Psychology Science and Practice*. [Epub ahead of print]

Wasserman, D., Hoven, C. W., Wasserman, C., Wall, M., Eisenberg, R., Hadlaczky, G., et al. (2015). School-based suicide prevention programmes: The SEYLE cluster-randomized, controlled trial. *The Lancet, 385*, 1536-1544.

Weiss, C. H., Murphy-Graham, E., & Birkeland, S. (2005). An alternate route to policy influence: How evaluators affect D.A.R.E. *American Journal of Evaluation, 26*, 12-30.

Westefeld, J. S., Bell, A., Bermingham, C., Button, C., Shaw, K., Skow, C., et al. (2010). Suicide among preadolescents: A call to action. *Journal of Loss and Trauma, 15*, 381-407.

Whitcomb, S. A. (2017). *Behavioral, social, and emotional assessment of children and adolescents* (5th ed.). New York: Routledge.

White, R. (1993). *"It's your misfortune and none of my own": A new history of the American west*. Norman: University of Oklahoma Press.

Whitley, J., Smith, J. D., Vaillancourt, T., & Neufeld, J. (2018). Promoting mental health literacy among educators: A critical aspect of school-based prevention and intervention. In A. W. Leschied, D. H. Saklofske, & G. L. Flett (Eds.), *Handbook of school-based mental health promotion: An evidence-informed framework for implementation* (pp. 143-165). New York: Springer.

Whitlock, J., Muehlenkamp, J., Eckenrode, J., Purington, A., Abrams, G. B., Barreira, P., et al. (2013). Nonsuicidal self-injury as a gateway to suicide in young adults. *Journal of Adolescent Health, 52*, 486-492.

Whitlock, J., Wyman, P. A., & Moore, S. R. (2014). Connectedness and suicide prevention in adolescents: Pathways and implications. *Suicide and Life-Threatening Behavior, 44*(3), 246-272.

Wickrama, T., & Vazsonyi, A. T. (2011). School contextual experiences and longitudinal changes in depressive symptoms from adolescence to young adulthood. *Journal of Community Psychology, 39*, 566-575.

Wilcox, H. C., Kellam, S. G., Brown, C. H., Poduska, J., Ialongo, N. S., Wang, W., et al. (2008). The impact of two universal randomized first- and second-grade classroom interventions

on young adult suicide ideation and attempt. *Drug and Alcohol Dependence, 95*(Suppl. 1), S60-S73.

Williams, M. (2001). *Suicide and attempted suicide.* London: Penguin Books.

Wise, A. J., & Spengler, P. M. (1997). Suicide in children younger than age fourteen: Clinical judgment and assessment issues. *Journal of Mental Health Counseling, 19*, 318-335.

Witmer, L. (1996). Clinical psychology. *American Psychologist, 51*, 248-251. (Original work published 1907, *Psychological Clinic, 1*, 1-9)

Witte, T. K., Merrill, K. A., Bernert, R. A., Hollar, D. L., Schatschneider, C., & Joiner, T. E. (2008). "Impulsive" youth suicide attempters are not necessarily all that impulsive. *Journal of Affective Disorders, 107*, 107-116.

Wolf, M., Bantjes, J., & Kagee, A. (2015). The challenges of school-based suicide prevention: Experiences and perceptions of mental health professionals in South African schools. *Social Work Practitioner-Researcher, 27*, 20-44.

Woodbury, K. A., Roy, R., & Indik, J. (2008). Dialectical behavior therapy for adolescents with borderline features. In L. A. Greco & S. C. Hayes (Eds.), *Acceptance and mindfulness treatments for children and adolescents: A practical guide* (pp. 115-138). Oakland, CA: New Harbinger.

Woodside, M., & McClam, T. (1998). *An introduction to human services* (3rd ed.). Pacific Grove, CA: Brookes/Cole.

Worden, J. W. (2008). *Grief counseling and grief therapy: A handbook for the mental health practitioner* (4th ed.). New York: Springer.

World Health Organization. (2014). *Preventing suicide: A global imperative.* Geneva, Switzerland: Author.

World Health Organization. (2017). *Preventing suicide: A resource for media professionals, update 2017.* Geneva, Switzerland: Author.

World Health Organization. (2018). Mental health: Suicide data. Retrieved from www.who.int/mental_health/prevention/suicide/suicideprevent/en.

Wyke v. Polk County School Board, 129 F.3d 560(11th Cir. 1997).

Wyman, P. A. (2014). Developmental approaches to prevent adolescent suicide: Research pathways to effective upstream preventive interventions. *American Journal of Preventive Medicine, 47*, 251-256.

Wyman, P. A., Hendricks Brown, C., LoMurray, M., Schmeelk-Cone, K., Petrova, M., Yu, Q., et al. (2010). An outcome evaluation of the sources of strength suicide prevention program delivered by adolescent public leaders in high schools. *American Journal of Public Health, 100*, 1653-1661.

Yamokoski, C. A., & Lamoureux, B. (2013). Prevention of suicide through the education of primary care physicians. In D. Lester & J. R. Rogers (Eds.), *Suicide: A global issue: Vol. 2. Prevention* (pp. 135–147). Santa Barbara, CA: Praeger.

Yen, S., Weinstock, L. M., Andover, M. S., Sheets, E. S., Selby, E. A., & Spirito, A. (2013). Prospective predictors of adolescent suicidality: 6-month post-hospitalization follow-up. *Psychological Medicine, 43*, 983–993.

Ying, Y., & Chang, K. (2009). A study of suicide and socioeconomic factors. *Suicide and Life-Threatening Behavior, 39*, 214–226.

York, J., Lamis, D. A., Friedman, L., Berman, A. L., Joiner, T. E., Mcintosh, J. L., et al. (2013). A systematic review process to evaluate suicide prevention programs: A sample case of community-based programs. *Journal of Community Psychology, 41*, 35–51.

Youth Suicide by Firearms Task Force. (1998). Consensus statement on youth suicide by firearms. *Archives of Suicide Research, 4*, 89–94.

Zenere, F. J., III, & Lazarus, P. J. (1997). The decline of youth suicidal behavior in an urban multicultural school system following the introduction of a suicide prevention and intervention program. *Suicide and Life-Threatening Behavior, 16*, 360–378.

Zenere, F. J., III, & Lazarus, P. J. (2009). The sustained reduction of youth suicidal behavior in an urban multicultural school district. *School Psychology Review, 38*, 189–199.

Zirkel, P. A. (2019, September). Liability for student suicide: An updated empirical analysis of the case law. *Communique, 48*(1), 1, 28–31.

Zirkel, P. A., & Fossey, R. (2005). Liability for student suicide. *West's Education Law Reporter, 197*, 489–497.

Zullig, K. J., & Matthews-Ewald, M. R. (2014). School climate: Definition, measurement, and application. In M. J. Furlong, R. Gilman, & E. S. Huebner (Eds.), *Handbook of positive psychology in schools* (2nd ed., pp. 313–328). New York: Routledge.

Zwaaswijk, M., Van der Ende, J., Verhaak, P. F., Bensing, J. M., & Vernhulst, F. C. (2003). Help seeking for emotional and behavioural problems in children and adolescents: A review of recent literature. *European Child and Adolescent Psychiatry, 12*, 153–161.

## 저자 소개

**데이비드 N. 밀러(David N. Miller) 박사**는 뉴욕주립대 알바니(Albany) 대학교의 학교 심리학 교수이자 전 미국 자살학 협회 회장을 역임했습니다. 밀러 박사는 자살 후(After a Suicide) 국가 문서에 대한 전문 검토자로 초청되었습니다. 학교를 위한 툴킷(A Toolkit for Schools)과 자살 예방에 관한 학교 모델 교육 정책(Model School District Policy on Suicide Prevention)의 전문가로 활동했으며, 여러 전문 저널의 편집위원으로 활동했습니다. 미국 전역과 주, 지역 컨퍼런스에서 자주 발표하는 밀러 박사는 청소년 자살 예방을 주제로 학교 및 여러 단체에 정기적으로 자문하고 있습니다. 그는 교수직을 맡기 전에 학교에서 학교 심리학자로 근무했으며 자살 행동 및 정서, 행동 문제를 보이는 학생과 함께 학교에서 일한 경험이 풍부합니다. 밀러 박사는 주로 학교 기반 자살 예방, 청소년 자살 행동, 아동 및 청소년의 내면화 문제 등의 분야에서 60편 이상의 저널 논문과 책을 포함하여 100편 이상의 전문 논문을 발표했습니다.

## 역자 소개

### 안운경(Ahn Un Kyoung)

단국대학교 심리학과 박사
현) 단국대학교 심리학과 마음건강연구소 연구교수
충청남도교육청 고위기(자살, 자해) 학생 치유 위탁센터장

**〈약력〉**

KASS 한국학교공공모래놀이학회 슈퍼바이저
DBT Intensive Training 전문가(Behavioral Tech)

**〈논문〉**

자살성 사건을 경험한 청소년의 Sandplay Therapy(SPT) 임상효과(공동, 심리상담 및 모래놀이, 2022).

Minnesota multiphasic personality inventory of school sandplay group therapy with maladjustment behavior in Korean adolescent(공동, Medicine. 2022).

The clinical effects of school sandplay group therapy on general children with a focus on Korea Child & Youth Personality Test(공동, BMC Psycholy, 2020)

### 배성만(Bae Sung Man)

중앙대학교 심리학과 박사
현) 단국대학교 심리치료학과 교수
단국대학교 부설 마음건강연구소 소장
한국임상심리학회 회장

**〈저서 및 역서〉**

중재 매핑을 활용한 건강증진 프로그램 기획(공역, 수문사, 2021)
인터넷 중독의 특성과 쟁점(공역, 시스마프레스, 2015)

**〈논문〉**

Effectiveness of Mobile Applications for Suicide Prevention: A Systematic Review and Meta-Analysis(교신, Behavioral Sciences, 2025)

The moderated mediating effect of community integration in depressive symptoms which are related to childhood adversity and suicide attempts by adolescents who have dropped out of school(교신, Children and Youth Services Review, 2024)

The moderating effects of individual and community social capital on the relationship between depressive symptoms and suicide in the elderly(교신, Current Psychology, 2021)

**학생 자살 행동과 학교 중재 전략**

Child and Adolescent Suicidal Behavior [Second Edition]
School-Based Prevention, Assessment, and Intervention

2025년 12월 25일 1판 1쇄 인쇄
2025년 12월 30일 1판 1쇄 발행

지은이 • David N. Miller
옮긴이 • 안운경 · 배성만

펴낸이 • 김진환
펴낸곳 • (주) 학지사
04031 서울특별시 마포구 양화로 15길 20 마인드윌드빌딩
대표전화 • 02)330-5114 팩스 • 02)324-2345
등록번호 • 제313-2006-000265호

홈페이지 • http://www.hakjisa.co.kr
인스타그램 • https://www.instagram.com/hakjisabook

ISBN 978-89-997-3619-3 93180

정가 25,000원

역자와의 협약으로 인지는 생략합니다.
파본은 구입처에서 교환해 드립니다.